本丛刊由中国人民大学清史研究所主办
本成果受到中国人民大学2019年度"中央高校
建设世界一流大学（学科）和特色发展
引导专项资金"支持

新史学

观 古 今 中 西 之 变

本卷主编◎章　清

第十一卷

近代中国的旅行写作

新史学

中华书局

图书在版编目（CIP）数据

新史学.第11卷,近代中国的旅行写作/章清主编. —北京:中华书局,2019.11
ISBN 978-7-101-13685-2

Ⅰ.新… Ⅱ.章… Ⅲ.①史学–文集②游记–写作–研究–中国–近代 Ⅳ.①K0-53②I207.65

中国版本图书馆 CIP 数据核字（2019）第 005203 号

书　　名	新史学（第十一卷）:近代中国的旅行写作	
本卷主编	章　清	
责任编辑	李碧玉	
出版发行	中华书局	
	（北京市丰台区太平桥西里 38 号　100073）	
	http://www.zhbc.com.cn	
	E-mail:zhbc@zhbc.com.cn	
印　　刷	北京瑞古冠中印刷厂	
版　　次	2019 年 11 月北京第 1 版	
	2019 年 11 月北京第 1 次印刷	
规　　格	开本/710×1000 毫米　1/16	
	印张 18¾　插页 2　字数 290 千字	
印　　数	1-1200 册	
国际书号	ISBN 978-7-101-13685-2	
定　　价	86.00 元	

目 录

导言　近代中国的旅行写作:空间生产与知识转型

章　清[*]

　　旅行写作,并非近代才出现的新事物,追溯起来,可说是与史学这门学问同步成长的,无论是司马迁的《史记》,还是希罗多德的《历史》,都在利用旅行中所搜集的史料。司马迁远涉名川大山访求史迹,自不用说;有"历史之父"的希氏,后来还有"旅行家之父"的名头,可见最初的史家即在进行所谓的"旅行写作"(人们也津津乐道于"历史"一词在希腊文原本即为"调查""探究"的意思)。此外,通常归于舆地方面的著述,其成书过程往往也伴随着旅行。获后世大力表彰的徐霞客、王士性等,即留下在各地旅行、考察的种种记录。

　　近代中国的旅行写作,有别于过往的,主要体现在占据相当比例的内容,由"边疆"进而走向"域外",是通过实实在在的"行"建立起与世界的联系,而非居于一隅的"想象"。由此所催生的大量"域外游记",自晚清以降即引起多方的重视,研究者对此也保持了持续的热情。即便是国内的游记,由于历史学、地理学等作为学科知识被重新认识,也被赋予了新的意义。故此,今天的史家重新关注近代中国的"旅行写作",自然另有枢机,略而言之,即是期望结合近代中国的"旅行写作",以检讨这样的写作所催生的"空间生产"与"知识生产"。围绕上述三个关键词略加梳理,或也能大致说明何以"旅行写作"值得重新检讨,其所体现的"空间生产"与"知识生产"对于认识近代中国的历史提供了哪些新的维度。

*复旦大学历史学系教授,中外现代化进程研究中心研究员。

一、晚清中国"旅行写作"的特质及其文本的流传

既称为"旅行写作",自意味着这是一种特殊的"写作",顾名思义,是旅行中所闻所见的记录。换言之,这也意味着是一种获取信息、记录历史的特殊方式。"三世说"作为一种理解社会演进的学说,在中国曾产生了长远的影响。然而,所谓的"所见世""所闻世"与"所传闻世",且不说其本意如何,单从字面的意思来说,无非是说明记事的依据可区别为"所见""所闻""所传闻",亦即是突出了史家是如何记事的。对于过去的史家来说,历史书写往往也摆脱不了这样的情形。希罗多德之《历史》后来之所以遭人诟病,部分也在于其所宣称的"我的职责是把我所听到的一切记录下来",但却"没有任何义务来相信每一件事情"①。与之适成对照的是,另一位史家修昔底德在《伯罗奔尼撒战争史》中,对于历史书写就谨慎多了。他对这场战争的叙述,特别指明"我所描述的事件,不是我亲自看见的,就是我从那些亲自看见这些事情的人那里听到后,经过我仔细考核过了的",并且坦陈因此"很可能读起来不引人入胜,因为书中缺少虚构的故事"②。凡此皆指明同样是历史书写,其所凭据的来自所见、所闻还是所传闻,构成史学这门学问的大问题;史学之走向近代,更是在"史料"甄别这一环节用力颇深。

在这个意义上来看"旅行写作",其所具有的特质也易于理解。无论如何,旅行中留下的记录,大体上是依据旅行者所见、所闻而书写的。

这样的写作方式所具有的"私人性",自是其关键所在。从某种意义上来说,所谓"旅行写作",也就是"旅行日记";相应的,不少以日记、杂录、考察记为名的,实际上就是游记。而且,由于旅行毕竟是并不常见的行为,由"熟悉之所"来到"陌生之地",往往激起记录者特别的兴趣,相应的,也常常呈现这样的情形,平日不记日记的,或许会特别留下旅行的记录;平日即有此习性的,旅行中往

①希罗多德:《历史》下册,王以铸译,商务印书馆1997年版,第525页。
②修昔底德:《伯罗奔尼撒战争史》上册,谢德风译,商务印书馆1985年版,第18页。

往也会有更多记录。郑观应曾有言："自泰西火船、铁路之制兴，无险不达，无远不通。于是士之适四方者，每以周览地球为一大快。盖于是而后得以见所未见、闻所未闻。余甚慕之，顾以公迫未遂也。"他在这方面显然也是颇为用心的，有机会远行，即努力将所见所闻，尤其是"近日航路、中西商战"的情形记录下来，于是郑也留下《南游日记》《长江日记》《西行日记》等①。当然，有着"考据癖"的胡适，三天的庐山之行，留下洋洋万言的《庐山游记》，自属特例。在他看来："庐山有许多古迹都很可疑。我们有历史考据癖好的人到了这些地方，看许多捏造的古迹，心里实在忍不住。"忍不住的结果是，他用 4000 多字的篇幅对归宗寺舍利塔进行了考证，纠正讹误之外，还将此提升到"教人一个思想学问的方法"的高度：

> 我要教人知道学问是平等的，思想是一贯的，一部小说同一部圣贤经传有同等的学问上的地位，一个塔的真伪同孙中山的遗嘱的真伪有同等的考虑价值。肯疑问佛陀耶舍究竟到过庐山没有的人，方才肯疑问夏禹是神是人。有了不肯放过一个塔的真伪的思想习惯，方才敢疑上帝的有无。②

大致可说，"游记"与"日记"，往往是难以严格区分的（客居他乡时，所撰写的书信往往也有关于行程及所经之地的记录，具同样属性）。林林总总的日记，除按照特定的时间进行标识外，也不乏按照"空间"进行提示的。以学界利用较多的日记来说，孙宝瑄的《忘山庐日记》是按照每年一册编排的；也不乏掺杂着游记的，如傅云龙的日记区分为《游历图经馀记》《北上里志》《西陵跸程录》和其他日记，前三种即是"游记"，"其他"则是按照时间记录的自同治元年至光绪廿六年的日记（不完整）。较为普遍的情形是，原本系按年度编排的日记，每每有重要行程，往往会编为以行程命名的日记。胡适的日记即是如此。1910 年 6 月胡适从上海赴北京参加第二批庚款留美考试，这期间的日记就命名为"北游日记"；1926 年在回国多年后他有机会再度出国，赴英国参加"中英庚款顾问委

①郑观应：《〈南游日记〉自序》《〈西行日记〉自序》，夏东元编《郑观应集》上册，上海人民出版社 1982 年版，第 941、1016 页。
②胡适：《庐山游记》，《新月》第 1 卷第 3 号，1928 年 5 月 10 日。同年新月书店出版了该书的单行本，后又收入《胡适文存》第 3 集，亚东图书馆 1930 年版。

员会"会议,这段时间的日记又编为"欧洲日记"。大体上,以空间为标识的"日记",除了以特定的居所命名的之外,其余的大概即是游走于"他乡"留下的"游记"①。

　　二者的区别不是没有。尽管日记与游记都具有"私人性",但相较而言,游记从记录方式来说,固然类似于日记,但由于系针对特定的空间、特定的事件进行记录,史料的可靠性因此可以进行一番验证。毕竟,针对同一空间留下游记或其他记录的,往往不只是一个人。晚清的出使日记,即揭示出这一属性。郭嵩焘作为清政府派出与西方世界接触的第一位正式代表,其1876年奉命出使英国,除其本人之外,随行的副使刘锡鸿、参赞黎庶昌、译员张德彝等,也都留下了记录②。通过这些记录,不仅可以验证所记内容,还表明针对同样的事物,带着什么样的眼光去看,其所见也大相径庭。担任译员的张德彝就表示:"是书本纪泰西风土人情,故所叙琐事,不嫌累牍连篇。至于各国政事得失,自有西土译书可考。"之所以如此,自与其身份有关:"历次出洋,虽辱承译事,而一切密勿,阙而不书,亦金人缄口之意也。"③但另一点也有必要提及,张作为同文馆培养的学生,熟悉英语,其所见又有他人不及之处。一向对舆地之学有着浓厚兴趣的黎庶昌,自然更关注国外的地理、交通状况。至于热心于"洋务"的郭嵩焘,与秉持"用夏变夷"的刘锡鸿,所记录的对西洋的看法,则难免相互牴牾,冰炭难容(详后)。

　　这样由多人参与并记录下的资料,自属还原历史事件最值得珍惜的史料。以马戛尔尼(George Macartney)使华这一事件来说,法国学者佩雷菲特(Alain Peyrefitte)对此的研究,就展现出尽可能利用事件的参与者、观察者留下的记录,

---

① 《中国近代文学大系》之"书信日记集",就收有不少游记。该书附录之"近代日记知见简目",也不乏游记。见郑逸梅、陈左高主编《中国近代文学大系(1840—1919)》第9集、第10集,上海书店出版社1992年版。李德龙、俞冰主编《历代日记丛钞》(学苑出版社2006年版),汇集了各类日记五百多种,可视作"游记"的也不少。

② 包括郭嵩焘《使西纪程》、刘锡鸿《英轺私记》、黎庶昌《西洋杂志》、张德彝《四述奇》。张德彝一生8次出国,每次都写下详细的日记,依次辑成《航海述奇》《再述奇》《三述奇》《四述奇》直至《八述奇》,共约二百万字。

③ 《凡例》,张德彝《四述奇》(《随使英俄记》),钟叔河主编《走向世界丛书》,岳麓书社1986年版,第273—274页。以下所利用的岳麓书社所出版的游记、日记,均系钟叔河主编的《走向世界丛书》(含2016年版),不再一一注明。

于还原历史的重要性。关乎此,马戛尔尼本人留下的《伦敦到中国旅行记事》,以及《1792、1793、1794 出使日记》(三卷)、《马戛尔尼勋爵使华期间书信备查簿》等资料,所具有的价值自不待言。然而,激起佩雷菲特兴趣的,是一个偶然的机会购买到的一套"旅行丛书",最吸引他的是"跟随马戛尔尼勋爵的使团在中国与鞑靼的旅行纪实。其中一篇为使团的第二号人物乔治·斯当东所著;另一篇的作者是使团的总管,曾叙述过'邦蒂号兵变'故事的那位约翰·巴罗"。随后又找到"差不多 15 位经历过英国使团访华的种种曲折的见证人"所留下的记录。"难道不能将英国人的看法与其他西方人的看法加以比较吗?"带着这样的问题,他又找到 5 个见证人(1 个瑞士人,4 个法国人)。这还不算完。在其赴中国的 8 次旅行中,除了对使团途经之处作了分段旅行,还获得了中国官方应对这一事件的档案资料,他称"它们是中国人的集体记忆"。如此一来,对同一个事件就获得可以互相补充、互相修正的丰富史料。为此,在进入对该事件的描绘时,作者也指出:

> 读者下面读到的这个故事则是由一套 30 多面镜子,或确切地说是由 30 多架摄影机制作成的,它们被安放在书中某些人物的肩上,或被藏在使团路经的途中。①

问题回到近代中国的旅行写作,亦可看到,无论是"日记"还是"游记",作为体现读书人日常生活形态的基本载体,数量也极为可观,难以估量。晚清以"汇编"形态整理出版的"游记",在此也值得略加说明,毕竟这关乎相关文本的流传情况。

这方面,王锡祺纂辑的《小方壶斋舆地丛钞》,或是最具代表性的。王生平喜好舆地游览之书,徐霞客对其即有直接启发:"明季江阴徐氏,足迹遍天下,纪游之书,高几隐几,幼妙峭绝,实为名笔。"而他本人则"闻人谈游事则色然喜,阅诸家记录与夫行程日记,即忻然而神往"。此书之编,"上溯国初,下逮近代,凡

---

① 佩雷菲特:《停滞的帝国——两个世界的撞击》,王国卿等译,生活·读书·新知三联书店 1993 年版,第 2—3、12 页。

涉舆地,备极搜罗。得如干种,厘为拾贰帙,约数百万言"①。该书广汇史地文献,其中由国内外人士所撰写的各种游记,占据了相当比例;该书第十一帙,还收有不少出使日记,堪称是晚清认知世界的一套重要丛书②。

直接汇编各种"游记"而成的资料,则主要有1897年湖南新学书局所出版的《游记汇刊》。该书汇辑了清季光绪年间游记共16种,编为21卷,包括邹代钧《西征纪程》、李凤苞《使德日记》、曾纪泽《出使英法日记》、黄楙材《印度札记》等。晚清尚有专门针对"星轺日记"所进行的"类编"工作,席裕琨所辑《星轺日记类编》,"分类凡三十,采书凡二十有二种",尤其指明:

> 是编专辑同治以来奉使欧美诸臣及游历人员日记,大都身亲目击有关政治艺学者,为之分门别类,汇萃成书,其私家著述如《西海纪行》《谈瀛录》之类,概不列入。③

除此而外,在各种"丛书"中也不乏辑录"游记"的例证,1888年初版的王西清、卢梯青所编《西学大成》,是较早出现的一部西学汇编丛书。其中寅编地学收录有郭嵩焘《西使纪程》(由香港海道迳达英吉利路程);卯编史学则收有德·

---

① 王锡祺:《序》,《小方壶斋舆地丛钞》,第1页。王锡祺自1877年即着手这方面的工作,最初所编为《小方壶斋丛钞》(1880年南清河王氏排印本),总计六卷,所收还主要是国人的著作。《小方壶斋舆地丛钞》则辑录清初以来中外有关地理的著述约1200余种,编为64卷12帙,1891年由著易堂印行。后又有该书之《补编》《再补编》,各为12帙,不分卷,分别由著易堂出版于1894、1897年。杭州古籍出版社1985年将三编影印出版。此外,《清史稿·艺文志》之"史部·地理类"也辑录了不少游记,只是收录的书并不完整,研究者后来据此进行了增补,见王绍曾《清史稿艺文志拾遗》,中华书局2000年版。

② 包括:《乘槎笔记》(斌椿)、《航海述奇》(张德彝)、《初使泰西记》(误注作者为宜垕,实际作者为志刚)、《使西书略》(孙家穀)、《使西纪程》(郭嵩焘)、《英轺日记》(刘锡鸿)、《随使日记》(张德彝)、《使英杂记》(张德彝)、《使法杂记》(张德彝)、《使还日记》(张德彝)、《使德日记》(李凤苞)、《出使英法日记》(曾纪泽)、《欧游随笔》(钱德培)、《欧游杂录》(徐建寅)、《西征纪程一卷》(邹代钧)、《出洋琐记一卷》(蔡钧),以及《出使英法义比四国日记》(薛福成)、《漫游随录》(王韬)等。见王锡祺编《小方壶斋舆地丛钞》第十一帙,上海著易堂1877—1897年印行。

③ 《〈星轺日记类编〉例言》,席裕琨辑《星轺日记类编》,丽泽学会1902年版,第1页。所采书籍包括:《乘槎笔记》(斌椿)、《使西纪程》(郭嵩焘)、《英轺日记》(刘锡鸿)、《使东述略》(何如璋)、《环游地球新录》(李圭)、《拙尊园丛稿》(黎庶昌)、《西辖日记》《印度日记》《游历刍言》《西徼水道记》(以上黄楙材)、《使西日记》(曾纪泽)、《使德日记》(李凤苞)、《欧游杂录》(徐建寅)、《西征纪程》(邹代钧)、《俄游汇编》(缪佑孙)、《美日秘史》(崔国因)、《四国日记》《四国日记续刻》(以上薛福成)、《东游日记》(黄庆澄)、《随轺游记》(吴宗濂)、《泰西各国采风记》(宋育仁)、《归槎丛刻》(谢希傅)。

马顿斯(George Friedrich de Martens)所撰《星轺指掌》(联芳、庆常译,丁韪良校核)①。此外,湖南学政江标主编的《灵鹣阁丛书》,也收有李凤苞《使德日记》、刘锡鸿《英轺私记》等游记②。振兴新学书局 1898 年刊行的《自强斋时务丛书》,收书 16 种,包括黄楙材所著《西輶日记》《印度札记》《游历刍言》等③。同年出版的小万卷楼主辑订的《富强新书》,共计 22 卷,其中卷十七为暹罗游历记,卷二十一—二十二为泰西逸事,自也包含不少游记④。而很明显属于翻刻、盗版类的丛书,也收录有游记。1897 年出版的《西学八种》《西学十二种》(实际为一种),即是在王韬 1890 年所辑《西学辑存六种》基础上,新增袁祖志《西俗杂志》(《谈瀛录》之卷三)和李圭《环游地球新录》⑤。

在其他以"西学""时务"等命名的汇编资料中,也能发现"游记"的踪迹。沈粹生 1884 年所辑成的《西事类编》,即主要根据各种游记资料,进行重新编辑,以展现西方的诸多面相。其《凡例》指明:"是编就出使人员各种日记节取实事,分类编辑,参以鄙见,附之按语,其论断之词概不录入。"⑥胡兆鸾 1897 年所辑《西学通考》,按照学、政、教区分西学,并以此进行类目的安排,其中"政类"之"各国交涉考"(游历附),辑录了《俄皇游历欧洲》《英国游历约草》《美国游章》等文字⑦。同

---

① 王西清、卢梯青编:《西学大成》,该书 1888 年最初由大同书局出版,此据上海醉六堂书坊 1895 年版,目录页。

② 江标辑:《灵鹣阁丛书》,元和江氏湖南使院刊本。全书分为 6 集,计收书 57 种。此外,清后期的各种私刻丛书,其中也不乏辑录游记资料的。《续修四库全书总目提要·丛书部》刊载了各丛书之目录,可资参考。参见吴格、眭骏整理《续修四库全书总目提要·丛书部》,国家图书馆出版社 2010年版。

③ 陈炽辑:《自强斋时务丛书》,振兴新学书局 1898 年刻本。

④《序》,署"光绪二十四年六月终南跋隐谨序",见小万卷楼主辑订、海外乘槎老人鉴定《富强新书》,署"光绪戊戌夏月三鱼书局校印",第 1 页。

⑤《西学十二种》(内页为《校刻西学八种》),署"可阅山房藏板""光绪丁酉秋"。该书目录列为:《西学图说》《西国天学源流》《西学原始考》《泰西著述考》《重学浅说》《华英通商事略》《西俗杂志》《环游地球新录》,后二种为《西学辑存六种》基础上新增。

⑥《凡例》,沈粹生辑《西事类编》,申报馆 1884 年仿聚珍板,第 1 页。该书十六卷分别为:程纪、交涉、聘问、礼制、国用、政治、形势、武备、文艺、民俗、宫室、善举、器具、商贾、教会、物产。还特别注明所取主要为下列资料:《使西日记》(曾纪泽)、《环游地球新录》(李圭)、《航海笔记》(邝其照)、《西輶日记》《游历刍言》《印度札记》(以上三种作者黄楙材)、《西俗杂志》(袁祖志)、《出洋琐记》(无名氏)、《欧游随笔》(钱德培)。

⑦ 胡兆鸾辑:《西学通考》,1897 年长沙初刻本,该书另有 1898 年上海重印本及 1901 年上海书局石印本,卷二十,"各国交涉考"(游历附)。

年点石斋所出《时务通考》，卷四之"约章"，在"设官"类也附有"游历"①。1898年出版的马冠群辑《强学汇编》，主要汇集相关奏章及报章上的文字，其中之"使学"类所收录的主要是丁韪良（W. A. P. Martin）等论"交涉"的文字。其"例言"解释了何以需要"使学"：

> 自古无独理之天下，盛则宾服，弱则窥伺。今混五洲为一域，交涉尤极，纠错非有济变之才，则抵瑕蹈隙者，狁逞而不可收拾，则使学固自强之要务也。②

要详细梳理各西学汇编资料中涉及"游历"的文字，殊为不易。除上述诸书外，或许可以这样说，这些类书中大致皆有与交涉、游历相关的内容，只是未必有相应的类目。如1902年出版的《西学三通》是晚清一部颇有影响的西学汇编资料，篇幅达508卷之巨。其中之《西政通典》，略仿杜预《通典》例，部析为八，曰治、曰教、曰法、曰财、曰农、曰工、曰商、曰兵，其中"治典"部分所收内容就包括"邦交"上：各国交涉；"邦交"中：论通使之例、论使臣等级、论出使人员、论使臣之权利、论通使礼节、论使臣所任之事、论使臣升降解任等情；"邦交"下：各国领事、论领事官所任之事分类、论领事官驻扎回部、交涉礼节、论水师礼节、交涉杂志③。

不惟如此，在晚清具有重要指标意义的"经世文编"资料中，也不乏这方面的内容。葛士浚于1888年编成的《皇朝经世文续编》，专立"洋务一纲"，所收文字除洋务官员及出使外洋的外交官的奏疏外，还收有丁韪良有关交涉的文章15篇④。何良栋编《皇朝经世文四编》，在编纂架构上沿袭以往"经世文

---

① 《时务通考》，上海点石斋1897年印，卷四，"约章十"，第4—6页。该书卷五为"使臣"（领事附）。此外，点石斋1901年出版的《时务通考续编》，卷五之"使臣四"，还辑有"星轺汇录"，列出"使臣遵守安民禁令""使臣处世是道""使臣宜奏报本国事件""使臣管辖随使人员之权""使臣在路过之国所享各项权利"等问题。

② 《例言》，马冠群编《强学汇编》，上海文瑞楼1898年石印本，第1页。

③ 《西政通典·凡例》，袁宗濂、晏志清编《西学三通》，上海文盛堂1902年版，署"光绪壬寅秋月萃新书馆藏珍"，"西政通典"，"凡例"，第1页。

④ 均标明丁韪良译，包括"邦交一"所收：《通使总论》《星轺指掌》《论各国应有专署以理外事》《论通使之例》《论使臣等级》《论使臣职守》《论出使人员》；"邦交二"收有：《论使臣权利》《论通使礼节》《论使臣所任之事》《论使臣升降解任等情》《论各国往来礼节》《论水师礼节》；"邦交三"还收有《论领事官之责任》《论领事官所任之事分类》《论领事官驻扎回部》，此即为《星轺指掌》一书第一卷第一至十四章的内容。该书为德·马顿斯（George Friedrich de Martens）所撰写的 Guide Diplomatique，由丁韪良校核，联芳、庆常译述，同文馆1876年出版。见葛士浚编《皇朝经世文续编》，广百宋斋1891年校印本，卷一百至一百七，"洋务一"至"洋务七"。

编"所确立的架构，增加了"外部"一纲，并具体分为"治道""学术""史传""商务""税则""钱币""盟约""游历""交涉""军政""战和""刑律""制造""铁路""矿务""地志""通论"等类别。"瓶子"虽旧，但亦可装"新酒"，"游历"收录的文字就包括《论俄皇游历事》《论暹王游历事》《论比储出游事》《论俄法两国互遣兵船至境游历事》；"地志"收录的论述西方国家和日本"缘起"和"疆域考"的文章，也多少与此相关①。求是斋编《皇朝经世文编五集》同样如此。鸿雪斋主人为该书作序就特别提到："迩者风气大开，朝野上下皆以讲求西学为当今急务，海内名人采辑西书行世者，不一而足，均足以开发心思，转移风化。"言明其曾随薛福成出游，"凡得诸所见所闻者，援笔录之，以壮行箧"。是书之编，即是据此"汇为成书"，"虽不敢与贺、葛二公媲美，诚以书中所录，其见诸言者，皆足以推行于世"。内中也收有《〈国朝柔远记〉叙》（王之春）、《为伍星使期效说》（五羊爱余生）、《游历》（陈次亮）、《旅人》（陈次亮）等文字②。其他标明"经世"的著述，也不乏收录相关文字者。如上海文盛堂1895年出版的余贻范辑《中外经世绪言》，卷三就收有《使游历以广见闻》《出使》《论使臣全权之任重》等文字③。

此外，配合科举改制而出版的"策学"类的著作，也辑录不少"游记"。鸿宝书局1901年出版的《中外政治策论汇编》，卷二十四之"海邦"，就收有《瀛海论》（上中下）等文字④。1902年深柳读书堂所印《中西经济策论通考》，卷十八"公使"类，则收有《通使论》《通使总论》《出使论》《添公使说》等文字⑤。同年出版的《中外经世策论合纂》，由于分类太多，于是区分出"部"，其中"外务部"包括：邦国、公法、交涉、聘使、游历、西学、西法、西兵、教务、约章、会章、报章、外务总论。"游历"部分收录《广游历策》《游历人员之责重论》《论游历之益》《亲王宜

---

① 何良栋编：《皇朝经世文四编》，鸿宝书局1898年版，卷四十九。
② 鸿雪斋主人：《序》，求是斋编《皇朝经世文编五集》，宜今室1902年石印，第1页。
③ 余贻范辑：《中外经世绪言》，"光绪乙未上海文盛堂印"，卷三。到1898年，该书局还出版有海上闲鸥辑《中外经世绪言续编》八卷、庐山老人辑《中外经世绪言三编》二十卷，同样收有不少表彰"游历"的文章。
④ 鸿宝斋主人编：《中外政治策论汇编》，上海鸿宝书局1901年石印，卷二十四。
⑤《中西经济策论通考》，深柳读书堂1902年印，卷十八。

游历各国说》《推广游历章程议》等文字①。而该年鸿宝书局石印的《五洲政艺丛编》，编辑上区分为中学部、西学部、内政部、外政部、艺学部，也颇见心思。"中学部"含"游历"这一细目，所收录的主要系各方要员鼓励"游历"的文字②。

实际上，这些汇编资料的出版，原本即契合科举改制这一背景。"游记"之得到重视，也有这方面的缘故，以其为把握西学、时务知识的重要资料。各方人士所阐述的鼓励"游历"的文字，皆说明此构成"采西学"的重要一环，在书院与乡会试中，即不乏这方面的题目。其中有这样一题：

> 近人出使外洋或游历各国，撰述颇多，其最精核有用者何书？今欲广劝游历，令各直省府厅州县均须公举通才，就地酌资，以助旅费。其法果可行欤？若何而章程善尽，试悉心筹之。③

1903 年求是斋石印的《中外策问类编大成》同样汇集了多方试题，其中卷四"外交"也收录不少与"游历"相关之课艺④。

而且，考生即便回答其他方面的问题，也不乏结合此展开论述。上海格致书院 1893 年课艺为刘坤一所出，要求士子对于如何"采西学"阐述自己的看法。有意思的是，名列前二的答卷就阐述了"广游历"之看法。名列第一的潘敦先（中书科中书衔江南苏州府吴县优廪生），阐述了其所谓"兼综条贯"的四项主张："一曰延教习以讨论也"；"二曰购藏书以供讲习也"；"三曰开特科以示鼓励也"；"四曰广游历以扩见闻也"。名列第二的孙兆熊（杭州府学廪贡生）也注意

---

① 听秋旧庐主人辑：《中外经世策论合纂》，1902 年仿泰西法石印，卷五十五。实际上，"交涉"与"聘使"部分所收录的文字，内容也与游历相关。

② 包括《游学篇》（张之洞）、《游历》（陈炽）、《游说》（张海珊）、《派亲贵游历》（张謇）、《广派游历》（刘坤一）、《奖励游学》（刘坤一）、《重游历》（袁世凯）、《派员游历》（王之春）、《选学生出洋》（王之春）、《重派出洋学生议》（未署名，此系《申报》1896 年 2 月 17 日第 1 版刊发的一篇文字）、《拟选聪颖子弟出洋习艺疏》（曾国藩）、《派员携带幼童出洋并应办事宜疏》（李鸿章）、《选派闽厂生徒习艺疏》（沈葆桢）、《续选派闽厂生徒出洋疏》（李鸿章）。见《五洲政艺丛编》，上海鸿宝书局 1902 年石印，卷二十八。

③ 雷瑨编辑：《中外策问大观》，砚耕山庄 1903 年石印，卷八"学校"，所收为彭世襄应策。《申报》刊登的一则消息还说明安徽提督学政考试优生，其中一题为"近人出使外洋或游历各国讲求语言文字翻译政艺学商务地舆最为有益之事策"。见《皖省考优题》，《申报》1903 年 8 月 5 日，附张第 9 版。

④ 如《中外往来仪式其节略如何》（项勖）、《宝星章程及式样如何》（王家宾）、《简使臣策》（郑杰）、《问西国抡选使臣究用何法，以何国为善》（阙名）、《问洋人旅华宾至如归，而我华人游洋者，驱逐惨虐时有所闻，其何策以保全之》（王庆洛）等。见《中外策问类编大成》，求是斋 1903 年石印。括号内系应策者名字。该书封面题作"中外时务策问类编大成"。

到,自中外通商以来,"西法之流进中华者,不一而足","凡西法之有裨实用者,几无不次第举行"。然而,今日讲求西学,之所以成效不著,关键即在"其于本根之学未能穷源以竟委也",对于西学"只在门外,而未窥堂奥"。为此,作者也阐述了相似于潘敦先那样的见解:"一曰广游历以壮声援也"①。

而各种出使日记引起更多关注,原因并不难理解。张荫桓《三洲日记》曾饶有兴致考察了奉使日记之滥觞:

> 太宗时韦宏机使西突厥,会石国叛,道梗三年不得归,裂裾录所过诸国风俗物产,为《西征记》,比还上之,此即奉使日记之滥觞。②

晚清此类日记的大量产生,则可归诸"条约制度"的影响——向国外派出驻外使节。光绪二年(1876)总理各国事务衙门所提出的出使章程十二条,还只是要求"出使各国大臣到各国后,除紧要事件随时陈奏外,其寻常事件,函知臣衙门转为入奏"③。到光绪三年(1877)总理各国事务衙门又提出,出使大臣"凡有关系交涉事件及各国风土人情",皆应"详细记载,随时咨报"。原因无他,"外洋各国虚实,一切惟出使者亲历其地,始能笔之于书。况日记并无一定体裁,办理此等事件自当尽心竭力,以期有益于国"。如"一概隐而不宣,窃恐中外情形,永远隔阂,而出使之职,亦同虚设"④。自郭嵩焘出使以来,这样报送也成为

---

① 该题为:"书院之设,即古党庠术序之遗意。宋时,鹅湖、鹿洞讲学著闻,胡安定先生以经学、治事分斋设课,得人为盛。中国一乡一邑皆有书院,大率工文章以求科举,而泰西艺学亦各有书院。自京师有同文馆以肄算学,天津、江南有水师学堂以习海军,上海设立格致书院专论时务,踵事日增。中西书院不同,其为育才一也。或谓纲常政教,中国自有常经,惟兵商二途,宜集思而广益。第中西之载籍极繁,一人之才力有限,果何道而使兼综条贯、各尽所长欤?试互证而详论之。"潘敦先答卷与孙兆熊答卷,收入王韬主编《格致书院课艺》(癸巳),上海图书集成印书局 1898 年版,第 1—5,9—17 页。
② 张荫桓:《三洲日记》,"光绪十二年七月十七日"(1886 年 8 月 16 日),任青、马忠文整理《张荫桓日记》,上海书店出版社 2004 年版,第 50 页。"星轺日记"也并非全为"出使"日记。如沈炳垣著《沈文节公星轺日记》,所记乃"沈文节公使蜀时笔也"。
③ 朱寿朋编:《光绪朝东华录》第 1 册,中华书局 1958 年版,第 296 页。
④ 还具体要求:"东西洋出使各国大臣,务将大小事件,逐日详细登记,仍按月汇成一册,咨送臣衙门备案查核。即翻译外洋书籍、新闻报纸等件,内有关系交涉事宜者,亦即一并随时咨送,以资考证。臣等理合附片具奏。"见《总署奏咨送日记片》,见刘锡鸿《驻德使馆档案钞》,收为吴相湘主编《中国史学丛书》第 36 册,台湾:学生书局 1966 年版,第 89—92 页。在此之前,同治五年(1866年),总理各国事务衙门恭亲王等即已奏请在赫德回国度假之际,允派几位学者随同前往,并且"令其沿途留心,将该国一切山川形势、风土人情,随时记载,带回中国,以资印证"。见宝鋆编修《筹办夷务始末》(同治朝),故宫博物院 1930 年影印本,卷三十九,第 2 页。

惯例，以至于到后来的出使人员，为此还不无为难。薛福成在提交报告时就表示：

> 查前出使英、法大臣郭，及前出使英、法大臣曾，俱有日记，所纪途程，颇已详备。若但仿照成式，别无发挥，雷同之弊，恐不能免。①

略说各种"游记"在各种汇编资料中的情形，可以明确的是，晚清所流行的"汇编"构成"知识复制"的一种基本形态，意味着这些游记在更大范围内得以流行②。书籍史研究的代表人物夏蒂埃（Roger Chartier）曾基于"没有围墙的图书馆"，揭示出"汇编"这一形式对了解书籍的出版与阅读的重要性："18世纪的出版商大量出版这类多册数的文集，将某一特定文类（如小说、故事或游记）过去曾经出版过的著作集合在一起。不过并不是所有这种文集都以bibliothèque作为书名。""这些数量庞大的文集'图书馆'，连同百科全书形式的出版品和字典，构成十八世纪大型出版生意的主体。"③晚清所出版的各种形式的"汇编"资料，也可作如是观。

各种"游记"的汇编工作，民国时期同样引起重视。中华书局1921年初版《新游记汇刊》，50卷，分装8册。其《凡例》说明："本编继《小方壶斋舆地丛钞》而作，力避重复，所选为民国及清季之文。"同时言明："本编专选国内游记，若国外之作，现在搜辑中，集有成书，当即付刊，以成全璧。"④中华书局随后出版的《新游记汇刊续编》，共计6册，所收仍是国内之游记，并且"依近日行政区域规定，每省一卷。文多者或分为数卷"⑤。到1924年，中华书局才出版了姚祝萱编

---

① 薛福成：《咨总理衙门送出使英法义比四国日记》（1891年），马忠文、任青编《薛福成卷》，中国人民大学出版社2014年版，第281页。

② 这方面的讨论参见章清《晚清西学"汇编"与本土回应》，《复旦学报》2009年第6期，第48—57页；《晚清中国西学书籍的流通——略论〈万国公法〉及"公法"的"知识复制"》，《中华文史论丛》2013年第3期，第213—263页。

③ 所谓bibliothèque，系指"包含几部同类型著作的文集，或包括编纂相同议题不同作者著作的一本文集"。作者还注意到："这些各以'提炼萃取'（extraits）、'精神精华'（esprits）、'摘要精义'（abrégés）或'梗概分析'（analyses）等为书名的精选集，是书籍生意所造就另一种形式的'图书馆'。"见夏蒂埃《书籍的秩序：欧洲的读者、作者与图书馆（14—18世纪）》，谢柏晖译，台北：联经出版公司2012年版，第76—79页。

④ 《凡例》，《新游记汇刊》第1册，中华书局1921年版，第1—2页。

⑤ 《凡例》，姚祝萱辑《新游记汇刊续编》第1册，中华书局1922年版，第2页。

《国外游记汇刊》，共计 28 卷，8 册。由此书亦可看出，近代游记是在特殊的时空格局下形成的，既可以按照作者的身份进行识别，还可以按照国别进行区分。《国外游记汇刊》即是按照所游历的国别加以区分，第 1—9 卷为亚洲，包括日本、西伯利亚、中亚、印度、暹罗、土耳其、南洋群岛等国家和地区。第 10 卷为大洋洲。第 11—18 卷为欧洲，包括英国、法国、德国、匈牙利、捷克斯洛伐克、丹麦、瑞典、挪威、俄罗斯、意大利、巴尔干半岛、瑞士等国家和地区。第 19 卷为非洲。第 20—22 卷为美洲，包括美国、加拿大、巴拿马、北美洲、南美洲。第 23 卷为南冰洋、北冰洋。第 24—28 卷标示为"长途"，收录不限于一洲范围的游记①。

二、"空间生产"："西行"与"东游"

略说近代旅行书所具有的特质以及出版的情形，很容易理解的是，伴随中外交往加强，造就了中国人走向世界，以及世界各国人士走向中国的一幕，这样大规模发生的旅行与交往，较之过去只是零星的例证，自不可相提并论。相应的，这样的旅行写作所拓展的"空间"较之过去也不可同日而语，首先值得立足于"空间生产"进行把握。法国学者列斐伏尔（Henri Lefebvre）早已阐述了"空间"是被生产出来的看法。换言之，必须视"空间"为"产物"（products），不再"悬浮在半空"，而是"行走在大地上"的现实②。以"空间生产"审视近代中国的旅行书写，理由也很充分，过去对于外部世界的认知，往往出自基于"天下观"的"想象"，通过旅行进行的书写，却是在实际经验的基础上进行"空间"的生产。

走出以"天下"为中心的想象，重新认识世界，约可以鸦片战争前后各种以"海国""瀛寰"命名的著作为代表。魏源的《海国图志》，以"海国"命名其所纂写的著作，便显露出其中的枢机。该书《原叙》这样写道：

---

① 姚祝萱编：《国外游记汇刊》，中华书局 1924 年版。
② Henri Lefebvre, *The Production of Space*, Donald Nicholson-Smith trans., Oxford：Basil Blackwell. Originally published 1974.中文世界对此的介绍，可参见包亚明编著《现代性与空间的生产》，上海教育出版社 2003 年版。

自生民以来，际天所覆，大一统之国惟中国……此外九夷八荒，自为风气，则皆各君其国，各子其民矣。①

魏源此书，向被视作"睁眼看世界"之作，但在他人眼中，却有全然不同的感受。日本明治时代最重要的史家之一重野安绎，在为冈本监辅《万国史记》一书撰写序言时，联想到《海国图志》一书，对此就有尖锐批评："吾每阅汉土史乘，至所谓外国传、异域志，未尝不嗤其自小。彼以中土自居，而俨然临万国。"以达识著称之魏源，同样"局于素习而不自察"，"其著书题曰《海国图志》，是以五洲诸邦为海国也。夫大瀛寰之何往而不然，汉土亦一海国而已，何问大小哉"②。实际上，晚清之接纳"万国"，也殊属不易。郑观应对此的论述，大致展现了转变是如何发生的："若我中国，自谓居地球之中，余概目为夷狄，向来划疆自守，不事远图。"即便通商以来，"中国亦不屑自处为万国之一"。照其所见，"夫地球圆体，既无东西，何有中边。同居覆载之下，奚必强分夷夏。如中国能自视为万国之一，则彼公法中必不能独缺中国，而我中华之法，亦可行于万国"③。因此，关键还不在接受从"天下"到"万国"的转变，尤在接受中国为"万国之一"，确立近代世界的构成乃确立"国"与"国"有着对等的关系。

近代旅行写作所昭示的转变，最基本的即体现在"空间生产"上。这其中，"西行"与"东游"构成游记之大端，便是对此形象的说明。黄遵宪在《日本国志》一书的《叙》中，曾描绘了过去士大夫足迹所受到的限制：

无论泰西，即日本与我仅隔一衣带水，击柝相闻，朝发可以夕至，亦视之若海外三神山，可望而不可即；若邹衍之谈九州，一似六合之外，荒诞不足论议也者，可不谓狭隘欤？④

此亦可见，所谓"空间生产"，大体上可视作近代的产物。当然，此类著述之所以大量产生，也映射出近代中国与外部世界的联系所受到的驱力何在。

"西行"方面的游记占据一定的比重，并不难理解。毕竟中外交往的大门

---

① 魏源：《海国图志》下册，岳麓书社1998年版，第1830—1831页。
② 重野安绎：《〈万国史记〉序》，冈本监辅《万国史记》，申报馆1880年版，第2—3页。
③ 郑观应：《论公法》，《易言》（三十六篇本），《郑观应集》上册，第67页。
④ 黄遵宪：《〈日本国志〉叙》，《日本国志》，上海古籍出版社2001年版，第2页。

是所谓的"西方世界"打开的，同时，在近代意义上的主权国家架构下与外部世界发生交往，也发端于清政府与西方各国缔结的各种"条约"。由此，所谓的"睁眼看世界"，很大程度上是"看西方"。既如此，也催生了这方面大量的游记。要列数有关"西行""使西"之类的游记、日记，显然不可能。关键在于，对比之前出版的同样以"西行"命名的日记、游记，即可发现所谓"西"，进入近代以后已悄然发生变化①。这其中，收于上述各种"汇编"资料的即有不少，如郭嵩焘的《使西纪程》、曾纪泽的《使西日记》等。此外，以欧美各国进行标识的也不少。除"出使日记"和"随员日记"之外，也有一些特例。蒋煦的《西游日记》，记录的是一位为筹建玻璃厂而往欧洲学习的有心人士，成行于1903年，而且是自筹旅费（详后）。所谓"西行"也并非完全指向"西方世界"，黄楙材撰《西輶日记》，所记录的即是黄1878年受四川总督派遣，从成都出发，远涉缅甸、印度考察的情形。

"东游"方面的日记最为庞大，也意味着日本影响的加剧。缪荃孙1903年撰写的《〈日游汇编〉序》清楚交代了其中的转变：当今积弊之世，"补救之法，亦惟作人于学而已"，"近数十年取法于泰西，观型于瀛东，而日本以同文接壤，变法自强，革故鼎新之迹尚可追寻，帆影轮声，往游日众，记载亦日出"。其中提到的包括罗振玉《扶桑两月记》、李宗棠《考察日本学校记》、关颖人等《参观学校图记》、陶葇林《日本学校章程汇编》、吴汝纶《东游丛录》②。这些士人往往受各级官员的派遣，东渡日本考察教育，然后才留下上述东游日记③。如加上留学生留

---

① 之前有关著述，所记录的往往只是中国的"西部"（甚至不完全是西部边疆的概念，仅仅是方位上的"西"也以此命名）。前述《小方壶斋舆地丛钞》《历代日记丛钞》所收录的即有不少，还可参见《中国边疆研究资料文库·边疆史地文献初编·西北边疆》第一辑（全25册）、《中国边疆研究资料文库·边疆史地文献初编·西南边疆》第一辑（全19册），中央编译出版社2011年版。

② 缪荃孙：《〈日游汇编〉序》，光绪二十九年刊本，此据璩鑫圭、唐良炎编《中国近代教育史资料汇编·学制演变》，上海教育出版社1991年版，第133—134页。

③ 各级官员之所以重视日本的经验，也是试图解决此前办学遇到的困难。张之洞与张百熙沟通时就曾表示："湖北前设学堂、书院，虽略仿西法，因风气未开，不能无所迁就。各堂未能画一，课本亦未成书，是以碍难奉复。拟俟赴东考察之员回鄂，详酌一妥章，再行奉达请教。"见张之洞《致京张冶秋尚书》，1902年3月9日，苑书义等主编《张之洞全集》第7册，河北人民出版社1998年版，第8873—8874页。

下的日记、游记,则数量无疑远超有关"西行"的种种记录①。

"西行"与"东游"构成近代游记之大端,所谓"空间"的拓展,也大致围绕此展开。值得强调的是,近代的旅行写作,所展示的是以"行"的方式建立起与世界的联系。与此相关的,技术进步所带来的影响,自也值得高度重视。《乘槎笔记》(斌椿)、《英轺私记》(刘锡鸿)提及的所谓"槎",所谓"轺",皆以夸张的方式述及旅途所使用的交通工具,也沿袭了过去出行时的称谓。而前面提及的中华书局1924年出版的《国外游记汇刊》,在封面上就不无意味地展示了那个时代可兹利用的交通工具:上方陆地上跑着独轮车、马车、自行车、公共汽车、有轨电车;下方展示的是天空上的飞船与飞机;再下方是大洋上的帆船和轮船;最下方则是从隧道驶出的火车②。将旅行与交通工具结合在一起,再自然不过,但这只是旅行的一环。对于今天的史家来说,依据这些游记资料,了解近代中国如何与外部世界联系在一起,如通过怎样的路线,运用怎样的交通工具,经历多少旅程,或许也是必要的。

有关中西之间的交通史,在民国时期曾引起众多学者的关注。只是所谓"西",所谓"交通",在理解上还存在一定的歧义。张星烺所编注的《中西交通史料汇编》一书,致力于汇集17世纪(明末)以前中国与欧洲、非洲、亚洲西部、中亚、印度半岛等国家和地区往来关系的史料,内中所言即是广义的"西"③。所谓"交通",实际也是"交流"的意思。向达在《中外交通小史》一书的《绪论》中就表达了这一层意思:

> 所谓的交通史有两个意义:一是就交通制度的本身而言,如中国历代交
> 通器具的变迁以及交通时间的缩短,都是这一类交通史中讨论的资料;一是
> 就这一个地理单位同又一个地理单位在各时代交往的情形及其影响而言,

---

① 同样命名为《东游日记》的,就有数十种之多。参见虞坤林《二十世纪日记知见录》,国家图书馆出版社2014年版。实藤惠秀曾分年统计了"东游日记"数量(1896—1937),见《中国人留学日本史》,谭汝谦、林启彦译,生活·读书·新知三联书店1983年版,附录三"有关中国留日学生的五个统计表",第451页。

② 姚祝萱编:《国外游记汇刊》,中华书局1924年版,封面。前面提及的《新游记汇刊》《新游记汇刊续编》的封面同样展示的是轮船、火车、汽车等交通工具。

③ 张星烺所编注的《中西交通史料汇编》一书,分为6册,1930年作为"辅仁大学丛书"第一种出版。

如中国同日本历代往来的梗概，和其在文化上所激起的变革，那是这一类交通史所要讨论的。①

方豪后来在《中西交通史》一书之《导言》中，对此也做出了梳理："但以方位（西）作研究单位，本不妥适。"同时，"'交通'二字之英译当为 Relation 或 Intercourse，则采用'关系'二字，实较妥当"②。这里有必要补充的正在于，所谓"西行"与"东游"，所提示的只是单向度的"方位"，且往往立足中国人之"行"进行标识，实际上，这些交通线路的贯通，外人的作用自不可小觑，相应的，其"行"就不便以"西行"与"东游"进行表述。

中西"交通"的情形在这些著作中也有所梳理。向达撰写的《中西交通史》，主要涉及元以后中国与欧洲的沟通，特别指明这一时期同西洋之交通以及西洋教士在中国布教，都曾达到极盛。形成了欧洲通向东方的三条通道：一、取道埃及出红海；二、由地中海东岸登录，至幼发拉底河顺流出波斯湾；三、由黑海取道美索不达米亚而出波斯湾。随着突厥人兴起，这三条大路俱为突厥人所封锁，"东西的交通因此又阻隔了若干时候"。而葡萄牙人又开辟了绕过好望角至印度的航线，进一步又到了中国，"自十五世纪葡萄牙人同中国交通，西班牙、荷兰、英国诸国人相继来临"③。在《中西交通史》一书中，方豪对中古以来中国与欧洲的交通，在向达所总结的三条通道之外，补充了第四条通道："经中亚细亚之撒马尔干、布哈拉、里海北岸、黑海北岸，渡海至君士坦丁堡。"而"上述四道，俱为土耳其人所扼，欧洲人与东方之贸易，亦完全为土耳其人所垄断，乃不得不另觅航路"。明季中叶欧洲人之东来，主要依赖于葡萄牙人所开辟的取道好望角至印度的路线，天主教士亦相继至印度，并设立总主教，以统辖东方教务④。

对于古代世界中西交通史实的还原，中文世界所能利用的资料颇为有限。

---

① 向达：《中外交通小史》，商务印书馆 1930 年版，"绪论"，第 1 页。
② 方豪：《中西交通史》上册，"导言"，该书 1953—1954 年由台北中华文化出版事业社出版，此据岳麓书社 1987 年版，第 1—2 页。
③ 向达：《中西交通史》，该书初版于 1930 年，此据中华书局 1934 年版，第 68—75 页。向另有《中外交通小史》一书，主要叙述元以前中西文化交流状况，商务印书馆 1930 年版。
④ 方豪：《中西交通史》下册，第 655—660 页。对此的总结可参见修彩波《近代学人与中西交通史研究》，光明日报出版社 2010 年版。

透过耶稣会士的来华以及所留下的资料,可以更多了解一些具体的内容,东西沟通曾经的艰难,在这些记录中也有所反映。利玛窦(Matteo Ricci)的东方之行,始于1578年3月24日乘坐一艘命名为圣类思(Saint Louis)的船从里斯本出发,同年9月13日到达葡萄牙在东方殖民活动的重要据点印度的果阿(Goa)。在此停留四年以后,1582年4月由果阿启程,同年8月抵达澳门①。稍后来到中国的耶稣会士,在通信中也描绘了旅途的种种故事。马若瑟(Joseph de Prémare)在一通信函中曾述及由法国经好望角到中国所经历的曲折。经过七个月的航行,才终于到了中国。不过据其推断,扣除沿途耽误的时间,"只要不迷路,用六个月时间从法国到中国是绰绰有余的"。他在广州也看到一艘英国小船,"只用了五个月甚至更少些时间就完成了航程"②。当然,这还是在一切顺利的情形下,如遇到风向不顺等原因,则拖延多久就很难说了。东京修会会长勒鲁瓦耶(le Royer)神父在致其兄弟的信中就道出:

> 能在我们所处的远方得到你们的消息而且有机会让你知道我们的情况,这于我是巨大的安慰。在最近几封信到我手里之前,我有多年没你的消息了。不知道我写给你的信是否都到了你手里;正因为此,如你发现我先后到达的不同书信中重复了一些同样的话,你不必惊讶……多写几次,通过不同的船只寄来;这样,在一种途径上可能投误或丢失的书信总可以通过另一渠道送达。③

仅由这段话,就不难想象那个时候的交流是何等困难,需要设想种种办法应对。实际上,自16世纪天主教传教士开辟东方传教区以来,除通往中国的印度洋航路和太平洋航路之外,以耶稣会士为首的传教士从来没有忘记寻找从陆路到中国的路线,只是尽管经过多方努力,探索出多条可能的通道,但"它们的实际可能性尚不及海路"④。此外,前述马戛尔尼使团,也留下沟通中西交通的记录。

---

① 利玛窦、金尼阁:《利玛窦中国札记》,何高济等译,中华书局1983年版,第39页。
② 《耶稣会教士马若瑟(Prémare)神父致国王忏悔师、本会可敬的拉雪兹(La Chaise)神父的信》,1699年2月17日于广州,杜赫德编《耶稣会士中国书简集》I,郑德弟等译,大象出版社2001年版,第136—137页。
③ 《耶稣会传教士东京修会会长勒鲁瓦耶(le Royer)神父致他的兄弟勒鲁瓦耶·德·阿尔西斯(le Royer des Arsix)的信》,1700年6月10日于东京,杜赫德编《耶稣会士中国书简集》I,第1页。
④ 吴莉苇:《17世纪耶稣会士对通往中国之陆上通道的探索》,北京天主教与文化研究所编《天主教研究论辑》第4辑,宗教文化出版社2007年版,第154—174页。

船队 1792 年 9 月 26 日从英国朴茨茅斯港启航，出发 9 个月之后，才到达中国南部海岸，再行驶到目的地天津港，已经是次年的 7 月了①。

到新教传教士来华时，则经历了技术进步所带来的转折。这一时期来华传教士所办刊物，就刊载了有关中西交通的基本信息。1853 年 8 月 1 日创刊于香港的《遐迩贯珍》，就不乏这方面的信息，据此也略可知到 19 世纪中叶中西之间的沟通是通过什么途径、什么方式实现的。该刊 1854 年第 2 卷第 7 号、第 8 号上曾刊登《瀛海笔记》《瀛海再笔》，记录的是应雨耕随英国驻京公使威妥玛（Thomas Francis Wade）赴英数月留下的印象记，其中也简要述及整个航程，"由香港附西国海舶，扬帆登程，向西南驶行"，经绕过好望角的路线，"计行程一百二十余日，始抵英境"②。尤其值得重视的是，该刊所刊登的《西程述概》，还将"中土赴英之程途，缕述其梗概，凡道路所经，程期几何，费资若干，皆详叙而条申之。设有中土官绅，详知此道途之非遥，程期之非久，费资之不奢，计必有勃然兴发，为浮海之游。"内中指明：

> 今有数途，皆可达英国，而常行通津，多由二途焉。其一，经亚非利加之西南尽头处，译名好望角，又名大浪山，转驶而北，后图以墨点表而出之；其一经新嘉坡、西伦、红海、地中海，即后文所述者。附图以墨线表而出之。

进一步还说明："过大浪山之道，较为纡远，而需时尤多，是以邮船回英，今皆不由此道，而寻常商船，斯由之耳。商船行驶迟缓，程期难定，少则三个月，多则四五个月。始行抵境，但客费略为减省。"此外，还说明走近道，约需花费 51 日，只是并非"一路径抵英国"，需多次转换交通工具③。

《遐迩贯珍》刊登的告白，也不乏有关船期的信息。该刊自 1855 年第 1 号开始登载告白，还特别说明："若行商租船者等，得藉此书，以表白事款，较之遍贴

---

① 参见 Sir.G.斯当东《英使谒见乾隆纪实》，叶笃义译，商务印书馆 1963 年版。
② 《瀛海笔记》，《遐迩贯珍》第 2 卷第 7 号，1854 年 7 月 1 日，第 1—5 页；《瀛海再笔》，《遐迩贯珍》第 2 卷第 8 号，1854 年 8 月 1 日，第 1—5 页。据考证，此系王韬为好友应雨耕代笔而成。见萧永宏《王韬与近代早期香港华文报刊业——〈循环日报〉创办缘起考》，《人文中国学报》第 19 期，香港浸会大学，2013 年，第 298—301 页。
③ 《西程述概》，《遐迩贯珍》第 1 卷第 2 号，1953 年 9 月 1 日，第 1--5 页。

街帖,传闻更远,则获益良多。"①当期就包括有4条有关"船"的告帖,其中之《孖剌船往新旧二金山帖》,告知有"第一号快行花旗洋船"将于11、12月由香港分别前往新旧金山,"搭货搭客皆可"②。这些信息以后一直在刊登,在该刊所有的告白中也是以轮船招客的内容居多。此外,该刊之"近日杂报"栏,也经常刊登有关信息,1854年的一则信息就透露:"本年自正月至六月,计由港口赴新旧两处金山船只,亚士低里亚计船二十四只,三佛兰息士哥计船二十七只,共计载去中土人一万五千六百名,此但据报名册籍按计,恐尚有漏报者不少也。"③

1857年在上海出版的《六合丛谈》(*Shanghai Serial*),从第1卷第11号起,也开始刊登"船单"的信息,说明"近月到上海之船二十七只,出口者二十四只,现在泊于黄浦中者,共有商船七十四只,其中英国四十二只,合众国十四只,法兰西一只,西班牙三只,荷兰国三只,旱堡国四只,嗹国一只,暹罗国五只"④。此外,该刊创刊号上即设有"泰西近事纪要"(第2号易名为"泰西近事述略"),其编者所加按语,还指明消息是如何从英国伦敦传递到上海:

> 正月十二日,火轮驿船以林至沪,驰递泰西诸札,知始发之驿船立本,于丙辰十一月十六日离英,于海遇大风,泊于西班牙之哥鲁那,故至较缓。又加的斯驿船,于十二月六日离孟买,十四日离加利,二十九日离新嘉坡。正月十二日以林船离香港,径驶至沪,札中所载之近事如左。⑤

---

① 《论〈遐迩贯珍〉表白事款编》,《遐迩贯珍》第1号,1855年1月1日,"布告编",第1页。
② 其他三则为《火船往来省城澳门香港告帖》《火船晏告帖》《未士士店臣启船往新旧二金山帖》,另有两条有关商行的招帖。见《遐迩贯珍》第1号,1855年1月1日,"布告编",第1—3页。
③ 《近日杂报》,《遐迩贯珍》第2卷第8号,1854年8月1日,第12页。
④ 《船单》,《六合丛谈》第1卷第11号,1857年11月16日,第15页。
⑤ 《泰西近事述略》,《六合丛谈》第1卷第2号,1857年2月24日,第9页。这自是非常之情形,下一号之编者按语就说明:"丙辰十二月十五日,邮寄之信札始离英京伦敦。正月八日,诺纳驿船从孟买启行,十三日离加利,十九日离槟榔岛,二十二日离新嘉坡,以林驿船于二月七日离香港,十二日抵沪,所递近事如左。"《六合丛谈》第1卷第3号,1857年3月26日,第8页。这也成为惯例,"泰西近事述略"之开篇,往往都会交代相关消息如何带到上海。结合《东西洋考每月统记传》所登载的信息,还可知悉,那个时候的各种消息,全靠往来船只带来。如"新闻"栏一则按语就表示:"今月所到西方船只皆无带来紧要新息。"另一则按语交代得更具体:"此刻西方英吉利等国船只,近月尚未有到,致无新息可传,且今时风亦顺逆不常,四方船皆少来,所闻各国之事,甚为稀鲜也。"见《东西洋考每月统记传》癸巳九月、十月,1833年10、11月,此据黄时鉴整理《东西洋考每月统记传》,中华书局1997年版,第38、48页。

第 10 号"泰西近事述略"所加按语,还特别指明行程只 50 日:

> 六月二十一日,邮信离英京伦敦,至马塞里佛的船自彼启行,至马达岛,有立本船抵埃及之亚历山大,复从陆路递信至苏夷士,努比阿船抵孟买。七月十三日,离彼至锡兰之加利,十七日亚丁船抵香港,八月六日自香港启行,十二日抵吴淞口。此行也,自伦敦至上海不过五十日,而在香港停泊四日,向未有如此之速者。所递近事如左。①

商业性报章兴起后,有关交通运输的消息自然也不可缺少。1861 年 11 月由字林洋行出资在上海发行的《上海新报》,标注的英文名称为 *The Chinese Shipping List & Advertisers*,直译即是"中文船期告白"的意思,既如此,其一开始即致力于提供航运的信息。如第 45 号的告白,就登载了前往日本、伦敦的各二艘船的"船名""行名"(还包括前往香港、天津、汉口的相关信息),并注明:"现在黄浦落货船名前往各埠列左,每逢礼拜一五十二点钟大英兵船上发一大炮以准时刻。"②该号所刊布的一则新闻还特别指明香港的有关情况。由这些船只到港的信息,大致可判断此一时期中外交通的基本情形③。

1872 年 4 月 30 日创刊的《申报》,在服务商业方面更是达到前所未有的程度。创刊号上的《本馆告白》就指明:"如有招贴告白、货物船只、经纪行情等款,愿刊入本馆新报者,以五十字为式,买一天者取刊赀二百五十文,倘字数多者,每加十字照加钱五十文;买二天者取钱一百五十文,字数多者,每加十字照加钱三十文起算,如有愿买三四天者该价与第二天同。"还特别说明:"西人告白,惟轮船开行日期及拍卖二款,刻赀照中国告白一例,倘系西字,欲本馆译出者,第一天该价加中国刻赀一半,并祈先惠。"④当期即刊登有船期的消息,并注明"廿二日进口各船开列于左"(包括来自台湾、小吕宋、长崎),"廿四日早开火船开列于

---

① 《泰西近事述略》,《六合丛谈》第 1 卷第 10 号,1857 年 10 月 18 日,第 12 页。
② 《告白》,《上海新报》第 45 号,壬戌年五月廿八日(1862 年 6 月 24 日),第 1 版。
③ 具体说明:"上年共来外国船只一千二百五十九号……其船由中国各口到港者计六百十四号,由暹罗到港者一百九十号,由天竺到港者百五十四号,由英国到港者一百另六号,由美国到港者五十一号,由欧罗巴到港者二百廿一号,由阿士堆拿到港者四十三号,小吕宋有三十六号,日本有廿号,中国到港之华艇,其数甚多,尚未查明,后再续。"见《上海新报》第 45 号,壬戌年五月廿八日(1862 年 6 月 24 日),第 1 版。
④ 《本馆告白》,《申报》1872 年 4 月 30 日,第 2 章。

左"（包括往汉口、天津、宁波）①。以后这也成为常态。换言之，通过当时所出版的报章大致可还原中国各地与世界各国的联系。

有关"西行""东游"所涉及的具体航程，这里也可略加说明。先来看看"东游"的情形。用不着特别指明，东亚世界有广阔的海域存在，早已形成由帆船所维系的各国之间的交流。到清季，"中国每年都定期向江户时代锁国的日本派遣中国帆船，日中间的文化交流主要依靠中国帆船在中国与日本长崎之间往来进行"。从时间来看，"西风顺利的话4天或5天就可到达日本，否则会需要10多天或30—40天"②。以英国汽船登陆中国为契机，东亚海域也进入了以汽船航运为主流的时代。最初中日之间的汽船航路主要由美、英、法三国的汽船公司所主导。1875年日本政府批准三菱邮船公司开设首条由日本公司经营的海外航路，即来往于横滨、神户、下关、长崎至上海的航线，三菱邮船公司便统领了中日之间的主要航路。清政府1872年在上海开办了自主经营的汽船公司——轮船招商局，也曾开通了日本航线，进行了数次航行，但遭到日本方面的抵制措施，最终挫败③。1875年《申报》就登载了一则告白，说明三菱轮船洋行议定开通横滨至上海的航线，并可顺路到神户、长崎等地④。葛元煦1876年成书的《沪游杂记》，还记录了三菱洋行轮船承担"往长崎、神户、横滨"的行程，"礼拜三黎明开轮"，其价格分别为六元、十元、十五元，与国内的航线所花费的也差不多（到福州、厦门、香港均需八元）⑤。这样的行程与费用，或许也能解释何以在19世纪末20世纪初汇成留日的高潮。

通过东渡日本的中国人所留下的记录，大致可还原具体的路线。罗森

---

① 《告白》，《申报》1872年4月30日，第8章。
② 松浦章：《清代帆船东亚航运与中国海商海盗研究》，上海辞书出版社2009年版，第7、62页。还可参见松浦章《清代帆船与中日文化交流》，张新艺译，上海科学技术出版社2012年版；《明清时代东亚海域的文化交流》，郑洁西等译，江苏人民出版社2009年版。
③ 参见松浦章《清末轮船招商局汽船和日本》，《学术研究》2011年第10期，第92—101页；同时参见氏著《汽船の时代——近代東アジア海域》，大阪清文堂2013年版。朱荫贵之前已检讨了轮船招商局与日本三菱邮船公司的不同命运。见《国家干预经济与中日近代化》，东方出版社1994年版。
④ 《创设火轮船公司》，《申报》1875年2月11日，第6页。
⑤ 葛元煦：《沪游杂记》，上海古籍出版社1989年版，第74页。

1854 年的日本之行，是由特殊的机缘造就。其留下的《日本日记》交代了其中之缘由："癸丑三月，合众国火船于日本商议通商之事，未遂允依。是年十月二十二日，有某友请予同往日本，共议条约。予卜之吉，十二月十五扬帆。"①据此可知，罗森参加的是美国柏利（M. C. Perry）舰队的第二次日本之行，行程也有异于一般的航线，途中曾在琉球停泊，然后再入江户湾，停靠于横滨。何如璋 1877 年出使日本，因身份特殊，则系由时任两江总督兼南洋通商大臣的沈葆桢派江南第五号"海安"兵船护送的②。在日本三菱邮船公司开通了上海赴日本的航线后，中国人赴日之行程，差不多都依靠这一航线（后增加了其他航线，详后）。

受赫德（Robert Hart）委派前往美国费城参加美国建国 100 周年博览会的李圭，1877 年自上海启程赴美，即是先抵达横滨，再转赴美国旧金山。"二十一日卯正，由沪开行"，"二十二日亥初，舟抵日本之长崎岛"。二十三日，夜半开行，"二十五日正午，抵神户"。二十七日夜再次启程，"二十九日巳初，舟抵横滨"③。李圭由横滨转赴美国旧金山，也留下这样的记录。"（五月）初二日寅正，启轮渡大东洋"，至二十日即抵达旧金山。为此，李圭特别说明："由横滨至此，计程一万七千四百八十里，船行十八昼夜零三时。此即中国所称'大东洋'。十八日内不见寸土，不见他船，洋面以此最阔，盖已越地球三之一矣。"④

王韬 1879 年赴日访问，其《扶桑游记》也记录了该年闰三月从上海赴日之行程。初九日，"丑正，船始开行"，到十一日，"夜半抵长崎"。上岸略作停留，次日，"夜子正开行"，"十四日，午正抵神户"。随后乘车游览了大阪、西京，到二十

---

① 罗森的《日本日记》曾登载于 1854 年出版的《遐迩贯珍》，此据罗森《日本日记》，岳麓书社 1985 年版，第 31—32 页。
② 何如璋：《使东述略》，岳麓书社 1985 年版，第 90 页。内中大致交代了其行程："余自（光绪三年）八月五日出都，泛渤海，抵吴淞，往返金陵，淹留沪上月余日。十月杪乘轮东渡，历日本内海、外海，冬至前五日乃至横滨。又迟之一月，始移寓东京行馆。所过海程近万里，舟行十有八日。"同上书，第 108 页。
③ 其日记写道："光绪二年四月二十日，雇定日本国三菱公司（洋商纠股贸易，谓之公司。招商局之设，亦仿此意也）之美国'宜发达'轮船。计上舱票二张，一由上海至日本国犹哥哈马埠（即横滨），一由犹哥哈马转船至美国三藩谢司戈城（即旧金山）。"见李圭《东行日记》，《环游地球新录》卷四，岳麓书社 1985 年版，第 317—322 页。
④ 李圭：《东行日记》，《环游地球新录》卷四，第 323—326 页。

三日才重新上船，"申正开行"，到二十四日，"子正，舟抵横滨"。二十八日，再赴东京①。王韬所记录的，正是当时"东游"最平常的路线。透过李筱圃的《日本纪游》更可获悉，其于1880年"往游东洋"，自沪登舟，乘坐的即是三菱邮船公司的船。而且，船到长崎，系由华商"泰记号"接待的(至神户也是由华商几家商号接待)，为此李也加以按语说明："今华商贸易于此，约有千数，闽人居多，有八闽、三江各会馆。"还留下这样的观察："今之贸易繁盛，首推横滨，次神户，次长崎"，"华商之在日本约共五六千人。"②1893年黄庆澄赴日考察记录的行程，路线也一致③。

当赴日留学成为潮流，留学生赴日所记录的行程也差不多。黄尊三作为湖南官费留学生赴日，光绪三十一年(1905)五月十六日在上海登上"雄本丸"，五月十八日，"至长崎"，"停轮验病，经时复开行"；五月十九日，"至门司，复验病"；五月二十一日，"至神户，再验病"。五月二十二日，"由神户开行"，次日，"至横滨，再验病"。然后搭乘火车到东京④。尽管多次验病耽误了行程，但较之从湖南到上海的行程，时间上还要少很多。正是因为赴日留学成为热门，有关游学指南类的书籍也提示了"东游"的具体路线。如章宗祥1901年出版的《日本游学指南》，就有"上路之情形"一节，告知"凡自吾国至日本船只，有英国公司、法国公司及日本邮船公司，其中以日本船为最亲切便当"。还具体指明：

> 凡自吾国至日本，分为南北二大道。南省各地，以上海为出发之地。北

①游记中未提及所乘船只。不过，王韬行前日本驻沪总领事品川忠道为其饯行，王韬留下的记载可表明其所乘坐的船只："品川忠道招饮，暮偕渐卿、昕伯同往。同席津枝正信，则贸易于甬东者；笹濑元明，则三井物产会社之司事也，并同舟东归；此舟船主亦在座。皆品川领事招之前来，使彼此识面，中途可藉其指引作东道主也，其厚谊可感。"见王韬《扶桑游记》，岳麓书社1985年版，第392—393、395、405—406、408页。王韬所记录的归程，则是光绪五年七月六日从东京乘车到横滨登船，"申正，轮舟启行"，八日到神户，九日乘船赴长崎，十二日由长崎出发，十四日抵上海。同上书，第504—507页。

②李筱圃：《日本纪游》，岳麓书社1985年版，第163页。

③日记中写道：光绪十九年五月初四日，"上日本三菱公司轮船，未刻发沪江。船名'神户丸'"，"初六日，丑刻抵长崎"。在此停留几天后，"十三日，上'横滨丸'，申刻发长崎"，"十五日，辰刻抵神户"。紧接着，"十六日，午刻发神户"，"十七日，未刻抵横滨"。最后再于"十八日，乘火车赴东京"。见黄庆澄《东游日记》，岳麓书社1985年版，第321—322、326—328、329—330、331页。

④黄尊三：《三十年日记》，湖南印书馆1933年版，第9—10页。

省各地，以芝罘为出发之地。自芝罘动身，可买船票至神户。由神户换坐火车到东京，凡大车行十七点钟，计程共十日。自上海动身，可买船票至横滨，换坐火车到东京，凡大车行一点钟，计路程共七日。若买票至神户，由神户坐急行火车到东京，则五日可到。到日本之第一埠，为长崎，其次为马关，其次为神户，其次即为横滨。各埠除马关外，均为从前通商口岸。①

再来看这一时期来华的新教传教士所拓展的"西行"路线，可以说，每个人的旅程都构成了一个"故事"。最早来华的新教传教士，仍需要走绕过好望角的航线。作为西方派到中国大陆的第一位新教传教士，马礼逊（Robert Morrison）的行程较为特殊，他从伦敦出发，绕道美国乘船前往中国。1807 年 1 月 31 日上船，在大西洋上航行了 80 天才于 4 月 20 日到达纽约。从纽约乘坐美国货船到广州的航行，启程于该年的 5 月 22 日，同样走绕过好望角驶入印度洋的路线，在海上颠簸了近 4 个月之久，约 113 天，于 9 月 8 日抵达广州②。在其 1824 年回国述职时，是搭乘"滑铁卢号"船经过好望角到英国，全部航程共 100 天③。

技术进步的影响，很快也显现出来。1839 年赴马六甲（后随英华书院迁往香港）传教的理雅各（James Legge），其来往于英国和香港之间的行程也引起其传记作者的关注，并留下这样的评说：

> 就像理雅各在 19 世纪 40 年代所经历的那样，在英格兰和香港之间来往行程只需要大约三个月。在 19 世纪下半期交通和通讯更为快捷的新时代——这一时代交通和文化交流都加速了，因为有了蒸汽船、铁路和电报——一次从中国到英国途经印度洋和新开辟的苏伊士运河的普通旅行，一般需要约一个半月。1867 年和 1870 年理雅各最近的一次在香港和英国

---

① 章宗祥：《日本游学指南》，无出版信息，署"光绪二十七年六月乌程章宗祥记于丸山旅舍，时留学日本东京帝国法科大学"，第 16—17 页。
② 马礼逊夫人编：《马礼逊回忆录》，顾长声译，广西师范大学出版社 2004 年版，第 30—41 页。《遐迩贯珍》登载的《马礼逊传》也述及此：嘉庆十二年丁卯，"先往花旗国，以未得直进中国之船也。行七十八日抵新约克"。"是年秋，至广东，舟行一百十三日"。见《马礼逊传》，《遐迩贯珍》第 8 号，1855 年 8 月 1 日，第 8—9 页。
③ 马礼逊夫人编：《马礼逊回忆录》，第 223 页。1826 年 5 月 1 日，马礼逊又起航前往中国，在船上航行 4 个月之后，才抵达新加坡。在此稍作停留，9 月 6 日离开新加坡，到 9 月 19 日，抵达澳门。此外，在马礼逊夫人和孩子回国时，乘坐的"英格利斯号"于 1833 年 12 月 14 日驶离中国，次年 4 月 6 日抵达英国。同上书，第 252—255、289 页。

之间的来回旅行所选择的就是这条路线。①

1867年理雅各回英国之行,邀王韬同行。对于此次西行的具体路线,王韬也有所说明:"按昔时英人东来之海道,皆绕好望角而至中华。自咸丰年间,始由亚丁直抵红海,陆行百七十里而至地中海,计程可近数万里,诚捷径也。于是好望角形势之雄,遂成虚设。逮至苏彝士运河一开,东西轮船均可直达,局面又一变矣。地势无常,可胜慨哉!"整个行程的时间,"自香港启行,抵法国马塞里,凡四十余日"②。王韬在游记中对于交通工具及信息传输工具所取得的进展,无疑留下深刻的影响,特别指明此次行程,"非火珣风轮,即飙车电驭,邮程无滞,水陆无惊,亦云快矣。经历数十国,往来七万里,波涛助其壮志,风雨破其奇怀,亦足豪矣。"③

王韬在游记中提及的苏伊士运河开通一事,对于中西交通所产生的影响,自值得略加补充。苏伊士运河的通航和海底电缆的铺设,对于中西交通的改变无疑是革命性的。西文报章最早报道了此举所具有的意义,一篇文章就指明,苏伊士运河开通的1869年11月17日,"将会是东西方人值得长久纪念的日子"④。丁韪良《中西闻见录》则详述苏伊士运河开通之经过:"东西两半球,各有大洋,西洋有岔支,名曰地中海,东行六千余里。东洋有岔支,名曰红海,西流数千里。两海几乎相接,其间惟有三百里狭地。"点出苏伊士运河的开凿,大大有裨于东西之沟通,"辟路通洋,取数万里之程,撮而归之数百里之途,不俨然缩地乎!"

---

① 吉瑞德(Norman J. Girardot):《朝觐东方:理雅各评传》,段怀清、周俐玲译,广西师范大学出版社2011年版,第73页。轮船机械上的变革,自也不可忽视,那就是蒸汽作为帆船的帮助,"经过半个世纪的实验以后,从1850年至1860年已证明汽船不仅是实用的,而且是很可以在货物和乘客的运送上营利"。见聂宝璋编《中国近代航运史资料》第1辑上册,上海人民出版社1983年版,第655页。

② 王韬:《漫游随录》,岳麓书社1985年版,第78、83页。

③ 王韬:《自序》,《漫游随录》,第42—43页。实际上,之前卜居沪上时,王韬对此就有所关注:"西国所制火船,有明轮暗轮之别,无论风浪顺逆,俱可驶行。速者一时可行六七十里,迟亦约得五十余里。""西人于近事,日必刊刻,传播遐迩,谓之新闻纸","每月有火轮邮舶二,自中土往来,刻期而至,虽甚风雨,不爽时日。必携其国之日报、信札,按名给派,故虽隔数万里之遥,而国中有事必知。军国急要事,则用电线传递,盖视六合如一家,四海同衽席矣"。见王韬《瀛壖杂志》卷六,上海进步书局校印(无出版日期),第9—10页。

④ "The Suez Canal," *The North-China Herald and Supreme Court & Consular Gazette*, Jan.18, 1870, p.39. 围绕此的相关信息,可参见聂宝璋编《中国近代航运史资料》第1辑上册,第635—636页。

"令二洋相通,东西汇流,洵不世之鸿业也"①。《申报》1876 年也转载了刊于《循环日报》的一篇文字,述及苏伊士运河具有的重要意义:

> 苏彝士所开新河,法人里息创之,而近日英人出赀购之。其地为红海地中海出入之咽喉,欧洲往来之门户,凡贸易于东方者,必取道于此,诚所谓控喉扪背、扼要阻险之地也。自苏彝士至亚勒散得,凡数百里,皆埃及国之属,向以轮车为邮驿、载客、传书、运贩货物,及绥士河开而后,列国帆樯鳞集羽萃,胥出于此,一岁中所榷船税,颇为浩繁。②

李提摩太(Timothy Richard)的来华,也经历了戏剧性的一幕。李提摩太 1869 年 11 月 17 日在利物浦登上英国的"阿基里斯"号出发,"苏伊士运河,这个可以将去往东方的路途缩短一半的宏伟工程,就在他出发的那一天正式通航了。然而,由于当时这条运河的深度不够……那时所谓的'大吨位的船舶'却无法通过,因而'阿基里斯'号不得不绕过好望角,沿着前辈们的路线航行"③。1877 年进行环球之旅的李圭,由地中海经苏伊士运河过红海,也留下对苏伊士运河的记录,特别述及运河通航之前的状况:

> 苏尔士运河,故沙漠地,界亚细亚、阿非利加洲间,属土耳基国之埃及总督辖。北界地中海,南界红海,中间陆路长二百三十八里,曩无居人。西来之船至地中海尽处,必由阿勒散得城(地中海南岸第一大埠,属埃及)乘火轮车陆行,至红海北岸苏尔士地方,复上船而东,不能一水直达。④

王之春 1894 年出使俄国,途经苏伊士运河,也不无感叹:"开河固称巨工,足比巨灵擘华","昔河未通,西人多借此作逆旅,住月余,更往地中海登舟,今无需此。"⑤随王之春出使俄国的潘乃光,后来还留下赞颂苏伊士运河的竹枝词:"有心精卫计何迁? 无恙龙门凿得无。缩地能通三百里,移山莫笑乃愚公。"⑥

---

① 丁韪良:《新开地中河记》,《中西闻见录》第 7 号,1873 年 2 月,第 1—4 页。
② 《论英人购受新河》,《申报》1876 年 2 月 22 日,第 4 页。注明选录《循环日报》。
③ 苏慧廉:《李提摩太在中国》,关志远等译,广西师范大学出版社 2007 年版,第 12—13 页。
④ 李圭:《环游地球新录》卷三,第 304 页。
⑤ 王之春:《使俄草》,岳麓书社 2016 年版,第 62 页。
⑥ 潘乃光:《苏尼士河》(即新开河),收入王慎之、王子今辑《清代海外竹枝词》,北京大学出版社 1994 年版,第 197 页。

回头去看晚清出使人员对中西交通的描绘,也不乏值得重视的一些特点。关键在于,近代的旅行书写所提供的信息,对于还原中西之间的交通,要具象得多。

斌椿一行,也有"斌椿使团"之名,但严格意义上说还谈不上。斌椿留下的《乘槎笔记》,所记行程颇为详尽。在该书的"按语"中,斌椿这样写道:

> 计自津沽登舟,遵海而南,凡逾六省至香港,始易巨舶放南洋。过越南、暹罗两国境,折而西,至锡兰(南印度大岛)。又西北,至亚丁(阿剌伯境),添储薪水糇粮。至麦西国都,登陆。由地中海易舟,至佛郎西、英吉利、荷兰、丹麻尔、瑞典、俄罗斯、普鲁士、比利时各国。都凡乘火轮船十有九,火轮车四十有二,形式各异……舟车所至,九万余里。[1]

同行的张德彝也留下行程的记录。对于这段旅程,张的感受是:"遨游海国胜飞仙,十倍鹏程未一年。昔日乘槎休未远,于今已过二洲边。"[2]

真正算得上清政府向西方国家派出的第一个外交使团,是由三位"办理中外交涉事务大臣"组成的使团。当然委任曾担任美国驻华公使的蒲安臣(Anson Burlingame)为全权使节,自说明清政府对此的无所适从。在回答皇太后"由何路行走"的问题时,志刚做了这样的答复:

> 由陆路到上海上火轮船,经日本过大东洋到米里坚;由米里坚渡大西洋到英吉利,过海到法兰西;往北顺路到比里时、荷兰、丹麻尔、瑞典、俄罗斯;往南回到布路斯;再南仍经法兰西到西班牙、意大利;由地中海经大南洋,顺广东、福建、江浙中国海面,自天津回京。

最后还说明:"溯自同治六年十二月十一日,自总署乘公车起程,至九年十月二十六日回京。通计水陆程一十二万六千余里。"如仅算中美之间的航程,则启程于1868年2月25日,乘坐的是"格思达噶里"号轮船,到日本横滨后,再换美国的"斋纳"大轮船,4月1日抵达旧金山[3]。同治九年(1870)志刚一行踏上归程,走的是地中海的航线。八月初九日,"乘法国暗轮'阿发'船入地中海东驶,往中

---

①斌椿:《乘槎笔记》,岳麓书社1985年版,第143—144页。
②张德彝:《航海述奇》,岳麓书社1985年版,第595页。
③志刚:《初使泰西记》,岳麓书社1985年版,第250、263—264、379页。此行张德彝作为随员也经历了约一半的行程,因在巴黎坠马受伤,提前离欧返国。对此行的相关记录可参见张德彝《欧美环游记》(即《再述奇》),岳麓书社1985年版。

国进发"。"十六日，出运口，至苏尔士停泊"。为此也特别提及："昔未开运河时，船至埃及换火车至苏尔士，乘轮船入红海，今省此一番周折矣。"九月十七日，"至香港停泊"，十八日，"换'伐司'轮船往上海"。经历这番行程，对于中国一向所持的看法，尤其是邹衍"所谓中国者，于天下乃八十一分居其一分耳"，志刚自也有了不同的认识：

> 今以西士所考地球图，及使者所历环大地一周见闻所及，约举地上人类分殊之区证之，邹衍之说，似不皆谬……然以此九大区为九州，在昔已以为不经，而今尚可强证其说。若其所称大瀛海所环之九州，既称"人民禽兽莫能相通"，邹衍又奚从而闻知邪？是真所谓闳大不经者矣。①

到郭嵩焘担任"出使英国钦差大臣"（后兼使法国），所利用的也是这一航线。《使西纪程》记录了郭嵩焘一行 1876 年 12 月 2 日从上海启程，经香港、新加坡，过马六甲海峡、印度洋、阿拉伯海，入红海，穿苏伊士运河到地中海，经马耳他，过直布罗陀入大西洋，1877 年 1 月 21 日抵达伦敦。同行的黎庶昌在一通书简中，还详细记录了自上海至伦敦的行程，为此还表示："诸所经过山川城市，风土人情，《瀛寰志略》所载，十得七八，乃叹徐氏立言之非谬。"②在这方面，黎是颇为用心的，在给曾纪泽的信中，他就寄来《由北京出蒙古中路至俄都路程考略》和《由亚西亚俄境西路至伊犁等地路程考略》，这是因为中国之前有关这方面的记录不多，尤其缺少实地考察的资料，为此他还表示自己愿意承担这样的工作，甚至强调，能遂此志，"庶昌虽死，亦可以无朽矣！"还具体写道：

> 庶昌之建此议，实欲求益国家，非苟为纸上空谈。若以为游历起见也

①志刚：《初使泰西记》，第 370—377、379—380 页。
②其中写道："庶昌随星使出洋后，于十二月初八日行抵伦敦，为期五十一日，凡行程三万一千余里。自上海二千一百六十里至香港，又四千三百一十里至新加坡（在赤道北二百四十里），又一千一百四十三里至槟榔屿，又三千六百三十九里至锡兰。锡兰，佛生处也（自此以西无中国人）。又六千四百零三里至亚丁，是为印度大洋，由此折入红海。又三千九百二十四里至苏衣士，经新开河（颇似中国北方运河），二百六十里至波塞，入地中海。又二千八百四十里至毛儿达岛（在地中海东西之中，英国停泊兵船处），又二千九百四十三里至矶布洛陀（此山皆石，其形如狮，踞地中海大西洋之口，英人凿出为隧道，置炮守之，所谓山炮台也）。由此出大西洋，又三千四百五十三里至扫司阿母敦（英国码头），又换火轮车行二百一十五里至伦敦。"见黎庶昌《与李勉林观察书》，《西洋杂志》，岳麓书社 1985 年版，第 539—541 页。

者,则舍欧土之繁华,而趋沙漠之荒邈;释轮车之便利,而取驼马之艰辛;去使馆之舒和,而乐风沙冰雪之寒苦,虽至愚不为矣。①

每一位出使人员所经历的旅程,无法一一道来。但有的旅行者由于在舆地之学上素有兴趣,相应的,也留下不一样的收获。自1881年起曾随使美、日、秘三国的蔡钧,就详细记录了"舟车之所经历,耳目之所见闻,程途远近、南北往来者",尤其是其中所归纳出的"海外邮程纪略""日都风俗纪略""出使联络略述""各国风俗略述"等,都是为"未至海外者"所考虑,"有志出洋者,尚其殚心研求,动中窾要,则为益于国家大而远已"②。出身于地学世家的邹代钧,1886年作为随员随刘瑞芬出使英俄,其留下的《西征纪程》也详细记录了"海道二万九千四百四十里""陆程二千四百八十里"的行程,并且随时联系中国史书对此的记录进行检讨。如对于航海辨位之法,他就加以按语进行说明:

西人航海远驶大洋,茫无畔岸,惟借北极出地高弧以求地之经纬,则可识船行何地。于是按之于图,以罗经辨行向,趋坦避险,舍纡就径,百无一误……吾华古书于测度之事能详言之,但西人之术为加密耳。且多列为成表,临事稍加减,绝无布算之苦,艺以娴而益精也。而测量之器,尤臻绝诣。③

这方面,傅云龙也是有心人。1887年傅奉派游历日本、美国、加拿大、古巴、秘鲁、巴西六国,其留下的《游历图经馀记》述及:"往还一十有一国,历程一十二万有八百四十四里,异途无论已。即往还同航太平洋,而潮线亦异。"还记录了"游历地球图",并在一张地图上特别用红笔勾画出来:"游历所至,朱以别之。"④

用不着特别指明,"时空"是理解历史最重要的维度,职是之故,关注中外沟通所拓展的"空间",对于理解历史的进程,自也大有裨益。上述所展示的,实际上是极为有限的,但大体上可以说,晚清人士的出游,所到之处,往往都会

①黎庶昌:《上曾侯书》《答曾侯书》《再上曾侯书》,以及所附《由北京出蒙古中路至俄都路程考略》和《由亚西亚俄境西路至伊犁等地路程考略》,《西洋杂志》,第543—574页。
②蔡钧:《出洋须知自序》,《出洋琐记》,岳麓书社2016年版,第65—66页。
③邹代钧:《西征纪程》,岳麓书社2016年版,第115—116页。
④傅训成整理:《傅云龙日记》,浙江古籍出版社2005年版,第1—3页。

结合之前的认识——或是古代世界所谓的"地有九州"之说，或是魏源、徐继畲等所描绘的世界图景——进行一番验证。内中所涉及的诸多细节，自难以在此加以呈现。但不管怎么说，对于中外交往所实现的"空间生产"有基本的把握，才能理解中外交流是如何发生的。举例来说，茅海建《天朝的崩溃》对于鸦片战争的检讨，最令人称道的即是其基于技术层面进行的分析，"对照中、英武器装备，差距最大者，莫过于舰船"①。结合晚清士人在游记书写中所进行的"空间生产"，对于讲述各种事件的"细节"，展示个体的种种"故事"，无疑也是大有裨益的。

三、"知识生产"："跨时空"与"跨文化"

前面对"旅行写作"所具有的特质进行的说明，还只是形式上的，就其实质来说，"空间生产"之外，还有必要纳入"知识生产"加以检讨。蒋煦在《西游日记》的《自序》中，颇有心思地写下这样一番话："离家方能见家，出国而后见国。"尤其还指出置身国外往往陷入的困窘：

> 有一国焉，政令不修，吏治不讲，地利不辟，财政不理，兵戎不备，惟上下交征利，日事钻营，探意旨善周旋，而生长斯国者，自觉彬彬文雅，天朝气象，非蛮貊之邦所能望其项背。假令一旦置身国外，见他之文明风俗，上下一心，回顾本国野蛮之政治，未有不汗流浃背，知本国之政治风俗，果有不能持久之道，曩者外人之指摘，并非过激而言也。②

---

① 其中特别提及，"诞生于工业革命末期的蒸汽动力铁壳明轮船，也于19世纪30年代起装备海军"，"因其航速快、机动性能强、吃水浅等特点，在武器装备落后的中国沿海和内地横行肆虐"。尤其还据此说明，在调兵速度方面中、英存在着巨大的差别。换言之，"如此缓慢的调兵速度，使清君丧失了本土作战的有利条件。当时英海军舰船从南非的开普敦驶至香港约60天，从印度开来约30至40天，即使从英国本土开来也不过四个多月"。"由此推算，英军从浙江的舟山派轮船至印度调集援军或军需品，来回时间几乎相同于清方从四川调兵至广东或从陕甘调兵至浙江。方便快速的舰船缩短了英军漫长的补给线，而落后的交通条件则延长了清军增援的路程。先进的科学技术在兵力问题上显出威力"。见茅海建《天朝的崩溃——鸦片战争再研究》，生活·新知·读书三联书店1995年版，第39、59页。

② 蒋煦：《自序》，《西游日记》，岳麓书社2016年版，第9页。

这正点出所谓"旅行写作",实际构成"跨时空""跨文化"的写作;进行所谓的"知识生产",也是题中应有之义。这正类似于人类学家与社会学家所揭示的"边缘人"(marginal man),旅行者进行"旅行写作"也意味着横跨两种文化甚至多种文化,而参与到文化的冲突与对立中,自会受到刺激,并图谋取法之道①。

最基本的,进入近代以后,中国与外部世界的交往改变了以往的方式。《史通·二体篇》言及《春秋》有这样的话:"夫《春秋》者,系日月而为次,列时岁以相续,中国外夷,同年共世,莫不备载其事,形于目前。"②可以说,书写周边民族乃至国家的历史与文化,也算得上中国史书的一个传统。内中不仅表达了对世界秩序的理解,还衍生出对文明发展程度的考虑。《隋书·经籍志》就表示:"夏官职方,掌天下之图地,辨四夷八蛮九貉五戎六狄之人,与其财用九谷六畜之数,周知利害,辨九州之国,使其同贯。"③相应的,"中华"与"夷狄"处于不同的历史发展阶段,也为史家津津乐道。杜佑《通典》已有"古之中华,多类今之夷狄"的看法,认为"古之人质朴,中华与夷狄同",尔后"地中而气正"的中华,"渐革鄙风";"地偏气犷"之四夷诸国,"则多仍旧"④。总的说来,正是受制于所谓"六合之外,圣人存而不论"(《庄子·齐物论》)的观念,至中外发生直接交往,这种局限性就明显表现出来。如姚莹所批评的,"自来言地理者,皆详中国而略外夷。《史记》,前、后《汉书》,凡诸正史,外夷列传,多置不观,况外夷书乎?"⑤

关键在于,以"天朝上国"自居的有清一代,要接受对等的政治实体的存在,

①文化人类学家许烺光曾作过这样的自省:"我自承是一个'边缘人'(marginal man)。因为我是在一种不尚变而大半人生都可以全然预测的文化中生出和成长,但我却又在一个好变,并以变为进步的文化中生活和工作。介于这两种完全不同文化生活中的人⋯⋯可以体会出两种不同文化面在内心相互摩擦的边界。"见许烺光《中国人与美国人》,徐隆德译,台北:巨流出版公司1988年版,第20页。新近出版的著作还基于"错位"阐明19世纪中期初涉欧美的中国士人所面对的"双重的文化冲击"。见田晓菲《神游:早期中古时代与十九世纪中国的行旅写作》,生活·读书·新知三联书店2015年版,第5页。
②刘知几撰、浦起龙通释:《史通》,上海古籍出版社2015年版,第25页。
③魏徵等:《隋书》第4册,中华书局1973年版,"经籍二",第987页。
④杜佑:《通典》卷四十八,"礼八",中华书局1984年版,第279页;卷一百八十五,"边防",第985页。这方面的论述参见杨联陞《从历史看中国的世界秩序》,收入氏著《国史探微》,台北:联经出版公司1983年版,第1—19页。
⑤姚莹:《华人著外夷地理书》,见《康輶纪行》卷九,黄山书社1990年版,第274页。

并非易事。对于是否要派遣使臣前往各国,同治五年(1866)恭亲王在奏陈中就表示,"诸费周章",而"礼节一层,尤难置议,是以迟迟未敢渎请"①。之所以纠缠于"礼节",究其实,关键还在于过去的经验中并未提供处理此类事务"对等"的原则。曾国荃为蔡钧《出使须知》撰写的《序》,尽管承认"矧我国中外通商,势将天下一家",但所援引的经验,就仍然是老一套②。1876年郭嵩焘奉命出使英国,与郭交谊甚厚的王闿运,对此的反应就颇耐人寻味。郭氏此举在湖南曾引起极大震动,王在日记也说明:"筠仙晚出,负此谤名,湖南人至耻与为伍。"王并没有加入讥骂之列,只是表示:"余云众好众恶,圣人不能违。"③不过在写给郭的信札中,却暴露出基于"经师"的眼光"想象"外部世界的王闿运,将郭出使英国作了这样的定位:"奉使称职,一时之利;因而传教,万世之福。"信中还以此劝诫郭:

> 人臣奉使,唯其所往。涕泣辞家者固非,慷慨请行者亦谬。唯是海岛荒远,自禹、墨至后,更无一经术文儒照耀其地。其国俗,学者专己我慢,沾沾自喜,有精果之心而并力于富强之事。诚得通人开其蔽误,告以圣道,然后教之以入世之大法,与之论切己之先务,因其技巧,以课农桑,则炮无所施,船无所往,崇本抑末,商贾不行,老死不相往来,而天下太平。此诚不虚此一使,比之苏武牧羊,介子刺主,可谓狂狷无所裁者矣。④

不仅过去的经验难以适应近代所确立的"国"与"国"之间交谊的准则,读书人一旦走出国门,还意味着势必在"跨文化"的背景下重新认识外部世界。一方

---

① 宝鋆编修:《筹办夷务始末》(同治朝),卷三十九,第1—2页。
② 开篇就写道:"昔圣人论士曰:使于西方,不辱君命。盖颂诗三百,其尤要者在乎应对之能专而已。春秋之世,列国诸侯讲信修睦,雅尚辞令,珠槃玉敦之交,彬彬焉,郁郁焉。所以周旋折冲者,固大有人在。是以得一博物君子言交行远,遂足以绥服强邻而增光国家。"见曾国荃《〈出使须知〉序》,蔡钧《出洋琐记》,第63页。
③ 日记还记录了当时流传的一联:"出乎其类,拔乎其萃,不容于尧舜之世;未能事人,焉能事鬼,何必去父母之邦!"见王闿运《湘绮楼日记》第1卷,岳麓书社1997年版,光绪二年三月三日,第460页。
④ 还表示:"夫好异喜新者,人之情也。利玛窦之学在中土则新,在彼国则旧;公之学在中土则旧,在彼国则新。诚为之告以佳兵之不祥,务货之无益,火器能恐人而不能服人,马头利纷争而不利混一,铁路日行万里何如闭户之安,舟车日获万金不过满腹而饱。彼土人士心气已达,耆欲是同,其比之徐光启之见西儒,奚翅十倍倾仰而已,纵不即化,而后生有述。昔老聃之流沙,而胡皆为佛,即其效也。"见王闿运《致郭兵左》,"笺启"卷2,马积高主编《湘绮楼诗文集》,岳麓书社1996年版,第868—869页。

面自会对域外的各种新气象深有感触,另一方面也不免回过头去审视自身文化的处境。王之春1894年出使俄国,所留下的《使俄草》就表达了这样的看法:

> 日记为出使而作,兹本专使,其于各国之政治沿革,似无庸赘。然古人奉使,当周知四国之情伪,故是编于西学之源流,山川之险易,民物之简蕃,风俗之殊变,军械之更新,随得随录。若夫择焉而不精,语焉而不详,是则涉历未久之过,阅者谅之。①

当然,游记所记录的内容自然是见仁见智。陈开骥为《星轺日记类编》所撰写的《序》,就点出其中之枢机所在:"舆地以薛福成、邹代钧、黄楙林为最详,工艺以徐建寅为最备,至泰西政令,则崔国因、宋育仁记之最多。"②这样的归纳,远不能涵盖各游记所涉及的特质。颇为关键的是,如薛福成所感受到的难题:"出使情事无甚歧异","若但仿照成式,别无发挥,雷同之弊,恐不难免。"③正是对此有所感,薛福成留下的记录,便强调"述事之外,务恢新义,兼网旧闻。凡瀛寰之形势,西学之源流,洋情之变幻,军械之更新,思议所及,往往稍述一二"④。这也意味着,参照其前辈调整所记内容,亦属常态。影响所及,"旅行写作"所昭示的"知识生产",也并非构成个体对相关问题的省思,还以"关联"的方式揭示出其中之"转变"⑤。可以说,"旅行写作"攸关于"知识生产"者,在多方面均有所呈现。

以"学"来说,游记所呈现的"知识生产",这无疑即是首先值得重视的环节。王韬在《漫游随录》的《自序》中曾这样表示:"余之至泰西也,不啻为前路之导,捷足之登;无论学士大夫无有至者,即文人胜流亦复绝迹。"⑥王韬出游之前特殊的际遇,自非中国一般读书人可比,相应的,出游期间,对于西洋所流行的"实学"也留下深刻的印象,道出"每日出游,遍历各处。尝观典籍于太学,品瑰奇于

---

① 《凡例》,王之春《使俄草》,第7页。
② 陈开骥:《〈星轺日记类编〉序》,席裕琨辑《星轺日记类编》,第3页。
③ 薛福成:《咨总理衙门送出使英法义比四国日记》(1891年),马忠文、任青编《薛福成集》,第281页。
④ 《凡例》,薛福成《出使英法义比四国日记》,岳麓书社1985年版,第63页。
⑤ 将晚清四名驻英外交官员留下的日记或笔记辑为一册,就体现出这样的眼光,"对于同期同国的社会状况的描述和评骘,便足以引起后人的研究比较的兴味"。见朱维铮《导言》,王立诚编校《郭嵩焘等使西记六种》,生活·读书·新知三联书店1998年版,第4页。
⑥ 王韬:《自序》,《漫游随录》,第42—43页。

各院,审察火机之妙用,推求格致之精微"。尤其令其印象深刻的是:"英人心思慧巧,于制造一切器物,务探奥窍,穷极精微,多有因此而致奇富者。此固见其用心之精,亦由国家有以鼓舞而栽成之,而官隐为之助也。"不惟如此,他对此的认识还上升到"学"这一层面,并且与中国所崇尚的加以对比:"英国以天文、地理、电学、火学、气学、光学、化学、重学为实学,弗尚诗赋词章。其用可由小而至大。"故此,"英国学问之士,俱有实际;其所习武备、文艺,均可实见诸措施;坐而言者,可以起而行也"①。这样的看法也体现在郭嵩焘的认知中,"欧洲各国日趋于富强,推求其源,皆学问考核之功也"②。在与严复的交往中,郭嵩焘对"西学"也有更深刻的体会,"严又陵语西洋学术之精深,而苦穷年莫能殚其业","予极赏其言,属其以所见闻日记之"③。薛福成1890年出使欧洲途中曾为《格致汇编》改定序言,内中也强调:"格致之学,在中国为治平之始基,在西国为富强之先导,此其根源非有殊也。"同时表示,"蕲使古今中西之学,会而为一,是则余之所默企也夫!"④

而"东游"日记所映射的在"教育"这一环节对日本经验的取法,其影响更是既深且巨。陶行知在《中国建设新学制的历史》曾表达了这样的意思:

> 甲午战败之后,大家以兴学为急务。此时热心兴学的人,对于从前之偏重西文,颇不满意,故"中学为体,西学为用"成为当时最有势力的反动。那时虽为日本打败,但却不佩服日本。孙家鼐说:"中国五千年来,圣神相继,政教昌明,决不能如日本之舍己芸人。"故看二十四年的学堂章程,日本教育的势力还未侵入。但日本之所以强,究竟不能不加以注意,渐渐的就有人到日本去考察。日本离中国近,仿效日本,也是一种自然的趋势。后来加以庚子失败的刺激,更觉得兴学为救国要图,不容稍缓。但拟订学制,自然要参考各国的成法。日本学制,因那时国情及文字关系,最易仿行,故光绪二十八年的学制,特受日本学制的影响。张百熙的奏章,虽说他曾参考各国的

---

① 王韬:《漫游随录》,第96、114—117、125页。
② 郭嵩焘:《伦敦与巴黎日记》,岳麓书社1984年版,第385页。
③ 郭嵩焘:《伦敦与巴黎日记》,第588—589页。
④ 薛福成:《出使英法义比四国日记》,第71—73页。

学制,但除日本的外,他对于那时各国的学制所说的话,简直是没有根据。二十九年学制,对于日本学制,更加抄得完备,虽修改七次,终少独立精神。①

这番话,勾画出晚清建立新学制的历史进程,在 19 世纪末 20 世纪初,这也成为晚清朝野上下主动的选择。前已述及缪荃孙 1903 年撰写的《〈日游汇编〉序》中对相关背景的交代,实际上,在缪荃孙行前,张之洞就特别叮嘱:"考学校者,固当考其规制之所存,尤当观其精神之所寄。""求学于他国,固当先取吾国所当效法者,尤当先取吾国近今所能效法者。毋好奇,毋躐等,循循善诱,以底于成,庶有益乎!"②时任出洋学生总监督的夏偕复也指明:"我今日欲立学校,宜取法于日本。夫我之取法日本,较之日本之取法泰西,弊害尤鲜,取径尤易。"进一步还指出:"夫教科者,教育之目标;教科图书者,教育之材料。是二者,又教育行政之最要者也……虑始之际,似可取日本现行之教科,师其用意,略为变通,颁而行之,作为底稿,然后视所当增减,随时修改,以至于宜。"③这其中,关注的重心除集中于日本各级学制的安排外,尤其注意各科所用教科书。为此,张之洞也曾致电罗振玉,委其率众赴日在这方面多下功夫,特别指明:编教科书"此教育根基,关系极重,着手极难,非亲往日本以目击为考定不可,似非专恃购来图书所能模仿。鄙人极注重于此,欲请阁下主持,率四五人如陈士可等,即日东渡,竭数月之力,见实事,问通人,创立稿本。回鄂后,鄙人再以全力速编成书,则期速而书适用。"④罗振玉率众东渡日本,考察学务,其留下的《扶桑两月记》,也述及其中之详情⑤。吴汝纶东游三月,考览日本学制,返国后,也"集录文部所讲及游览日记,各学校所赠图表,间附一二,以备采择。其教育家谈录,学士大夫时惠书札见教,亦颇集入卷中"⑥。结合清政府 1904 年 1 月颁布的《奏定学堂章程》("癸卯

①陶行知:《中国建设新学制的历史》,《新教育》第 4 卷第 2 期,1922 年 1 月,第 240—259 页。
②缪荃孙:《〈日游汇编〉序》,光绪二十九年刊本,璩鑫圭、唐良炎编《中国近代教育史资料汇编·学制演变》,第 133—134 页。
③夏偕复:《学校刍言》,《教育世界》第 13、14、15 号,1901 年 11、12 月。
④张之洞:《致上海罗叔芸》,1901 年 11 月 10 日,《张之洞全集》第 8 册,第 8642 页。
⑤稍前两江总督刘坤一已有此邀请,故罗也表明此行系受刘、张派遣,"至日本视察学务"。见罗振玉《序》,《扶桑两月记》,教育世界社 1902 年版,第 1 页。
⑥《前记》,吴汝纶《东游丛录》,岳麓书社 2016 年版,第 5 页。

学制"），亦可看出日本的影响。

相较于"学"，更大的问题还是所谓的"道"或"文明"本身。结合这些"游记写作"中所展现的对中西文明的思考，更足以说明问题。

用不着特别指明，中国士人向来也是守护于"普遍历史"的，即所谓"天下之道，一而已矣，夫岂有二哉"。中西渐开沟通，才不得不接受"天道有二"①。王韬在英国时，曾有人问"孔子之道与泰西所传天道若何"，他就引陆九渊的话说，"东方有圣人焉，此心同，此理同也。西方有圣人焉，此心同，此理同也。请一言以决之曰：其道大同。"②郭嵩焘作为清政府派出与西方世界接触的第一位正式代表，考览泰西之学校、风俗后，就直指以"地球纵横九万里皆为夷狄"并不妥当，甚而肯定泰西之"政教"亦有可取之处。在郭看来：

> 所谓戎狄者，但据礼乐政教所及言之。其不服中国礼乐政教而以寇抄为事，谓之夷狄，为其倏胜倏衰，环起以立国者，宜以中国为宗也，非谓尽地球纵横九万里皆为夷狄，独中土一隅，不问其政教风俗何若，可以凌驾而出其上也。③

刘锡鸿明显是秉持"用夏变夷"的方针出访的，即便如此，伦敦之行也带给其很多刺激，"无闲官，无游民，无上下隔阂之情，无残暴不仁之政，无虚文相应之事"，"地方整齐肃穆，人民欢欣鼓舞，不徒以富强为能事，诚未可以匈奴、回纥待之矣"④。而曾求学于上海广方言馆、后又随李方苞出使德意志的钟天纬，1880—1881 年间写成的《综论时势》，也强调对于西方"断未可以无本之治目之矣"。他还将西国富强之源追溯于"西政"，即"通民情、参民政"之治理之道：

> 统观欧洲各国，无不政教修明，民生熙皞，国势日臻富强，而究其本源，不外乎通民情、参民政而已。盖泰西通例，国之律法最尊，而君次之，亦受辖

---

① 参见章清《"普遍历史"与中国历史之书写》，收入杨念群等编《新史学：跨学科对话的图景》上册，中国人民大学出版社 2002 年版，第 236—264 页；《中西历史之"会通"与中国史学的转向》，《历史研究》2005 年第 2 期，第 75—95 页。

② 王韬：《漫游随录》，第 97—98 页。

③ 郭嵩焘：《复姚彦嘉》，杨坚校点《郭嵩焘诗文集》，岳麓书社 1984 年版，第 201—202 页。

④ 刘锡鸿：《英轺私记》，岳麓书社 1986 年版，第 109—110 页。

于律法之下。①

在薛福成那里，还特别提及这一幕："昔郭筠仙侍郎，每叹羡西洋国政民风之美，至为清议之士所抵排。余亦稍讶其言之过当……此次来游欧洲，由巴黎至伦敦，始信侍郎之说。"为此，他在日记中也表示："风俗政令之间，亦往往有相通之理。"还试图寻求中国方面容易接受的理由："试观其著者：其条教规模，有合于我先王故籍之意者，必其国之所以兴；其反乎我先王故籍之言者，必其国之所以替。即其技艺器数之末，要亦随乎风气之自然，适乎民情之便利，何新奇之有焉？"②

在此梳理诸多游记所进行的"知识生产"，显然不可能。前已展现晚清围绕各种"游记"出版了大量汇编资料，显然，这是斯时的读书人重视阅读游记的体现，将其视作"采西学"的重要资源。影响所及，晚清出版的提示"西学门径"的书目、提要方面的著述，也对此多有阐述。这同样是值得呈现的一面。

晚清将"旅行写作"视作"知识生产"的重要组成部分，最典型的无过于梁启超在《西学书目表》中的阐述。梁1896年出版的《西学书目表》，是应门人的请求而辑成，旨在指明"应读之西书及其读法先后之序"。通过评述"各书之长短，及某书宜先读，某书宜缓读"，虽非详尽，然初学观之，"亦可略识门径"③。在时人的心目中，该书对于如何把握西学，也具有启发与引路作用。甘鹏云将此收入《质学丛书初集》，即肯定该书"部次门类，识别优劣，颇便初学，欲寻西学轨途，固无逾是书者"④。顾燮光《译书经眼录》也持这样的看法：梁氏《西学书目表》及《读西学书法》出，"学者方有门径"⑤。重点在于，在《西学书目表》下卷所列

---

① 钟天玮：《综论时势》，收入氏著《刖足集》，"内篇"，1901年刻本，第34—36页。
② 薛福成：《出使英法义比四国日记》，第124、61—62页。
③ 梁启超：《〈西学书目表〉序例》，《时务报》第8册，1896年10月17日，第3—6页；又见《饮冰室合集》第1册，"文集之一"，第122—126页。
④ 甘鹏云：《跋》，《质学丛书初集》第二函，质学会1897年版，第1页。
⑤ 顾光燮：《自序》，《译书经眼录》，杭州金佳石好楼1935年版，第1页。梁启超还编有《中西学门径书七种》，也体现出这样的关怀。所收书包括《长兴学记》一卷（康有为撰）、《輶轩今语》一卷（徐仁铸撰）、《时务学堂学约》一卷（附《读书分月课程表》，梁启超撰）、《读春秋界说》一卷（梁启超撰）、《读孟子界说》一卷（梁启超撰）、《幼学通议》一卷（梁启超撰）、《读西学书》一卷（梁启超撰）、《西学书目表》三卷（梁启超撰）。见梁启超编《中西学门径书七种》，上海大同译书局1898年版。

"杂类之书"中,专门列出"游记"。这显然是将"游记",尤其是域外游记,视作把握"西学门径"的重要一环。"游记"一门收录的书包括:《聘盟日记》(俄雅兰布)、《探路日记》(英密斯耨)、《柬埔寨以北探路记》(法晁西士)、《黑蛮风土记》(英立温斯敦)、《中亚洲俄属游记》(英兰士得路)、《西学考略》(丁韪良)、《环游地球杂记》(潘慎文)、《历览记略》(傅兰雅)。此外,该书附录之"中国人所著书",还列出有约48种游记①。何以有这样的选择,梁启超在《读西学书法》中,对于"游记"阐述了这样的看法:"游历之所关重矣","读之可以知彼中游历之体例"②。在《〈西学书目表〉序例》中,对此也有所说明:

> 中国人言西学之书,以游记为最多,其余各种亦不能以类别。今用内典言人非人、化学家言金非金之例,区为游记类、非游记类二门。③

梁启超在《西学书目表》中之所以有这样的安排,也是结合了其自身的阅读经验。在《三十自述》中梁曾述及,1892 年就学于万木草堂时,"于国学书籍而外,更购江南制造局所译之书,及各星轺日记,与英人傅兰雅所辑之《格致汇编》等书"④。这自是受康有为影响,康 1894 年讲学桂山书院期间,对于如何了解"西

---

① 包括《奉使俄罗斯日记》(张鹏翮)、《异域录》(图理琛)、《出塞纪略》(钱良择)、《海隅从事录》(丁寿祺)、《使琉球记》(李鼎元)、《乘槎笔记》(斌椿)、《初使泰西记》(同样误注作者为宜垕,实际作者为志刚)、《使西纪程》(郭嵩焘)、《英轺日记》(刘锡鸿)、《航海述奇》(张德彝)、《使英杂记》(张德彝)、《使法杂记》(张德彝)、《使俄日记》(张德彝)、《随使日记》(张德彝)、《使还日记》(张德彝)、《使美纪略》(陈兰彬)、《使东述略》(何如璋)、《出使英法日记》(曾纪泽)、《欧游随笔》(钱德培)、《使西书略》(孙家穀)、《使德日记》(李凤苞)、《欧游杂录》(徐建寅)、《美会纪略》(李圭)、《东行日记》(李圭)、《出使琐记》(蔡钧)、《西輶日记》(黄楙材)、《东槎闻见录》(陈家麟)、《环游地球新录》(李小池)、《漫游随录》(王韬)、《扶桑游记》(王韬)、《南行日记》(吴广霈)、《游历笔记》(三洲游记)、《道西斋日记》(王咏霓)、《古巴杂记》(谭乾初)、《西征纪程》(邹代钧)、《俄游汇编》(缪祐孙)、《俄游日记》(缪祐孙)、《伯利探路记》(曹廷杰)、《奉使朝鲜日记》(崇礼)、《出使英法义比四国日记》(薛福成)、《出使美日秘日记》(崔国因)、《东輶日记》(王之春)、《使俄草》(王之春)、《泰西采风记》(宋育仁)、《适可斋记行》(马建忠)、《金轺筹笔》、《五次问答节略》。见梁启超《西学书目表》卷下,质学会本,无页码。对于梁启超所列各游记,甘鹏云指明"颇多复出,未能精善",如"张德彝之《使英杂记》《使法杂记》《使俄日记》《随使日记》《使还日记》与《航海述奇》,歧而为六。李圭之《美会纪略》《东游日记》与《环游地球新录》,歧而为三,总名、子目混然无别。《通商始末记》即《柔远记》,市贾射利,改易名目,而亦莫知鉴择,并予著录。此皆不免疏舛。"见甘鹏云《跋》,梁启超《读西学书法》,质学会本,第 1 页。
② 梁启超:《读西学书法》,质学会本,第 13 页。
③ 梁启超:《〈西学书目表〉序例》,《饮冰室合集》第 1 册,"文集之一",第 125 页。
④ 丁文江、赵丰田编:《梁启超年谱长编》,上海人民出版社 1983 年版,第 28 页。

学",即特别提及:"各使游记,如《使西纪程》《曾侯日记》《环游地球日记》《四述奇书》《出使英法义比四国日记》《使东述略》,皆可观。张记最详,薛记有考据,余皆鄙琐,然皆可类观也。"①康有为《日本书目志》之"图史门"也列出有日本所出版的"记行"之书33种,并加上这样的评点:"记行之书盛于宋世,近者吾土游泰西之记益夥矣,日人所记,亦有足助吾闻见者,记印度天竺事尤详也。"②

在此前后,对于"游记"所具有的价值,各方也都予以积极的评价。黄庆澄1898年所辑《中西普通书目表》,特别指明"各种报章""各种游记"当参考,"报章游记,无论佳否,其中必有扩人闻见处,最宜多备"③。1899年徐维则辑成的《东西学书录》,在所分31门中,同样列有"游记"一门④。该书后由顾燮光进行了增补,"游记"之书也新录入不少⑤。贵州学政赵惟熙1901年所出版的《西学书目答问》一书,内中也包含"游记"一门⑥。顾燮光后来编就的《译书经眼录》,为类凡二十五,"游记"也成为其中之一类,辑录三种日本人撰写的"游记"⑦。

"书目""提要"方面的著作中赋予"游记"特殊的位置,自是将其视作"采西学"的重要组成部分,可以据此窥探"西学门径"。结合"游记写作"所具有的特殊性质,也不难了解"游记"构成"知识生产"的重要一环,确有诸多例证。最基本的,游记所记载的内容涉及"知识生产"的基本面向。

总之,游记作为史料不仅有其独特的价值,关键尤在于,利用这些史料开展研究,能发掘新的问题领域,提出新的问题,影响着学术的转向。20世纪80年代钟叔河主编的《走向世界丛书》所产生的广泛影响,自不待言⑧。近些年所出

---

① 康有为:《桂学答问》,姜义华、张荣华编校《康有为全集》第2集,中国人民大学出版社2007年版,第17—25页。此段文字《南海师承记》照样录入,同上书,第317—319页。
② 康有为:《日本书目志》,《康有为全集》第3集,第323—324页。
③ 黄庆澄:《中西普通书目表》,算学报馆1898年自刻本,第12页。
④ 徐维则:《例言》,徐维则辑《东西学书录》,署"光绪二十五年三月局印",第2页。书中所录大致与梁启超《西学书目表》类似,主要补入了《西行琐记》(德福克)、《观光纪游》(日冈千仞)。同上书,"游记"第二十八,第32—33页。此外,该书所附录的《中国人辑著书》,也录有多种"游记"。
⑤ 徐维则辑、顾燮光补:《增版东西学书录》,署"光绪二十八年十二月印行",第24—26页。
⑥ 赵惟熙:《〈西学书目答问〉略例》,《西学书目答问》,贵阳学署1901年版,第1—3页。
⑦ 顾燮光辑:《译书经眼录》卷六,杭州金佳石好楼1935年版,"游记"第二十一,第14—15页。
⑧ 近年出版的包括王强主编《近代域外游记丛刊》,全39册,凤凰出版社2016年版;钟叔河主编《走向世界丛书》,全55册,岳麓书社2016年版。

版的相关研究，也颇不少①。尤值一说的是，葛兆光推进"从周边看中国"的课题，致力于发掘和利用中国周边国家所留存的文献资料，借助"他者"眼光考察中国自身的历史文化，也组织出版了韩国、越南"燕行录"之类的丛书②。

本专辑的催生，正是基于这一背景。为此，还由复旦大学中外现代化进程研究中心出面组织了"旅行写作与近代中国的知识转型"学术研讨会。收入本辑的论文，都曾在会上宣读，并在分享各位意见的基础上修改而成。这其中，"出使日记"仍是引起最多关注的问题，有多篇论文涉及此。但其中也包含新的气象，刘龙心的论文《王权释放与近代空间生产——20世纪初的调查旅行》，是结合其近些年对地理知识的检讨，审视"游记"所具有的独特价值。陈继东、陈力卫分别关注的是日本僧人在上海、北京体验，所检讨的是外人在中国的游历。一些年轻朋友所完成的论文，也令人惊喜，章可《透镜：晚清国人印度游记中的二重观照》注意到以往重视不够的"印度游记"；张晓川《骂槐实指桑——张德彝〈航海述奇〉系列中的土耳其》则注意到游记中记录历史的特殊性。遗憾的是，部分作者的论文预先已为其他刊物所约，部分也是由于篇幅的限制，参会的论文并未能完整收录进来，这自是令人遗憾的。有必要说明的是，无论会议的组织，还是论文的选定，尤其是与作者的联系，都是章可在负责。这份专辑的编就，自然包含其所付出的辛劳。

---

① 可参见尹德翔《东海西海之间：晚清使西日记中的文化观察、认证与选择》，北京大学出版社2009年版；张治《异域与新学：晚清海外旅行写作研究》，北京大学出版社2014年版；冈本隆司、箱田惠子、青山治世《出使日记の时代——清末の中国と外交》，名古屋大学出版会2014年版；以及前述田晓菲《神游：早期中古时代与十九世纪中国的行旅写作》。

② 参见复旦大学文史研究院与越南汉喃研究院合编《越南汉文燕行文献集成（越南所藏编）》（二十五册），复旦大学出版社2010年版；复旦大学文史研究院与韩国成均馆大学东亚学术院合编《韩国汉文燕行文献选编》（三十册），复旦大学出版社2011年版。

旅行与近代空间生产

王权释放与近代空间生产——20世纪初的调查旅行

刘龙心[*]

前　言

布洛克(Marc Bloch,1886—1944)曾说:历史是一门研究"在时间中的人的科学"[①]。从事历史研究工作的人对"时间"的敏感度往往比一般人来得高,但历史并不只存在时间的向度,空间和时间一样,是构成了人类生活的基本坐标,也是人们思考过去时重要的概念框架之一。从学科性质来讲,时间和空间看似同样是组成近代历史学的重要关键词[②],但历史学对时间的探究和重视程度远远超过了空间;当傅柯(Michel Foucault,1926—1984)意识到19世纪最大的执念,莫过于对历史的执念时,除了道出人们长久以来对时间探究的兴趣之外,仿佛也宣告空间时代的来临。20世纪90年代以后,华文学界不论在文学、社会学、地理学、政治学等领域都愈来愈多地出现和"空间转向"(space turn)有关的议题,历史学起步虽晚,却也不例外。唯在此过程中,历史学者不论关注的是城

* 台湾东吴大学历史学系教授。

① 布洛克(Marc Bloch)著,周婉窈译:《史家的技艺》,台北:远流出版事业公司1989年版,第33页。

② 近代学科独立意识成形之后,中国近代史学在学科系谱中开始有了清楚而明确的定位:一种由"时间"入手,强调在特定"空间"范围内,解释各种社会人群发展现象的学科特质于焉成形。见刘龙心《学术与制度:学科体制与近代中国史学的建立》,台北:远流出版公司2002年版,第195—216页。

4

市、区域、国族、历史地理还是 GIS，大多还是把空间当成是一个依变项
（dependent variable）——也就是背景来谈，不太有人关心历史学本身如何表述
空间、思考空间的问题。当然，这个课题牵涉的面向很广，有待开发的议题很多，
绝非本文能够处理。在这篇文章中笔者只能将这几年关心的"地方"（place）和
历史书写（historical writing）等问题，收束在 20 世纪初清室逐渐衰微、帝制走向
共和之际所释放出来的空间上，尝试观察近代中国人如何透过调查、旅行等方
式，表述他们对现实空间变化的感知与理解。

此处所谓"王权释放的空间"，主要是指帝制转向共和的过程中，随着清
廷控制力的松散，帝制崩解，以至政治权力转移而逐渐释放出来的空间，如民
国以后开放的皇家园林和日俄战争之后正式解除封禁的"东北"，一者成为民
国之人休闲娱乐的消闲空间，一者成为多国争相竞逐的资本空间。对 20 世纪
初的中国人而言，帝国解体，民国新成，不仅仅是政治体制的改变，也是一种空
间的实践：人们借着调查、旅行及书写的过程，不但亲炙王权释放之后的空间，
并且重新建构此类空间的意义与功能。本文将以 1910 年创刊的《地学杂志》
为中心，探讨 20 世纪初的地理书写者如何描述、体现这些因着王权解放而出
现的空间，并讨论这些调查旅行书写文本，又是如何重新建构这些空间的意
义，以及这些对空间的感知与理解，对于 20 世纪初以后的地理和历史知识又
产生了什么样的影响。

一、旅行、调查与皇家园林的重构

多数时候空间其实和时间一样，并不容易为人觉察，被时间追着跑的现代人
或还能意识到物理时间的存在，但绝大部分的人应该都无法清楚说出"什么是
时间""什么是空间"，对于"春耕、夏耘、秋收、冬藏"背后所蕴涵的时间和空间概
念亦往往习焉不察。实际上，人坐落于某一个空间，此一空间便透过人的存在和
身体的参与而被组织起来，春耕、夏耘、秋收、冬藏除了是一种农耕的时序与节
奏，同时也透露出农事活动的空间范围。当人们将空间组织成涉及某种事物而

存在的"地方"时,空间就无可避免地成为一种社会建构①,而人们生活、定居、活动于空间之上,透过各种实作践行体现空间的存在和意义②。换言之,空间其实常常藉由某种社会关系而存在,社会关系的建构、运作和实践即呈显了空间。只是某些人文地理学者认为空间原是相对客观而缺乏意义的领域,人们将意义投注于空间,并以某种方式依附其上,"空间"就成了"地方"③。从这个角度来看,旅行便可视为一种空间的实践与生产,人们透过旅行将原本看起来相对客观的"空间",重新界定为具有意义的"地方"④。

旅行所建构的空间往往在各种旅行书写中再现。19 世纪末、20 世纪初拜各种新兴交通工具之赐,人们愈来愈多外出旅行的机会,报刊杂志中出现了各式各样的游记,旅行者写下他们外出游历的见闻、纪录,在清末民初各种地理书写文本中独树一帜。例如 1910 年创刊的《地学杂志》当中就有为数可观的游记,这类游记除了书写近郊和内地各省之外,有很大一部分把焦点放在新疆、蒙古、西藏、东北和台湾等原属边陲的地方,旅行者以一种游离在外的眼光去观看对他们而言相对陌生的空间,既是个人人身经验的表达,也是一种重新组构空间的方式。

如果从字词意义上考察,"旅行"一词实际上很早就出现在传统中国语汇中,但是用法、语意都和今义有很大的不同,"旅"字本有"众"的意思,例如《礼记·曾子问》中言"三年之丧,练,不群立,不旅行",说的是父母丧期中,不和人们群聚一处,也不和众人一道行走。《说苑》《广雅》里描写"麟",说它有"不群居,不旅行"的特质,也指涉同样的意思⑤。其后陆陆续续出现的词汇,像行旅、

---

① Richard Peet 著,王志弘、张华荪、宋郁玲等译:《现代地理思想》,台北:群学出版有限公司 2005 年版,第 57—58 页。

② Paul Cloke, Philip Crang, Mark Goodwin 编,王志弘、李延辉、余佳玲等译:《人文地理概论》,台北:巨流图书公司 2006 年版,第 303 页。

③ 空间与地方二元论的主张,自 1970 年代以来在人文地理学界极为普遍,但有些时候"地方"所指涉的概念,又常常和"社会空间"(social space)(或谓之为"社会生产的空间")观念彼此混淆。见 Tim Cresswell, *Place: A Short introduction*, Malden, MA: Blackwell Pub., 2004, p.10.

④ 有些人文地理学者认为"空间"和"地方"是需要互相定义的两个概念:"空间"原是相对客观而缺乏意义的领域,而"地方"则是人类创造有意义的空间。Yi-Fu Tuan, *Space and Place: The perspective of Experience University of Minnesota press*, Minneapolis: University of Minnesota Press, 1997, pp.6-7.

⑤ 根据吴雅婷的分析,以"旅行"为关键词在"文渊阁四库全书数据库"集部检索,两宋别集共出现 20 个,但其中成词者仅 8 个,相关研究参考吴雅婷《移动的风貌:宋代旅行活动的社会文化内涵》,台湾大学历史学系博士论文,2007 年,第 26—27 页。

6

逆旅、行役、羁旅、游览等，虽然已渐渐用于公务差旅、外出游玩等活动，但却迟迟未见今日惯用的"旅行"一词。根据前人研究，清代以前，语意与今人所谓"旅行"最为相近且又常用的字眼乃是"行役"，清代以后，"行旅"的用法虽然渐渐多了起来，但其涵括的意义却极广泛，而真正用以表达外出游山玩水之意的还是"游览"一词，因为游览着重在观、览、望——也就是有观看的意思在里面。巫仁恕写《晚明的旅游活动与消费文化——以江南为讨论中心》时，强调他写的是"旅游"而不是"旅行"，因为旅行的重点在"行"，而旅游的重点在"游"，游览才是最终的目的①。

究竟"行旅"一词何时倒转成今日常用的"旅行"？目前似乎缺乏十分明确的资料，根据吴雅婷的观察，19世纪末、20世纪初应该是比较合理的时间。道光六年（1826）刊行的《皇朝经世文编》中"行旅"一词的使用仍然极为普遍，总共出现243次，但同一时期"旅行"一词的数量也开始悄悄攀升，扣除不成词者之外，共出现了14次，其内容多与外患入侵之后的边事处置有关②；而单士厘的《癸卯旅行记》（光绪三十年，1904）可能是中文著作中最早以"旅行"为书名的游记③。对照同一时期日本东京地学协会发行的《地学杂志》，亦屡屡可见"旅行"一词出现于标题之中④，这与前此日本诗文总集、类书因受中国影响多用"行旅"的习惯大相径庭，究竟中日两国惯用的"行旅"，何以在20世纪以后逐渐翻转为"旅行"一词？近代中国的变化是否受和制汉语的影响？其间的关联为何？似乎还需要进一步深究。

或许，行旅、旅行二词在近代翻转的缘由一时之间不见得能够厘清，唯可确定的是"旅行"一词在20世纪初的使用情境和涵摄的意义，确实和传统"行旅"

①巫仁恕：《晚明的旅游活动与消费文化——以江南为讨论中心》，《中研院近代史研究所集刊》第41期，2003年9月，第88页。
②吴雅婷：《移动的风貌：宋代旅行活动的社会文化内涵》，第52—58页。有关晚清至民国的旅行书写亦参见沈松侨《江山如此多娇——1930年代西北旅行书写与国族想像》，《台大历史学报》第37期，2006年6月，第145—216页。
③钱单士厘著，钟叔河、杨坚校点：《癸卯旅行记　归潜记》，岳麓书社2008年版。此版本据北京图书馆藏稿本。
④东京地学协会发行的《地学杂志》创刊于明治六年（1873）。见吴雅婷《移动的风貌：宋代旅行活动的社会文化内涵》，第52—53页。

"逆旅""行役""羁旅""游览"等词有很大的不同。像是 1908 年《东方杂志》转录的《新疆省旅行谈》,作者花了一年四个月的时间,从北京辗转延州、西安、兰州、哈密等地,一路抵达伊犁,其间所记除了沿途所经之道路外,绝大部分的篇幅在于介绍新疆的地理位置、地形地貌、人种、森林、物产、商业等等①,编者将其收录在"调查"字段中,而其内容也确如一份地理调查书。此外像是本文即将论及的《地学杂志》中也有为数众多以"旅行"为名的文章②,这类文章虽名之为"旅行",但其实与调查无异,特别是与传统论及"行旅""逆旅"等相关字词时经常所引发的人际关系、人生处境上的变化之感,或是藉景抒情的意味颇不相类③。可能是受到刊物属性的影响,《地学杂志》中"旅行"一类的文字绝大多数都带有调查、考察的意味在其中,单纯描述外出游玩览胜的文字反而并不多见。在此或者可大胆推论,近代"旅行"一词是否多因边事问题而起,因而带有调查、考察的性质,或至少指涉较为知性的活动,以有别于纯粹游山玩水的"游览"一词。但不论如何,近代以来许多名之为"游记""旅行记"的文字实际上都含有调查性质,究其实是为一种"以旅行为调查"的书写文类。此一文类在 20 世纪以前相对比较少见,可能受到 19 世纪西方探险家撰写游记或旅行日记的影响④,以及日本东亚同

---

① 佚名:《新疆省旅行谈》(录《舆论日报》),《东方杂志》第 5 卷第 12 期,1908 年 12 月,第 41—49 页。
② 创立于宣统元年(1909)的中国地学会,是近代中国第一个专门从事地理研究的学术团体,发起人张相文(1866—1933)、白毓昆(1868—1912)等人,在学会成立第二年(1910 年 2 月)创办《地学杂志》,是海内外地理学者重要的发表园地。《地学杂志》从 1910 年创刊到 1937 年抗日战争爆发前夕,除 1925—1927 两年因经费不足暂时停刊之外,27 年间共发行 181 期。
③ 吴雅婷:《万卷书和万里路——宋代类书呈现的"移动"语境》,收入黄应贵主编《空间与文化场域:空间之意象、实践与社会的生产》,台北:汉学研究中心 2009 年版,第 416—417 页。
④《地学杂志》创刊初期即有不少这类游记的翻译之作,例如:译自日人橘瑞超和野村荣三郎的《佛教史迹探险》,《地学杂志》1910 年第 1 期,第 72—75 页(本文所引页码为天津出版社 2007 年重印版本之页码)。节录士颠(斯坦因)的《中国西北部游记》,《地学杂志》1910 年第 1 期,第 71—72 页。陶懋立译俄国皇家地学协会科次罗夫的《青海探险》,《地学杂志》1910 年第 6 期,第 441—442 页。张福年介绍瑞典人斯文赫定中亚旅行之前所译的《大探险家司儞芬黑氏中国旅行概略》,《地学杂志》1910 年第 6 期,第 433—441 页。佚名《西藏旅行记》则是译自斯文赫定的西藏探险记,《地学杂志》1912 年第 1 期,第 45—53 页;1912 年第 2 期,第 147—156 页。张与权译英人乔温斯敦的《云南纪行》,《地学杂志》1915 年第 18 期,第 83—103 页。其后尚有国人自著的游记,如谢彬《新疆游记》(中华书局 1926 年版),徐旭生《徐旭生西游日记》(中国学术团体协会西北科学考查团理事会,1930 年),张恨水于 1930 年代在《旅行杂志》连载的《西游小记》(张恨水、李孤帆《西游小记 西行杂记》,甘肃人民年版社 2003 年版),这类游记都兼有调查性质。

文书院要求毕业生从事修学旅行的刺激而逐渐蔚为风潮①。这类文字由于兼具游记和调查的特性,具有一定程度的实用性质,因此和一般纯粹游山玩水的游记有所不同,但与讲求精准客观的调查报告相比又多了些个人的诠释与体会。

清帝退位,民国新成,对一般老百姓而言,最快想到的问题可能不见得和国家大政方针有关,而是接下来皇帝去哪呢? 溥仪皇帝依照清室优待条件仍可暂居紫禁城内,但许许多多原属皇室封禁的空间,却因政治权力的转移而逐渐释放出来,其中位于北京西郊,原属皇家园林的三山五园②,很快就吸引了北京一带的住民前往游览参观,成为一般平民百姓假日休闲的好去处。而原本只可远观的三山五园,在揭开皇室园林神秘的面纱之后,因着不同的社会脉络呈显出另一种截然不同的风貌。例如民国初年,《地学杂志》上便陆陆续续开始出现一些游览西山或颐和园的游记,这些游记基本上虽不像旅行记一般带有调查的性质,但由于这片难得亲炙的御苑山林初初释放出来,因此有缘得窥胜景之人,游后莫不细细描绘以飨读者,对后来者不意也出现了一种导引的作用。像是原本就读于京师大学堂的袁霖庆,在北京念书期间便经常从陶然亭远望西山,却不得其门而入,武昌起义时因避乱而暂居上海,民国以后重返北京,便迫不及待趁着假日和几个青年会的朋友相约前往西山一游。他们一行六人在盛夏溽暑的七月天前往西山游玩,前前后后花了八天的时间,把西山各处景点彻底游遍。而《地学杂志》主编白月恒则是在中国地学会由天津迁往北京以后,和几个地学会成员如陶亚民和林有壬等人,约了留法预备学校毕业的女性友人在民国二年(1913)春天同往颐和园游历一天。

---

① 东亚同文会于1898年成立,接受日本外务省资助,在东京成立本部,并于北京、上海、汉口、福州、广州设立支部,1900年成立东亚同文书院。该书院以研究中国现状为主,特点之一就是安排学生在毕业之前以旅行方式到中国各地进行实地调查,收集有关中国政治、经济、地理等资料,并写成调查报告及旅行日记,提供给日本政府参考。后出版之《支那省别全志》即根据明治四十年(1907)至大正四年(1915)学生调查报告书写成,总共18册。东亚同文会编《支那省别全志》,东京:东亚同文会1917—1920年版。

② 一般所谓"三山五园"是指:香山、玉泉山、万寿山,以及静宜园、静明园、清漪园(后指颐和园)、畅春园、圆明园。

　　这两队人马在民国初成立时就前往西山和颐和园游玩，是因为此时民国政府根本还没来得及处理由清室承接而来的皇家园林，所以当他们前往西山和颐和园时，这些地方都还保有相当原始的皇家御院风貌，既无售票也无路标指引①，游人经常随意觅路以进②，偌大的山头和园子，迷路是常常发生的事情，土人（当地人）、内监和寺庙住持是他们最常问路和导览的对象；每处亭台楼阁、寺庙古塔、画艇游廊对他们而言不但新鲜而且充满意趣，有时光是尝试不同路线，或是坐在哪个殿阁禅堂品茗，都有着无比的新奇感。而沿途最吸引他们驻足的往往是各个佛寺、亭台上的碑匾，因为这些碑匾多出于历代皇帝手笔，袁霖庆和白月恒等一行人大凡经过这些碑匾处，无不停下脚步细细赏鉴并加以抄录，即使到了民国，对平头百姓而言，天子手书还是很有吸引力的。循沿着帝王后妃留下的碑匾、遗迹和宫阙，跟随皇室的一举一动，让游观者得以复制名人圣迹，揣想帝王后妃们当年的游玩路径，想象着自己和皇室成员共享一片湖光山色。借着内监的引导，袁霖庆和友人进了颐和园仁寿殿，知道这是慈禧接见外国使臣之处；转过假山来到夕佳楼，看到光绪读书的地方；来到乐寿堂、颐乐殿，经人指点才知是慈禧寝宫和观戏之所③；走进清晏坊拊窗而望四周风景，想象自己和慈禧一样在此纳凉，见湖中小船荡漾，便也买舟学慈禧一般回望万寿山间的金碧辉煌，楼台曲折，倒影在烟波千寻中④。

　　白月恒到昆明湖，登上光绪当年所乘之船"水云乡"，忍不住问船夫当年光

①白月恒前往颐和园游玩的时间晚于袁霖庆一行人大约半年多，颐和园似乎还没有在门外公开售票，所以白月恒是委托留法预备学校女性友人事前"代觅数券"，才一同前往的。可是当他们一行七人，到了园门口时才发现只有五张票，无法进入，后来是正巧遇到另一名女性游客带了一双儿女，而幼儿入园不计票，因此让了两张票给他们，大家才一同入园。可见当时颐和园外并无票亭售票。见白月恒《颐和园游记》，《地学杂志》1913年第4期，第389—339页。

②白月恒等人进到颐和园后经常走冤枉路，不是不得其门而入，就是绕道走回原路，人到了佛香阁却进不了门，只能原路折返圆朗斋，换走翠微亭西上才意外到达佛香阁；他们一行七人中途走散，一直到离开园子时也是分批离园。见白月恒《颐和园游记》，《地学杂志》1913年第4期，第392—393页。

③白月恒到颐乐殿时遗失了铅笔，因此记不得颐乐殿名，但他看到四层戏台时，忍不住想象这样一座上下顶板相通的戏楼，应该是"为演鬼神戏时作由天而下之势"，为体验身在戏台上的感觉，还特别爬上楼梯体会，上二层楼时"已觉身入云端"，果真想象力十足。见白月恒《颐和园游记》，《地学杂志》1913年第4期，第395—396页。

④袁霖庆：《西山游记》，《地学杂志》1912第7—8期，第52—54页。

绪皇帝乘船游湖时,是不是有宫女奏乐相伴。当他得知光绪皇帝并无此举时,忍不住说:"德宗当日亦四海为家之帝王也,游船不满三丈,粉饰未见其华丽,无复歌舞之女,明月清风,湖波容与泛棹为乐,不过若骚人逸客,游览山水而已,吾不能不心焉折服也。"①白月恒拿光绪比隋炀帝引洛穿邗以通江都之举,觉得光绪不似隋炀帝般乘坐四层楼船,舳舻相接,极尽奢华,艳妆宫女为清夜之游,不过如骚人墨客游览山水而已。这些想象反映了民国人的心目中光绪皇帝素朴的形象,远远好过拿海军款两千余万重修颐和园的慈禧太后。在世人眼里"中东之战,海军不振,增中华羞",皆慈禧罪也②。戊戌政变以后,康梁出奔海外,遥尊光绪、丑诋慈禧,对二人形象的塑造深植人心,民国以后藉由颐和园的开放,不断复制、传递给前来参观的游客大众③。

有意思的是,这些前来皇家园林游玩的民国游客,一边复制着帝王后妃的足迹,一边却也试着解构眼前这片皇家胜景。像是袁霖庆等人才从玉泉山上品茗而下,看着碧云寺参差掩映的树木和昼夜川流不息的泉水,竟作了这样的感叹:

> 金碧辉煌,佛像累千,雕刻精奇,工程伟丽,为西山冠,溯其源流,半出中贵,取民脂膏,擅作威福,忏悔罪过,乞灵我佛,我佛有灵,其不享诸。④

在民国游人的眼里,这些皇家行宫苑囿的瑰丽奇景无一不是"民脂民膏",皇室积威作福才砌起来的,即便山峦重叠间寺庙无数,佛祖亦难长保帝室国祚永年。特别是清季外患频仍,咸丰、光绪两次兵燹,民初游人入园游山时,已见静明园、卧佛寺、清净禅堂、静宜园、昭庙、梵香寺和颐和园等多处毁于大火,庙宇文物无存,西郊园林简直成了见证清室积弱无能的铁证,民国中人面对劫余之后留下的残山剩水,陡然唤起国弱兵败的记忆,帝阙王宫的神圣性顿时消除,以致经过静明园内乾隆皇帝御赐的"玉泉趵突"碑时,竟不免怀疑帝王验证过的泉水质量,

---

① 白月恒:《颐和园游记》,《地学杂志》1913 第 4 期,第 394—395 页。
② 袁霖庆:《西山游记》,《地学杂志》1912 年第 7—8 期,第 52 页。
③ 1916 年陆费执到西山一游,行至圆明园时同样提及慈禧移海军军费修园之事。见陆费执《西山游记》,原载《国立北京农业专门学校杂志》1916 年第 1 期,后收入阚红柳编《民国香山诗文精选》,北京联合出版公司 2015 年版,第 17—18 页。
④ 袁霖庆:《西山游记》,《地学杂志》1912 年第 7—8 期,第 45 页。

希望今日的"物理专家"能够重新鉴定①。看样子,往日帝王的品评,到了民国以后敌不过专家学者的证词。日后马相伯、英敛之和熊希龄等人在静宜园上兴建了静宜女学和香山慈幼院,皇家园林的神秘面纱就此揭开;1921年胡适出席香山慈幼院周年纪念会时忍不住感叹:"从前皇帝住的园子,现在变成我们的贫民子弟居住、上学、游戏的地方了。"②山水不变,景致依然,空间予人的意义,随着不同的社会脉络而截然不同,王权胜景的解构,也是民国游人贡献心力的结果。

二、资本空间的生产与再现

清末民初王权释放的空间除了皇家园林之外,还包括了东北——一个长年为清朝政府封禁的龙兴之地。东北从封禁到开放的过程,学界已有不少相关论述,而此一过程并非本文讨论的重点。本文关心的问题是:清末民初读书人如何借着调查、旅行书写,重新"打造"东北的空间论述,以及将东北合理化为一个资本空间的意义与价值何在。

根据前人研究指出,有清一代对东北的封禁只是一种"理论"上的存在,禁令的颁布只能视为加强关禁。多数时候清廷只对"官荒"之地(如采山场、捕珠河流、皇家围场等)实行封禁,而且限制的对象不仅止于汉人,还包括关内驻防的旗人③。但无论如何,"封禁"还是清代对于东北的基本政策,尽管乾嘉时期曾实施过京旗移屯,或为解决流民私采矿产等问题,都曾间接促使汉人移垦吉林、黑龙江一带,但若说道清廷正式解除封禁,鼓励移民实边,确是要到1904年官方在黑龙江、吉林设置招垦局时,那时封禁作为一种基本"政策"的意义才算真正解除,其后清廷更于1907年进一步仿汉地行省之制,将盛京将军改为东三省总督,设奉天、吉林、黑龙江巡抚。

---

① 袁霖庆:《西山游记》,《地学杂志》1912年第7—8期,第46页。
② 阚红柳编:《民国香山诗文精选》,第2—3页。
③ 赵中孚:《清代东三省的地权关系与封禁政策》,《中研院近代史研究所集刊》第10期,1981年7月,第283—284页。

　　由于受到封禁政策的影响,东北一地的文献遗存和征集相对较少,除明代《辽东志》、乾隆年间的《盛京通志》之外,有关东北一地的地方志书如《吉林外记》《吉林通志》等成书的时间都不算早①,20世纪初编写乡土志、乡土教科书风潮大起,有关东北的地志书写或旅行、调查才零零星星面世②,其中创刊于1910年的《地学杂志》对于解禁之后的东北倒是投注不少关怀,这些著作有些是从旧籍辑录而来,有些是为东邻译作,再有更多则是时人亲往各处的旅行、调查报告。这些以东北一地为书写对象的文章,不论详略,大多提及东北一地旧有文献不足征,实地探访、调查自有其必要。有些辑录之作看似只是从旧史地志中辑录相关记载,但又多半配合今人实地考证,如转刊自张凤台《长白汇征录》的《长白三江源流考》③,或是节录清末兴东兵备道徐鼐霖日记而成的《逊河调查边务日记》④,以及辑自呼伦贝尔副都统宋小濂原著的《伦边调查录》等⑤,都属这类作品。这些著作反映了20世纪初以前对于东北历史、地理认识的荒疏与不足,以及时人亟欲透过亲见亲闻之人的观察以增补旧说。然而这类辑录前人旧作的方式毕竟和现状仍有一段差距,《地学杂志》于创刊宗旨上即点出了缀集之作和实地考察的差别:

　　　　顾今日学校渐兴,言教育者,既以地理为重要学科,缀学之士,亦兢兢

---

① 《吉林外记》大约成书于道光中期,为萨英额所作,在此之前吉林本无志书。《吉林通志》成书于1891年(光绪十七年)。

② 如林传甲所撰《黑龙江乡土志》、魏声龢的《吉林地志》《鸡林旧闻录》等皆出于20世纪初。林传甲在宣统年间编写《黑龙江乡土志》,确切时间无法考。林传甲于1905—1915年间在黑龙江办理学务,惟其所撰《筹笔轩读书日记》(1900年元月至12月)和《黑龙江教育日记》(1912年元月至1914年12月)皆在可能写作时间之外而缺乏明确的资料。林传甲《黑龙江乡土志》,宣统年间刻本八册(出版项不详)。魏声龢的《吉林地志》《鸡林旧闻录》则出版于1913年,后收入李澍田主编、魏声龢等撰《吉林地志　鸡林旧闻录　吉林乡土志》(长白丛书·初集),吉林文史出版社1986年版。

③ 编者从辽金元三朝正史、《明一统志》、顾祖禹《方舆纪要》、《大清一统志》和近人齐召南之《水道提纲》、李申《皇朝舆地全图》、《盛京通志》、《吉林外记》等著作,考订鸭绿江、松花江和图们江三江源流,大多谓此三江出于长白山之天池,由此认为此一说法只是历代相沿旧说,失于笼统,因此特就自己生平所见所闻与勘界员互相印证,重新勘定三江源头,尝试结合旧籍和调查另探其源。长白征集录《长白三江源流考》,《地学杂志》1914年第5期,第499—500页。

④ 编者节录:《逊河调查边务日记》,《地学杂志》1911年第17期,第564—572页。

⑤ 宋小濂原著,魏声龢编辑:《伦边调查录》,《地学杂志》1913年第3期,第273—281页;1913年第4期,第402—410页;1913年第6期,第615—628页;1913年第7期,第25—35页。

焉,披舆图,考疆索,分经析纬,若网在纲,而以视西人之于海陆形要,实地探测,无不可以资生利用者,犹千百之能十一,岂非以幅员辽阔,调查犹有未周者乎?①

中国地学会认为直接探察的知识,更有俾于利用厚生,因此不论实地调查、旅行探访之作,还是直接译自东洋的调查报告,在《地学杂志》中所占的比例都不低②。如陶昌善的《南北满洲森林调查书》,先从前清吴振臣所著《宁古塔纪略》和《开国方略》中的记载讲起③,介绍长白山脉、兴安山脉所覆盖的"艮离窝集"(东北老树林)茂密壮阔的景象,以及鸭绿江采木公司大量垦伐之后的面貌,最重要的是他以实际调查资料说明长白山、鸭江、浑江等处森林的树种、林相、位置、地势、分布状况、面积,以及图们江上流、松花江上流、小白山森林、拉林河上流、牡丹江上流、小兴安岭、大兴安岭、老爷岭、兴安岭主脉等处森林概况④。个人认为《地学杂志》强调实地调查和探访,来自两方面的因素:其一,西方地理知识的传入;其二,时人亟欲了解地方的意图。事实上,19世纪末、20世纪初各种地理书写文本,不论乡土志、乡土教科书、地理教科书及新修方志等,大多同时受到这两方面的影响,特别是在描写本乡本土之余,无不尝试回答"何谓地方"以及"如何定义地方"等问题,而这些问题的背后又与如何重新赋予"地方"的意义与价值息息相关。

对比传统方志惯从地理沿革(历史)的角度定义地方,20世纪初的地理书写文本往往更看重"空间"的视角。如《渤海地域之研究》一文,作者为说明辽东半岛、山东半岛两地的关系,除了援引《禹贡》《汉书·地理志》中的记载之外,更从两地地形、地质之相连、相近处推断,得出"近来地理学者以为泰山、劳山之脉与辽东之长白千山之脉,同为一系"之看法,或谓:

---

① 《中国地学会启》,《地学杂志》1910年第1期,第1页。
② 这类撰作有不少是时人前往东三省公务或游历之后所写的记录,往往兼具游记和调查性质。如魏声龢《大连湾考查》,《地学杂志》1913年第12期,第565—574页;子均《哈尔滨调查记》,《地学杂志》1917年第8—9期,第190—197页;诚苏《宁古塔镜泊湖踏查记》(转录天津《大公报》),《地学杂志》1930年第1期,第89—99页。
③ 此处陶昌善所述有误,认为《宁古塔纪略》作者乃吴兆骞(1657—1681),实际是其子吴振臣(1664—?),该文引《宁古塔纪略》亦多有误。
④ 陶昌善:《南北满洲森林调查书》,《地学杂志》1914年第5—6期,第431—457页。

　　构成此辽东、山东两半岛，及庙岛列岛之岩石，多系太古代 Archaean Era
之变质岩，如片麻岩 Gneiss、片岩 Schist 等，及古生代 Paleozoic Era 之花刚
（按：岗）岩 Granite、石灰岩 Limestone 等，两半岛至中生代 Mesozoic Era 之初
已出海面，故其地质成于古生代，罕见中生代之迹，现今地质学家每以辽东
山东并称，盖因地质相同也。①

　　而另一篇《渤海湾全部为中国领海说》，乃针对 1907 年日本前往熊岳城捕
鱼引发的渔权纠纷和海权问题而发，文中作者判定渤海究竟是不是中国领海的
方式，除引旧时图籍以为证明之外，也主张以《国际公法》和中外条约为后盾，建
议朝廷应详细测勘弹着距离（三海里）以定标准②，并参考《国际公法》学者对内
海的解释③。这些从地形、地质断定辽东、山东半岛相连之说，或是采用国际公
法和条约惯例说明领海之举，都是把地方放在一个更为普遍且与世界相连的意
义上，以长时间发展的地形、地质结构强化地方的空间特性，或以放诸四海皆准
的国际公约合理化空间论述的正当性，此一由"空间"所界定的地方，不但迥异
于过去以地理沿革角度所定义的地方，而且更把地方拉进一个与世界连动的政
治、经济网络中，因着不同的社会关系产生截然不同的意义。

　　甲午战后，俄德法三国干涉还辽，日本想要获取辽东半岛之意图未遂，然日
本所创的"满洲"之名却因此不胫而走，日俄战争之后，两国在东三省和朝鲜的
权力版图重新洗牌，1905 年《朴次茅斯条约》签订不久，日本便要求中国与之订
定《东三省事宜条约》，要求中国承认日本接收俄国在东三省南部的全部利益。
其后更以"满蒙"并称，将开发和经营"满蒙"视为日本继承"明治天皇遗业"的
国民使命④，而富含丰富天然资源的"满蒙"，至此成为日本帝国的延长生命线。
《地学杂志》转译了旭藤市郎在《满蒙之利源》中所定义的"满蒙"，他说：

①佚名：《渤海地域之研究》，《地学杂志》1916 年第 2 期，第 121—128 页。
②该文认为《国际公法》学者解释领海之说，自 16 世纪以来至少有五种说法最有价值：1.距离海岸 60
海里说；2.百海里说；3.以海底最深处铅线不能测度为标准说；4.二日间航程说；5.弹着说（距离三
海里说）。而各国所默认者以弹着说为最有力。然弹着力日新月异，故作者主张实测探勘。编者
节录《渤海湾全部为中国领海说》，《地学杂志》1910 年第 1 期，第 383 页。
③编者节录：《渤海湾全部为中国领海说》，《地学杂志》1910 年第 1 期，第 383—384 页。
④山室信一著，林琪祯、沈玉慧等译：《"满洲国"的实相与幻象》，新北：八旗文化事业股份有限公司
2016 年版，第 25—26 页。

世人称满蒙,盖并满洲、蒙古言之。然满洲有南北之分,蒙古有内外之别。即专以蒙古论之,内外蒙而外,更有青海蒙古……吾于满洲指奉天、吉林二省,于蒙古指内蒙古中东西四盟,约东径(经)百十六度以东之东部内蒙古地方也。此等地域,大体上包含南满洲及东部蒙古。皆在我日本之势力范围以内,我日本人得以自由活动者也。①

在中国历史上,"满洲"仅以部族之名出现,从未用来指称过地名②。日本创造"满洲"一词,以其作为新的地理名词,此一做法无异于将族名空间化,拿掉族名背后指涉特定人群的意义,再借着重新"命名"的方式,赋予此空间全新的意义,亦即 Tim Cresswell 所谓典型的以"命名"方式"将意义投注于空间"③。在旭藤市郎的定义中,"满蒙"是为"日本势力范围",以及"我日本人得以自由活动"的空间。此一定义某种程度上说明了日人在"满蒙"的一切经营与开发,皆在合理合法的范围。基于此,旭藤在《满蒙之利源》一文中介绍了满蒙的农业、畜牧、养蚕、养蜂、水产业、矿业、林业、工业、商业等皆为满蒙利源之所在。旭藤毫不犹疑地将满蒙气候和日本东北和北海道相比,述及满蒙畜产量时也自然而然地把日本内地的产量当成比较对象,透过牵系"满蒙"与日本的关系,合理化日本在此调查、开发、经营、移民的意义,并且极力将满蒙打造成一个资本化的空间。例如他在提及满蒙地下资源时表示:

满蒙之矿产额,总计几何,实无确实之计算,良可慨也。要之满蒙矿脉极富,但未得开发之端绪。近时各国莫不力争采掘之权利者,即以此耳。中美国交日密,满洲矿业上,美人必不轻心掉之。英德奋力投资,亦将握其关键。然此非有慎重之调查不可,燃料、劳力、交通,种种关系,极为繁重,故现在宜先取得总括的利权,然后从事调查,进而稽其劳力,次第兴举,必得最后完美之成绩,可无疑也。④

在旭藤的观念里,开发满蒙资源并不只是日本国内的事,中国、美国、英国、德国

---

① 旭藤市郎原著,冰译:《满蒙之利源》,《地学杂志》1919 年第 5—6 期,第 495 页。

② 傅斯年:《东北史纲(初稿)》(第一卷古代之东北),国立中央研究院历史语言研究所,1932 年,第 3 页。

③ Tim Cresswell, *Place:A Short introduction*, p.10.

④ 旭藤市郎原著,冰译:《满蒙之利源》,《地学杂志》1919 年第 5—6 期,第 508—509 页。

都将可能成为竞逐满蒙资源的对手，为了在市场上胜出，详尽的调查工作成了清楚掌握资源的必要手段。在这里我们看到日本力图将满蒙打造成一个资本的空间，并且以这个空间作为与其他各国竞逐资本的场域，而中国、美国、英国等国家亦透过此一空间，与日本产生资本连动的关系。"满蒙"在资本化的空间架构下，无可避免地就此卷入一个以全球为单位的资本市场中。

事实上，像旭藤这样的调查报告并不在少数，早在日本开始将东北视为禁脔前后，这类的调查报告即相继出现。《地学杂志》创刊不久，即转译了好几篇来自日本的调查报告书，如《满洲工业》《南满洲水田志》《日人之经营满蒙土地论》和前面提到旭藤市郎的《满蒙之利源》等。这些报告书在介绍日人经营东北成效之前，大多都会提及中国农业生产技术十分幼稚、华人工业能力至为薄弱等看法，如《南满洲水田志》里便说：中国人"其农事思想颇形幼稚，生产之物，不过高粱、大豆，及粟数种，此等产物，价廉利薄，得不偿失，又种植一切，墨守旧法，粗笨既不堪言，收益因之愈微"。这样的评价在后人眼里常常被视为是带有歧视性的言论，然而在20世纪初，这样的观点却十分普遍，不少追求文明进化的中国人亦持类似见解。《地学杂志》编辑部主动选译这些日本调查报告，某种程度上即反映该刊的基本观点，例如翻译《南满洲水田志》的玉渊便在译文之前说了这样一段话：

> 吾国人普通性质，墨守旧习，弃利于地，稍有识者，略知变通，又乏科学智识，举事多归失败，后来不察，益复裹足，此吾国实业所以不振。彼满洲移民，行之多年，无效可言者，皆坐斯病。自日人侵入，而高粱大豆之乡，一变为产米之区，虽万里之行，今始发轫，而前途辽阔，殆未可量，吾国人有挽回利权，热心垦植者乎，请译是篇，以供参考。①

对20世纪初的中国人而言，日本殖民东北固然象征着利权的丧失，然而其同时的农业、工业技术改良，却是追求文明进步观念的中国人所需要的，他们同意且复制了日人的看法，认为中国人"墨守旧习，弃利于地"，而日本在东北的经营，正是企图改变东北的现状，突破长久以来因着自然环境所赋予的条件创造衣食

①玉渊：《南满洲水田志》，《地学杂志》1912年第7—8期，第140页。

所需的生产模式,朝高利润、高成长、大量生产、快速流通的目标前进。在优胜劣败的观念下,愈来愈多人相信文明进化为中国必须依循的道路,因此即使面对在甲午战争中打败自己国家的日本,却因为认定其在文明开化的道路上足以式法,便往往视其为仿习的对象。《地学杂志》透过选译日本东北调查报告及国人自著的旅行调查书,不断复制此一文明开化的立场,以及地理书写框架,尝试赋予王权解禁后的东北另一种新义。

根据笔者观察,这些讨论东北开发的调查报告书主要分为两方面:其一,介绍设于东北的中央试验所或农业实验场的试验成果;其二,各种农、畜、工、矿业产品在东北生产、开发的现况调查与分析。从一个具象的空间角度而言,这两者的调查分析实为一而二、二而一的事,因为不论中央试验所或农业实验场本身,既是一个小型的资本空间,也是一个制造如何改变空间的实验室,而其实验的初步成果最终还是要移到一个更大的实验场——东北来检验它真正的成效。

撇开地利之便和"同文同种"的因素之外,东北对日本的吸引力,主要还是来自东北的地广人稀和蕴含丰富的天然资源。面对此一广大而开发尚浅的处女地,日本既已"取得总括的利权",接下来应该如何开发利用,各种有关东北自然与社会环境等方面的调查自不可少,其中有关气候(温度、湿度、降雨)、地形、地势、人口、土地面积等方面的调查,被视为了解农事环境最基本的资料。由于过去关于东北气候的记录大多以讹传讹,日人所做调查强调必须取得真实数据。例如旭藤对满洲的气候便累积了 1914 年以前五年的观察,得到长春、奉天、大连在一到八月最高、最低温及其平均值,再以此一记录对照日本十胜、青森、石卷等地的温度①,得出满洲适于种植米麦的结论,他说:"满洲气候,比之日本东北及北海道,农耕较为适宜,其雨量尤较日本为佳。风水之害甚稀,故满蒙地方,气候、雨量、地性,皆宜于耕作,即其荒地,亦可以之作牛马羊豕之牧场。地下埋藏无算,盖天然之富源也。"②同样的气候调查也在《南满洲水田志》里出现,调查者表示:南满 4—8 月的平均温度比日本的札幌、函馆、青森、秋田和朝鲜的平壤、城津都来得高,9—10 月的气温则稍低。根据几年下来的数值,"自播种以至收

---

① 旭藤市郎原著,冰译:《满蒙之利源》,《地学杂志》1919 年第 5—6 期,第 496—497 页。
② 旭藤市郎原著,冰译:《满蒙之利源》,《地学杂志》1919 年第 5—6 期,第 497 页。

获,其间气温降至零度下者,已属稀有之事",而耕作期中之气温,又比日本、朝鲜各地为高。"水稻发育之期既早,成熟之期亦速",每年日本除草需5次,满洲却只需4次,由此可见"其地之适于种稻与否,可想见矣"①。这些从气候数值得来的观察,不但打破过去中国人认为东北只适宜种植小米、高粱等作物的印象,也开启了东北栽培水稻的契机。

其次,对于东北土地、人口方面的调查也是另一重点。在旭藤的调查报告里,不但载录了奉天、吉林、东蒙的土地面积和已开拓面积,也对满蒙地区的住民做了分省调查,得到以下数字:

　　满蒙住民　大约19000万人

　　　奉天省　1000万人(内约170万人住蒙古开拓各地)

　　　吉林省　400万人(内约90万人住蒙古开拓各地)

　　　东蒙古　500万人(内奉吉两省人260万,直隶人200万,纯蒙古人
　　　　　40万)

有了人口总数之后,再分析每一平方里的密度,满蒙地区为351人(蒙古某地一平方里不过二三十人),而日本的密度有2080余人,满蒙人口不过日本的1/7。而日人在满蒙者大约90000余人,朝鲜在满蒙人数却有350800余人②。经过这样调查比对之后,显示了日人移居满蒙还有很大的空间。这些有关人口、土地的调查分析,由于和劳动成本的计算有密切关系,因此另一份关于日人经营满蒙土地的报告,也同样载录了满蒙土地面积和已利用土地面积,并进一步根据关东都督府的调查数据,详列满蒙各地的土地价格③。根据这些调查所得的土地面积和价格,作者认为目前日本经营者应该"以农业为主,而以附属农业之工业次之"④。

再就农业劳动力而论,报告中强调日本人之劳动力绝不可能与中国人和朝

①玉渊:《南满洲水田志》,《地学杂志》1912年第7—8期,第143页。

②旭藤市郎原著,冰译:《满蒙之利源》,《地学杂志》1919年第5—6期,第497—498页。

③可耕地计1950万町步,而其中属于未耕地者,尚有1350万町步,满蒙土地经营之前途,固有莫大之希望也。林乐译《日人之经营满蒙土地论》,《地学杂志》1917年第11—12期,第547—550页。

④林乐译:《日人之经营满蒙土地论》,《地学杂志》1917年第11—12期,第550页。

鲜人竞争,因为中朝两国人生活程度低,劳动能力却极强,因此日人前往满蒙经营土地,必须以"地主"或"自耕者"自居,"役使中国人或朝鲜人,而己为其监督者可矣"①。另外,在租佃制度方面,调查报告中强调现行满蒙的农业制度大约有分益、租田和自耕制度三种。其中又以分益制度者最多,约占6/10,自耕制度最少,大约只有1/10。其差异在于分益制度之地主必须供给农夫一切的必要品,租田制度则由农夫自行负担,而其后所涉利益分配方式亦不相同,分益制度之地主、农夫所得比为7.5:2.5,租田制度之地主、农夫所得则五五对分②。调查者由此认为满蒙之地价低、耕地多、收益丰厚,"我国人既获此利用土地之权,而有此莫大之利益,资本家盍兴起乎?盖于一方面可收利用资本之益,他方面又可巩固我满蒙之地位也"③。这些属于劳动人口来源的调查,涉及劳动力的使用及劳动性质的分析。殖民者透过这些分析,决定投资开发的类别和土地经营的形态,并利用租佃制度的分析,计算投资成本和剩余价值。事实上,这些表面上看来只是土地、人口和劳动力的调查,其背后所代表的就是一种生产力和生产关系,而人们对于自然和人类资源的调查和运用,亦往往牵动由生产力和生产关系所决定的空间形态;东北作为满蒙殖民者向往成为"资本家"之所在,其作为一种资本和政治空间的意义便同时而生。

此外,在生产技术改良方面,许多调查东北报告书都提到了农、工、畜牧等技术改良的问题。在农业方面,选种、育种、移种、人工灌溉、施肥、防治病虫害等,都是改良农业技术常见的方法。例如1909年开办于奉天铁道附属地的胜弘农场,为日本人尝试在南满种植水稻的重要实验场。据称农场开办之初,因风土气候颇不同于日本本土,在选种、土壤改良、虫害防治、人工灌溉和施肥等方面都做过多年的试验,其中遭遇的最大困难是水利问题,虽然暂时只能用贮水、凿井等方式解决④,但最后胜弘农场还是培育出一种来自朝鲜的水稻品种,取名胜金穗。据称此一品种之稻米,稻茎高度可达三尺五寸,"每穗结实有150粒至220

---

① 林乐译:《日人之经营满蒙土地论》,《地学杂志》1917年第11—12期,第550页。
② 林乐译:《日人之经营满蒙土地论》,《地学杂志》1917年第11—12期,第551页。
③ 林乐译:《日人之经营满蒙土地论》,《地学杂志》1917年第11—12期,第552页。
④ 玉渊:《南满洲水田志》,《地学杂志》1912年第7—8期,第147—150页。

粒之间",色泽金黄,满缀短毛,米粒肥满,体质透明,腹白死米之类极少,质量极佳①,而且"与日本内地产米不相下"。日人视此为南满宜于水稻之证明②。几乎与此同时,东三省总督赵尔巽奏请在沈阳设置的奉天农业试验场也在试种水稻,武进人管洛生在新民初步试验成效不错,创水利局开沟导水,解决水利问题,然而却引来水利纠纷③,奉天农业试验场主任陈铎士便认为奉天省无天然水资源,开发水稻不如注意蚕丝④。中日两国试验农场,在东北试种水稻的经验虽然极为类似,最终也都取得了不错的成果,但两国对于是否开展水稻种植的态度却截然不同:对中国而言,中国内地各省本不缺乏种植水稻之处,奉天农业试验场认为东北水稻种植如能成功固然很好,如若不能,不如移转精力开发养蚕技术;然而胜弘农场却坚持要在东北成功种出和"日本内地"一样的水稻,这和满铁农事试验场在同一时间于熊岳城、公主岭等地设场,努力试种粳米的情形是一样的⑤。日本原本地狭,粮食空间不足,明治维新工业化的走向,促使人口逐渐向都市集中,农村劳动力减少,因此日俄战争取得满蒙经营权之后,便为解决日本自己的粮食需求,尝试在东北种植水稻,甚至不惜翻转原有空间的使用习惯,将原本种植高粱、大豆的东北,改种水稻,以符合本国需要,并且利用移种和配种技术,将原生于朝鲜的品种移种东北,尽其所能种出和日本一样口感的粳米,以迎合本国人的食用习惯。生产方式可能导致地理空间分布的变化即此可见。

在畜牧业方面,奉天农业试验场成立之后,积极将美林奴羊(Merino)与本地绵羊交配繁殖,实验证明第一代交配所产之羊毛,在质量和产量上即大不相同,经三四代后,改良种绵羊便与美林奴羊无别。前往奉天农业试验场调查的孟森表示:将本国绵羊和美林奴羊分别关在栅栏中,一望即知其优劣"不可以道里计",美林奴羊不但毛的质量好,而且大牡羊平均每头可剪毛12斤6两3钱,大牝羊也有9斤1钱,但本地牡羊每头平均只有3斤2两,牝羊每头只2斤11两8

---

① 玉渊:《南满洲水田志》,《地学杂志》1912年第7—8期,第152页。
② 玉渊:《南满洲水田志》,《地学杂志》1912年第7—8期,第141—142页。
③ 孟森:《调查东三省拓殖事宜之报告》,《地学杂志》1911年第13期,第202—203页。
④ 孟森:《调查东三省拓殖事宜之报告》,《地学杂志》1911年第13期,第202、205页。
⑤ 满铁农事试验场编:《农事试验场业绩:创立二十周年纪念·熊岳城分场篇》,大连:南满铁道株式会社农事试验场印,1935年。

钱,两者的重量和价值都差了 3 倍多有余。孟森强调本地绵羊一经改良,可创 10 倍之利,其关键仅仅在"种"而已,交配改良"数年之后,将尽成佳种",而中国织呢业方兴未艾,实以此为命脉①。

此外,奉天农业试验场也尝试直接从英国购买耶雪种乳牛,改良牧牛品种。试验场发现耶雪种乳牛完全没有迁地不良的问题,一头耶雪牝牛年生三只小牛,而其产乳量一日高达 24 斤之多,比起本地牛每日最多只有 7 斤,差了 3—4 倍。只是耶雪牛购价极昂,一头就要五六百元,但精算乳量和售价后发现,这样的投资一年即可回本。孟森的调查报告最后提到:

> 冬春乳销甚畅,夏秋则制乳油,此缘奉俗暑天不食牛乳之故。若在讲求卫生之处,则无时不可销乳,而乳油易于运销,更胜于乳。在交通不便之地,罐制牛乳及乳油最宜远运,较之运牛肉为便。②

中国人很快从市场中习得资本运行之道,知道怎样才能创造更大的产值,利用配种方式提高生产量,因应即将到来的工业发展,提高地方经济效益;并且为了打破农畜产品的地域限制或食用习惯,发展出各种转换、保存和运销的方法,尽可能使产品得以倾销到远方或是创造更多的食用人口。在追求产量极大化的过程中,原本只为满足地域所需的生产目的因此有了改变,新的生产方式和流通管道,连带影响了原有的生产空间形态。而另一方面,美林奴羊和本地羊交配,或是直接移殖国外品种,也都涉及了物种在空间中的移动,把原本生长在其他地方的生物移殖到东北来,所改变的不仅仅是物种本身,更是移殖地原有的生态环境与空间形态。例如奉天农业试验场从美国经验中得知饲养牛只以玉蜀黍最为合宜之后,便开始在试验场中种植外国种之黄色马齿玉蜀黍,让畜养乳牛与种植玉蜀黍"相辅而行",如此推广试验所得,便有可能连带改变东北的农业地景和空间使用方式。外来种的乳牛和外来种的玉蜀黍,在东北寻求更大生产效益的过程中,创造了一种迥异于传统生产方式的"资本空间",而像孟森这样的地理学者,透过他在奉天农业试验场的调查所得和《地学杂志》的传播,复制且正当化了这样的生产论述形态,使之成为 20 世纪以后中国人思考农畜生产和文明开

①孟森:《调查东三省拓殖事宜之报告(续前)》,《地学杂志》1911 年第 14 期,第 279 页。
②孟森:《调查东三省拓殖事宜之报告(续前)》,《地学杂志》1911 年第 14 期,第 280 页。

化关系的重要取径。

在工业技术改良方面,20 世纪初东北的工业大多以农产加工业为主,例如高粱酒酿造工业、柞蚕工业、大豆工业等都和农畜产品相同,因着大量生产的需求而积极研发改良技术。在高粱酒生产技术上,日人认为东北原先酿造高粱酒的方法工序繁琐又极为幼稚,首先,制曲只能在夏日,这对大量生产而言便是一个极大的限制,而其所用蒸馏法既费水又费柴火,更需大量劳力,初估"华人酿造,自高粱变为高粱酒,造曲需 50 日,造酒又需 50 日,前后需 100 日以上",可一旦发酵作用不完全,便只能全数丢弃,十分可惜。满铁中央试验所为此特设细菌室、细菌分室、制曲室、汽罐室、酸酵室、蒸馏室等,研发改良酿造方法,不但四季均可制造,所有工序只需一星期即可全部完工,而且最重要的是原本使用的旧法,每石高粱只能酿得酒 2 斗 2 升 2 合,但新式酿造法每石高粱可得 3 斗 6 合,比原来多了 1/4 的量。日人计算,若将盛京、吉林、黑龙江三省所产高粱酒合并总计约有 50 万石,每石时价 25 元,则有 1250 万元收益,扣除成本之后,大约可得纯利 520 余万元①。这项实验极大地鼓舞了日本人,虽然用新法酿造之酒,试之于华人后普遍反映"不如高粱酒有一种扑鼻的香气,不适于华人嗜好",但日人却认为这只是因为实验过程中,把原先制作酒曲的原料由高价的大麦、小豆改成贱价的高粱所导致的变化,日后只需于造曲时稍稍"加工"即可"合于华人嗜好"②。日本人看上的是华人市场庞大的商机和巨额的利润,因此如何缩减生产时间、节省投资成本和劳动力,就成了中央试验所最主要的目标,特别是当他们得知美国同时也在发展改良酿造高粱酒技术时,就更加紧脚步③,不愿在资本市场的竞争中落于美国之后。

在柞蚕工业方面,过去提及柞蚕丝,大多数人想到的是山东,实际上柞蚕出于东北,其中又以盖平、岫岩、宽甸、安东、凤凰厅一带为最多。东北所出蚕茧多由盖平送往芝罘,在山东加工制丝或织绢后再销往上海,以致一般人误以为柞蚕

---

① 编者节录:《满洲工业》,《地学杂志》1910 年第 8 期,第 636—637 页。
② 编者节录:《满洲工业》,《地学杂志》1910 年第 8 期,第 638 页。
③ 编者节录:《满洲工业》,《地学杂志》1910 年第 8 期,第 638—639 页。

产地在山东①。日俄战争之后，日本积极拓植东北，自然想要改变柞蚕丝的生产线，就地在盛产柞树的东北种树、养蚕、制丝，将产地和加工地合而为一，既可夺山东之利，又可为东北的蚕丝工业创造更高的产值。因此中央试验所成立不久即积极投入柞蚕丝的改良与制造，唯此与前述移种水稻的情况又有不同，移种水稻为的是翻转原有的空间使用习惯，在过去不生产水稻的地方种植水稻，而柞蚕工业却是就地利用原有的空间使用形态，以加强后端生产技术的方式，扭转市场导向；利用大连—上海之间的海运渠道，改变柞蚕以往的贩路，藉由大连的空间优势，使柞蚕丝市场既得以兼顾关内，也可同时向日本、欧美等地扩张②。只是东北所产柞蚕丝如要扩大销售网域，就必须面对如何与生丝（家蚕丝）竞争的问题，由于柞蚕丝向来不如生丝洁白，且有恶臭、粗细不均及蓬然矗立等问题，所以历来未曾精炼之柞蚕丝，在价格上都比生丝差了将近 1/4。为此中央试验所致力研发精练漂白之法与原丝改良技术，使改良之后的柞丝几与生丝无异。而经过两阶段改良之后的柞蚕丝成本提高，每百斤大约 420 元，输往日本时，海关再课以极重之关税，每百斤的费用可能高达 500 元之谱，但与生丝每百斤 1000—1200 元相比，仍便宜了一半之多。而且价钱压低之后，过去柞蚕丝只能单独当作经线或纬线之用的情况必然跟着改变，在纵横二线皆可使用的前提下，柞蚕丝用以织缎的可能性大幅提高，输往日本和欧美各国的柞蚕丝势必因此增加数十倍之多③，柞蚕丝改良所费成本不但完全回偿，外销出口所获之利尤其不可小觑。

工业技术改良使得中国和日本在东北逐渐出现了一种竞合关系，其中又以大豆工业最为明显。近代东北在王权释放之后如何走向资本化的空间，一般认为和东北大豆的商品国际化有密切关系。20 世纪以前，国际间很少有大豆贸易，东北大豆率先输出欧洲究竟是谁促成的？目前学界对此看法不一，其中一种说法是 1907 年德商 Wilhelm Ronderwald 和英国利物浦一家名为 Biddy & Sons 的公司签约，提供免费的东北大豆制造混合饲料的实验成功之后，便开启了东北大

①编者节录：《满洲工业》，《地学杂志》1910 年第 8 期，第 639 页。
②编者节录：《满洲工业》，《地学杂志》1910 年第 8 期，第页 640、641、647 页。
③编者节录：《满洲工业》，《地学杂志》1910 年第 8 期，第 646—647 页。

豆销往欧洲的契机①。其后,包括日本三井物产、丹麦宝隆洋行(East Asiatic Company)和俄国罗曼卡巴尔金父子公司(R. M. Kabalkin and Son, Inc.),在1908年以后陆陆续续将东北大豆销往欧洲,成功打开外销市场,东北大豆就此风行于世②。根据统计,光是1908年自大连、营口输出的就有大豆600万担、豆粕900万担、豆油40万担之多。一开始大豆制品以豆油为主,豆粕为副产品,然因豆粕可制成肥料和各种加工产品,因此后来居上③。东北大豆在国际间声誉鹊起,1909年怡和洋行甚至在奉天设立购豆公司,日本三井、正金公司且在收获期以前即有预先指定田亩全数收购者④,中日两国均投入人力研发各种改良大豆产品以提高产量。

此时适在巴黎巴斯德学院读书的李煜瀛,因对大豆有深入研究,也为文鼓励东北发展大豆工艺。他认为大豆富含蛋白质、油脂等各种养分,且可转制其他各种食品,中国技术远远超过西方人,发展大豆工艺潜力无穷⑤。在李煜瀛的文章中提及相当多以大豆为原料的再制品,如磷质粉、豆仁、豆面、豆油、豆饼、豆渣、豆浆粉、酸豆浆、罐头浆、豆精、豆腐、豆腐干、豆腐片、发酵豆腐、余浆、酱油、甜豆酱、豆芽菜、豆仁咖啡等⑥。就拿豆面来说,李煜瀛认为西方人患糖病者甚多,因此患者食物中应减少可以转化为糖的粉质物,而一般菽麦粉质均多,唯大豆粉质含量极少,如能以豆面取代,味佳而价廉。况且西方人制作面粉几经改良,为求洁白,尽去表面之糠皮质,虽然容易消化,但是糠皮中的蛋白质和金石质皆已失去,此时如加进豆面少许则可补救⑦。李煜瀛认为可以发展的大豆工艺品大多以食品居多,这与奉天农业试验场所研发改良的大豆制品,如豆油、豆粉、饼干、

---

①冢瀨进的研究指出,最早在1908年由俄国圣彼得堡巨商所成立的公司(Natanson & Co.),透过英国轮船把东北大豆输往欧洲。而最普遍的看法则是日本三井物产于1908年5月将东北大豆100吨运往欧洲,作为制作豆油、豆粕的原料。见安富步《国际商品としての满洲大豆》,收入安富步、深尾叶子编《满洲の成立:森林の消尽と近代空间の形成》,名古屋:名古屋大学出版会2010年版,第302—303页。

②王绍光:《大豆的故事——资本如何危及人类安全》,《开放时代》2013年第3期,第90页。

③编者节录:《满洲工业》,《地学杂志》1910年第9期,第715—716页。

④孟森:《调查东三省拓殖事宜之报告》,《地学杂志》1911年第13期,第203—204页。

⑤李煜瀛:《论大豆工艺为中国制造之特长》,《地学杂志》1910年第3—4期,第316—317页。

⑥李煜瀛:《论大豆工艺为中国制造之特长》,《地学杂志》1910年第3—4期,第318—325页。

⑦李煜瀛:《论大豆工艺为中国制造之特长》,《地学杂志》1910年第3—4期,第319页。

豆腐、肥皂等情况类似，其目的在于将原有农产品的保存期限拉长，以改变其形体、口味、功能等方式延长其使用期限。

然而，对照同一时期满铁中央试验所研发的大豆再制品，则不可以道里计。根据《地学杂志》刊载的调查报告，中央试验所仅豆油一项即有多种变化：（一）增加榨油量，（二）研发豆油脱色去味之法，（三）制作豆皂。首先在增加榨油量方面：一般而言，豆粕为大豆榨油之后所留下的残渣，制成豆粕之后可为肥料之用。日人发现市场上制造的豆粕大约都还含有 17—18% 的豆油，50 斤大豆往往仅得豆油 4 斤，十分可惜。因此日人便以一种沸点极低的挥发油"假苏灵"掺入捣碎的豆粕中作为溶解剂，使豆中之油得以尽出，大约可较旧法多得两倍之油①。其次，是研发改良豆油脱色去味之法：因豆油中多含有杂色与异味，使其不能广为应用，中国人通常只用其点灯。日人认为豆油生产日多，将来非运销海外不可，如果长途航海，或气候变化，豆油中所含游离酸、蛋白质、色素均易使豆油腐败，不利出口，所以如能以精炼之法改良，日后当有大用。因此中央试验所便尝试以各种化学（如加入各种酸化物或亚尔加里［Alkali］）、物理（加入骨灰、垩土、黏土）方法使其脱色，皆不见得完全成功，而日晒法既不济时效，又有腐败之虞。除精炼之法外，中央试验所也尝试用电气所化之空气漂白法，也就是以豆油与一定浓度的亚尔加里浓液，加以高压，增减温度之后方有成效，但此法只能去除油中溶解之蛋白质及树脂质，却无法脱色。若用漂白法脱色，所炼之油又不利食用。最后中央试验所研发出加热法，破坏豆油的原色，使之转为淡黄色，不但原有异味消失，同时散发出一种类似小磨麻油的香气②。日人之所以不断尝试各种精炼豆油的实验，不外乎是想提高豆油的产质和产量，据其所言，经过多次试验之后，第一次精炼之豆油原有的油气已消散，如再经第二次熬炼，其色泽变为淡黄色，香气极似麻油，同样可作食料油之用③。只是经过精炼之后的油会有所耗减，故而比原油稍贵，但实验者相信销到市场上必受买主欢迎。

除脱色去味之外，中央试验所亦研发制作豆油皂。由于大豆油的性质为半

① 编者节录：《满洲工业（续前）》，《地学杂志》1910 年第 9 期，第 716—717 页。
② 编者节录：《满洲工业（续前）》，《地学杂志》1910 年第 9 期，第 718—719 页。
③ 编者节录：《满洲工业（续前）》，《地学杂志》1910 年第 9 期，第 722 页。

干燥油,既无法制成机器油,也不适于制成涂料,多次试验后以制成肥皂最为合宜。豆油皂的特色在于泡沫甚佳,落垢甚速,但还是有色泽偏黄、臭气不易去除的问题,中央试验所便以漂白与添加香料之法去其色味。制成之后的豆油肥皂颇能适应东北的硬水质,比起牛油皂便宜许多。日人认为上市以后一定可以和美国棉油制造的挨保黎皂(Ivory)一较高下,完全不逊于洋货①。

中央试验所不惜花费大量时间实验改良大豆油的各种方式,一方面提高榨油量,一方面改良豆油的颜色与气味,并制成豆皂增加其用途。这些实验的背后都有一个共同的目的,就是企图扩大现有市场,增加产品的产量、产值和产能,其与李煜瀛和奉天农业试验场所欲发展的大豆工业基本不同之处在于:李煜瀛认为一国工业之优胜,不仅在于精能,更在于特长,因此"如甲国长于甲物,乙国长于乙物,则甲乙固可互得交易抵偿之利益,而无利源外溢之虞"。李煜瀛是抱着不使"利源外溢"的心态在发展大豆工业的,所以只要甲乙两国所长之物交易,可以抵偿利益,不造成"利源外溢"即可。但资本主义不是这样的,资本主义要的是创造更大的剩余价值,在这个前提下所有的生产都必须极大化;中央试验所研发出利用假苏灵榨出两倍的豆油,为的就是要更大地提高产量,以获取更高的产值②。而其利用各种物理、化学方法脱色去味,亦是看准了"豆油生产日多,将来非运销海外不可",以及将来出口国外,豆油产生质变容易腐败,"不利于出口"等因素,换言之,中央试验所基本上设定了产品是要销往国外的,因此所有脱色去味的试验,都是为了远程市场的需要而预先准备的。从空间生产的角度来看,日本借着东北的大豆扩大了它的资本空间,而东北也因着大豆的输出改变了原有的生产形态(例如三井、正金预先指定田亩,全数收购)。或许这就是 William Cronon 所说的:贸易网络重新定义了一个地方的地景资源,使一个地方超越当地生计需要而进入市场领域③。当东

①编者节录:《满洲工业(续前)》,《地学杂志》1910 年第 9 期,第 723—725 页。
②1921 年卞鸿儒参加学校修学旅行前往辽东半岛,即亲见日人于大连经营的日清豆饼制造公司、三泰油房等厂房规模庞大。其豆油豆饼之制作方式,即与中国旧日压榨法不同,全用抽出法和利用蒸汽之力及水压机,较旧法轻便,且得油成分多,其制出之豆油豆饼,多运售美国,销路甚广。卞鸿儒《辽东半岛旅行记》,《地学杂志》1921 年第 9—10 期,第 432 页。
③William Cronon, "Kennecott Journey: The Paths out of Town," in Cronon, W., Miles, G. and Gitlin, J. eds., *Under an Open Sky*, New York: W. W. Norton, 1992, pp.38-39.

北因着大豆加入了世界贸易网,此一空间内的地景资源、生产方式,不可能不一一跟着改变。

事实上大豆一直是东北重要的农产输出品,有清一代大豆贸易几经变化,无不与市场需求息息相关。元明清三代定都北京,粮食需求必须仰赖江南,长久以来肩负南粮北运功能的漕运,清代以后渐渐委托民间营运,在漕运载送私货不课税的前提下,大豆和豆粕逐渐成为南向漕船压舱的重要货物,清代中叶,江南的木棉产业急遽扩张,刺激了豆粕南运的需求。1860 年以后大豆贸易的流向出现巨幅变化:首先,1858 年《天津条约》签订,牛庄、登州开港,英国势力得以藉此插足海运贸易,开启了东北大豆海运的契机;其次,太平天国运动重创了江南的木棉产业,但与此同时,闽粤、台湾的制糖产业却逐渐兴起,甘蔗种植对于豆粕肥料的需求渐渐取代了江南①。此时英国趁势而入,利用海运将东北的豆粕往南运送至华南一带,大豆贸易的空间因此转移。东北大豆贸易从乾隆年间由原本作为上海周边地区种植木棉的肥料,到 1860 年代以后转向以华南为主要输出地,再到 20 世纪初输往欧洲,成为各种食用、工业油料的这一过程,表面看来好像只是生产—输出空间的改变,但实际上却牵涉大豆的生产量、生产形式、劳动力、运输工具、运输成本等整体的变化,其中又以 20 世纪初东北大豆输往欧洲所带来的冲击最大,以资本市场为诉求的跨国输出,全然不同于过去以提供肥料为目的、仰赖漕运即可解决的国内市场,而这种生产力与生产关系的变化,正是彻底改变近代东北生产空间的主要根源。

值得注意的是,若就空间论述的角度而论,以上有关各种工业改良技术之介绍,多出于《地学杂志》节录日文之作,如《满洲工业》一文起首处即谓:"满洲将来可以兴起之工业,有二种:其一为改良,其二为将来新起之工业。"由此可见此为满铁中央试验所以实验为基础所作之评估,未必见得是已然推广到市场上的成效,而这样的论述或多或少都带有日人对于殖民满洲的憧憬和期许,因此当《地学杂志》节录这样的文章时,除了代表杂志相当留意日人在东北拓殖的事实之外,从空间再现(representation of space)的角度而论,无异于再现了日人对于

---

① 安富步:《国际商品としての满洲大豆》,收入安富步、深尾叶子编《满洲の成立:森林の消尽と近代空间の形成》,第 293—295 页。

拓殖满洲的憧憬与期许,而此一憧憬与期许又适与中国人当时对于王权解放之后东北的发展路向若合符节。例如《满洲工业》一文所列中央试验所研发有成的各种加工业,如豆油精制业、肥皂业、高粱酒酿造业、高粱杆制纸业、柞蚕制丝业、制玻璃、磁器业和制盐精制亚尔加里业等,其中多项也确实是同一时期中国致力发展东北工业的几个主要方向——这点可从前述孟森考察奉天农业试验场报告即可得见。换言之,20世纪初中国与日本都想将东北打造成资本化的空间,在此目标下,国族空间的意义反而不若资本空间来得彰显①,在中日两国同时卷入全球资本主义的生产模式下,中国并不排除以日为师,合力将东北推向资本化的道路,而《地学杂志》不啻在中日同声建构近代资本空间的论述中扮演着推波助澜的角色,20世纪以后中国多数的地理书写者莫不受《地学杂志》天演剧烈、文明开化观念的影响,地理知识之丕变与此有莫大关联。

三、空间网络与铁路经验

在资本空间形成的过程中,交通运输是不可或缺的一环,20世纪初曾在东北移动过的人可能最不能忽略的地景之一就是铁路。1897年俄国根据中俄密约修筑东清铁路,自俄境的赤塔经满洲里、哈尔滨、绥芬河到海参崴,支线则由哈尔滨往南至旅顺、大连。东清铁路自1897年动工至1903年通车。日俄战争后,根据《朴次茅斯条约》将长春(宽城子)到旅顺一段交日本管理,改名为南满铁路。有人形容东北的铁路像一片桑叶上的一条黄蚕和一条白蚕,"黄白两蚕之头相碰,非打死一个,彼此不能复进矣"②。也有人后见之明地说:"我国外交上

---

① David Edgerton认为20世纪的科技国族主义和科技全球主义往往存在一种十分吊诡的现象。他认为很多人以为科技可以打破国族的藩篱,成为全球共通的识别工具,但实际上只在20世纪最初十来年和20世纪末,科技才具有跨国共享的特性。大约在1914年前后全球贸易的年代开始走向尾声,两次世界大战期间,贸易更进入停滞衰退期,特别是1930年代以后,全世界的民族国家都变得越来愈自给自足,强烈的国族主义使得政治帝国变成贸易集团。此一看法很能说明本文观察20世纪初中日共构资本空间的情形。见戴维·艾杰顿(David Edgerton)著,李尚仁译《老科技的全球史》,台北:左岸文化2016年版,第195—208页。
② 抱一:《东游杂记(续)》,《地学杂志》1919年第2期,第213页。

最失败者,厥惟铁路政策。而与外人订约最颟顸,损失国权尤甚者,首推中东一路。"①这些从丧失国权、利权角度着眼的看法当然没有错,但是如果我们像今天滑手机的动作一样,把画面用拇指和食指往里拢,缩小页面,很自然就会看到东清铁路只是俄国铁道的一小部分,出了满洲里接的就是通往莫斯科的西伯利亚大铁道。《中东铁路调查记》说:"中东一路,联络欧亚交通,东控海洋,西连大陆。沿途物产丰富,仕商农工,络绎不绝。据俄人云,其本国各铁路,无有如斯路之繁富者,因他路之运输,未必来往悉臻发达,而此路则西行运货物,俱无穷尽,适得其平。"②铁路是19世纪以后资本空间得以拓展的重要管道,它除了是有形的交通线,也是一个连接抽象资本空间的网络,俄国汲汲营营想借着东清铁路跨足东三省,日本不惜国力和俄国开战,为的也是同一条铁路,铁路连接的是一个一个等着加进抽象资本空间的"地方"。而这一个个原本相隔遥远的地方,借着奔驰在铁道上的轮子拉近了彼此的距离,铁道用时间换取空间,缩短资本流通的距离。

举例来说,一个20世纪初的人想要从保定赴新疆,他可以有三种选择:其一,乘京汉铁路南下到郑州,换汴洛铁路易马车,经陕西、甘肃而至新疆。这条路沿途都有客栈,还算便利,寻常旅客大多会选择这条路线,但这条路线要花5个月的时间。其二,乘京汉铁路北上到丰台,换京张铁路,到了张家口之后改乘马车到归化城,再换驼车经内蒙古到新疆迪化古城,最后再换马车抵达省城。这条线沿途无食、无宿、无水,所有一切均须旅人自备,非常辛苦,大约3个月可达,一般运货商因其关卡较少会选择这条路。第三种选择,乘京汉铁路北行,换京奉铁路到奉天,再换南满铁路到长春,其后再换东清铁路到满洲里,在中俄交界处出国境,换乘西伯利亚铁路,至外贝加尔州、义尔古斯州等地,到沃木斯克下火车,登额尔济斯河之轮船车,到中央亚细亚之西拍尔京斯克换四轮马车至苇塘子,重入国境,之后再由塔城换中国马车,经库尔喀喇乌苏厅到达省城。这条线非常曲折,先要向东北走,再折向西北,复折东南,整个行程大约20000里,可是只要50

---

① 编者选载:《中东铁路调查记》,《地学杂志》1920年第8—9期,第250页。
② 编者选载:《中东铁路调查记》,《地学杂志》1920年第8—9期,第256—257页。

天就可以到达目的地,但价钱当然比较高,一般只有因公务差旅的人才会选择走这条线①。这是中国地学会会员贾树模在1910年要往新疆赴任时打听来的走法,最后他选择了第三条线,只因为他是因公出差,旅费不是问题。这个例子告诉我们:速度是缩减地表距离的关键。

俄国、日本在资本竞逐的空间里抢夺铁路资源,实际上就是想要节省商品流通的时间,而节省商品流通的时间,就是在创造更大的剩余价值②。在资本化的空间里,需要更为便捷快速的运输系统;在东北,当东清铁路、南满铁路的控制权都不在中国手上时,不但象征着中国在进入这个抽象的资本空间的过程中,必须听命于俄国和日本,也代表了中国藉由交换所获得的剩余价值必定远逊于俄国和日本。所以中国人才要在密布日、俄铁道网的缝隙中,另筑一条从奉天到营口的铁道加以抵制③,才想着在东三省丧失路权以后,试着沟通松花江、辽河上游,另辟辽河出口④。用速度缩短距离,用时间压缩空间,就是资本主义的逻辑,当中国也开始加进这个资本的空间认同资本主义的逻辑时,一样也会学着怎样用时间消灭空间,以及怎样破除空间障碍,以便于交换。人们为什么要把某种物品运到遥远的地方销售? 日本为什么要把东北的大豆运到欧洲、美国? 奉天农业试验场为什么要把美林奴羊和本地绵羊交配? 中央试验所为什么试图缩短酿造高粱酒的时间? 为什么要移转柞蚕加工生产的地点? 人们为什么要在不对的时间、不对的地方,吃到或看到不该吃、不该用的东西? 说穿了,这些都是为了创造更大的剩余价值,累积更多的资本。在此过程中,快捷便利的运输网,就是协助资本主义创造更多剩余价值的帮手。

从另一个角度来看,铁路也是一个浮动的国界,中国人借着乘坐东清铁路和南满铁路的过程,观看不一样的风景,体验着明明在自己国土上却不是自己国家的感受,就像贾树模说的"房舍为日本之房舍,人民为日本之人民,商业为日本之商业,火车为日本之火车,铁轨马车,执御者虽为中国人,主权者为日本人",

---

①贾树模、马登瀛:《新疆行程记》,《地学杂志》1911年第1期,第23—24页。
②David Harvey著,王志弘、王玥民合译:《资本的空间:批判地理学刍论》,台北:群学出版有限公司2010年版,第353—356页。
③贾树模、马登瀛:《新疆行程记》,《地学杂志》1911年第1期,第28页。
④缪学贤:《沟通松辽说汇录》,《地学杂志》1914年第9期,第213—219页。

"身居何地何国,此身几不能辨"①。铁路浮于地表,本不与地景相连,亦不与铁路穿过的地方一起变化②,这在20世纪初期的东北是再贴切不过的形容。事实上,东北在近代资本化的过程中,因着各种资源的开发,一方面与世界联结,一方面也与当地环境逐渐脱节,而铁路则同时强化了这两方面的结果;某种程度上,东北铁路贴紧者并非东北土地,而是铁路所属国的政治、经济与文化。时人有不少这方面的体验与描绘,兹举《地学杂志》数例如下:1911年一署名英华之作者自营口往奉天路上,途经大石桥站谓:

> 一切房式建造,皆日本风,身行其间,浑不知其谁宾谁主也。由此折东北行,午后三时,抵奉天车站,乃雇轿车,沿轻便铁轨行,两旁俱日本商铺及旅馆,约数百家,观其景象,似无甚生意者。③

程善之所作《西伯利铁道纪略》中,对于俄国在铁道沿线的势力也有所体会,他说:

> 俄国于铁道之沿线,谋立永久不可拔之势力,所谓铁道侵略政策,年复一年,大增殖其移加之民。故铁道沿线,凡百利源之经营,皆在俄人之手。俄政府于沿道线内,对中国有管领之权利,俄民于铁道线内,与华人同纳税之义务,名义上几为中俄之联合地,耦俱无猜,实际上则中国于兵事上、行政上来种种之不便,而束于条约,无可如何也。④

不同国家的势力在铁道沿线的分布,尤以在铁路交界处的感受最为明显,对此,署名抱一的作者行车至南满、东清铁道交界处的长春时,有如下之观察:"长春者,俄日势力划分界限之要点。南满铁道以此告终,东清铁道以此为始……南满铁道,沿途见日本村落,星罗棋布,东清铁道,沿途见俄国屯子(东省呼村落曰屯子),鱼贯雁行。长春市中,多日本店,亦多俄国店,自此迤南少俄人,迤北少日人。故长春者实俄日两国势力之分水岭也。"⑤待他从南满铁道转往中国人自

---

① 贾树模、马登瀛:《新疆行程记》,《地学杂志》1911年第1期,第28页。
② E. Relph认为铁路是破坏真实地方感的元凶,道路、铁路、机场直接横越或强加于地景之上,而非与地景一起发展。见E. Relph, *Place and Placelessness*, London: Pion, 1976, p.90.
③ 英华:《关外旅行小记(续前)》,《地学杂志》1911年第13期,第214页。
④ 程善之:《西伯利铁道纪略》,《地学杂志》1913年第1期,第75—76页。
⑤ 抱一:《东游杂记(续)》,《地学杂志》1919年第2期,第213页。

建自管的吉长铁路时,又有不同的感受,他说:

> 自吉长线至吉林,约六小时。数星期以来,惯坐南满铁道,骤坐吉长铁
> 路,甚不舒服。抱一谓日本之火车与西洋一般,处处为旅客谋便利,中国火
> 车,只开行便算了,事事惹旅客之烦恼。①

事实上,吉长铁路是中国向满铁借款自建的铁路,工程师虽为日本人,但1912年
建成通车后,铁路管理权属于中国。抱一在东游的路途中,借着转换铁路的过
程,体验到俄国、日本和中国铁道沿线的差异和管理方式的不同。

　　1920年代以后国族空间观念愈来愈强,对于中国人在东北铁路沿线所受差
别待遇,有谓:"吾国人为该路总办者,除坐领干薪外,对于该路内容,绝不过问,
所有员役,除最下级供苦力者外,上下各级,绝无华人插足焉,无怪乎愚氓咸疑此
路为俄有,一入铁路界域,即以为身入异国也。"②作者对于中东铁路印象极差,
谓其"行车延误时刻,无日无之,出轨遇险,无周无之"③。华人如坐二、三等座
位,只有争先上车方能抢到座位,老弱妇孺因拥塞过度而被推挤下车之事亦时有
所闻。有时明明见车厢房间内无人,却闭锁不开,此时乘客若随意给些小费,即
可开锁入内。尤令人愤愤者为俄国旅客之行径,"俄人种族之见极深,往往有车
已抵大站后,其人应下车而不即下,俟有其他俄人或识者上车,始行让位下车者,
华人只有木立视之耳"④。

　　中东铁路上的见闻绝非特例,南满铁道上,华人的待遇也不见好,卞鸿儒提
及自己乘车往返的经验时说:"余自就学奉垣,寒暑往返,乘南满车,何止数十
次。而每次车中,日人待遇国人之种种不平,随在可见。以同价之三等客车,而
日人则另有一车,不准国人越雷池一步,尤其显然者也。"⑤清楚区隔日人与华人
车厢,几乎是大部分乘坐南满铁道的旅客常有的观察。日人将列车分为头等、二
等、三等车厢,三等车厢实际上是南满铁道客运收入的主要来源,但头等、二等车
厢有十来节,三等车厢却只有两节,因此头等、二等车厢空位极多,三等车厢却常

---

①抱一:《东游杂记(续)》,《地学杂志》1919年第2期,第213页。
②编者选载:《中东铁路调查记》,《地学杂志》1920年第8—9期,第250页。
③编者选载:《中东铁路调查记》,《地学杂志》1920年第8—9期,第255页。
④编者选载:《中东铁路调查记》,《地学杂志》1920年第8—9期,第255—256页。
⑤卞鸿儒:《辽东半岛旅行记》,《地学杂志》1921年第9—10期,第426页。

常人满为患,中国人只能挤在三等车厢内,男女杂沓,迭足而立。卞鸿儒在 1921
年因参加学校修学旅行,由南满铁道南下,经金州至大连、旅顺。车行至田家驿
时,知驿南约八九里处,即是关东州租借地与复县之交界处,心神立即随之一变,
此时由车窗极目四望,"远近山丘起伏皆有苍松蔽之,绿野堤边,树木尤多,铁路
旁治一通路,路之两傍皆植树,异常整齐,中间道途极为平坦,盖皆经修治者",
作者感叹"此种现象实可见日人殖民地经营之一斑"①。可见日人在铁道沿线极
力修整,有意呈显迥然不同于中国的景色。车行再往南,至普兰店附近时,窗外
只见西南海滨盐田累累,昔日为金州、复县人民资生为业者,而今则被日本盐业
公司完全垄断。

从空间的角度而论,铁路看起来联络了不同的地方,但也和周边的景观脱
节。人们上了南满铁道,看到的是日式的风情和日本的厂房,中东铁路虽常引人
诟病,但沿线各站的地方设施,却是典型的俄国情调,让人很容易就能和中国市
街景观有所区别②。这就像 E. Relph 说的,铁路"从每个地方出发,却不通往任
何地方"③,受到不平等条约的束缚,东北的铁道更是如此,铁道成了浮动的国
界,让每个"地方"都成了"无地方性"的地方,一入铁道便以为到了异国。魏声
龢对此曾颇有感触地说道:

> 南满洲铁道株式会社者,日本于我奉天、吉林两省,廓张经济权、商工权、
> 交涉权之主干部也。大凡南满地方,除彼中外交官署外,所有建物靡不与该会
> 连系者。夫国家土地谓属之何国何国者,不过随乎经济、商工、交通诸种实权
> 能运用已耳。今大势所趋,既渐入该会社之掌握,是吾国所犹虚拥未失者,只
> 廓然无据之政权,然而生计界现象,挽夺如此,政权又安能完全独立。④

魏声龢非常清楚地意识到在东北,中国空有政权,然土地归何国所有,不是由政

---

①卞鸿儒:《辽东半岛旅行记》,《地学杂志》1921 年第 9—10 期,第 425 页。
②《中东铁路调查记》上描写铁路沿线"道路之修整、住户之区分、水道之设备、树木之种植、公园及
俱乐部之创建,无不井然有序,入其境者,耳目为之一新,如游异国",而"俄人所居路局官舍,大抵
壮丽宏宏,坚固精雅,沿街环宅,树木蓊郁,阶前篱落,花草纷披"。编者选载《中东铁路调查记》,
《地学杂志》1920 年第 8—9 期,第 262 页。
③E. Relph, *Place and Placelessness*, London:Pion, 1976, p.90.
④魏声龢:《大连湾考查》,《地学杂志》1913 年第 12 期,第 571 页。

权决定的,只要是铁道延伸出去的地方,原先具有的中国地方特色都被消除,铁道及其附随而来的南满铁道株式会社,以经济、商业、交通之力改变了铁道所经之地,徒然具有政权的中国,在这样的土地上亦难掌有实际的政治影响力。

最后,我想谈一谈前面提到的《癸卯旅行记》,这里记录着 20 世纪初一位中国女性乘坐火车的经验,也是少数中国人能够完整穿越东北前往俄国的特殊体验。书中详细描述了 1903 年单士厘随夫婿钱恂出国,先由东京返回上海,再绕道日本,由长崎出发,经朝鲜、中国东北、西伯利亚至森保(圣彼得堡)前后 80 天的记录。单士厘在日、朝、中、俄国境间穿梭,看似忠实而详尽的记录背后,却蕴涵着极为鲜明的文明开化观。长程旅行中,单士厘随夫婿一路乘船换车,辗转日、朝、中、俄四地,沿途多有驻外人员接待、导引,且有外务省知照,所见所行颇异于一般中国旅客。而其外交官眷属的身份,使其在边境海关处十分留意中日、日俄之间的比较,例如由上海重返长崎入关检验时,单士厘忍不住比较了长崎和上海的通关过程,她说:"此次十人登陆……行囊四十余,一一运入验场:待检视且标'入许'二字,乃得携出场。虽旅客数十,对象数百,亦不免呈混杂状,然无敢搀越,无敢喧嚷,固由关役驯和,亦由旅客自重。曾见上海所谓洋关者矣,初无验场,关役在栈桥上,择人拦阻而验之,雨雪亦然。又不尽阻,亦不尽验,使人不知所从。关役又尽西人,语言不通,且或染中国习气,旅客困苦可想而知。"①单士厘注意到中国和日本对于行使国境控管权力的海关宽严不一,她认为这与两国海关是否有明确的"验场"有密切的关系,日本政府清楚界定了"验场"是海关行使国家权力的空间,因此为了巩固这个空间,执法者设定了一定的检验流程,使入境者可以明确感受自己来到"国之边境";但相对的,上海海关的国境概念松散,既将关役委诸外人,又未设"验场",随机抽验入境之人,毫无章法,受检者亦莫名所以。

其后,单士厘乘船至海参崴入俄境时,再度比较了日俄之间的差异。由于钱恂和单士厘持有驻俄中国公使及驻日俄国公使所给凭据,自不会遭到刁难,但单士厘发现船才到港下碇不久,立即就有百余艘小舟前来渡客,仔细一看,十之八九都是久居海参崴的中国人或朝鲜人。打听之后才知海参崴一地至少有华民四

---

①钱单士厘著,钟叔河、杨坚校点:《癸卯旅行记 归潜记》,第 700 页。

五万人，而这些人都不尽有"准据"（入境许可）和"身纸"（身份证），却能在海参崴工作，可见俄国官方索验虽严，但劳动人口太多，往往只能虚应故事。单士厘入境时即亲见俄国海关的检疫流程，其谓检疫员上船后径入餐室，令呈酒水，命令船长自行加印全船乘客之入口准据后即行离去，并换由上税官员登船，要求所有旅客所携物品，无论大小均须缴纳俄币20戈方能上岸，上岸之后行李置于岸上拆检。单士厘注意到海参崴"其无验场如中国，其严检过中国，遇东方人尤严，盖无方寸之包不开视，甚至棉卧具亦拆视，一盆栽之花亦掀土验之。盖俄人拙制造，一切精制多来自外国，其严检固用保卫主义也"①。单士厘对于日俄看似同样严苛的海关却有截然不同的理解，她强调海参崴和上海海关一样没有"验场"，严苛的检查只为索税和"保卫主义"，打马虎眼的疫员和失序的检验流程和中国没有两样。类似的情形在由国境西线换乘后贝加尔线时再度重演②，满洲里驿验关之严，单士厘等在哈尔滨时即有耳闻，谓此驿官员专门没收旅人行囊中的日本制品，即便再小物件亦不放行。钱恂等一行人虽因外交特权奉电放行，无所损失，但也见识到"俄例无事不可以贿通"的情景③。单士厘透过中、俄、日三国海关所表述的空间中，隐隐然建构了一个以秩序、纪律和文明为判准的次序，在这个次序中，暗示着中国未来应该发展的方向。

国之边境予人的感受往往是鲜明的，单士厘此行80天穿越中、朝、日、俄四境，但在国境交界处竟无半点中、朝痕迹。1903年朝鲜已被日本控制自不待言④，而海参崴往满洲里段之东清铁路所经之地，虽名为中国领土，铁路却仿佛凌空而过，不与中国发生一点关系，铁路沿线实际上完全操控在俄国手中。单士厘感受到的其实只是日、俄在中国领土下角力的空间，中朝两国除旅客之外，能

---

① 钱单士厘著，钟叔河、杨坚校点：《癸卯旅行记 归潜记》，第707—709页。
② 《癸卯旅行记》非常详细地记录了由海参崴西至圣彼得堡间各线名称、站名及里程，依序如下：乌苏里线—国境东线—满洲东线—满洲西线—国境西线—后贝加尔线—贝加迴岸—中西伯利线—西西伯利线—乌拉线—欧俄线。钱单士厘著，钟叔河、杨坚校点《癸卯旅行记 归潜记》，第716—717页。
③ 钱单士厘著，钟叔河、杨坚校点：《癸卯旅行记 归潜记》，第731—732页。
④ 单士厘在《癸卯旅行记》里谓此时朝鲜已"入日本人手"，釜山"一望而知为日本之殖民地，且已实行其殖民之政矣"。此一叙述乃就釜山街道景观的印象而论，实际上日本真正并吞朝鲜乃1910年之事。钱单士厘著，钟叔河、杨坚校点《癸卯旅行记 归潜记》，第702—706页。

在铁路沿线活动的大概只有劳工了。进入满洲之后,朝鲜人减少,大部分体力劳动工作多由华工担负,即便像哈尔滨这样的城市有少数华商,但商店内贩卖产品却还是以日货居多①。单士厘在国境交界处竟然感受不到半点差异,她在车行经过满洲里时不禁怀疑"予今日出满境,入俄境,不见所谓不同也",尖矗的教堂、高耸的水塔,不分满境、俄境皆然。这与钱恂告诉她当年出使欧洲时,"凡越一国境,则风尚景物顿然改易"的情形大相径庭,即便在比、法边境,"种族同,语言同,而风尚景物仍不相同"。钱恂认为这是因为欧洲"既已各自成国,即各有其政其教之区民于不同也"②。东北虽为中国领土,却在抽象的国族空间中缺席,日俄角力下的东北,已然失去中国面貌,如果不是钱恂的提点,单士厘的国境体验未必能够落实。

车行至莫斯科,行程将近终点,单士厘对这段旅程作了一段非常有意思的总结,她说:"论人民进化之理,由草昧而臻于文明,大率分五顺序。"依序是:狩渔时代、畜牧时代、农业时代、商业时代、工业时代。单士厘认为这五个时代各有顺序,非一跃可超,其程度与迟速全在"民智之高下与教育之有无"。看起来这是一段有关人类进化之议论,但单士厘却把她在这段旅程中穿越亚洲大陆的经验与之比附,她说:

> ……顾此乃上下千年之谈,而非纵横万里之谈,不意予于三十日中二万里间亲见之。自海参崴穿山而西,入宁古塔之境,此三百年发祥地,旧史所谓"林木中百姓"、所谓"打牲乌拉"者,流风尚存,非所谓狩渔时代乎? 更西出蒙古之境,经阴山之北,沃土未耕,而牛羊驼马均极蕃息,非所谓畜牧时代乎? 更西入西伯利之西境,民风朴质,而富谷仓,非所谓农业时代乎? (其麦岁输德、奥等国。)至越乌拉岭而历莫斯科,交通便,阛阓成,虽工业不闻于世界,而已骎骎乎跻商业时代矣。方安得再道德、法、英、美诸邦,一睹所谓工业时代乎!③

借着这趟旅行,单士厘不但体会到国族的空间,也仿佛看到了象征人类文明进化

①钱单士厘著,钟叔河、杨坚校点:《癸卯旅行记　归潜记》,第726页。
②钱单士厘著,钟叔河、杨坚校点:《癸卯旅行记　归潜记》,第732—733页。
③钱单士厘著,钟叔河、杨坚校点:《癸卯旅行记　归潜记》,第749—750页。

的过程,在一路西行的空间中再现;这列从海参崴出发,穿越宁古塔、蒙古、西伯利亚西境、莫斯科,未来也将凿通至德、法、英、美的列车,有如把旅客带进狩渔—畜牧—农业—商业—工业文明的时间序列里。此处单士厘"以空间比拟时间"的方式,将现实存在的空间,放进线性发展的时间框架中,暗示今日处在这列西行列车最尾端的中国,必将朝工业文明的方向迈进。事实上,在单士厘尝试以空间比拟时间的同时,"时间空间化"所带来的影响业已悄然展开,换言之,单士厘虽然看到了工业文明带来的变化,却未能逆料到工业文明所创造的资本空间缩短了人类从渔猎进至工业的漫长过程,以及时间压缩空间之后,处于世界的任何地方——无论是极边之地的宁古塔,还是已臻文明之境的德、法、英、美,都将因着人类生产方式的改变而产生联动,而草昧与文明的距离亦将随之消弭。

余　论

我的家在东北松花江上,

那里有森林煤矿,还有那满山遍野的大豆高粱;

我的家在东北松花江上,

那里有我的同胞,还有那衰老的爹娘。

九一八!九一八!从那个悲惨的时候,

九一八!九一八!从那个悲惨的时候,

脱离了我的家乡,抛弃那无尽的宝藏。

流浪,流浪,整日价在关内,流浪,流浪。

哪年哪月?才能够回到我那可爱的故乡,

哪年哪月?才能够收回我那无尽的宝藏,

爹娘啊!爹娘啊!什么时候,才能欢聚在一堂?

这是张寒晖作词作曲,从1930年代流传至今家喻户晓的歌曲《松花江上》,后来成为抗战时著名的《流亡三部曲》中的第一部。歌词生动贴切的描写了东北人民被迫离开家乡,流亡关内的心情和国破家亡的悲切。歌词里提到的森林、煤矿、大豆、高粱,原是东北既有的物产,但它们之所以成为人们心目中东北的表征,却是在 20 世纪初才因着资本空间的出现一步步被建构出来的,其后伴随着愈来愈强烈的民族主义而被转化为象征国族空间的符码。

19 世纪末、20 世纪初可说是近代中国地理知识转型的重要时期,人们怎么看待、表述地理知识实与近代空间观念的转变有密切关系。《地学杂志》从创刊号开始就注意到东北地理问题①,特为读者开放园地的"邮筒",有一段王直的投书问道:"黑省荒凉落漠,数百年来几视为弃地,近因日俄交争,我国乃注意经营,其地利之发达,将来尚有可期者欤?"②主编张相文回答他说:"黑省现时之荒凉,乃人事之未尽,非天然之缺憾也。"其地一如江浙,多冲积土,故愈肥美之地,则"草木畅茂,原始之开辟愈难"。张相文把黑龙江和江浙相比,认为"黑省之不如江浙者,只其温度之低耳",而江浙一带,在汉唐两代尚为瘴疠之乡,开辟不易,但只要移民实边,人烟辏集,气候自然转移,黑龙江亦可与浙江一样富庶。他还以位置较黑龙江更北、温度更低的西伯利亚为例,说明经过俄国擘画开通之后,西伯利亚已富庶繁盛,日益改观,因此黑龙江只要我们"悉力经营,以开发其遗利,则陆海之饶,固不下于内地也,且森林矿产,含蕴无穷,黑省前途之发达,岂有量欤?"③20 世纪初创办《地学杂志》一批人相信,人力开发绝对可以改变自然环境的限制,不论气候、交通再恶劣的情况,人力都可以克服。

这样的逻辑充斥在《地学杂志》的论述中,对于东北开发自不例外。刘仲仁在《满洲地理之研究》里的这段话可说相当具有代表性,他说:

> 未开之世,天然胜人力,文明进化,则人力胜天然。山川、土地、气候、物产,天然为之也;若农、若商、若工、若矿,人力为之也。天然之势力似人力无如之何,然苟人文进步,有利用天然之实力,自能挽回天然之缺陷,打破天然之障碍而有余。④

他认为"万物之理,善利用之,则为益愈大,不善利用之,则为害亦大","地壳表

---

①创刊号"内编"中有《营口之沿革》《黑龙之航业》两篇文章涉及东北问题。
②王直:《黑省问题一》,《地学杂志》1910 年第 1 期,第 81 页。
③沌谷(张相文):《答案一》,《地学杂志》1910 年第 1 期,第 81—82 页。
④刘仲仁:《满洲地理之研究》,《地学杂志》1916 年第 3 期,第 221 页。

面,无所谓无用之地,亦在人利用之而已"①。满洲一如稽古之扬州,蛮荒荆莽,但只要及早开发,以人力改良气候、交通之缺陷,一样可成为扬子江流域菁华富庶之区。十八、十九世纪帝国主义盛行西欧以来,拓地殖民远及冰荒穷岛,而这股风潮已进逼于东亚,此满洲受人觊觎之由来。满洲如若不趁早垦辟,无异于"举亘古蕴蓄之宝藏,委弃于地,乃拱手而让之外人"②。

值得注意的是,刘仲仁认为天地之间万事万物,如善加利用,为益愈大,不善加利用,则为害亦大。此一观点和传统中国人看待人与自然的关系有很大的不同,过去中国人强调人要顺应自然,和谐相处,即《周易大传·泰卦》所谓"财成天地之道,辅相天地之宜",人和自然之间是可以相感相通的。然而刘仲仁此处不但强调人必须"善加利用"自然,更直指如不善加利用,便会带来灾害。人若顺应自然而为,何至产生"灾害"? 而此"害"又是从何而来呢? 就是来自资本主义竞争的逻辑:天演变化,物竞天择,"天然宝藏,湮没不彰,反予外人利用,越俎代庖,侵我利权"③,置天然之物不用,引人觊觎,便是"害"之所从来。在这套逻辑之下,所有的开发、利用、生产,都是合理合宜的,人不再讲求顺应自然之道,不再需要和谐共存之理。这就好比 Neil Smith 所说:"资本在不断驱动以累积更多在它控制下的社会财富时,转变了整个世界的形态,没有一块上帝创造的石头没被翻动过,没有任何与自然的原始关系没被改变过,没有任何生物不受到影响。"④本文所述 20 世纪初中国、日本在东北一切调查、开发与生产技术的改良等等,无不因应资本主义的生产逻辑而运行,而《地学杂志》一代的地理学者,亦不过同声应和了这套以开发利用程度为文明判准的价值观。因此面对满洲的林矿权、铁路权皆沦于日、俄之事时,刘仲仁不禁有感而发地说:

> 香港荒岛耳,自掌于英,而遂为市舶之津梁。台湾蛮乡耳,自属于日,而竟为财赋之渊薮。西伯利亚绝域耳,自大铁道告成,而骤为战争交通之冲

---

① 刘仲仁:《满洲地理之研究》,《地学杂志》1916 年第 3 期,第 226、227 页。
② 刘仲仁:《满洲地理之研究》,《地学杂志》1916 年第 3 期,第 228—229 页。
③ 刘仲仁:《满洲地理之研究》,《地学杂志》1916 年第 3 期,第 222 页。
④ Neil Smith, *Uneven Development*, Oxford: Basil Blackwell, 1990. 转引自 Paul Cloke, Philip Crang, Mark Goodwin 编,王志弘、李延辉、余佳玲等译《人文地理概论》,第 8 页。

途。非地理之有幸不幸,亦惟在经营之者何如耳。能利用天然,虽土砂可易黄金,不能利用天然,纵膏田亦降斥卤。[1]

经营者懂不懂得利用天然,成了决定一个地方成败利害、文明优劣的关键。地理知识的演变,往往随社会需求而改变;地理学者受近代天演观念影响,主张开发天然资源、追求资本竞争之道,便是在时代变迁、社会需求的牵引下所出现的主张,而这样的主张经过他们在《地学杂志》中宣扬后,又反向成为各种社会实践的基础。一如孟森在东三省拓殖调查报告中建议,东三省应联合发展拓殖事业,各省咨议局均宜设拓殖准备机关,主动调查农工商贾的需求,并且在通过税上给予中国商民便利,不使其处于与外人竞争之地位,吸引资本劳力投入境内,国人更应时时以东三省之生计为国计[2]。20世纪初的中国显然还不是一个"统合型的国家"(corporatist state)[3],但地理学家的论述已经开始出现试图影响行政管理擘画的诉求,而且是以一个全然不同于过去臣子上奏折、写条陈的方式,发挥他们的影响力,David Harvey所谓"哪一种地理学对应哪一种公共政策"的痕迹已隐隐可见[4],而东北作为一个资本的空间,便是在此对应关系中建构出来的。

地理知识的表述往往受空间概念的影响,当人与自然的关系改变,人们对于空间变化的感知与理解,必然带动地理知识的转向。如果对照清初和近代有关东北的地理书写文本便很容易看出此间的变化,以下是讲述清顺治年间流放至宁古塔的吴兆骞,在结束23年流放生涯返回京城途中,经过大乌稽(又称窝集,即东北老树林)时的一段非常生动的描写,详录如下:

> 第三日进大乌稽,古名黑松林,树木参天,槎枒突兀,皆数千年之物,绵绵延延,横亘千里,不知纪极,车马从中穿过,且六十里。初入乌稽,若有门焉,皆大树数抱,环列两旁,洞洞然不见天日,惟秋冬树叶脱落则稍明。凡进乌稽者,各解小物悬于树上以赠神。余父带有同年镇江张升季年伯骸骨,并

①刘仲仁:《满洲地理之研究》,《地学杂志》1916年第3期,第229页。
②孟森:《调查东三省拓殖事宜之报告(续前)》,《地学杂志》1911年第14期,第286—288页。
③David Harvey所谓"统合型国家"的意思是指,实施统合主义(corporatism)的国家体制(国家统合主义),国家藉此来调节和控制特定利益集团(劳工、农民、资本利益等),以便达到国家和社会利益之间的协调。David Harvey著,王志弘、王玥民合译《资本的空间:批判地理学刍论》,第46页。
④David Harvey著,王志弘、王玥民合译:《资本的空间:批判地理学刍论》,第44—56页。

其女还姐归乡,车马至此不前,鞭之亦不行,余父觉有异,乃下马向空再拜默祷,即行动如初,无不惊异。因念古人建立坛壝,必种松柏,以为神所依凭,今可识其非虚渺矣。其中多峻岭巉岩,石径高低难行,其上鸟声咿哑不绝,鼯鼪狸鼠之类,旋绕左右,略不畏人,微风震撼,则如波涛汹涌,飕飕飒飒,不可名状。余父同内眷由正路行,余则护送诸人由侧路打猎,所获颇多。是夕宿于岭下,帐房临涧,涧水淙淙,音韵极幽阒。兵丁取大树皮二三片,阔丈余,放于地上,即如圈篷船,尽可坐卧。拾枯枝炊饭,并日间所得獐鹿,烧割而啖,其余火至晓不绝。迨夜半,怪声忽起,如山崩地裂,乃千年枯树,忽焉摧折也,至今思之,犹觉心悸。①

这段叙述非常传神地描述了 17 世纪东北森林茂密的景象,读之者可以想见一大片绵延六十里长的黑森林不见天日,初入森林处仿佛有门洞,大树环列两旁,风声飒飒,如波涛汹涌。千年枯树摧折,发出巨响如天崩地裂,林中满布各种野鸟生物,见人不惊,完全一派原始森林气象。这段描述中,人是自然的一部分,对天地充满敬畏之情,人处其间,相信冥冥中有神灵主宰,与自然相通相感。

清末民初许多论及东北地景或森林资源的文本中也多会提到宁古塔,然所述方式已有很大不同。如刘仲仁有谓:"有松林千里,一望无际,类太古时物,车马横过三百里不见天日,微风振撼,涛声澎湃,啼鸟号鼯,动辄骇人,夜半忽闻怪声远来,如山崩地裂者,乃千年枯树摧折之声也。"②刘仲仁在此不但援用了现代地质学的知识,把原书中"数千年之物"代换成"太古时代之物",更绝口不提吴兆骞等人解囊中小物悬于树上,以及携友人骸骨至此,车马不前等内容。我们当然可以理解此或与所论主题无涉,但从他有意将记载内容"科学化"的方式看来,也不排除这些有关人与自然之间的感应,对 20 世纪的人来说被视为无稽之谈的可能。特别是当我们进一步对照他对宁古塔的描述,当可知悉其中的差异。刘仲仁说:

---

① 吴桭臣:《宁古塔纪略》,收入《古今游记丛钞》第 10 册,中华书局 1926 年版,第 37 页。《宁古塔纪略》之作者吴桭臣,其父吴兆骞于 1657 年(顺治十四年)因丁酉科场案流放至宁古塔,其后在友人协助下,于 1681 年(康熙二十年)结束 23 年的流放生涯,携眷返回京城。此书为吴桭臣跟随父亲在宁古塔时的记录。
② 刘仲仁:《满洲地理之研究》,《地学杂志》1916 年第 3 期,第 225 页。

宁古塔之地,初称严寒,故不适于进化人之居住。据其地谪客报告,六月繁霜,七八月雪,九月冻结,十月则地皆龟裂,人或堕指。然至今则宁古塔之地,天气不若昔之寒,而各种事业,亦渐形发达,抑又何也?盖人烟昔疏今密,呼吸愈多,温逾袭火,其为化学作用,又无异燃烧,气温增高,气候遂变。

人文可以挽回天然,不信然欤?①

在地球温室效应升高,全球暖化的今天,再回头看这段文字不禁感慨万千。20世纪初的地理学者受进化观念影响,积极想以人为方式改变自然,认为移住人口愈多,愈能产生"化学作用",提高气温,改变整体气候环境,并谓此为"人文可以挽回天然"。而这也就是他前面提到的"地壳表面无所谓无用之地,亦在人利用之而已"。荒寒如宁古塔,原始如大乌稽,便是所谓的"无用之地",而此"无用之地"便要靠人为力量改变它。这般带有文明开化眼光和讲求科学推理的论证方式,不能说不与20世纪人地关系的巨大转变有密切关系。

人地关系改变以后,地理知识的表述方式也跟着有所不同,20世纪初地理类文本不时可见重新以地质学、地文学角度定义下的东北。例如介绍满洲位置时,不再笼统以山河为坐标,而是有意以精确的经纬度说明满洲所在的位置"南起北纬38度40分,北迄北纬53度30分。西起东经157度50分,东迄东经135度20分"。再不就是以分析地质的角度,指出满洲哪里哪里有太古代、古生代岩石,或哪些地方是花岗岩、片岩、片麻岩、石灰岩的分布地。讲起满洲气候,便要分析海潮、洋流的影响②。就像陶昌善写满洲森林调查报告时,先是有感昔人视长白山为"灵界",尊崇异常,以为神灵不可侵犯,以致无人敢深入山中,其后又批评旧书往往以偏概全,仅就森林一部分观察便推定全体③,言外之意便是昔人对于长白森林的了解荒疏且不可信。现代地理知识要的是精确的地理探勘、地质分析、经纬度测定、人口数量调查,以及森林面积和树种的分布状况,这些都必须靠科学方法探查了解,其目的不外乎使"山无遗利、地无潜藏、县无旷土"④。

①刘仲仁:《满洲地理之研究》,《地学杂志》1916年第3期,第224页。
②刘仲仁:《满洲地理之研究》,《地学杂志》1916年第3期,第222—224页。
③陶昌善:《南北满洲森林调查书》,《地学杂志》1914年第5—6期,第433页。
④刘仲仁:《满洲地理之研究》,《地学杂志》1916年第3期,第230页。

在此过程中,地理知识被对象化/客体化(objectification)了,人抽离于地景之外,自然环境成为我们分析、研究的对象。人力可以改变自然,天地万物都可以透过精确的分析与研究,改变它的结构、变化它的形体、移动它的位置,只为其能够提供人类所用,创造最大的经济效能。此时,对象化/客体化的地理知识从而又回过头来改变人与自然的关系;而王权释放后的东北,之所以一步步走向资本化的空间,正是20世纪初一代地理学者,以其对象化/客体化的地理知识构筑而成的。

"新"游记汇编与近代中国"空间"表述转变初探

孙 青[*]

引 论

　　1914年,莫釐涵青氏编辑《古今游记丛钞》,收录晚清至民初游记8种,由涵青山房石印。同年,正转战于《神州日报》《香艳小品》《太平洋报》等各家报刊的南社成员胡寄尘也编出了《近人游记丛钞》,收录时人游记17种,由上海广益书局出版。1915年,商务印书馆出版了张英编辑的《本国新游记》汇编。到1924年为止,此书已印售至四版,颇受市场欢迎。1921年,中华书局在这些游记汇编的基础上出版了由张文濡、凌桂青编辑的大型合辑《新游记汇刊》,继而又在1923年延请姚祝萱编印《新游记汇刊续编》,1924再出版由姚氏所编的《国外游记汇刊》。同年,又发行了劳亦安编纂的多卷本《古今游记丛钞》。凡此种种,均显示出,自民国以来,"游记"作为一种近代图书类别,已经得到了出版市场供需双方的广泛关注。

　　在中国近代知识转型与重构的背景下,人们如何重新理解与表述"空间"?这个问题并没有像另一重要认知坐标"时间"那样,引起学术界的普遍兴趣。正如刘龙心所指出的那样,相较于国际学界"空间转向"(space turn)讨论的文化研

＊复旦大学历史学系副教授。

究取向,中国相关研究领域更倾向于把"空间"视为一项客观"背景"来加以考虑①。就此意义而言,刘龙心借用人文地理研究领域的"空间""地方""场域"等分析范畴来进行近代史学史讨论,关照自身问题意识,实具有开拓之功。

近代中国对空间的重新认识与表述除了知识转型的内在动力以外,还有必要考虑印刷资本、消费文化的影响。我们一旦将市场因素加入知识生产的过程中来加以考虑,就会发现一些十分有趣的现象。比如,当"地学"从"史部"的"舆地"中脱范,自成领域之后,"游记"先是以一种散文文类的形式归于其下。相关图书分目归类依据"地学"分支而行,这更多出自近代知识分化的内在动因。而民国以后,却因为颇具实用性,渐渐自成一类,以回应出版市场的需求与定制。在这个过程中,汇编要如何按照空间区划来分目排篇就成了十分实际的问题。单一的省道府县行政区划,因未必处处都有具价值的旅游目的地或便利交通线,很难满足实用性要求。而畅销的游记汇编又收录了许多早前归于"地学"之下的考察类游记散文,并不能完全满足"卧游"消遣或出行指南的市场需求。这类畅销的游记汇编如何编选、分类并重新进行自我市场定位,就成了考察近代中国"空间"认识与表述的有趣切入点,值得展开稍为详细的讨论②。

本文尝试从梳理这些"新"游记汇编的文章来源、编辑分类体例等具体问题出发,来讨论汇编的编纂者们如何把"游记"作为一种"新"的知识门类和叙述形式,来进行自身时代的空间表述的。

---

①刘龙心:《王权释放与近代空间生产》,收入本书。本文原系"国际视野下的中国史学暨纪念吕思勉先生逝世 60 周年"学术研讨会论文。

②贾鸿雁曾经对中国历代"游记"文献做过整理与爬梳,其中涉及"民初游记",并依据《民国时期总书目》等书目文献对民国时期出版和重印的各种游记做了统计,详列书目附录于后。但也因为是书目整理,故并未对相关汇编的文章来源、作者、编纂形式等作具体考订。并且,贾著将"游记"视为一种具有历史延续性的独立文类来考察,似略有脱离各时代整体知识结构情况及具体变化来讨论之虞,同时,亦未有将"空间"表述及转变作为问题意识加以考察,因此前述问题尚留有不小拓展研究的必要。见贾鸿雁《中国游记文献研究》,南京:东南大学出版社 2005 年版。

一、民国以来几种"新"游记汇编

(一)"新"游记汇编

根据贾鸿雁 2005 年的统计,民国时期出版"游记图书"608 种,"其中总集 78 种,别集 530 种;再版清以前及清代游记、游记集 38 种,民国时期创作游记及编选游记集 570 种"①。在这些"游记图书"中,有几种民初出版的丛书已经出现了以时代区格如"近""今""新"等作为编选定位的情况。实际上,从贾鸿雁的统计可以很明显看到,民国时期出版的"游记"是十分重视"时效"性的。相较于民国时期创作编选的 570 种而言,再版前代作品的只有寥寥 38 种,数量上悬殊。主要包括以下数种:

1. 1913,曾辑馨《祖国见闻录》,商务印书馆

1913 年,商务印书馆出版的曾辑馨等所编《祖国见闻录》,是目前所知最早的民国新编游记文集②。此书收录华侨回国旅游的见闻录 22 篇,共 34 页。其中有上海、北京、汉口游历笔记,以及华侨选举纪略、游三海记等,书后附"花榜""注意""文苑"等几个实用附录。它虽然没有以"新"或"近"自命,但旅游消遣指南的消费文化特征却颇为明显。

2. 1914,胡寄尘《近人游记丛钞》,广益书局

1914 年,文学团体南社成员胡寄尘编辑了《近人游记丛钞》,收录时人游记 17 种,由上海广益书局出版,售价大洋五角③。当时他正在为《神州日报》《香艳小品》《太平洋报》等各家报刊写稿。胡氏是编,始以"近"为题。按广益书局原来的规划,是想出完第一辑之后,续出第二、三辑的。图书定位是"为研究地理之助即为怡情适性之需",理想中的征文对象是"地理旅行家",收文"篇幅无论

---

① 贾鸿雁:《中国游记文献研究》,第 110 页。
② 曾辑馨等编:《祖国见闻录》,商务印书馆 1913 年版,转引自贾鸿雁《中国游记文献研究》,2005 年。
③ 胡寄尘编:《近人游记丛钞》,上海广益书局 1914 年版。

长短",但"惟以近人所作者为合格"①。以此看来,收录"近"人所作并兼顾地理研究与"怡情"实用,是出版方认真制定的市场定位。

3. 1914,莫釐涵青氏《古今游记丛钞》,涵青山房石印

1914 年 6 月,涵青山房石印刊行了《古今游记丛钞》,署"莫釐涵青氏"编辑,收录晚清至民初游记共 8 种,占总数的一半②。此书亦以"今""古"相别,作为游记文章的区格。

4. 1915,张英《本国新游记》,商务印书馆

1915 年,商务印书馆出版了江都人张英编辑的游记汇编《本国新游记》,售价是大洋五角,很受市场欢迎,到 1924 年为止印售至第 4 版。此书 32 开,石印竖排,收录清末民初报刊刊载的各地游记 11 篇,共 150 页正文,附录"旅行须知""北京指南""铁路价目表",计 11 页,并配有若干插图照片,尤以所附 50000:1 的京师地图最为珍贵。此编的封面是北京北海公园白塔的照片,封二刊登商务印书馆征集中外游记照片的启事:"本馆近出本国新游记、世界新游记(印刷中)两种,搜罗宏富,插图精良,既可为怡情之妙品,旅行之先导,尤可为研究历史地理之资助。"启事中谈及继续征求"记游文章,风景图片,本国外国,均所欢迎",由此可见,商务印书馆原有作为系列继续出版的计划。目前所见者只有"第一集",共收入 11 篇文章,内容主要是北京及周边地区,故以"直隶省"为类目,包括《京华游览记》(庄俞)、《游颐和园记》(高荣魁)、《游西山记》(袁霖庆)、《居庸关游记》(庄俞)、《八达岭纪游》(马胜白)、《十三陵游记》(庄俞)、《张家口旅行记》(沈其璋)、《冀北游览记》(沌谷)、《北戴河游记》(碧城女士)、《盘游小草》(王鸿恩)、《直隶口外游记》(铭恕)等③。

5. 1921,王文濡选、凌桂青编《新游记汇刊》,中华书局

1921 年 5 月,中华书局出版了由书局编辑王文濡甄选、凌桂青编辑的《新游记汇刊》。此书以"新游记"为标识,共 8 册,50 卷,1000 多页,32 开精装。洋洋

---

①广益书局编辑部:《近人游记丛钞征文启》,见胡寄尘编《近人游记丛钞》附录。
②青涵主人:《古今游记丛钞》,青涵山房 1914 年石印。
③张英编:《本国新游记》(第一集),商务印书馆 1915 年版。此书 1915 年商务印书馆初版,1916 年 4 月第 2 版,1920 年第 3 版,1924 年第 4 版。沌谷即地学家张相文。

百万言介绍全国各地重要山川、名胜之游览,所收文章按当时行政省区分类编排。书前有王文濡序,开宗明义,指明以"游非无事之游,文为有益之文"为甄选"新游记"的标准。序后刊印"现行行政区域表",书后附同类游记类图书的广告。出版后同样很受市场欢迎,至1932年已经重印至第6版①。《新游记汇刊》的封面更以图像的方式展现了中国"新时代"的"空间",在同一个画面里描绘了铁路、火车、轮船、汽车、汽车道、隔道树等,天际线上还有电线杆的切割。

6. 1923,王文濡选、姚祝萱编《新游记汇刊续编》,中华书局

也许是因为《新游记汇刊》极受市场欢迎,中华书局继续征文甄选,于两年后出版了《续编》。《续编》仍由王文濡甄选,换了姚祝萱任编辑,体例一仍其旧,共40卷,6册,篇幅为前编的三分之二。《续编》出版后同样很受市场欢迎,到1935年3月印至第4版②。《新游记汇刊》的封面描绘了火车、汽车、行道树等连接现代人与"新"空间的标志性象征,《续编》则更加入了戴礼帽着长衫的男人,穿时装的女人,飞扬的围巾等来表达人在遽然展现的新空间面前的兴奋。

7. 1924,王文濡选、姚祝萱编《国外游记汇刊》,中华书局

1921年的《新游记汇刊》和1923年的《续编》主要以收录关于本国的游记为主,中华书局于1924年将征集到的有关国外的游记别选一编,为《国外游记汇刊》,共8册28卷,805页。到1926年为止也印到了第3版③。

8. 1924,劳亦安《古今游记丛钞》,中华书局

1924年中华书局又出版了劳亦安编辑的《古今游记丛钞》,辑收中国历代比较有名的游记作品,共48卷,近500篇,分成12册,共2334页,约80万字。是编按当时的行政省区分编,为作者标注朝代以别古今。采取竖排新式标点。与同社的《新游记汇刊》及其《续编》一样,此书也很畅销,到1936年印至3版。唯一不同的是,此编的封面设计十分传统,没有插图也没有以任何描述空间的图像作为书的封面④。

---

① 王文濡选、凌桂青编:《新游记汇刊》,中华书局1921年初版,1924年第3版,1932年第6版。
② 王文濡选、姚祝萱编:《新游记汇刊续编》,中华书局1923年初版,1930年第3版,1935年第4版。
③ 王文濡选、姚祝萱编:《国外游记汇刊》,中华书局1924年初版,1925年再版,1926年第3版。
④ 劳亦安编:《古今游记丛钞》,中华书局1923年初版,1929年第2版,1936年第3版。

（二）同时代的"旧"游记汇编

民国以降除了十分畅销的"新"游记图书，也有重新刊印前代的"旧"游记。这些旧游记虽然未必合乎实用，却照样十分畅销。如上海的会文堂书局1923年再版清康熙山阴人王泰来编辑的《天下名山胜景记》，到1931年竟已印至第10版①。也许是看到了商机，1924年会文堂书局又刊印了由琴石山人编辑的《续天下名山胜景记》，共916页，收清代胜景游记390余篇，分两册。上册为北直、山东、安徽、江苏，下册为江西、浙江、福建、陕西、陕甘、四川、河南、湖北、湖南、广东、广西、云南、贵州等，共17部分②。

从书名来看，《天下名山胜景记》并不强调游记产生的时代变迁。王泰来原编和琴石山人续编都按省区来分类篇目，王编尚在作者下注朝代名，而续编只在有些作者下注籍贯而全然不标注朝代名，地名则都加宋元以来的私名号双竖线。从琴石山人序中所言"夫陵谷变迁，沧桑改易，前之所见者，安必不异乎后之所见？后之所见者，又安必不异乎今之所见哉？余续是编，亦聊以备今之游览者参考印证云尔"来看，即使是不强调历时性线索的传统游记文编如"名山胜景记"，也开始注意到时代变化带给空间表述的困难，并意识到市场对于新时代空间表述的极大需求。

二、"地学"与"文学"之间的"新"游记汇编

上述几种以时代新旧为区格的游记汇编在民国以来的十数年间都受到了市场的普遍欢迎。不过在以"新"为标榜的同时，它们所甄选的文章仍多出自晚清至辛亥前后数年间的新式报刊。从知识分类来看，或属"文学"类下的传统纪游散文体裁，或出于晚清以降因"实学"遂兴而独立出来的"地学"。下文以1914年广益书局出版的胡寄尘《近人游记丛钞》和1915年商务出的张英《本国新游

---

①王泰来辑：《天下名山胜景记》，上海会文堂书局1923年再版，1931年第10版。
②琴石山人辑：《续天下名山胜景记》，上海会文堂书局1924年初版，1930年第4版。

记》为例,考订其选文作者与来源,以作为进一步讨论的基础。

(一)作者、编者与选文来源

1. 1914,胡寄尘《近人游记丛钞》,广益书局

篇名	作者	来源	作者背景
江窗山水记	赵国华(1838—1894)	清同治十二年(1873)刻本	字菁衫,直隶丰润(今河北唐山市丰润区)人。同治二年(1863)进士。历任山东莘县、乐安等知县,山东沂州知府、济东泰武临道按察使、盐运使。工诗古文辞,善画。尝涉淮泗,下金陵,历览金焦,扁舟溯江南北,尽其山川。得《江窗山水记》一卷,靓奥嵌奇,视道元《水经注》尤有逸致。
兰亭游记	王葆桢(1872—1923)	《南社》1914年3月"南社文录"栏	字漱岩,黄岩兆桥(今属台州)人。清末诸生,早年游幕于江苏、安徽等处,曾为兴武将军海盐朱瑞幕僚。参加辛亥起义,南社成员。《南社诗集》载诗38题85首。
大禹陵游记	前人		
游萨克逊日记	潘飞声	《说剑堂集》,光绪廿四年二月自刊本	字兰史,号志剑、剑士,别署老兰、老剑、说剑词人、海山琴客、独立山人、水晶庵道士等。广东番禺人,为广东十三行潘启、海山仙馆潘仕成后人。光绪二十四年(1898),经冒鹤亭举荐,应贵州学政严修奏设之经济特科试,不第而绝意仕进。翌年,随轺海外,获聘于德国柏林东学学堂,专授汉语文学。撰《柏林竹枝词》《西海纪行卷》《游萨克逊日记》等。后赴香港主持《华报》《实报》笔政,继而转至上海,寓北四川路横浜桥畔剪淞阁,历任寰球、福州、招商、文肇等校教员。南社成员。
东湖游记	前人		
快阁游记	前人		

续表

篇名	作者	来源	作者背景
岩山游记	周实（1885—1911）	1911 年 3 月游览后记（据年谱）	原名桂生，字剑灵，又字实丹，号无尽，又号和靖、吴劲。江苏山阳车桥镇人。1907 年入两江师范学堂，1909 年入南社。辛亥革命烈士。
登泰山记	陈衍（1856—1937）	《东方杂志》1911 年第 8 卷第 6 期，附照片。《庸言》1913 年第 1 卷第 17 期	字叔伊，号石遗，福建侯官（今福州）人。清光绪八年（1882）举人，官学部主事。入民国任厦门大学、无锡国学专修学校教授。著有《石遗室诗集》《文集》《诗话》《朱丝词》等。
西泠尘梦录	王蕴章(1884—1942)	1904 年左右重游西湖归作	字莼农，号西神残客，江苏无锡人。南社成员。自清末任商务印书馆编辑，长期主编《小说月报》《妇女杂志》，后任沪江大学、南方大学、暨南大学教授，创办正风文学院并任院长。著有《云外朱楼集》《然脂余韵》《梁溪词话》《梅魂菊影室词话》《西神小说集》等。
游云台山记	徐渊如	《地学杂志》1913 年总第 32 号"杂俎内篇"	名文泉，沭阳人，生于 1878 年。抗战时期于兰州创"千龄诗社"。
庐山一日记	窦青		
游大潭笃记	潘飞声		同前。
曲阜谒圣记	罗惇曧	《庸言》1913 年第 1 期"金载:国闻"	字掞东，号瘿公（1872—1924），广东顺德人。曾入康有为万木草堂学习。光绪二十九年（1903）中副贡生，以优贡生任邮传部郎中。民国初年历任袁世凯总统府秘书、国务秘书等职。

续表

篇名	作者	来源	作者背景
历下志游	游艺中原客（孙点，君异）（1855—1907）	自刊本	孙点，字君异，号圣与，又字子与，号顽石，别号游艺中原客。安徽来安人。约于1877年入龙门书院肄业。1882年前后，曾为山东学政张百熙幕僚。在张幕期间，遍游济南附近的名山大川，将见闻所得写成《历下志游》一书，介绍济南的地理位置、城市布局、风俗民情。黎庶昌两次（1881—1884，1887—1890）出任驻日公使，孙点为随员，与日本著名词人森槐南唱和。
游玄武湖记	阙名		
古北口行记	孙雄（1866—1935）		原名同康，字师郑，号郑斋、铸翁等，江苏常熟人。清光绪二十年（1894）进士，官吏部主事，曾任京师大学堂讲席。入民国曾任清史馆协修。著有《眉韵楼诗》《诗史阁壬癸诗存》《旧京诗文存》等。
居庸关至宣化府行记	前人		

2. 1915，张英《本国新游记》，商务印书馆

篇名	作者	来源	作者背景
京华游览记	我一（庄俞）	《小说月报》，1912—1913年"文苑"栏目连载	江苏武进人，清光绪二十六年（1900），补阳湖县学附生。武阳公学教习。1912年1月任商务印书馆附设尚公小学校长，并兼编辑教科书。
游颐和园记	高荣魁		北京高等师范学校历史地理部二年级学生，《地学杂志》作者。
游西山记	袁霖庆	《进步》1912年第2—6期连载	河南豫河客籍高等学堂豫科毕业，入河南高等学堂，1909年入京师大学堂学习。能诗，有"太学十君"之称。

续表

篇名	作者	来源	作者背景
居庸关游记	我一（庄俞）	《小说月报》1912年第3卷第6期"文苑"栏目，《少年》1912年第2卷第5期	同前。
八达岭纪游	马胜白	《学生》1914年第1卷第2期	清华学校高等科四年级生。
十三陵游记	我一（庄俞）	《小说月报》1912年第3卷第6期"文苑"栏目	同前。
张家口旅行记	沈其璋	《地学杂志》1914年第5卷第12期	浙江吴兴人，时交通大学上海学校附属小学学生。
冀北游览记	沌谷（张相文）	《地学杂志》1911年第2卷第11期	字蔚西，号沌谷，苏北泗阳人。上海南洋公学师院习历史、地理，兼教该校留学班国文、地理等课，后转任该校教习。1901年编著中国第一批地理教科书。1909年发起成立中国第一个地理学术团体——中国地学会，并创办了中国最早的地理学期刊《地学杂志》，被视为"中国近代地理学创建人之一"。
北戴河游记	碧城女士（吕碧城）	《妇女时报》1911年第1期	一名兰清，字遁夫，号明因、宝莲居士。安徽旌德县人。《大公报》编辑，北洋女子公学（北洋女子师范学堂）总教习，总统府机要秘书。
盘游小草	王鸿恩	《学生》1915年第2卷第6期	直隶蓟县高等小学校毕业生。
直隶口外游记	铭恕（岑铭恕）译，英人希得利原作	《申报》1914年4月2日，第5版	《地学杂志》撰稿人。

　　《历代游记丛钞》的编者胡寄尘本人就是文学社团南社的成员。在《丛钞》所收录的17篇文章中，目前能考出来源的有9篇。其中徐渊如的《游云台山记》，出自《地学杂志》1913年总第32号的"杂俎内篇"栏目（其实从分类来看，

这篇文章的侧重点应亦偏向"怡情适性"而未必能有助于"研究地理"），孙点的《历下志游》是佐幕时考察济南地理位置、城市布局、风俗民情的记录，其余7篇或出于《南社》《庸言》《东方杂志》等侧重文学创作的期刊栏目，或出自官绅的自刻文集。作者多是以诗文名世的传统文人，如赵国华、潘飞声（南社成员）、周实（南社成员）、陈衍（前清举人，学部主事）、王蕴章（南社成员，商务印书馆编辑，《小说月刊》等主编，文学院院长）、罗惇曧、孙雄（清史馆协修）等。

张英编纂的《本国新游记》情况则有些不同。在该编所收的11篇游记中，能考出来源的有10篇，大多出于《地学杂志》《学生》《进步》《妇女时报》《小说月报》等新式刊物。作者的身份也大多明确，为北京、上海等地新式中小学的师生或新式制度媒体的从业者如庄俞、吕碧城，还有些作者的专业是地理，如张相文、岑铭恕、高荣魁。

除了上述两种游记汇编，前述各种游记汇编的署名作者中亦有不少类似背景者。如康有为、王闿运、袁希涛、蒋维乔、黄炎培、庄俞、张肇松（袁世凯的家庭教师，字景斋，广西合浦人）、马元烈、吕碧城、张星烺、王光祈、徐宝谦、陆费逵等。其中南社成员如刘世杰、庄俞，同盟会员如《画图新报》主编柴莲馥（连复），地学专业人员如苏莘（交河廪生，师范毕业，保定府中学堂数学兼地理教员，中国地学会主要成员，《地学杂志》主要写稿人，曾任《大中华直隶地理志》分纂），商务印书馆编辑如蒋维乔、庄俞等。

除了选文原作者以外，游记汇编的编选者如胡寄尘①、王文濡②等也是南社

---

① 胡寄尘（1886—1938），名怀琛，号寄尘，南社社员，早年毕业于上海育才学校。辛亥革命时，帮助柳亚子编《警报》，每天出版二到三期，主要报道武昌起义消息，用绿、蓝、红、黄、棕、黑等各色油墨印刷，上海光复后停刊。1912年在《神州日报》工作，辞职后转入《太平洋报》任编辑，后接任柳亚子任该报文艺版的主编，直至停刊。1924年进入商务印书馆，服务于商务编译所多年。1932年，上海通志馆成立，馆长为柳亚子，他成为该馆骨干人物。后与通志馆同人一道，成立上海通社，在上海《大晚报》编辑出版《上海通》周刊。他在《小说世界》上的稿件类型多种多样，有小说、诗歌、民间故事、滑稽故事、学术理论文章等。著作有数十种，且涉及面很广，如《小说革命军》《胡寄尘小说集》《寄尘小说新集》《中国诗学通评》《中国文学通评》《修辞学要略》等。

② 王文濡（1867—1935），原名王承治，字均卿，别号学界闲民、天壤王郎、吴门老均、新旧废物等，室名辛白簃，祖籍安徽省广德县人，其先祖迁籍于浙江省吴兴县（今湖州市）南浔镇。幼失怙、家贫、好学。清光绪九年（1883）癸未科秀才，次年补博士弟子员。商务印书馆、中华书局、大东书局、文明书局、进步书局、鸿文书局、乐群书局及国学扶轮社编辑、总编辑。

成员,有不少是报刊或出版社的编辑,如凌桂青是《学生文艺丛刊汇编》的主编。

从这些"新"游记汇编稿源的知识门类来看,其内容基本出自晚清至辛亥前后的"地学"与"文学"。正如广益书局在为《近人游记丛钞》刊登征文广告时所定的方针"为研究地理之助即为怡情适性之需",兼顾两者应该是编者最初设定的市场定位。

(二)文章的甄选与编纂体例变化

尽管"新"游记汇编的最初市场考量是兼顾"怡情适性"的文学性与有助于地理研究,但在实际编选操作中却遇到了一些必须加以权衡取舍的局面。

1."游"与"文"之间的权衡

首先遇到的是甄选文章的原则问题。

胡寄尘在编选《近人游记丛钞》时显然更侧重于文学性,注重"读其书者,亦若身入其境",因此确立的收文原则是"非特为研究地理之助,要亦为怡悦性情之需",明确表示文学性比有助于地学研究的实用性更为重要。在这个原则下,只要选文的作者是"近人",就算满足汇编的时代定位了。游记目的地空间的历时性变化则可以忽略而过,"此编所辑,皆出近人手,陵谷变迁,虽不无今昔之殊,然远则卅载,近则并时,纵有少差,亦无悬异"①。

1924 年,劳亦安编纂《古今游记丛钞》时,却没有胡寄尘这样原则坚定,而是感受到了在甄选标准上的权衡犹疑。他对鼓励自己编出此书的李廷翰倾诉:"兹所存者,或以地重,或以人重,或以文重。以人论,愈古愈珍,以他书不易见也。以地论,素著者存之以见古,未显者尤宝之以开辟将来也。以文论,佳者不能舍,文非佳而其质可取者,亦弗能遽弃也。游记之体不一,群体当略备,历代文体之变迁,又颇欲于此见之。故其文未能精,其例未能纯也。"②他觉得,如果从保存古代文献角度看,自然以作者越古、文章越罕见为好,而不考虑文章的文学性或实用性。如果从文章本身来考虑,如果重实用性的话,那么只要它的内容够好,就不应舍弃,可是这样的文章文学性却不一定能兼有,会使得选文不"精"。

①胡寄尘:《近人游记丛钞序》,胡寄尘编《近人游记丛钞》,第1—2页。
②李廷翰:《古今游记丛钞序》,劳亦安编《古今游记丛钞》,第1—2页。

并且他注意到历代以"游记"为名描述空间的文章其实体裁多样,出于不同的门类。如果希望历时性地展现这种表述形式变化,则会使得汇编的体例不"纯",选文体裁驳杂。劳亦安的困惑,实际上体现了民国"新"游记汇编作为一种空间表述的新文类,在出入于旧有的"文学"与"地学"之门,并加入展现空间历时性变迁的诉求后所遭遇的困难。解决之道似乎只能是从旧有文类中独立出来,成为表述"新"空间的"新"形式。

其次是是否保留选文原有诗词韵文的问题。

清末王锡祺在编纂《小方壶斋舆地丛钞》时的做法很清楚,是将诗词联语全部删弃。因为这些吟咏并不能增加人们对于客观舆地空间的认识,而只会产生不合实际的联想。

胡寄尘在 1914 年时的看法很明确,是保留。"记中诗歌,并载不删(《小方壶斋舆地丛钞》所收记中诗词皆为删去,各自所见不敢强同),末录骈文,似出例外,盖取陶情之助,不敢辞尚文之讥也",从"陶情"的原则去理解"游记"的功用,自然会有这样的权衡。

1920 年王文濡在为《新游记汇刊》甄选文章时的处理方法则略有不同:对于游记目的地本身就有的诗词联语不加删弃,"本编于旧有之诗文联语,为记者纪载所及,概不削弃"。但对于作者敷衍成篇时自行添加的,则不收录,"惟自著诗词,美不胜收,概从割爱以省篇幅"①。说是为了省篇幅,其实他对于"游记"的空间表述有自己的定位,既不同于王锡祺视作舆地研究手段,因而只要无益于舆地研究,哪怕是本身就有的也"视而不见"的做法,也不同于胡寄尘视作文学形式,但尚文采。王文濡的做法显然是将"游记"作为观察与记录客观空间的文类,追求纪实。

2．"游非无事之游,文为有益之文"——新游记"有益于时"的实用主义空间表述取向

王文濡在为中华书局畅销的《新游记汇刊》《新游记汇刊续编》与《国外游记汇刊》先后甄选文章时,确立了一个不变的原则:"以便于旅行、切于实用为主;

---

① 王文濡:《凡例》,王文濡选、凌桂青编《新游记汇刊》,第 1—2 页。

文之佳否次之。若侈言考据、泛叙风景、敷衍成篇者,概不甄入。"与今日之倡导"美文"者大异其趣①。

在王文濡在序言中以司马迁起兴,提出"游之有益于文"的原则。不过,在他看来,自己这个时代人与空间的关系较司马迁时代发生了巨大的变化,因此表述空间的取向、需求和能力也发生了巨大的变化。人们已经可以尝试从"风俗""生产""形势沿革"上去观察与把握空间了:

> 今之疆域非大于太史公时乎?轮轨之络绎,交通之便利,非又远过于太史公时乎?各省学校之视察,实业之调查,都人士之籍事以行者月数数觐。行必有记,资斧充裕,铅椠优游,类能于风俗醇驳,生产繁瘠,形势沿革上多所注意而不徒烺烺焉屑屑焉。抽妍骋秘为考据山川铺张风景之作,此又文之有益于时者也。

相较于清末极为流行的地学巨编《小方壶斋舆地丛钞》,王文濡认为《新游记汇刊》虽然在收文量上无法与之相较,但是却能脱"专制时代之臭味",客观务实地去表达空间,而不需要"献媚贡谀歌德颂功"②。

3. 从行政区划到动线"游踪"

民国的"新"游记汇编,从 1915 年张英《本国新游记》到 1921 年王文濡甄选的《新游记汇刊》、1923 年《新游记汇刊续编》、1924 年《国外游记汇刊》、1924 年劳亦安《古今游记丛钞》,都以当时的行政区划作为分目排篇的依据,甚至属于"旧"游记续作的 1924 年琴石山人《续天下名山胜景记》,也是以清代的 17 个直省作为分类标准的。

实际上,这种以单一行政区划作为"游记"空间表述划分依据的做法已经遇到了不少困难。如劳亦安发现"一文所载,地不止于今之一省区者,或视其关系之轻重,或即以原题为标准,仍隶属于一省区之下"。这种安排不得不将政区的历时性沿革考虑进来,也许会使得读者产生某种困惑。

而王文濡则发现甄选出来的"游记",除了以单一目的地为记叙对象外,也有不少记录"游踪",以动线为空间表述线索的情况。他只能采取折衷的处理方

---

① 王文濡:《凡例》,王文濡选、凌桂青编《新游记汇刊》,第1—2页。
② 王文濡:《序》,同上书,第1—2页。

式,另列一"长途游记"门类:"本编编制依现行行政区域为先后,每省为一卷或分为数卷不等。其经历数县同在一省者则附于一省之末,历经数省或所至之省记载不多而详于行路者乃辟'长途游记'一门以纳之。"哪怕体例不纯,仍然必须保持成为《续编》与《国外游记汇刊》仍然遵循的体例。《国外游记汇刊》在按照亚洲、大洋洲、欧洲、非洲、北美洲、南冰洋、北冰洋分类后,又另立长途(环游世界纪略、亚欧横跨记)一类,收文如"从上海经过去法国到伦敦""北京—柏林""赴法日记",而卷二十六"游美管见录上海波士顿""游美随笔上海旧金山""游美纪程上海神户东京堤仓横滨旧金山""渡太平洋记上海旧金山",全是记录"游踪"的动线视角,以上海或北京作为起点。

三、"游记"何以"新"? ——汇编的空间表述转型

前述民国成立十五年间引起出版市场广泛关注的几种游记汇刊,大多以"新"或"今""近"为标识,自别于"古"与"旧"。在商业出版勃兴的背景下流行于图书市场,亦被一些公共图书馆所收藏。从选文的来源、内容与文字表述而言,这类"新"游记与旧的方志、舆地著述其实很难区分。因此,自民国以来的十几年间,所谓"新"者,并不是"游记"文字本身,而是游记汇编这种新的空间表述文类。

根据前文所述,我们发现民国"新"游记在表达人与空间的关系时,呈现了不少全新的取向。首先,编纂者和作者中开始出现清季至民初新式学堂的师生,及服务于口岸城市制度媒体的新"知识分子"。他们的专业背景往往是新的"文学"或"地学"。其次,游记汇编在甄选文章,编订目次时加入了展现空间历时性变迁的考虑,叙述"陵谷变迁沧海桑田"。再次,游记汇编收录的文章开始描述原先并不向普通人开放的,或新出现的公共空间,如公园、图书馆、电报局、电话局、邮局等,也使得宫殿、孔庙等旧政治礼仪空间成为游记描述的对象,成为可以以平行视角观览的场所。第四,"新"游记汇编以对铁路、轮船等新交通手段的关注,展现了人的动线游踪。按现行行政区划分目已经成了当时多卷本游记汇

编的惯例。以行政区划为分类依据,具体而言,则是多以省为经,以"游踪"为纬,类似地方志书的体例。虽然汇编展现的范围遍及全国各省,但既没有以总论来描述全国的整体地理与空间布局,也没有专门收集描述主干交通线如长江、黄河、秦岭、淮河等的文字。新的长途游记虽然跨越多省,亦没有在收文时突出对交通主干道和主要河流山脉的描述,而仍以"游踪"为线索。这些实用性的取向,都使得民国"新"游记汇编在表达人与"空间"关系的时候呈现了一种平行的视野,而不是以往方志或舆地类著述掌控全局式的精英视角。

这些变化对新时代的人们在认识"国家""地方"及"城市"等"新"空间范畴时发生了怎样的具体影响,已经不是这篇文章所能处理的了,须俟专文仔细讨论。不过,至少,通过考察民国成立之后几种"新"游记汇编,讨论其空间表述方式的转变,以此为起点我们或许可以开始探讨近代知识转型中与"空间"认知相关的一些重要问题了。

日本僧的上海、北京体验

日本僧的上海体验：以 1873 年小栗栖香顶日记为中心

陈继东[*]

　　江户幕府的锁国政策与清朝的海禁，致使 18 世纪中叶以降，中日佛教的交流几乎断绝[①]。日本宽政五年（1793），临济宗相国寺僧大典显常（1719—1801）与天台宗白云寺僧慈周共同撰写了"日本传来佛书逸于彼者寄赠大清国请纳之名蓝以为龟鉴状"（《北禅诗草》第四卷，1807），提交给京都官府，以期得到批准。大典等人从乾隆时代刊刻的大藏经目录中得知，现存日本的佛典中，有许多在中国（清国）业已散失，所以发愿收集了一百种，要重新寄往中国，让中国的大刹收藏利用。可是这一计划却遭到了坚持锁国政策的京都奉行（官府）的拒绝。六年后，即宽政十一年（1799）刊行的《清俗纪闻》，是长崎幕府官僚编纂的调查报告，所涉及的是来自福建、浙江、江苏等地的商人有关三地的风土、生活习惯的报告，其中也记录了此三地的佛教状况。反言之，要了解中国佛教的现状，只能向前来长崎的中国商人咨询，而商人们所讲述的毕竟是间接的、有限的信息。

　　上述两例具体显示了中日佛教交流完全断绝的尴尬状态。这一状况一直持续到了日本幕府的崩溃和明治政府的成立。1873 年 7 月，在中日修好条约正式生效数月之后，净土真宗东本愿寺僧小栗栖香顶（1831—1905）就好像等待已久一样，匆匆来到了上海，不久便前往北京，开始了他一年之久的驻留生活。可以说百余年来，日本僧人终于能够亲眼目睹中国社会与中国佛教的现状，直接与中

---

[*]日本青山学院大学教授。
[①]中日僧人的相互往来至 1730 年代而止。见木宫泰彦《日华文化交流史》，东京：富山房 1955 年版，第 701、762 页。

国僧人进行笔谈交流。不仅如此,此举直接引发了来华传播日本佛教的创举,从而成为改变中日佛教关系历史状态的历史事件。

尽管上海是小栗栖中国之行的中转之地,前后停留也不过数周,但其现存的日记和书信中,记述了众多见闻和观感,以及与中国僧人的笔谈,甚至还有令人意外的与在上海活动的日本外交官、军人的交谈记录。这些内容大多不为人所知,对于了解当时上海的社会状况、佛教的现状,颇有参考的价值。与此同时,在小栗栖的上海观察和思考的背后所透露出的明治经验(日本的近代化经验),也是一个不容忽视的历史课题。而对于同一对象或现状,将同时代的中国人的认识与小栗栖的观察进行比较,从中发现两者的不同视角与意图,无疑又是一个饶有意味的问题。

一、历史逆转的契机

如果对照近代和前近代中日佛教的交涉,的确其性质有了很大的变化,日本僧由来华巡礼求法的朝圣姿态,一变而为建寺传教,两者之间的历史相位发生了逆转。不过,日本主动去接近中国这一姿态一直未变。古来中国僧人前赴日本,建寺院做住持,大多是受日方相邀而来的。在奈良建戒坛授戒规的鉴真和尚,以及在长崎向旅日华人讲法、住持万福寺的隐元和尚,都是受日本僧界的盛情相邀而来。历史上,我们很难寻找到一位自发地前赴日本,意欲弘传"中国佛教"的中国僧人。适成对照的是,来华的日本僧大多是为求法巡礼,或由国家派遣,或自发前来的。

小栗栖香顶在中国留学和传教,是他所属教团的旨意和他自身努力的结果。净土真宗为何在这一时期要与中国佛教界进行接触,要在中国传播"日本佛教"(真宗)?原因在于,当时日本因文明开化而自负,对于其周围的"未开""半开"的各国显示了优越感。同时,对于在欧美列强的攻势面前日益虚弱的邻国深感不安,既想与西方列强共同瓜分近邻,又欲与近邻协同抑制西方的扩张,特别是深受汉学熏陶、自觉到自己的精神性支柱有赖于中国文化的一部分当政者、学者和宗教家，则更多地倾向于主动接近中国。净土真宗特别是东本愿寺派（大谷派），迅速将这一想法付诸行动①。

毫无疑问，小栗栖是近代日中佛教交涉史上的关键人物，但以往的研究大多集中在他赴华留学的动机和历史背景的分析，以及对 1876 年 8 月开始的上海传教的考察②。相形之下，对于小栗栖 1873 年的上海、北京之行的资料发掘以及中国认识的具体考察，则显然不足。

二、现存资料

小栗栖上海、北京见闻的资料，主要见之于《八洲日历》第三十一号、《八洲北京书状》第一号至第二号，以及《北京纪游》和《北京纪事》。《北京纪游》曾由鱼返善雄整理发表，更名为《同治末年留燕日记》③，其中第一节至第九节，以及第一百一十七节至一百二十三节，记述了在上海的活动。《北京纪事》已由笔者整理刊出④，其中第一号至第五号对上海的见闻略有描述。两书相较，前者几乎涵盖了后者，而更为详细。两书的不同还在于前者为汉文体（即文言文），后者为口语体（即白话文）。

相较而言《八洲日历》（手稿，京都大谷大学图书馆藏）和《八洲北京书状》（手稿，日本大分县妙正寺藏）则是最为详细而真实的记录。前者是日记体，每

①佐藤三郎：《近代日中交涉史の研究》，东京：吉川弘文馆 1984 年版，第 221—222 页。

②围绕小栗栖来华的历史背景，木场明志与北西弘之间有过争论，前者认为小栗栖的中国之行，不仅仅是个人的行为，背后有教团和国家海外扩张政策的支持。后者则主张其动机是由文明开化浪潮下的"万国交际"所促使，否定有为国策贡献的企图。参看小岛胜、木场明志《アジアの開教と教育》，京都：法藏馆 1992 年版；北西弘《明治初期における東本願寺の中国開教》，《佛教大学総合研究紀要》创刊号，1994 年 3 月。以及木场明志的反论。见《近代における日本仏教のアジア伝道》，《日本の仏教》2，京都：法藏馆，1995 年 3 月。其后，中西直树以及川边雄大的研究补强了木场的立场。见中西直树《明治期・真宗大谷派の海外進出とその背景——北海道開拓・欧州視察・アジア布教》，《龍谷大学論集》481 号，2013 年 1 月；川边雄大《東本願寺中国の布教研究》，东京：研文出版 2013 年版。

③《同治末年留燕日记》，《東京女子大学論集》第八卷第一、二号，东京女子大学学会，1957 年 1 月—1958 年 2 月。

④小栗栖香顶著，陈继东、陈力卫整理：《北京纪事 北京纪游》，北京：中华书局 2008 年版。

天的所见所闻,或详或略,皆有记载。而后者则是寄给弟弟的书信,不仅详述了在上海的活动,更为重要的是直抒胸臆,坦陈所感,是反映心声的直接资料。因为《北京纪事》先由小栗栖用文言文写成,再经北京僧改写成白话文,所以不仅许多真实的想法不便表述,而且此书整体的写法也富有策略性,以便中国僧人理解他的中国之行。《北京纪游》则是20世纪初小栗栖委托其弟子根据以往的资料整理出来的,行文上多有删减润色,不完全是历史原貌。因此,《八洲日历》和《八洲北京书状》是把握小栗栖在上海活动的更为直接、最可信赖的资料。

三、赴华准备

根据《八洲日历》第三十号,小栗栖来华的决定是在该年的五月,此后便开始着手远行的准备。在经费上除了得到了本宗老法主严如的支持,同时还在亲戚、本宗寺僧以及相识的官员中筹集。而随身用品、礼物以及书籍等,也逐渐备齐。不过,对小栗栖来说,还有至为重要的是给中国相关人物的介绍信,以便能得到照应。除此之外,还需要准备出国所需要的护照以及各种必备的证明。

由于中日之间的外交关系刚刚建立,对于出国赴华的日本人,外务省有相应的规定。七月一日,小栗栖在去长崎县官厅取得护照的同时,也被告知相关的出国须知。这是由日本驻上海领事馆的领事品川忠道和总领事井田让共同签署的。其大意为与清国签订了条约之后,赴华日本人必须要遵守相关的规定,保持文明开化国度人的权利和尊严。内中说明:

> 除了居家谨慎,在来往行道上要谦让,作为开化人民的风范,每个人应加注意。特别是,当地是外国,而且各国人杂居,所以要行为端正,不可受到外国人的轻侮。因此,我国法律,自不待说,对此次公示的居留地规定,每条都务必遵守,不致违背开化人身份,要常常留意在心。(《八洲日历》第三十一号)

公告中还提到与佣人、邻居相处应注意的事项,若违反相关的规定则会导致罚款。小栗栖抄写了具体规定,不知何故丢失了一枚,仅仅记录了以下三条规定。即女子和男子都不可露出腕胫之丑态,女性不可男装,女性不可有陪酒女(酌女）那样的举止等。这里可以看出，明治政府对于出国行旅的日本人，不仅要求他们遵守国内外相关法律和条约规则，更重要的是要具有文明开化人的自觉，要保持个人和国家的尊严。不过，这一规定本身表明日本是开化之国，以文明人（开化人）的姿态和视线去对待和审视中国，无疑助长了赴华日本人的优越意识。

困扰小栗栖的还有需要找到能在中国进行接应安排的人物。小栗栖赴华的目标，主要是前去北京，观察中国佛教的状况，并欲与北京高僧商谈共同防御基督教在东亚扩张的对策。可是，在上海、北京并没有相识的人可以帮助他实现这一目标。经多方努力，终于得到了长崎圣福寺僧人的帮助，介绍了一位名为林云逵的广东文人①。小栗栖如获至宝，随即给林云逵提笔致信，从中可窥见小栗栖赴华动机。全信如下：

佛子释香顶谨呈书

大清林云逵先生足下：

  顶将以七月七日解缆大清，单身万里，不胜想象也。曰：大清人容我否？其或有偷儿，则何策避之？栗栗疑惧。幸得凭善应老师，闻先生之大名，自思得先生之书游大清，则到处得容焉，是所望于先生也。方今西洋诸教，波及我邦，邦僧不能拒之。大清亦容西教否？大清僧亦不拒之否？顶欲见其景况焉。明末利玛窦之入支那，云栖天童竭力拒之，方今之僧亦然否？谚曰：千闻不如一见。顶太欲目睹之，非北京则不可也。北京政府，果容日本僧否？北京僧亦不拒日本僧否？伏乞先生之一书，为顶先容焉。本邦方有七宗之行焉，不知大清之佛法区别几宗否？或曰：有南北二禅而已。顶考之，前藏后藏，古昔有真言密乘焉。照诸现流地理志，彼宗未亡也明矣。加之天台、华严之教，法相、涅槃之家，盛于隋唐之际，名僧巨德，相嗣辈出，其流风遗受未坠地也必矣。岂独南北二禅之存乎？其余五台、四明之胜，昙鸾、善导之迹，顶得目击之，何幸如之。

---

① 林云逵（1828—1911），广东商人，擅长书法。1863 年至 1883 年为设于长崎的"广东会所"的主管。参见徐庆兴《阪谷朗廬の学問とその新思想の転化》，《東西学術研究紀要》45，关西大学 2012 年 4 月，第 13 页。

伏乞先生之余力,不惜其一笔,使顶遂大清游览之志焉。香顶再拜。

明治六年七月五日

大清林云逵先生足下①

从中可知,此封书信的是请求林云逵为小栗栖赴华写介绍信,以便得到接应之人。而赴华目的乃在于前往北京,观察佛教界的状况,并寻求抵制西方基督教扩张的方法。其中也透露了中国佛教在日本的认知情况,即中国只剩下南北二禅(以慧能为六祖的南宗,以神秀为代表的北宗),而在唐宋繁荣的各大宗派已经消失。不过,小栗栖对此传闻难以置信,意欲亲赴其地,考察证实。数日后,两人相见,但小栗栖没有记述详情。事实上,小栗栖到了中国后,始终没有得到接应他的中国人,全凭自己四处奔走,以书信和笔谈的方式寻求能够接纳自己的寺庙。同年 8 月 18 日,终于找到北京城内的龙泉寺,以极大的热诚说服了该寺的副主持本然,得以留在附近的清慈庵,自此开始了近一年的北京生活。

四、中国内的西洋——租界

7 月 19 日傍晚,小栗栖乘坐的 Golden Age 号美国轮船在上海港靠岸,随后下船前往事先联系好的日本旅店"木棉屋"。上海给他的最初印象是浑浊的江水和繁忙的港口:

> 午前九点,进入浊水,乃是扬子江流入大海的江水。(略)六点,至上海,至木棉屋前。我想浊水应超过邦里(日本一里,约四公里——译者)百里,上海蒸汽船之多非神户、横滨之比。异人馆(洋馆)之雄壮,乃生来未见。我感到横滨应为小上海。(《八洲北京书状》第一号)

这一印象,在后来的观察中得到不断强化,如"西洋馆之美,天主教之雄壮非本邦异人馆之比"。他在日记里也写道,天主堂尤为盛大,不似本邦之小,西洋馆高大雄壮华丽,远非横滨所及。上海外观的"西方化",在他眼中,显然要比东京

———————

①小栗栖香顶:《八洲日历》第三十一号,见 1873 年 7 月 5 日的日记。

和横滨超前得多。

其后的上海游览，他开始关心这一城市的人口规模、街景以及新城老城的区别。这使得他对上海的印象变得复杂，不仅充满了兴奋好奇，而且开始转向冷静的批判：

> 此土人员（人口）之多与东京稍似。据说北京有百万人，天津有九十万人，而此地城内十万，城外十万，实际上不下二十万人。自上海沿江两里内外，人家相接。人力车中有独轮车，车轮两边坐人，从车后推走，不如本朝（日本）人力车之美。马车有一匹马的，两匹马的，还有四匹马的，美不胜收。中国人身着白长衫，手执白麈尾驾驭。其他还有与天上舆（日本豪华抬轿——译者）相似的，中国富商乘之。（《八洲北京书状》第一号）

对于交通工具的关心，可能是旅行者特有的嗜好。不过，他的日记和书信中很少有自己加以利用的记述。这一点，与后来在北京常常雇车的记述形成对比。在北京时，他甚至掌握了讨价还价的技巧。比如，雇车时，不可先招呼叫车，而是待车夫主动来问，再做决定。这样便于讨价还价。值得注意的是他始终用比较的眼光看待上海。上海租界内的瓦斯灯引起了他的好奇与赞叹：

> 瓦斯灯照明。夜街不用蜡烛。瓦斯是石炭之气，石炭蒸发，其气注入铁罐中，再将之从接在埋在地下的铁桶的管子中输出，转动开关点火，火便煌煌燃起。（略）据说东京去年也从上海求购这种机器。（《八洲北京书状》第一号）

可以说，瓦斯灯在当时的东亚是最为先进的照明，东京和横滨尚未普及，而在上海的租界，随处设置，让江边通夜辉煌。

小栗栖还细心地观察了租界内道路的状况。他发现租界内的道路，不仅有瓦斯街灯，而且整洁平坦，没有灰尘。对其原因，他做了饶有兴味的调查：

> 修路第一将之弄平，第二铺上瓦片，第四（三）用群马牵引铁器，在其上碾压，瓦片破碎后变成道路。

> 用马车在道路上洒水，马车上载着一大方形容器，里面装满水，其下方设有小管子，又装有一个横放的器械，水从此器械中喷出，犹如龙门瀑布。随着马的行进，向道路洒水，好似细雨。我们东京尚未见之。（《八洲北京书状》第一号）

道路修筑以及维持清洁的技术,让小栗栖大为好奇,也令他为自己的新发现而兴奋。不过,更为深深吸引小栗栖的,则是上海的西洋花园。这一新生事物,与东方的庭园似乎大相径庭。最大的不同,恐怕在于除了花卉、绿树、草地之外,更重要的是休闲交际的公共场所:

> 西洋馆之美,天主教之雄壮非本邦异人馆之比。而花苑(花园)尤为美丽。其地约有二丁四方(四边为两百米左右——译者),隔江而开,外设铁栅栏,又栽上杉树、柳树,园中种植四季花卉,中央铺植青草地,四处乱插佳卉名花。设置一小洋堂,在里面演奏音乐,傍晚在此纳凉。日本人进入没有妨碍,而中国人一个也不得入内。对中国人甚为厌弃,盖因(中国人)不知廉耻之故。我每夜来此游玩。(《八洲北京书状》第一号)

中国人不得入内及其原因,无疑让小栗栖深感意外和欣慰。意外的是西方人公然对中国人显示了歧视态度,而稍感慰藉的是日本人不在其列,在西方人的眼中不把日本人与中国人同伍。所以,他每晚来此消遣休闲,乐此不疲。

上海的饮水和蔬菜的状况,因是日常生活所必不可少的元素,小栗栖也作为一个重要问题来看待:

> 本地极热,加之住在二马路木棉屋楼上,如在火炉中。又江水之色浊如褐色,不可饮用。幸好,可以买水,投入沸腾散,以此消暑。此地蔬菜,珍奇味美,加之乃是开港之地,所以从天竺(印度)、安南(越南)等地,陆续将美味蔬菜运来销售。我只打发一日三餐,无暇去搜寻珍味。(《八洲北京书状》第一号)

从中可知当时上海的蔬菜有很多是从越南、印度输入的,而且多是小栗栖未曾见过的品种。饮水则要另买,至于水中投入沸腾散,其详情不得而知,或是制作汽水的一种方法。据1876年刊行的葛云煦《沪游杂记》,夏季将水和气灌入机器中,制作嗬嘲水、柠檬水,可解散暑气,恐怕即属于此类。至于饮水,《沪游杂记》"城中食水"条也说明,城内河渠之水腥臭,饮者易生疾病,"初至之人,尤觉不服";井水也不甘美。还说明上海官府也曾试图解决饮水问题:"沪中官商会议仿西洋法,设机器铁管引江水灌注城内四隅,以济民食,后以费巨不果。"①

---

① 葛云煦:《沪游杂记》,该书1876初版,此据扬州广陵书社2003年版,第184页。

饶有趣味的是,上述令小栗栖新奇的事物,在《沪游杂记》里都有记述。除了租界、瓦斯灯、洒水车之外,还记有垃圾车,"马车上驾大木柜随行,夫役数名,每日两次扫除街道"①。当然,上海的新奇事物远远超出了小栗栖的记述,成为上海日常的一部分。尤为值得关注的是,租界区内所实行的"租界例禁",即禁止诸种行为的管理条例。《沪游杂记》记有 20 条,其内容如下:

> 一禁止马车过桥驰骤。一禁东洋车小车在马路随意停走。一禁马车东洋车不点灯。一禁小车轮响。一禁路上倾积垃圾。一禁道旁小便。一禁肩舆挑抬沿路叫喝。一禁施放花爆。一禁不报捕房在门外砌路开沟及拆造临街房屋。一禁私卖酒与西人饮用。一禁春分后霜降前卖野味。一禁卖臭坏鱼肉。一禁卖野食者在洋行门首击梆高叫。一禁肩挑倒挂鸡鸭。一禁吃讲茶。一禁沿途攀折树枝。一禁九点钟后挑粪担。一禁乞丐。一禁夜间行人形迹可疑及携挟包裹物件手无照灯。一禁赌博酗酒斗殴。②

正是这一不宽容中国习俗的处罚严厉的条规,保证了租界内的清洁和秩序。但是,这是为在上海的西洋人社会而创出的所谓"文明空间",中国传统社会的老城上海则与之无缘。

五、中国人的世界——老城上海

如果说外城租界的上海是中国内的西洋的话,那么老城的上海才是中国社会的真实现状。在老城,小栗栖看到了另外一个上海:

> 此日入城内,城墙以炼火石作之,传说为吴孙坚之一城。城门狭窄,人家稠密,犹如蜂房一般。在一店休憩,上茶,端出炒过的西瓜子,又在铜器装满开水,将手巾浸入其中取出,让洗脸揩背。没有见一位女子出来。中国人对大小便,不知廉耻之事,是外国人笑话之处。街市上往往看到粪团,厕所并非家家都有。一处厕所,众家所有。其大小约有一间四方,上面横放一块

①葛云煦:《沪游杂记》,第 96—98 页。
②葛云煦:《沪游杂记》,第 48—49 页。

板,众人蹲在其上解大便,一裁倒便会坠入粪狱。小便的气味弥漫道路。盖
房东没有便所,人人在饭桌下置一便器,犹如本邦重箱,重重上盖,堵住其秽
臭。但是,到了解手时,其臭气就会向外溢出。据说城内臭气炽然,乃是因
此之故。真乃圣人之国悲哀之弊端。(《八洲北京书状》第一号)

不洁与秽臭,令小栗栖用圣贤之国的悲哀来表达自己的不解和不满。围绕这一生
活习惯和卫生状态的问题,在北京,他与从湖南进京赶考的文人展开了激烈争论。
小栗栖将在马路上出恭和卫生上的恶习,斥为中国人不知廉耻的行为,而日本人则
守孔子之教,没有这样的脏事。因此,他认为圣人之道在日本而不在中国。为此,
湖南举子承认京都风俗大坏,确为不净,但是外省则甚为清洁。因为北京不要粪
肥,故不设厕所,而南方砖墙高屋,茅房清洁,积粪肥田。他批评小栗栖的看法是一
偏之见,说中国胜地不可胜记,甚至说“北京是中国最苦的地方,若没有皇上在此,
连鬼也没有来的”①。小栗栖的尖刻挑剔无疑刺激了湖南举子的自尊心。后来,小
栗栖在北京撰写的《中国开宗前景》一文中也强调,在中国传播真宗的时候,要将
孔子教作为重要辅助,用孔子圣人之教,来改变中国人裸身、吐痰、人前用手挖鼻、
大道出恭、便后不洗手、不洗澡等恶习。对这些恶习,小栗栖斥之为“野蛮”。在其
眼中,生活习惯和卫生状态是文明与野蛮、开化与愚昧相区别的重要指标。

小栗栖的这一反应,和明治日本的文明开化的内涵有密切关联。教育和卫
生(包括医疗体制),是实行所谓文明开化的重要领域。尽管日本古来对于个人
卫生和公共卫生就很注意和敏感,但是新成立的明治政府则通过法律条规,禁止
不良习惯。1872 年,东京公布了公共卫生条例,其第 49 条明确规定,市中往来
行人,若在公设便所之外的场所小便,将施以鞭罪或拘留。同年,横滨市内便新
增了 33 个公共厕所(便所)。这些规定也在新的教育制度内进行普及②。相形
之下,当时的清政府并没有相关的法规。在明治时期的来华游记中,晚清社会的
卫生状态似乎是必不可少的题目,大都显示了与小栗栖相同的态度。这背后所

①小栗栖香顶著,陈继东、陈力卫编:《北京纪事 北京纪游》,第 40—41 页。
②山崎正董:《肥後医育史》补遗,熊本:镇西医海时报社,1929 年版,第 118 页。参见荒井保男《日本
 近代医学の黎明——横浜医療事始め》,中央公论新社 2011 年版;竹原万雄《明治初期の卫生政策
 構築》,《日本医史学雜誌》第 55 卷 4 号,2009 年 12 月,第 509—520 页。

诉说的是"文明"与"野蛮"的区别和距离。

六、上海的中西女性

女性,是小栗栖上海观察的一个重要内容。上海女性的容貌、衣饰和婚嫁
等,都强烈吸引着这位年过四十的僧人。在他的记述中,有的是自己的观察,有
的是道听途说:

> 支那妇女之结发,都不一样。有的从后面耸立,好似禅宗的帽子一般,
> 有的是下垂的辫发,又有的从后面张开,像知了展开的羽翼一般。佩戴的耳
> 环,多是用玉制作的,也有金银的。在街市上奔走的女子是下贱者,富商家
> 女子则足不出门。成婚后,不再与(别的)男人接触,终年在楼上,使唤一下
> 女,饮食方便也都在楼上。所以在上海看不到往来的美妇。呜呼,男外女内
> 之弊已经到了极端。更有甚者,女子生后到了三岁,给其脚穿鞋,制其皮肉,
> 不令其脚肥笨。所以,中等人家以上的女子,好似没长脚指。中等以下的人
> 家也模仿之,其脚看上去好似碾槌一般。扬州尤为甚。中国人颇赏玩之,故
> 有扬州的脚、苏州的头之说法。据说苏州妇人好美发,装饰亦丰富。可见束
> 缚到了极点。(《八洲北京书状》第一号)

在小栗栖的眼中,上海中国女性的发型,新奇多样,耳饰也多用玉和金银。不过,
让他沮丧的是,在街面上只有身份低贱的女子往来奔走,却看不到富家闺秀。他
甚至抱怨富家女子婚嫁后,便不再与别的男子接触,将男外女内的风习斥为一种
弊害。尤其是对女子幼年缠足,表示不满。总之,在他看来,上海女性深受家庭
的束缚,没有自由。

与此相反,对上海的西洋妇女,小栗栖则投以无限羡慕的眼光。在他的描述
中,西洋女性富贵优雅,自主自由,与中国女性形成了鲜明对照:

> 此日在花园散步,见洋人夫妇有同乘马车的,有同坐辇奥的,有携手的,
> 有母子相携的,有朋友相语的。洋妇之美非中国女人所及。闻洋妇居家或
> 将发垂后,或结发髻,第二天要出游时,便将十根、二十根头发用叉卷起来,

一束一束系好,至第二天发束解开,而发卷缩成螺旋形状。再在其上戴上华蔓,用薄纱遮面,以白纱为衣,白罗为裳。其大五六尺,可以蔽身。身着其衣,宛如神仙。我暗思,其衣裳所费当时莫大数额,耳环有金有银,有红玉,咽喉下(衣服上)还佩戴牡丹别针,用金子制作的,其中还插入金刚珠,其高价的据说要五千金,可切断金铁。夜行时,瓦斯灯映照路旁。盖欧洲人并非皆然,贫妇犹如中国女人。大抵来上海的是欧洲豪商,他们与万国之垄断(相交涉),忍受(辛苦),致获巨富,以毕生之力建豪宅,募美妇,而不考虑子孙后代。(《八洲北京书状》第一号)

不仅如此,小栗栖还将眼光投向了与良家妇女相反的另一个世界,即上海的娼妇:

娼妇颇多。下品(差的)是一美元。日本人买这样的娼妇。小脚妇人不向外国人提供。大抵一美元以上的是常品(中等的),而上等的颇为高价。开化之极则是西洋娼妇。现在法兰西租界有之,一夜要二十五美元,据说洞房之美、饮食衾褥之华丽、情态之穷极,皆非各国所及。传说中国的上等人去此地游之,日本人素为贫客,不得靠近西洋娼妇,然而,小野组头领曾连赴两夜。(《八洲北京书状》第一号)

其中将西洋娼妇视为开化之极,颇有时代的特征。在追求和追随西洋文明的明治时代,西方娼妇的存在,对小栗栖而言或许是一个超出其想象的现象,并将之视为一种开化的体验。

《沪游杂记》卷二"青楼二十六则",解释了青楼行业中的二十六种术语,从中也可看出这一时期的上海风俗行业的状况。如对"先生小姐"的说明,"女唱书称先生,妓女称小姐,做花鼓戏者也称先生"。而"咸水妹老举"一条则指出,接待洋人的为咸水妹,应酬华人的为老举,而且"簪珥衣饰皆有分别"。但是,《沪游杂记》没有记述洋人娼妇之事。

七、上海的日本人

随着中日外交关系的建立,在上海的日本人也开始增多。不仅有领事馆和外交官，还有商人、游客以及来华侦探的军人。小栗栖在与他们的交游中，不仅分享了他们对中国的认识，而且对于日本佛教在中国传教的可能性，也得到了重要启示，这些构成了其上海体验的重要部分。

这里仅仅举出小栗栖与上海总领事井田让和军人池上四郎的交游。在到达上海后，他很快就与上海领事馆的官员接触：

> 将通行证明和往北京的申请交给总领事井田让以及领事品川忠道①。此日星期天，是休息日。北游之事便委托了二位。井田是美浓大垣藩士，据说北征立了战功，足可谈论。现今日本人在上海有五十余人。日本大使馆借用美国公馆，木棉屋客店邻近公馆，品川英辅在此寓居。居客开店之处在二马路，相去二里许。（《八洲北京书状》第一号）

和品川的交往主要限于事务性的，而与井田则高谈阔论，从中得到了许多启示。井田曾为大垣藩士（现岐阜县），后在明治新政府建立中，屡树战功，而且直接参与过废佛毁释的行动，明治四年（1871）升至陆军少将，于1872年9月转任上海领事，翌年升为总领事。小栗栖记录了与井田的交谈：

> 问井田。井田先前为大藏省大丞，颇足谈论。（略）又说日本人禁穿中国服，中国把日本看做自己的属国一样，所以不准穿中国服。又出示西洋饮食器具，足以令人惊诧。井田说，中国守孔老之道，不耻陋巷（不以贫穷为耻），顽固至极。西洋以十分之二用于衣服饮食上的享受，八分则用于商业，而不顾虑其子孙。其子孙二十岁以上，各以其术（本领）谋利，以此而出人才。（《八洲北京书状》第一号）

小栗栖正是从井田那儿得知不可穿着中国服，而其中缘由却是中国把日本视为属国，以示区别。中日（清国、日本国）修好条规的第十一条，明确规定"不准改换衣冠、入籍考试，致滋冒混"。但是，其中理由毫无论及。而中国与西方列强签署的条约中也没有相关规定。从井田的反应来看，此一规定显示了大清对日本的蔑视。实际上，小栗栖在北京为越冬，制作棉袄，似乎并没有完全遵守这一条规。

---

① 参见东亚同文会编《对支回顾录》，初版于1936年，此据东京原书房1968复刻本，载有井田让、池上四郎、品川忠道传记。

又曰,中国僧人不及日本僧,其理由在于中国没有统辖僧侣的官署,将其兴亡盛衰置之度外而不加顾虑。僧人仅仅剃发入寺,为得糊口,而不求学其他。所以,佛法不及日本。

又说北行之事,要照会道台。而道台现今不在,待其归来后得其印章。在此期间,游览上海,但不可阅读书籍,应看看活灵活现的土地人情。中国到了现今,儒者等还乐于诗文而不知人事,贫穷状态皆因儒者之故,愚陋之极。方今,西洋传教士(教僧)孜孜传教(布法),所以中国过半归于其教等等。此人颇有胆略。(《八洲北京书状》第一号)

这位曾捣毁佛寺的军人,也关注到了中日佛教的不同。井田认为中国没有统括宗教的政府机构,放任佛教自生自灭,而僧人为糊口,不学无术,无法企及日本。在中日佛教的对比下,井田意外发现了日本佛教的优越性。明治政府建立之初,设置了神祇省,尊神道,统辖各种宗教,致使废佛毁释政策的实行。但又很快修正政策,以大教院统辖各宗教,令各宗教在奉行敬神爱国、奉戴天皇的前提下,实行自我管理,奉仕国家。这是日本佛教走向近代化的重要步骤,而此时的中国,的确如井田所指出的那样,将传统佛教排除在国家近代化之外,尚未创制出具有近代性质的宗教典章制度。

不仅如此,井田还指出中国文人墨守孔子之教,不以贫穷为耻,耽于没有实际功效的诗文之中,固陋顽固,儒者才是导致中国贫穷的元凶。相反西方人重商业开拓,鼓励个人努力,这是其人才辈出的动力。而西洋传教士也勤奋传教,将来中国大半人口将皈依基督教。井田的中国认识,无疑开阔了小栗栖的思路和视野,在他后来的日记和书信中,频繁出现固陋、顽固这类词汇,用于批判中国的现状。

在上海短暂的停留期间,小栗栖意外地结识了池上四郎(1840—1877)这位军人。据《对支回顾录》下卷"列传"中的"池上四郎君"记述,池上是西乡隆盛的心腹,1871年被任命为近卫陆军少佐,翌年追随西乡征韩论,被派遣到中国东北营口,侦查满洲(东北)的地理、风俗、政治、军备和财政状况。1873年4月至7月,同行的军人和外交官先后归国,而池上决意留下,到过杭州等地,本打算北上进京,后未果,于8月返回日本。1877年,在西南战争中,与西乡一起剖腹自尽。

小栗栖是经由同样是来中国侦探情况的一位叫黑冈勇之萨州人(鹿儿岛)的介绍与池上相识的:

> 楼上有萨州藩士池上,便与之交谈。(池上)说,北京现在颇热,自己打算秋凉了再去,君(小栗栖)先去。又说先前有去杭州,见所谓的西子湖,日本里大约三里多,红莲之华美,绝清绝言。设有屈曲桥,其间建有亭子,文人画士荡舟弦歌。又说,在杭州遇见文叔,看上去很贫困。他说八月要归国,请向圣福转达。又说耶稣僧(传教士)尽力布教,不只顾一个方面。第一,到城内开商店,卖经书。第二,学语言。学通语言为止,尽心尽力,令中国人皆为感动。第三,前往乡下,乡下人四方聚集,围观西洋人,其利用此机会,命随从的中国教僧,先讲说如何见人说法,然后重生死之事,懂得依赖劝进之事。必人人授之以经书。其中有一人皈依,便说,公淳朴之质,此外再给公二三册。其人则会深信,以为自己成为东道之主。方今,变中国发辫,著中国服,穿中国鞋,与中国人不异。有开设寺院(教堂)的,多为商店。布教之力反而在商店等等。若不在本朝(日本)之寺院稀少之地设寺,则布教之实效不大。池上之一言值千金。(《八洲北京书状》第一号)

池上以军人特有的重实效和成果的眼光,观察到了基督教在中国成功的做法,即将传教和经商相结合,以商店为据点,传布福音,争取信众。对西方传教士热心学习语言,通达民情的献身活动尤为褒赞。池上告诫小栗栖,基督教的成功之处,恰是佛教所欠缺的,提醒其要认真吸收传教士的经验。这些都开阔了小栗栖的视野,因而小栗栖称之为"一言千金"。其后,小栗栖在北京写给龙泉寺僧本然的信中,所阐述的对抗基督教的主张,全面袭用了池上的观点,以增强对中国僧人的说服力。对于小栗栖而言,能在上海遇到这些创造了明治历史的人物,并得其见识和指点,无疑是一个意外的收获和体验。

八、近代中日僧人的最初邂逅——龙华寺

小栗栖来华的主要目的,是访高僧,观大寺,了解中国佛教的状况。而在他

的想象中,京城北京应是高僧大刹集中之地,所以起初并没有探访上海寺院的计划。由于办理前往北京的通行证尚需时日,只好在上海耐心等待。龙华寺的存在,便是经一位中国商人介绍才得知的:

> 市商陈子逸来,笔谈数刻,告之北京之行一事。其曰,先生此去可先往普渡(海中补陀落山),请彼一信至北京更佳。又曰,城内文人最多,黄吟梅、胡公寿,并画师周铁舟、周殿村为其魁。又曰,上海弹丸之地,恐未有清洁地,唯龙华寺在离城九里之处,稍可容膝。(《八洲北京书状》第一号)

由此得知上海城外的龙华寺是此地最大的佛寺,于是决定携友人野田范一前去踏访,并暗中期待借此机会能从寺僧处得到前往北京寺刹的介绍信。于是,中断百年之上的中日僧人的交流,在彼此毫不相知、毫无准备的情况下重新开始了:

> 与范一乘舟溯江水而访龙华寺,邦里(日本里——译者)约有三里。龙华寺大寺也,有七进伽蓝。直接进入大堂,众僧围观,有三十余僧人。上大殿拜佛,有一位看上去是寺务的僧人出来,引入一客堂,上茶,于是开始笔谈。有一位叫镜清的僧人出来说:"大师到散寺,本寺和尚至上海,在大马路五台山,名所澄。"又曰:"本寺前寺主观竺和尚现在北京取大藏经。"又曰:"本国宗教律三门,现在本寺。"又曰:"普渡(陀)山在大海中,路程不远,三天之数也。"(《八洲北京书状》第一号)

《北京纪事》中对此的记述更为详细,还包括被龙华僧人问及日本僧有无戒疤之事,即在头顶或身体上烧烫戒痕,以示受戒修行。因为真宗没有受戒守戒之说,小栗栖含糊地回答道有守戒之事,而无烫痕之事。此外,当被问及中国僧可否前往日本时,小栗栖表示日本僧将大为欢迎。接着,小栗栖参观了寺院,并登上了龙华佛塔:

> 求上七重之塔,令一僧为先导。第一,拜三尊殿,有弥陀、观音、大势至之巨像。第二,谒弥勒殿。第三,谒释迦殿。本殿在长毛贼时,遭遇兵燹。北面比我东寺开阔,七重塔大为剥落。僧扶我上最上头,日本人题名颇多,有品川春光题字。我才知上海地势,平野苍茫,唯北方有三四山峦,是苏州的凤凰山,据说中国人正在此地练兵。除了此山,不见其他一山。此山也相距邦里十七八里地。我东京虽也是平远之地,不及此地平远。大国之称,不

可诬也。(《八洲北京书状》第一号)

然而,在他的日记里却记述了另一个印象,即衰落的寺院和愚昧的僧人:

> 此寺大殿有三尊佛像(阿弥陀、观音、大势至)也。一殿安置弥勒,一殿
> 安置释迦。其余古门尘埃,佛像倾仄,可谓衰寺也。寺僧顽愚,不解文字,似
> 本朝庄内坊主(即和尚之蔑称——译者注)。范一曰,皆愚僧也。(《八洲日
> 历》第三十一号,7 月 22 日)

中国佛教业已衰落这一印象,可以说是在龙华寺开始得到证实的。自此以后,无
论是天津还是北京,小栗栖所看到的大多是其所谓"寺衰僧愚"的景象。

第二天(7 月 23 日)上午,小栗栖写就一信,遣人呈送所澄,下午便亲往租界
内大马路(今南京路)上的五台山,拜访了龙华寺主所澄。不过,《北京纪游》(即
《留燕日记》)所录与《八洲日历》相较,在行文表述上,颇有差距。今将二者一并
抄录,以作对照:

《八洲日历》第三十一号 (1873 年 7 月 23 日)	《北京纪游》"七、见所澄"
日本僧释香顶呈书所澄和尚足下。 香顶以本月二十三日解缆发国,二十五日至上海,将游北京,观寺宇之壮丽,问高僧巨德之学术。然言语未通,地理未谙,加之北京无日本人之开店,单身独行,不堪想象也。	日本僧香顶顿首拜白。 香顶以六月廿三日(阴历)发日本,廿五日至上海,将游北京,观寺刹,接高僧。憾语言未会,地理未谙,且无邦人之寓北京。
窃念获知于上海高僧,乞其书而北游,到处得奇遇。问之市人,曰此去七里有龙华寺,高僧所居焉。于是,昨朝买舟,溯江至贵刹。寺众曰,和尚在上海五台山。顶不堪其遗憾,顶一悲一喜。昨夜疲劳,不问安否。今朝欲直往请谒,不知上人有闲容客否。若相容,则疾步面谒。	是以千万苦心,想得上海名僧之知遇,为之先容,可以大安身。问之市人,曰:此去七里,有龙华寺,大德云集。昨买舟,叩贵寺。曰:和上在上海。本日欲往谒,不知闲否。若许面谒,则直拜趋焉。
日本素禁外游,近来许之,顶不胜其喜,曰:中国者,佛法、大德之所兴,翻译胜迹之所创。凡释氏可不一游乎? 决意来游焉。上海未	敝邦曩禁外游,王政一新,解此禁。尔来出游者,前后接踵。顶谓:支那龙象之所兴,翻译之所创,苟入释氏门者,可不一游乎。

续表

《八洲日历》第三十一号 （1873 年 7 月 23 日）	《北京纪游》"七、见所澄"
见巨寺，唯见西洋寺屹立云间。顶无意讨论焉，唯欲观佛教何如耳。欲见佛教，则无如游北京也。北京岂可无绍介乎？欲请绍介，岂可无知己耶？上海无一相识，所不得已，亦理之所然者。上人相容，视顶之为人，若以顶为人可采，则请为顶先容。闻龙华前寺主观竺和尚，现今在北京，若得上人一书，得谒老师于北京，顶不胜至幸也。	于是决意渡航。上海未见大刹，唯见耶稣堂之巍立耳。
日本方今有七宗派，则曰天台宗，曰真言宗，曰禅宗，曰净土宗，曰真宗，曰法华宗，曰时宗。顶属真宗也。真宗之教义，请后日陈之，不知大清现有几宗派耶？或曰支那无佛法，或曰唯有南北二禅耳。顶大疑之。玄奘、慈恩之法相，贤首清凉之华严，智者章安之天台，金智广智之真言，其将湮灭委地耶？日本七宗犹有，文献可见。堂堂中国三藏之所兴，岂啻南北二禅存耶？西洋二教，骎骎日进，日本僧不学不能当之。彼学术之精微，教法之力行切实。日本僧懒惰谫劣，井蛙自安，不知海外有何教，况有护法之志念耶？如此则佛法之亡不在远也。屋之盛大者，兴之兆也，倾仄者，亡之兆也。方今寺宇大抵毁颓，僧亦顽愚。洋教之堂巍然臻天，万国仰瞻，僧亦励精布教，一亡一兴，如观火然。	日本方有七宗，闻支那唯有南北禅而已，顶大疑之。玄奘慈恩之法相，贤首清凉之华严，智者章安之天台，金智广智之真言，其将湮灭委地乎？日本七宗，犹有文献可征，堂堂中国，三藏之所云兴，岂啻南北禅而已乎？近来洋教东渐，彼学术精微，力行切实。日本僧侣，懒惰谫劣，井蛙自甘，不知海外何状，其不能抗彼明矣。顶意，寺刹之兴废，实教法存亡之兆也。而天主之堂，日见隆起，佛陀之殿，月致毁废。一亡一存，了然如观火。顶不胜切齿也。
伏乞上人，了顶之意，使顶遂北游之念，幸甚幸甚。顶拙于文，得其意，忘其言可也。不具，顿首。	顶将叩辇下诸大刹，问护法之策。闻前寺主观竺老师，方在北京。若得和上绍介，谒老师于辇下，则何幸加之。伏冀和上照顶之亦心，为顶裁一书，为北游之先容。顶顿首拜白。

两者对照，显然《北京纪游》所录文章，行文表述简洁、确当、自重，而《八洲日历》之稿则仓促草成，略显冗赘，并更具现场所特有的急迫感。不过，除了修辞上的区别之外，两者在内容上，出入不大，可见《北京纪游》的编纂除了修辞上的变动外，大体上尊重了原文。

这是小栗栖给中国僧人的首封书信，讲述了来访原委以及来华的经过、目的和对于中国佛教现状的听闻，最后希望自己的北京之行能得到所澄的帮助。此信的内容，与在长崎时致林云逵的书信大致相同。一是说明中国佛教的辉煌时代在现在也应该得到继承，对于仅存南北二禅的传说，表示难以置信。二是对于基督教东渐以及在华兴盛表示忧虑，希望能与中华高僧协商"护法之策"。三是希冀所澄能给已在北京的观竺前寺主致信，引荐自己，以便使自己在北京寺院安身。其中，对于佛教现状的危机感，和前赴北京的迫切心情，溢于纸面。

小栗栖不待所澄回复，当天下午便携带一名当地人直赴其处，与之笔谈：

> 午后与一名中国人，至大马路五台山。其壁上题有南无阿弥陀佛，作为禅宗寺院，看上去却像天台念佛。领事馆都说是净土宗，不过是因念佛流行，故有此号。非善导、源空之净土宗。呈上名片，拿出点心。所澄出来，笔谈数刻。（《八洲北京书状》第一号）

日本净土宗创始人法然（源空）曾将中国净土的源流分为三支，即东晋慧远、唐善导流和日照，而自己（日本）承继的是专称名号的善导流。净土真宗也承袭了这一法脉，将善导、法然视为宗祖。所以小栗栖对此十分敏感，以为中日不同。在中日僧交往完全断绝的状况下，小栗栖的突然登门造访，一定让所澄大出意料。对于小栗栖的询问和向北京僧引荐的请求，所澄做了十分委婉得体的答复：

> 妙正寺大和尚，法驾来游大清国之寺宇，观海上之风景。目今江苏省有常州天宁寺、扬州金山寺，又有高明寺并几处寺院庵堂，大行道业，宗风盛振。已今遭乱之后，渐渐而衰。目今我本国亦有邪魔外教众多亦盛，无可奈何。情长纸短，难以尽言。语言不通，故云不便。又曰，观竺师至北京无回信，不知在何寺。向来京都未曾至，相熟之人少。我等出家之人，方外之士，到处为家。此去直至天津，进京城不过三天之路。京城内闻有

八大寺,多是挂单接众,可以安身。(《八洲北京书状》第一号)①
所澄的答复,一定让小栗栖颇为失望。在与北京龙泉寺僧本然相遇之前,到了北
京如何安身,是一直困扰小栗栖的难题。尽管他一直尽力四方寻求,最终还是依
靠自己的努力,说服了想要拒己于门外的本然,被收留于龙泉寺附近的小庵。为
此,他在日记里曾抱怨中国僧人的薄情。因太平天国运动的打击、基督教的扩张
压制以及皇室朝廷的疏远,陷于艰难维持状态的中国佛教,的确失去了唐宋时代
的大度和自信。正如本然所说,小栗栖来华此举是钵盂安柄,纯属多余。

　　然而,同时代的中国人的龙华寺记述,并非如此悲观。龙华寺作为上海郊外
的景点,《沪游杂记》(1875)也有介绍:"寺在龙华镇,距城南十八里有浮图七级
耸入云霄。每岁春间传戒,三月十五日为龙华会期,香火极盛。"②高大的佛塔,
定期的传戒,繁盛的龙华庙会,显示了龙华寺的兴隆,毫无衰落之景象,迥异于小
栗栖的印象。王韬在其《瀛壖杂志》(卷二)中,对于龙华寺的记述,也是着重其
日趋昌盛的前景:

　　　　龙华教寺在黄浦西村,离城十余里,近水回环远山遥供。寺建自赤乌十
　　年,吴地梵刹,此为最古。寺前浮图七级,高插云表,颇称壮丽,昔人都有题
　　咏。《云间志》略云,塔为文笔峰,修之则邑中有科第。相传吴越忠懿王夜
　　泊浦上,见草莽中祥光烛天,乃为大兴木。宋治平间赐额曰"空相"。嗣后
　　屡修。山门外有二井曰龙井,一清一浊,大旱不涸。宋空相寺碑仅存残石,
　　字迹不可辨识,惟篆额尚存。咸丰三年,僧观竺募资重建,十年为贼毁。旋
　　有檀越舍金葺修后殿及钟楼,焕然改观。每逢三月十五日焚香赛愿者,自远
　　毕集。明时大内曾颁经赐敕,倍极隆重。今远枕荒郊,香火之盛,远不逮昔。

---

①《北京纪游》记为:"午下抵大马路五台山,僧婆杂处。所证出接。余曰:'所呈贱翰,赐览观否?'所
证取之室内,熟览良久,操觚曰:'妙正寺大和尚,法驾远来,观寺刹。目今常州有天宁寺,扬州有金
山、高明二寺。遭乱之后,道业渐衰,加外教侵人,无可奈之何。情长纸短,难以尽言。'且曰:'老僧
观竺,本月廿三日起程,尔来无一信,不知今在何寺。吾辈出家,方外之士,到处为家,不必虑道路。
闻天津进京,不费三日,京中有八大寺,皆许留学,可以安贵身。唯愚衲未曾进京,无有相识之人。
非敢拒贵命。幸谅此事。'予谢去。"见小栗栖香顶著,陈继东、陈力卫编《北京纪事　北京纪游》,
第100页。与《八洲北京书状》相较,内容上无大出入,但表述上颇有不同,《北京纪游》的语句更
为洗练,显然是经过了改作。
②葛元煦:《沪游杂记》,第61—62页。

春时而外,游迹甚稀。惟晓云残月与波光塔影相参差耳。甲戌夏间,寺中主持观竺由部领到藏经,备仪仗迎之,入护从僧约百余人。兵燹之后,象教日昌,此其征也。①

中日记述显然大相径庭,究其原因,主要因各自观察和认识的立场相异所致。王韬等人的记述侧重于龙华寺的历史的连续性和新的变化,及其在当地佛教界和当地社会所扮演的角色。因此,在他们的笔下,龙华寺尽管遭到了太平天国运动的打击,隆盛不如从前,但是现在正在恢复和发展之中,不仅传承戒律,而且年年举办的龙华庙会也吸引着当地的居民,香火犹存。不仅如此,前寺主观竺上京迎请龙藏,显示了在遭受兵火劫掠之后,佛教将获振兴的征兆。与此相反,小栗栖则偏重现状,将之与想象的过去(龙象辈出的唐宋),以及日本寺院的现状作比较,眼中所见的是倒坏的佛像和无学无识之僧,所感受的是衰败的景象。因此,小栗栖的观察显然欠缺历史和现地(当地社会)的视角,这也是外来的旅行者常常容易持有的视线和偏见。

小　结

1862 年,作为日本幕府首次派出的贸易团前来上海的高杉晋作、纳富介次郎、日比野辉宽等,在沪滞留二月余,写下了内容颇丰的游清见闻录。其中不乏对上海港的繁荣、西洋馆的壮观、西洋人的跋扈,以及不洁吸毒、国势衰败的描述,但是,仍然尊崇孔圣之教,视西洋为夷,对于西方列强在中国的跋扈,甚至抱有和中国人同仇敌忾之情②。然而,时隔不过十年,西方和中国的形象与地位,在日本人的认识中产生了根本的变化。西方列强不再是夷狄,而是文明开化的楷模,中国的圣教一变为固陋衰败的根源。

正如松本三之介所指出的那样,近代日本的中国认识,主要受到了对于世界变局判断的影响。西方列强在东亚的扩张,给日本带来的严重的危机感,因而日

①王韬著、沈恒春、杨其民标点:《瀛壖杂志》,上海:上海古籍出版社 1989 年版,第 35 页。
②参见日比野辉宽、高杉晋作等著《1862 年上海日记》,陶振孝、阎瑜、陈捷译,中华书局 2012 年版。

本试图将中国作为一个防波堤,阻挡西方的侵入。在此认识下,既有意与中国进行连带,期待中国自身实行改革,迅速摆脱传统的体制迈向近代型国家。同时,又试图通过富国强兵,实施远比中国更为彻底的文明开化政策,加入西方列强行列,从而取代中国,获取在东亚的指导地位。因此,当前者的企图遭到挫折,发现中国依然固执传统的儒教规范,而拒绝近代西方文明的价值和原理时,蔑视中国,将中国视为"固陋之国"的认识便由此产生①。

上述小栗栖的上海体验,也正是这一历史脉络下的产物。他是带着如何防御基督教在东亚的扩张这一课题来到中国的。可是,他在上海看到的却是西方的跋扈,和中国社会的守旧固陋,以及佛教的衰落,唯一称赞的是租界内的西方世界。尽管如此,他还寄希望于北京,期待着与中国佛教连带的可能性。实际上,在寄居北京不到一个月,北京佛教界的无力现状,以及首都的守旧不洁,让他深感中国已无自主更新的活力,却发现了日本佛教在中国传教的可能性。他在9月13日草成的"有关在支那开设真宗前景之事"(此文后来由其弟小栗宪一整理为《支那开宗前景》,呈交给净土真宗东本愿寺派的法主。而在此文抵达日本之前的9月20日,小栗栖被任命为中国传教主管)。该文一开始便主张业已文明开化的国家,有义务帮助和引导尚未开化的国家这一当时流行于日本的文明开化论:"方今我朝廷,遣人游学西洋各国,为取彼之长。而其深意无疑在于中国。先机而行,是为僧徒护法之急务。"这里可以看出,小栗栖认为日本佛教(净土真宗)在中国传教之所以可能,首先由于中日两国在文明开化上的逆转状态,就是说,业已文明开化的日本,其势力必然要扩张到尚未文明开化的中国,佛教宜配合这一形势,到中国传教。当然,除此之外,日本佛教齐整的宗派、传承完好的教义体系和传统,远远高于现存的中国佛教,因而更具有正统性。在小栗栖看来,文明开化的先进性和教义传承的正统性,是日本佛教取代中国佛教传统地位的最大理由。小栗栖还认为要实现真宗在中国的传道,必须实行适应中国社会的教法。具体而言,第一要传授孔子之教,宣讲戒除不洁,改良风俗之义。第二,废除妇女之缠足恶习,对其宣讲若信奉真宗之教,则不缠足也可成贞女之义。第

①松本三之介:《近代日本の中国認識》,东京:以文社 2011 年版,第 288 页。

三,为了让中国人戒除吸鸦片之恶习,真宗有必要制定唯一之戒律即鸦片戒,以此可以救助众多人命。1876 年 8 月 20 日,再次由其宗派派遣到上海的小栗栖香顶,与同行的五位僧人,在英租界北京路 499 号租房开设了"真宗东派东本愿寺别院",并于当天的开张典礼上,面对众多前来祝贺的中国僧俗官绅,用北京官话宣讲真宗教旨,开始了在中国传播日本佛教的历史。自此,中日佛教的交流关系,进入了不同于以往的逆转时代。

小栗栖香顶的北京体验及其描述的北京话

陈力卫[*]

　　明治初期日本积极制定并健全国内外的各种制度,政府首先打着祭政合一的口号,开始奉行神道国教化的政策,与此同时推行神佛分离,导致了一场轰轰烈烈的"废佛弃释"运动。随后,明治四年(1871)又实施废藩置县,在行政上确立了近代中央集权的统一国家。对外也与清廷建构新的近代国家关系,缔结了《日清修好条规》。

　　小栗栖香顶(1831—1905)正是生活在这一巨变的时代之中,他出生在九州的大分县,是著名汉学家广濑淡窗执掌的汉学塾咸宜园的三才子之一,学汉学,作汉诗,精通儒学的基本经典,师从佛教教理的各方大家,成八宗之学。其三十八岁时,恰逢明治元年(1868),就任东本愿寺拟讲师[①]。当时,整个佛教界无法抵抗"废佛弃释"的大势,到了明治五年(1872),便纷纷开始摸索对外携手之路。在这一背景下,他选择了去中国以求中日印佛教界的大联合,在他自身编辑的北京话课本《北京纪事》的开篇处,直接用汉语表述了自己的目的:

我们日本国,中古以来,禁止到外国,所以日本僧人,不知道支那 宋朝

以后事情,明治元年,才准到外国,因者个缘故,日本国 和尚,游外国的多,

现如上人 到了印度,上楞伽山,又到西洋 诸国,看看 光景,其外,

舜台白华默雷莲城 等,或到米利坚,或到英吉利,或到法兰西,或到奥斯

---

[*]日本成城大学教授。

[①]木场明志编:《小栗栖香顶师百回忌法要记念　教法のため　人びとのため——小栗栖香顶师の実绩—》,法云山妙正寺,2004 年 4 月。

_{ティリ ヤ ウヲシヤンリーベンフヲチン ツヲンチノーライ フヲチンウンツ エ シ チ ノーツ ダアモー タアシ ローシ}
的里亚,我想日本佛经,从支那来,佛经文字,也是支那字,达磨大师,罗什

_{サンツァン チーチヨ ダアシ シュワンツァンサンツァン シエンショウ ダアシ タン イーフハンチン チヤウスンレン ツヲ ファシ}
三藏,智者大师,玄奘 三藏,贤首 大师等,译梵经,教僧人,作法事,

_{ホワレンミン ユウテンシヤン ヨー ウ タイシサン ヨーテンタイシサン ヨーブート シサン チエフヲ ブーサ シーシエンティ}
化人民,又添上,有五台山,有天台山,有普陀山,皆佛菩萨 示现的

_{ティフハン ユウウヲシーガイクン フッチヤウ シヤンタウ チ ノー フハンカウスン シヤンミンシサン}
地方,又我喜爱孔夫子 教,想到支那,访高僧,上名山……

也就是说,他与众多的僧侣不同,没有去印度或西洋或美国,而是决定去中国。时值明治六年(1873),他正担任着大分县中户次的东本愿寺派妙正寺的住职,已届四十三岁了。作为明治以来首次踏上中国土地的僧侣,他那要去中国"访高僧,上名山"的高迈志向当然可歌可泣,但实际上他所目睹到的则是一派佛教式微破落的景象。于是,翌年返回日本后,他便提议净土真宗在中国开教。明治九年(1876),在得到东本愿寺当局的理解后,他再次访华,着手建立上海别院,开始将日本佛教传入中国。对此壮举,东洋史学家京都帝国大学教授桑原隲藏在大正十年(1921)六月十五日召开的弘法大师降诞记念会上所做的讲演中,高度赞扬为"佛教的逆输入":

> 总之,六朝、隋、唐以来,横跨一千五百年,我国不断地汲取中国文化,只有在日清战役后的二十年之间,我们才加上不少利息,如愿偿还了这一债务。唯一尚未偿还的只剩下宗教。我国佛教过去从中国借了很多,至今都没偿还,实在过意不去。日本应该向中国逆输入佛教,以偿还过去的负债……小栗栖香顶师前往上海布教时,当时东本愿寺的岩如上人曾咏和歌一首:

> 日光普照世上,我法同映相辉。

> 五十年后的今天,现状如何呢? ……我相信,如果我们的僧侣努力布教,赋予衰败的中国佛教界以新的生命,使佛日再次光耀中华之空,那才是对宗祖的最大供养。

当然,中国方面对此有不同看法。据1997年4月29日毛丹青访谈,忻平博士在谈到日本佛教净土真宗在华活动时,基本上是以"扩张与毁灭"来予以定位的。"1876年7月3日,小栗栖香顶等来华,8月13日在上海虹口河南路和北京路附近开设'真宗东本愿寺上海别院',拉开了近代日本佛教对华扩张序幕,日本佛

教经千年发展才实现'逆输入'回到其宗教母国,成为中日佛教交流史的转折点。"①

　　而这种对华布教之所以可能,还是因为小栗栖在北京的一年生活中所掌握的语言能力起到了关键的推动作用。

一、学习北京话的经过

　　小栗栖香顶明治六年(1873)7月17日从长崎出发,19日抵上海。随后经海路到天津,又经水路至通州,几经周折到达北京时,已经是8月16日了。当时他是第一个在北京长期居住的日本人。翌年8月19日离开中国,9月14日返回故乡的妙正寺。

　　前面说过,他本身具有汉文素养,能读汉文,会作汉诗,但实际来到北京时,却
"文字虽同音不同,耳虽不解目能通"(《北京纪事》29)。由此他迫切地感到,要学汉语的话,"不须雅言官话,唯要学俚语俗语"(明治六年《北京说话》),以便交流。

　　现在保留下来的《幼学须知假名附全》,是他将汉语课本《幼学须知》整个亲笔手抄一遍后加上日语假名读音的笔记。其中8月23日记有:"北京话,受龙泉寺本然上人相传。"亦即抵达北京一周后便开始跟龙泉寺僧本然学习汉语。他的基本做法是先写自己的汉文日记,然后请本然译成白话文(口语体),再一字一句加上日本假名来标注中文发音。比如在"饮食之事"和"寺院部"的题目之下收有335条单词,并施以日译。同样在《北京说话》这一自制的中文课本里也有同日的记录,从中可见他将自己的稿本交给本然师修改的过程。紧接着在26日的日记里就记有:"天涯孤客之苦况,无甚于病中,试记病中之事,乞以俚言改之。"然后具体以"清慈庵病中之事"为题用北京口语描述了自己生病的情况。更有29日的"记赛雍和宫的事",和9月2日"记天津杨某之事"。这三件亲身

---

① 参见 http://club.kdnet.net/dispbbs.asp? id=867903&boardid=1。

经历的事合起来,作者共记录了 635 句。我们可以通过下面的具体例子,知道他语言习得的过程。

在最初的题为《北京说话》的册子里,他是用文言体书写"记天津杨仆之事"一文的,继而又在同一册子里用会话体改写为"记天津杨奴之事",其中多处可见中国僧本然加改的笔迹,即一一将其用词和说法改为口语体。之后,他再将这些改动的地方都加进来,并附上日译,誊写为上述《幼学须知假名附全》中的"记天津杨某之事"的文章,最终反映在教材《北京纪事》的定稿为第九号"记天津杨伙计之事"。从"仆⇒奴⇒某⇒伙计"这一连串的改动过程来看,文章及用词逐渐由文言趋于口语。

从其自身留下的作品来看,冠有"北京"的有《北京纪游》《北京说话》《北京纪事》三种。其成书时间,是先有日记《八洲日历》,特别是其中 31—38(从明治六年七月一日到明治七年九月一日)用汉文或日文记录下在华期间的事件和见闻,以及自身学习生活的种种努力,后来据此编纂为纯汉文文言体的《北京纪游》,然后再调整文体改为口语体的《北京说话》,最后以《北京纪事》作为北京话课本的定稿。

最早关注这一系列材料的学者鱼返善雄说:"首先值得注目的就是《北京纪事》上下二册(五三张,七一张),这是香顶师明治六年在北京时,跟龙泉寺僧本然学习汉语,后作为教材来用的。他先将自作的汉文日记让本然译成白话,然后逐字用假名标上中文发音。"①现存的《北京纪事》是书写在本愿寺竖格(13 行)信笺(26×17cm)上的。其凡例署明治八年十二月十五日。云:"明治六年七月,予入支那,明治七年八月归朝。本书记明治六年七月以后至十二月耳闻目睹之事。"且说明成书缘由:

> 本书原稿系以汉文所作。予初以不通言语,记半年之事,乞求龙泉寺本然师改作为北京俗语,师不厌其烦,为予转文言为俗语。其谆谆老婆心,铭记在心,依依恋恋,不能忘怀。故白之宗主,将之订正删补,集为上下两册。

这说明他自中国返回家乡后,时隔一年多才最终完成了这本北京话课本。从题

---

①鱼返善雄:《莲舶上人北京話——明治六年小栗栖香顶の留学記録》,《桃源》1948 年 11 月号,第 14 页。

为"记明治六年六月二十五到上海的事"写到"记北京过年的事"为止，共计46号。每号文章长短不一，长者6页，短者只有3页。每号分别标有题目，正文里记述该事件。比如，开篇下决心去中国的文章属于第一号，文中以短句为单位，留有两三字空白用以作句读或断句。而且，几乎所有的句子停顿之处都用日语加以对译，因而，也可以视作中日对译的资料来加以利用。如"所以 ソレユヘ""准 ユルス""缘故 コノユエニ""又 添上 ソノウヘ""地方 トコロ"一般，对中日同形异义词积极施以注释和对译，以便于日本人学习汉语。比如：

* 我地起根尔 我ハ生来
* 不会 算 盘 算用ニウトヒ
* 算 盘 的事情，闷的狠拉 算用ノ事大ニワヅラハシイ
* 问，房 饭 钱 多少 席料饭代何ホト
* 又拿 剪 子截银子 大ナルハサミヲ以テ銀子ヲキリテ

针对上述中文，均附有长短不一的日文对译（用小号字标出，下同），语词一般是在右边标注汉语读法，左边表示日语释义。在《北京纪事》目录的最后面还"摘出二百余言包括各号标目及造语新奇者以便搜索"，这既可成为以关键词为主的中日对译词表，又可作为全书的目录来把握大体的内容。

这一北京话的课本中，当然会夹杂着不少著者自身的体验和感想，比如：

中国音不同日本国，难念。我想我们日本国，先叫体，后叫用。中国大约先叫用，后叫体。日本叫"饭吃、酒吃"，中国叫"吃饭、吃酒"。日本国叫"帽子戴、鞋穿"，中国叫"戴帽子、穿鞋"。还有，日本国应神天皇即位十五年，汉字才到日本。当支那晋朝武帝太康五年，到今年成一千五百三十年多，者个时候支那音才到日本①。随后唐朝时日本派使及高官到了支那，学支那音，以日本字写了唐朝音，是古音至今不变。现在日本音或同广东、或同南京。诗字音同北京，不同上海。二字音同上海，不同北京。日本人念汉

①据《日本书纪》所记，应神十六年百济的王仁携诸典籍来日本。照此换算则为西历285年，与文中"到今年成一千五百三十年多"相符，但实际上比照记录同一事件的朝鲜《三国史记》，会发现应神十六年相当于405年。即《日本书纪》中有关朝鲜方面的记事都提早了两巡干支，也就是做了手脚，将此事提前了120年加以叙述。

字,用日本话译之,但念地名、官名、人名的字用古音。(《北京纪事》第二十九号)

这里先说日语的词序是体言在先,用言在后,日语说"饭吃,酒吃",而中文正相反。然后还回顾了汉字传入日本的历史,并言及中日间汉字发音的不同,特别留意到与北京话的不同之处。对这种日中间的不同认识当然是随着他北京话学习的进步和生活体验的增加所感受到的,所以,有关北京话的定位,在《北京纪事》的凡例中也交代得很清楚:

> 支那各省,其音各异,长崎所制《二字话三字话》等音,难适用于北京。又其语序体裁亦异,故上海浙江等僧不解北京僧之语,此为予所目击之事。本书惟为前赴北京者所著。

> 北京为清帝首善之大都,外省人无不辐辏于此,故北京话通于外省,而外省话不通于北京。以本末自然之理数而言,本书亦或可用于外省。予于上海言北京话,书肆药铺往往有得解者。

他不仅早早悟到过去自江户时代传到长崎的唐话"难以运用于北京",且中国各省"其音各异"。而且也认识到作为首都的北京,其语言使用范围之广,"北京话通于外省,而外省话不通于北京"。有关前者,当是他自身的经验之谈。在去中国之前,小栗栖曾在长崎的圣福寺跟陈善、无等学过汉语,去中国时也携带着这本《二字三字话》①,这是当时最典型的唐话基础课本②。有关后者,更是应该赞赏其慧眼,最早认识到北京话的重要性。因为我们知道日本的汉语教育过去一直是以南京或杭州官话为主的,当时的东京外国语学校明治九年(1876)才终于

---

① 据《北京纪游》记载:"二、携带物品。此游所携带物品:弥陀佛一龛、名号一轴、三经、七祖无门关、御本书、唐音禅门佛事、二字三字话、和汉年契、支那地图、新旧两历、冠、袈裟、袍衣、衬衣、单衣、葛衣、绵衣、枕、被、褥、蒲团、蚊帐、毛布、裤子、袜、靴(支那制)、裈、拭巾、皮箱(支那制)、文库、钱囊、锭、印、念珠、沉香、墨、墨斗、墨砚、朱、朱肉、朱砚、大笔、小笔、竹纸、和纸、半纸、尘纸、封筒、磷寸、蜡烛、扇、团扇、小刀、剃刀、剪子、磁针、时辰器、寒温器、茶碗、箸、土瓶、疝癫药、葛根汤、三味汤、真珠、眼药、石绵、万金膏、宝丹、鲣、烧酎、麦酒、茶、梅干、冰糖、洋辛,以下数件。"其中跟语言有关的书,有《唐音禅门佛事》《二字三字话》两本。

② 奥村佳代子:《江戸時代の唐話に関する基礎研究》,《関西大学東西学術研究所研究叢刊》二八,2007年4月。

意识到应转换为北京话①。

小栗栖香顶自身设定的理想的北京话习得过程应该是这样的：

> 予以为通北京话最上之上乘，莫如英人所撰《语言自迩集》。然予因受
> 教于本然，不敢妄授，试分课次。首授三部经，次授四书，再次念本书，而后
> 体会《自迩集》，由是入北京，则不会受困于言路穷途。（《北京纪事》凡例）

也就是他认为"首授三部经，次授四书，再次念本书，而后体会《自迩集》，由是
入北京"是最理想的教案②。这里令人吃惊的是，他在北京期间，1874 年 5 月
直接去英国公使馆借阅公使威妥玛（Thomas Francis Wade）编撰的北京话教材
《语言自迩集》（Shanghai，1867）③，并如前所述给予了高度评价。考虑到日本
汉语教育史上开始使用《语言自迩集》的时间要在几年以后，不能不感佩其先
见之明④。

二、作为语言材料的价值

鱼返善雄曾对小栗栖香顶留下的中文材料做过以下评价：

> 我认为将其中纯粹语学方面的，或内容即便是佛教而形式上属于语学
> 的材料，至少整理公开出一部分来，这是我们汉语研究者的一种义务。香顶
> 师制成这些记录已经七十年，去世也已经四十年了。其间，这些珍贵的文献

①据六角恒广《漢語師家伝——中国語教育の先人たち》（东方书店 1999 年版，第 27 页）中"颍川重
宽——从唐通事到汉语教师"一节记载，明治九年"将中田敬义等三人送往北京后，颍川重宽觉得
有些遗憾。一想到长崎二百多年传承下来的唐话好不容易经自己的手延续至今，在汉语学所教了
数年唐话，而南京语终将为北京官话所替代的时代到来了。他也就感到自己的寿命也快到尽
头了"。
②鱼返善雄：《莲舶上人北京話——明治六年小栗栖香頂の留学記録》，《桃源》1948 年 11 月号，第
14 页。
③据《北京纪游》云："五日同岛、中村二氏访东江米巷英馆。一官人有雅芝出接。余请借览英国钦
差大臣所著《文件自迩集》《语言自迩集》。曰：'近日取之上海，送呈。'公使威氏，馆人三十余名。"
④据前引六角恒广《漢語師家伝——中国語教育の先人たち》，东京外国语学校购入《语言自迩集》
是明治九年六月以后，然后才开始使用，但作为汉语教材真正在日本普及要等到广部精改编的《亚
细亚言语支那官话部》出版（明治十二年［1879］六月）以后了。

只是公开了若干佛教方面和传记部分的内容,就语学部分和文化交流史方
面,可以说几乎无人关注,尚处于埋没的状态。①

鱼返先生说过的这番话也快过了七十年了。他自己对此资料作为"一般文化
交流史"进行了整理,十年后将小栗栖香顶的《北京纪游》改题为"同治末年留
燕日记"(上下)登载在《东京女子大学学报》第 8 卷第 1、2 号(1957 年至 1958
年)上。之后,又经过漫长的空白期,直到长期从事近代中日佛教交流史研究
的陈继东教授重新发掘出这一资料,并就中日文化交流史、特别是中日佛教交
流史中小栗栖香顶所做的贡献和历史地位,发表了一系列论文,为研究史翻开
了新的一页②。最近又有鸿篇巨制《小栗栖香顶的清末中国体验——近代日
中佛教交流的开端》(山喜房,2016)对小栗栖在华期间的生活足迹做了详尽
的描写,而且就其中日印三国佛教共同体的构想加以细致的解读和分析。该
书所附的《北京纪事》的原文影印,完全可以作为一手资料用来研究当时的北
京话以及日语的对译。

从语言学的角度来看,该材料虽然被鱼返善雄誉为"位于江户时代的冈岛
冠山和现代之间的一座高峰",并举出其三大特征:"发音记号比较合理;作为自
学教材之选比较合适;对语言的态度认真,比任何人都解释得耐心而清楚。"且
最为值得强调的是其"以口语写成,具有重大的意义"③。但是,实际上从语言方
面整理小栗栖香顶记录的资料,并无进展。

从这一意义上说,本文尝试着按词汇、语法、表音的顺序,对小栗栖香顶记录
的北京话的主要特征,简单地加以描述。这里使用的资料除了《北京纪事》以
外,尚包括《北京纪游》《北京说话》和《幼学须知假名附全》等。

---

① 鱼返善雄:《蓮舶上人北京話——明治六年小栗栖香頂の留学記録》,《桃源》1948 年 11 月号,第
11 页。
② 陈继东:《1873 年における日本僧の北京日記——小栗栖香頂の〈北京説話〉(Ⅰ)》,《国際教育研
究》第 20 号,東京学芸大学海外子女教育センター,2000 年;《明治初年日本僧の北京見聞録——
小栗栖香頂とその〈北京紀事〉》,"武蔵野大学オムニバス仏教講座——仏教の多様性に学ぶ",
2005 年。
③ 鱼返善雄:《蓮舶上人北京話——明治六年小栗栖香頂の留学記録》,《桃源》1948 年 11 月号,第
12—13 页。

三、词汇

3.1 语词解释

作为语词解释资料可用的有两种。一是从《北京纪事》中抽出的词句，另一种则是《支那北京说话》所附的词汇集。前者是在语句的右侧标注中文的读法，在左侧加上日文的意义（如："巡按"一词，右标为シユンガン，左标为ヤクニン；"食盒"一词，标为シーホー／ベントウ），也有以加注的形式来解释整个句子的意思或对语词加以说明。下面举出一些中日对译上比较特殊的例子。比如：

【上下】＊ 问贵刹 和尚，甚么 上下 上下トハ二字ノ名ノコト。

据后面对译的日文，我们知道"上下"用以表示姓和名。《汉语大词典》仅举到1940年代田汉的剧本例，实在太晚。这里作为实际生活的口语例值得注目。

【脚楂子】クッダイ ＊我云，九月十九日，付你洋钱一个，买煤一百斤，买木炭十斤，算算多少钱？他云，煤四吊二百，炭二吊，脚楂子四吊，煤篓子一吊，共合十一吊二百文。

《日本国语大辞典》里仅照クッダイ来查，会出现"靴台、沓台"字样，与上述文脉不通，倒莫如理解为"鞋代"，即跑腿钱之意。汉语的"脚楂子"不见词典收录，作为北京话俗语应记录其意思。

【架房】雪院ニユク ＊我昨日晚上拉痢十几回，架房风冷的利害仿弗针劄的是的。

汉语"架房"不见词典收录，也不解其意，反倒通过日译"雪院"知其为厕所之意，作为北京话俗语应记录下来。

【小心】＊曰，他多大岁数？曰，三十八。曰，他知道北京客店不知道？曰，他上好几回京，都知道。曰，他小心不小心彼ハ正直ナリヤ？曰，小心。

"小心"一词汉语多作"注意，用心"意解，但这里通过日译知道其为"正直"之意。汉语文脉中的这一意思容易被埋没，当记录之。

　　【好贪财】＊朗山曰,王二者个人不可用,此人好贪财油断ハナラヌ,不顾
朋友交情。

这里的"好贪财"本不会有歧义,但日文对译却按文脉理解为"油断ハナラヌ",
意为不可信,要小心,可见单独抽出时语意略宽。

　　【揣窝】＊又有没有石头的地 方オリオリ石ノナヒ所モアル,揣 窝道二凸凹
ヲホキコト,难 走,车是 乱 奔車ムヤミニ走ル。

　　＊道尔 揣 窝多道路殊ノ外アシ。

"揣窝"亦不见词典收录。据日译知道其为"坑坑洼洼,不好走"之意。

　　【钵罗 盖】＊钵罗 盖底下浮肿膝ノ下ハレル。

该词即现代普通话的"膝盖",作者听本然说是出自满语①。现在广泛用于东北、
山东、内蒙古、安徽、河南中部等地。

　　【屎球】＊上 人哈哈一 笑,曰:朗 山 乱说,他是屎 球男色先生ナリ。

按中文字面解,是作为骂人话用的。但这里却对译为日语的"男色先生",也就
是现代时髦新词"同志"之意了。这里当算是临时词义的一种吧。

　　【闹鬼】＊命弟妇作之,免闹鬼ワタヌスミ 换 你的棉花,工 钱 多 少 不论,
男工价大,伊必以旧棉花 换 你的新棉花。

"闹鬼"在汉语里本指不可思议之事,这里根据上下文日语译为"偷棉花"。

　　【等子】＊京都 钱 店两替室,拿一个等子一ノ小キ天枰ヲモッテ,等银子銀ノ重
サヲハカル,看分量分量ヲミル。

　　＊他把等子小キハカリヲ出シ等了一等洋銀ヲハカル。

"等子"作为名词是"秤"的意思,"等"作为动词是"量"的意思。

　　【冈】大二ワヅラハシイ ＊一个字也不会一字モシラヌ,冈的狠拉不自由ナル
コトアリタル。

①据《北京纪事》凡例云:"北京乃满汉蒙藏四国之都会,故有以蒙古语念汉字之事。如给字,北京音
　　为'チー';蒙古人则将施物与人唤作'カェー',故默读给字作'カェー',此系蒙古语之错韵。又
　　满洲语入北京自然成北京语者,如将膝骨盖说成钵罗盖尔,则是满洲语。以上二事,系本然之
　　口授。"

查遍北京话方言辞典①,不见"闷"字有"大ニワヅラハシイ(太烦人了)"和"不自由ナルコト(太不方便了)"这一解释。

像以上这些作为北京话俗语的用法,均不见于词典记载,故而《北京纪事》的日文对译反倒成了我们理解这些词义的一助。还有像"我再四思想,实一难事"之类,今天我们用"再三"来表示之处,当时却用"再四"来表达,这点也应引起我们注意。其他中日对译的例子还可以举出以下这些:

【有气】立腹スル,【税馆】運上所,【眼子】シリノアナ,【动身】你动身时候君ノ出立ノトキニ,【白】白带来ムダホ子オリ,【花多少钱】进寺留学花多少钱菓子料ハ何ホト,【檐儿】我连檐儿也没跨故ニ我ハ車ノ端ニモノラヌ,【哈吗】问哈吗是么东西,答三条腿为蟾四条腿为哈吗,【大夫】有一个大夫大夫ト云モ医者ノコト

这也说明这些词对当时的日本人来说,仅靠字面是无法理解其义的,所以在为日本人编的汉语课本里才要加以注释。

另一个比较集中的中日语词对译表是《北京纪事》后附的《支那北京说话》中的"记人伦的事"(225 词)、"记身体的事"(174 词)、"记饮食的事"(144 词)、"记地理的事"(294 词),共有 837 条词。这里举出一些有特色的例子。

①记人伦的事

首先,这里记录的多为类义词,比如,表示自己的妻子和他人的妻子可以有以下几种说法:

＊内人ツマ,家里ツマ,媳妇尔ツマ,老婆ツマ,婆娘ツマ,女人ツマ,贱人ツマ,拙荆ツマ

＊令正人ノツマ,贵夫人贵人ノツマ,オクサマ,太夫人贵人ノツマ,オクサマ

另外,用日语"ひめ"来对译以下的四种说法。"ひめ"的这一义项在《日本国语大辞典》也有记述。

＊窑姐尔ヒメ,娼妇ヒメ,妓女ヒメ,妓者ヒメ

还有一些说法为北京土话,如加底线者词典不见收录,通过日语对译我们可

---

①比如任明《北方土语辞典》,上海春明出版社 1953 年版;陈刚《北京方言词典》,商务印书馆 1985年版。

以确定其意义,第一条三个词均为"偷男人";第二条两个词都是"妻妾争风吃醋";第三条四个词都是"再婚"之意。

   *偷人ヲトコズキ,偷嘴吃ヲトコズキ,打野食ヲトコズキ

   *争风テカケニ客気スルツマ,争鹊子吃テカケニ客気スルツマ

   *再醮再嫁,再嫁人再嫁,抬身再嫁,再嫁再嫁

②记身体的事

   *核桃骨キビスクルブシ,小腿コブラ,钵罗盖ヒザ,迎面骨ムカフス子,腓股蛋シリコブラ,勒ドウ,髑髅アタマ,骸アタマ,大阳ビン,天额盖ヒタヒ,天亭ヒタヒ,饶舌シヤベリ,长舌シヤベリ,利口シヤベリ,胁肩ヘツラヒ,大指オホユビ,人指ヒトサシユビ,食指ヒトサシユビ,二指ヒトサシユビ,中指ナカユビ,色指ナカユビ,无名指ベニサシユビ,四指ベニサシユビ,小指コユビ

表示身体部位的词很多,我们通过日语解释知道"大阳ビン"为"太阳穴","利口シヤベリ"为"嚼舌","胁肩ヘツラヒ"为"谄媚","色指ナカユビ"为"中指"。"色指"一词不见中文词典收录。

③记饮食的事

   *早饭アサメシ,午饭ヒルメシ,晌饭ヒルメシ,晚饭ユウメシ,夜饭ユウメシ

   *买酒サケヲカウ,打酒サケヲカウ,烧酎 烧酎,玫瑰露ヨキサケ銘酒,黄酒 绍兴ノサケ,绍兴酒紹興ノ酒,老酒 紹興ノサケ,五加皮酒銘酒,木爪酒ホケサケ,奖元红酒銘酒

   *酒瓶サケトクリ,酒壶サケトクリ,酒素子銚子,酒钟サカヅキ,酒杯サカヅキ

   *作开水湯ヲワカス,不热マダワカス,没开マダワカス,不开マダワカス,就开マダワカス,开刺湯ガワヒタ

饮食方面,针对汉语的"夜饭""晚饭",日语均对译为"ユウメシ",尚未出现今日用的"ヨルメシ、ヨルゴハン"的说法。关于酒,"黄酒""绍兴酒""老酒"一概译为"绍兴酒"。"做开水"的各种说法也反映出这是当时北京日常生活中不可或缺的表达。

④记地理的事

   *京师,盛京,直隶省,山东省,山西省,河南省,江苏省,安徽省,江西省,福建省,浙西省,湖北省,湖南省,陕西省,甘肃省,四川省,广东省,广西

省,云南省,贵州省,察哈尔,吉林,黑龙江,伊犁,青海,西藏,内蒙古,外蒙古

上述地名反映了清朝的行政区域。本来在"京师"和18省的行政单位下尚有"顺天府""奉天府"等"府"的行政单位,这里省略未录。"浙西省"相当现在的浙江省。此外,如"察哈尔、吉林、黑龙江、伊犁、青海、西藏、内蒙古、外蒙古"等区别于省,下面均不设"府"的单位。反映了清朝的不同统辖方式。

3.2 儿化

小栗栖香顶在《北京纪事》凡例中对儿化音①做了以下的描述:

北京人用"ラル"音极多,如菜刀念作"サイタヲル",茶馆念作"チャコワル"之类,不遑枚举。本书中用"拉了而尔"字样,由此语路而来,又用"拉尔"之字,施以"ラル",只是随语路省略文字而已。此乃学北京语必由门户。

这里用4个汉字来表儿化,"拉、了"表音为la,"而、尔"表音为lu。也有用"儿"的实际例子,比如:

①名词

花:样子仿佛雪苍儿

那:我们那尔 爱走 的 快 东西日本人ハ快走ノ者ヲ愛ス

鼻:拿线 穿 针鼻尔

一回:一回尔シバラクシテ、到了上海、我叫伙计上日本 公馆、告送说我来拉我ノ来タコトヲ申シアケヨ

道:外省 道尔/在道尔上/日本国东京 有一个铁道尔

套: 穿 着银指甲套尔銀ノ護爪ヲハメル

面:你面尔似乎月 亮阿/见 面尔 都磕头頭ヲ地ニツケル/掌柜曰买洋布 作面尔木綿ヲ以テ面ヲ作ルヘシオ好

头:南北东三面尔、有三个客堂、我住在北边东头尔

边:两 边尔西洋 馆、大极拉、好极拉大ナリ美ナリ、

衫:穿 黄 缎 子大衫尔的

---

①这里以李思敬《汉语"儿"音史研究》(商务印书馆1986年版)为参照。

一点：一点^{イ テル エ}尔也不干净^{ブ カンチン}少分モ清浄ノ処ハナヒ/有点^{ヨー テル}尔饿^{ルヲ}空腹ニナリタ/吃点^{チ テ}尔甚么

嬢：有一个瞎^{ヨー イ コ シヤ}嬢^{ニヤンアルメン}而们一人ノ盲女アリ/有一个娘^{ヨー イ コ ニヤルメン}而们一婦人アリ

样：我才知^{ウヲ サイチ チーノー}支那官人^{コワンレン}信佛的事样而^{シンフヲティシ ヤンル}

风：今日个天气好^{チンル コ テンチ ハウ}，一点风^{イ テンホル}尔也没有^{エ メヨー}

影：西洋为地球的影^{シヤンウイ ティチウ ティヤンル}尔

顶：走到雍和宫殿^{ツヲウ タウ ユンホーグンテンテイン}顶尔上^{ル シヤン}

明：明^{ミンル}尔早^{サヲ}兴起^{シンチ}来^{ライ}

②副词

静意：曰，雇车多少钱？曰，你要静意^{ユエ クーチヨトール チエン ユエ ニーヤウチンイ ル クタア}尔雇他ワザト雇ヘハタカシ①^{コーチウクイ}，可就贵。

起根：我地 起根^{ウヲティ チ コル トービン}而多病

③动词

哭：我才见中国女人哭^{ウヲサイチエンツンコーニーレン コールティ}尔的样子^{ヤンツ}，不同我们日本国^{ブトン ウヲメン リベン コウ}/他人哭^{タレンコール}尔看^{カン}

吃：捻是穷^{ツン シ チユン} 没有吃而^{メヨー チル イワンク}缘 故食物ナキ故ニ

3.3 同音异形

语词的同音异形问题在白话小说及口语体文章十分常见，从正字法的角度来看，《北京纪事》和今日之差历然显见，当然这里可以看作是北京，亦或是当时的汉语教师个人特征的反映。比如"是的→似的/拉欠→拉纤/者个→这个"，《北京纪事》多用箭头前的写法，另外，像"大转（赚）钱/不董（懂）天津话/等一回（会）尔"等，也是不用括弧内的现代写法。我们再举一些同音异形的例子：

合→和：想我合^{シヤンウヲホー シ ヒユントンッツ イ コウッツ}师兄同住一个屋子帥ト同居シテハイガゾ 如有日本人来^{ル ヨーリーベンレンライ}，我合他同去^{ウヲホータァトンチユイ}日本ト同ス，你若散了学生^{ニーロアサン ラ シユエション}，和我同住^{ホーヲトンツー ル}，如我去^{ウヲチユイ スイクン チ ニー}，谁供给你

但→呆：我想中国女子^{ウヲシヤンツンコワニーッ ヅ} 但在屋子里^{タンザイ ウ ツツ リ} 不去大街上^{ブ チユイタアチエシヤン}

望→往：欲望上海捎信^{イーワンシヤンハイ ショウシン}上海ニ書ヲ送ト欲セハ

直→只：我没有法则^{ウヲ メ ヨーフアッヲ}致シカタナシ 直好走回来^{チ ハウツヲウホイライ}己ムコトヲ得ス步シテ回ル

---

①这里日文对译"静意"为特意之意。

模→抹：买青灰　摸^{マイチンホイ}砖^{モーツワンフン}缝瓦ノ合セ目ヲヌル

还有一些是因轻声引发的。比如：

早上→兴：明尔早兴^{ミンルサヲ　シンチライ}起来

告诉→送：想道人^{シャンタヲレンカヲスン　タアラ}告送他拉

如最先的例子所见，"合/和"已经混用。小栗栖自己就这一现象说："然师一时偶误用他字之音通者亦不加改之，惟注意保存北京俗语真面目而不顾文字字义之如何。"故可以将这种音通导致的汉字代替现象，视为本然师自身的语言使用的实际情况。

3.4　新词的传播

从本文开头所引的文章可知，明治初年日本僧人也赴西洋等地考察学习，对外界的关注日益高涨。所谓新生事物、新概念亦不断出现，新词也开始频频登场。《北京纪事》和《北京纪游》中可以找出以下的新词：

　　＊电信线，电信机，火轮船，火轮车，天主教，瓦斯灯，铁道，电气，感应，

　国际

其中，"瓦斯灯""国际"纯粹为日本所创造的和制汉语。而且还有直接用音译词的：

　　＊者一头野列气^{チョ イ トウエーレーチー}—方ノ電気ト，与那一头野列气^{イ ナ イトルエ レ チ シヤンカン}相 感彼方ノ電気ト感应スル，

　就是感應的理^{チウ シ カンインテイ リ}

"野列气"一词是译自荷兰语的音译词，读作エレキ，也写作"越历"，本来仅限于日语使用，作为汉语并不通。这里作者显然没有考虑到这一点，实际上中文的"电气"这时候已经传入日本①，这里反倒当作"野列气"的对译用于日语里了。

我们还注意到另一个音译词"单 town"，在《北京纪事》第一号里有下面的例子：

　　＊有法兰西单，有大英单，有鄂罗斯单，有米利坚单。单者，地坊也，一

　单内有多少街巷。

———————————

①日文的《气海观澜广义》(1851—1858)和《越历新编》(1872)都用"越历"来表示电气，而《电气论》(1871)在日本普及后，"电气"逐步取代了"越历"。

它用来描写上海的各国租界。且在后面专门解释道："单者,地坊也,一单内有多少街巷。"①

再有,地名多为音译,如:米利坚/亚墨利加アメリカ,英吉利イギリス,颚罗斯ロシア,法兰西フランス,奥斯的里亚オーストリア,上海シャンハイ。

在小栗栖和本然的会话中,有两处谈到了徐继畬编纂的《瀛环志略》(1849),分别出现在《北京纪游》的第 34 段和 47 段:

> 余曰:"上人读《瀛环志略》否?此书记五洲教法。若要一览,明日呈送。"
>
> 曰:"此书往年一读,足下携带,请再观。"
>
> 归庵,托释柱,赠《瀛环志略》。(9 月 10 日)

过了近一个月后,两人又有一段问答:

> 曰:"《瀛环志略》,以印度为狭小之地,果然否?"
>
> 曰:"《大藏经》中有玄奘《西域记》十卷,曰:广袤九万余里,风俗自有美恶。与《志略》所记颇不同。盖《志略》一书,徐公记欧人之说,是以多贬斥印度,夸张西欧,以惊华人之耳目,非信史也。孟子所谓,尽信书则不如无书者。"(10 月 8 日)

从上述对话可知,本然的读后感代表了当时中国人对《瀛环志略》的一般看法,与其书在日本被热捧相比,"非信史也"这一评价明显偏低。最后还拿孟子来做挡箭牌。这也是近代知识、近代概念在中国传播不如日本更为普及的原因之一,是值得我们思考的问题。

四、语法

4.1 人称代名词+地/的

人称代名词后加"地/的"来突出主语一直被当作日本人学习汉语过程中的

---

① 北京的"东单""西单",如果照这一解释的话,有可能在外国人的眼里表示"East town""West town"。

一个独特现象,实际上汉语口语资料中这一表现常见,起到停顿间隔的作用。如:

* ウヲティワンリクコー ニーエ シワンリクコー
我的万里孤客,你也是万里孤客

* ウヲティチ コルトービン
我地起根而多病

自称词一般用"自己格尔",现代汉语里"己"脱落只用"自格尔"。

* ヨーイ ウェスンレン ツチコール テンツヲナウタイシヤウホン
有一位僧人,自己格尔自身二,点着脑戴 烧 痕头ノ灸アトヲ指シ示ス

* ウヲ ツチコール ツヲンシヤンハイタイライティ
我自己格尔 从 上海带来的

同时代英国人威妥玛编的北京话课本《语言自迩集》(1867)里也有同样的例子:

* 若是我自己个儿不办,必招上司的挑斥。

这里的"己"尚未脱落,与小栗栖描述的相同。

4.2 第二人称尊称的说法

北京话何时、以何形式来表示敬语"您"是大家关心的问题,《北京纪事》里似乎以"你+囊"的形式来表这种敬语意识。如:

* ラウニーナンチヤ ティウヲ ヤヲ ウヲ シヤン サウ フハン メヨーチン
劳你囊驾 你囊家卜ハ贵公卜云コト替我熬药 我 想 扫 房 没有助

ラウニーナンチヤ ティウヲサウ イサウ
劳你囊驾苦劳ナガラ 替我扫一扫

* ニーナン ティウヲマイカイチユイ
你囊 替我 买艾去 モクサヲ买ヒ来レ

* ニーナンティウヲリヨイロ
你囊替我热一热我カ为ニアタ丶メテクレヨ

* ニーナンハウ シュエハウ
你囊好先生ハイカヾ 师日好恶ナシ

头一句里的日文注释为"你囊家卜ハ贵公卜云コト",即"你囊=贵公",表尊称"您"。这之前外国传教士对这一现象也有记载。据内田庆市(2001),马若瑟(Premare Joseph Henri,1666—1735)用拉丁语写的汉语札记"Notitia Linguae Sinicae"(1831)是继马殊曼(Joshua Marshman,1768—1837)、马礼逊之后,将第二人称"Nin"的发音标记为"lin"的①。

4.3 反复疑问句(VN 否定 V):

* チヤウツヲチヨ ブ ツヲ
叫 坐车不坐車夫ノ言

* シ カヲ シフーリ ブ シ タァブ シフーリ
是狗是狐狸不是 答不是狐狸

---

① 参见内田庆市《近代における東西言语文化接触の研究》,关西大学出版部 2001 年版。

_{ウェン シ ワ ー ブ シ} _{タァ シ}
* 问 是 蛙 不 是　答 是

_{ヨ ー ハ ウ シ エン シ ョン メ ヨ ー} _{ヨ ー ハ ウ タイ フ メ ヨ ー}
* 有好 先生 没有　有好大夫没有

_{ヨ ー ホ ワ メ ヨ ー} _{ヨ ー ヤ ヲ テ ヤ ウ ツ メ ヨ ー}
* 有火没有　有药吊子没有

上述例句中只出现反复疑问句"VN 否定 V"的一种形式,并不见"V 否定 VN"的
形式。

4.4 "了/拉/来"

表示动作完成和过去时多用"了/拉/来":

_{タ ア マイ ラ} _{ウ ヲ マイ ラ リ ヤン}
* 他卖拉　我买了两

_{ツ ヲ ワン ト ー フ タン} _{ナ ラ ライ}
* 作椀豆腐汤_{豆腐汁可ナリ}　挐拉來

_{バ ハイ シン ブ シン} _{シン ラ} _{シ ヤン チ ヨ バイ}
* 八百行不行　行拉　上 车罢_{車ニノリタマヘ}

_{ユ ウ ス ー フ ホ フ ア ル ス ー ア ー} _{ウ イ シ モ ク ワ イ ロ ー ラ ア ー}
* 又似乎花而树阿　为甚么快落了阿

也有用于句中表示假定条件的:

_{タ ア ヤ ウ ラ チ タ ヲ} _{バン イ エ サン コン ライ チ ヤン}
* 他要拉知道_{窮人之ヲシラハ}　半夜三更来 抢 _{夜半ニ來テ盗ム}

4.5 使役

《北京纪事》里表使役多用"教"字,不见使用现代汉语的"让"。

_{ヤ ウ ト ー チ ュ ワン イ フ} _{ベ ー} _{ヤ ウ チ ヤ ウ ト ン ツ ヲ} _{スイ チ ヤ ウ バ ー ベ イ ウ ヲ カイ}
* 要多 穿 衣服　别ナカレ要 教 冻着_{寒ニ中リテハアシヽ}　 睡 觉把被卧盖

_{ハ ウ}
好_{夜分ハ大ナル夜具ヲ用ユヘシ}

_{ベ ー} _{チ ヤ ウ シ ヨ ウ イ エ ハン}
* 别ナカレ 教 受 夜寒_{夜分ノ寒氣ヲ用心セヨ}

五、标音方式

西洋人一般用罗马字来标注汉语读音,而作为日本人的小栗栖只能按过去
的习惯用日文片假名来标注。其方式与以往的南方音不大相同。在这里我们先
看看日语"五十音图"的汉字标音法,然后就其稍加说明。

5.1 五十音图

明治六年的《北京说话》里，记有用汉语标音的日语五十音图：

阿	伊	。恶	咽	窝 空其口读嘘音
ア	イ	ウ	エ	ヲ
迦		古	革。	宽。
カ	キ	ク	ケ	コ
萨	西	思	歇音	双。
サ	シ	ス	セ	ソ
答	计	卒	爹	夺
タ	チ	ツ	テ	ト
拉	尼	奴	捏	挪
ナ	ニ	ヌ	ネ	ノ
哈	奚	弗	吓	呵
ハ	ヒ	フ	ヘ	ホ
妈	谜	母	咩	邀
マ	ミ	ム	メ	モ
鸦	伊	油	也	邀
ヤ	丱	ユ	エ	ヨ
喇	力	鹿	。列	肉
ラ	リ	ル	レ	ロ
洼	伊	油	也	窝
ワ	イ	ユ	エ	オ

这里的ア行"ヲ"和ワ行"オ"与现代的五十音图写法正好相反，但两者都用中文汉字"窝 wo"来标音。从汉字发音来看该字应该是描写的ワ行的"ヲ"的发音。同样，イ、丱也出现两种，汉字也统一标为"伊"，这表明ア行"イ"、ワ行"イ"与ヤ行"丱"已经并轨。另外，ア行的エ用"咽 yan"来标音，ヤ行的エ和ワ行的エ则同用"也ye"来标音，说明ア行的エ尚区别于后两者，现代日语里当然已经是三者同一了。

ナ na 用"拉"，ラ la 用"喇"来区分描写，但北京话里实际上两个汉字都发"la"音，《北京纪事》文中也都是用"拉""喇"来表"ラ"音的，这等于是没有区别表示ナ和ラ。当然,我们知道中国西南地区的人在学日语时ナ行和ラ行容易混同,如果是反映这种母语影响的话,亦或为小栗栖发音的中国人是来自不分 na、la 地区的。《北京纪游》28 段记有住在他邻居的应举生谢重辉事,谢为湖南人,两人接触颇多,亦相互以诗应酬。这五十音图如果是应谢的要求来用汉字标音的话,用"拉""喇"表ナ、ラ也勉强解释得通,但下文中又说是"乞本然以北京话音译东文五十韵"的。难道本然也是南方出身的? 此处存疑。

上述五十音图中,唯有"キ"没用汉字标音,小栗栖自己是这么解释的:

> 北京话本来似缺"キ"音,故将"キ"字念作"チ",如将北京念作"ペイチン"。予乞本然以北京话音译东文五十韵,至"カキクケコ",念不出"キ"音。本然言:北京话本无"キ"字。想湖北以外,已有"キ"音,湖北人在京者,念北京作"ポキン",北京人闻"キ"音,或作"チ"音。故本书彻头彻尾无一个"キ"音,望读者知之。(《北京纪事》凡例)

清末的日语教科书也一样,其他音都可以直接用汉字来标记,唯有这个"キ"无法用一个汉字来标音,只好借用反切原理,标以"克—伊之切"求得 ki 音①。

明治后期日人编写的《华语跬步》(浅井新太郎)上编有"北音平仄谱",也是同样将中文汉字读法嵌入五十音图中,以示两者在语音上的类似。

5.2 小栗栖的标音与冈岛冠山的比较

鱼返善雄称赞小栗栖在《幼学须知假名附全》的标音法"很少有像明治大正时期那些大多数汉语研究家那样,容易陷入音韵学上的形式主义标音法,他将耳闻之音简洁而真实地记录下来,同时也尽量设法严密地区分标记'リラン'(然)、'シサン'(山)音。可视作日本人系统地实地描述北方汉语音的最早文献"②。

小栗栖自己的确是在试图反映出同一汉字的不同读音。比如,《北京纪事》凡例中举出以下两点:

> 北京人亦有其音相异者,如恩字,有念作"オン",又有念作"ガエン",应实地践履,尽习之。

---

① 新智社编辑局编纂:《实用东语完璧》,新智社 1905 年版,第 7 页。
② 鱼返善雄:《莲舶上人北京话——明治六年小栗栖香顶の留学记录》,《桃源》1948 年 11 月号,第 17 页。

音随平上去入而转变乃是常理。在一韵内,音随语路言便也有转变。如觉字,觉生寺之觉念作"チュワ",而正觉之觉念作"チュエ",如睡觉的觉念作"チャウ",以得其意无疑为好。

就前者"恩"字来说,的确"七月以来受你恩不少ショウニーガェンプシャウ",或附在末尾的地名表记"思恩府スーガェンフ",都特地标出该读作ガェン,但令人意外的是找不到读"オン"的例子。一般来说,为了突出地名和普通名词的区别才有一字两读(或文白读音)之现象。就后者"觉"字来说,将"觉生寺"读作"チュワションスー",将"觉海寺"读作"チュワハイスー"都是遵循这一道理的,但同为寺院名的"大觉寺"却反而读成"ダァチョウスー",并非统一。而且,像"一夜不能睡觉スイチャウ"和"天暖不觉プチャウ掀被"这两句的"觉",现代普通话应该是有区分的,分别读为"jiào"和"jué",但在该资料里却是都读为"チャウ",未加区分。但是也有下面这样的例子:

　　　　*好吃的贵,不好吃的便宜ピェンイ,你随便スービェン。

前者的"pián"与后者的"biàn"分别用半浊音和浊音来加以区别。

在此,我们来根据先行研究的材料①,拿小栗栖的标音来和18世纪初冈岛冠山的汉语标音来对照一下,列为下面的表1,看看自《唐话纂要》(1718)到《北京纪事》(1874)的一百五十年之间用日语假名标注汉语音的方式有何变化,现代汉语的假名标注(2008)仅作为参照举出而已。

表 1　假名标注汉语音之变迁

标音的变化	例　字	《唐话纂要》 (约 1718)	《北京纪事》 (1874)	《中日·日中辞典》 (2008)
コ→ク	工,供	コン	クン	コン
	孔	コン	クン	コォン
キ→チ	记,吉	キー	チ	チー
	骑,气	キー	チ	チィ

----

① 有关冈岛冠山《唐话纂要》(1718年顷)的标音,参照了张照旭所举的"分组分韵表"。见张照旭《〈大清文典〉の中国語カナ表記について》,《冈山大学大学院社会文化科学研究科纪要》第37号,2014年。就现代汉语的表音,参照了千叶谦悟、熊进《身につく中日·日中辞典》,三省堂2008年版。

续表

标音的变化	例 字	《唐话纂要》（约1718）	《北京纪事》（1874）	《中日·日中辞典》（2008）
エ段→オ段	隔	ケ	コー	コア
	勒	レ	ロ	ロア
	特	デ	ト	トア
	厚	ヘウ	ホー	ホウ
エ段→ア段	口	ケウ	カヲ	コォウ
	白	ベ	パー	パイ
长音→短音	字	ヅウ	ツ゚	ツー
	助	ツヲ	ツ゚	ちゅー
	吐	トウ	ツ゚	トウ
	祖,粗	ツヲ	ツ゚	ツウ
浊音→清音	大	ダァ	タァ	ター
	十	ジ	シ	しー
	直	ヂ	チ	ちー
	朋	ボン	ホン	ポァン
	愁	ヅエウ	チヨウ	ちょおう
	兆	ヂヤウ	チヤウ	ちゃお
p t k 入声韵尾消失	法	ハ	ファ	ファー
	玉	ヨ	ユエ	イユ
	物	ウエ	ウ	ウー
	越	エ	ユエ	イュエ
	烈	レツ	レ	リェ
三仮名→二仮名	恩	エヘン	オン	エヌ
	孙	ソヲン	スン	スヌ
	盆	ベエン	ポン	ペェヌ
二仮名→三仮名	怀	ワイ	ホワイ	ホォワイ
	房	ワン	フハン	ファン

从上述表1可以看出，比起反映南京音的《唐话纂要》，《北京纪事》反映的北京音要离现代普通话近得多，这是当然的结果，细看其与《唐话纂要》的差异，可以

举出以下几条：

首先，"工、供、孔"由"コン（kon）"转为"クン（kun）"；"记、吉、骑、气"一律由"キ（ki）"变为"チ（chi）"。再者，元音由エ（e）段改为オ（o）段，或变为ア段（a）。本来，在止摄、遇摄的"字、助、吐"与"祖、粗"一起都被统一到"ッ °"的读音上。比较醒目的还有南京话的浊音到了北京话都变成了清音。入声韵尾的消失早已反映在南京音里了（尚留有"烈レッ"）①，到了北京话当然是消失得无影无踪了。从假名标记上看，本来用三个假名标记的南京音，小栗栖都把他们简化为两个假名了，相反的例子较少。

也就是说，在短短的一年时间里小栗栖所能辨别的音较之先学着实不多。从整体来看，他的标音还是显得过于简洁。当然，这也跟他自己去中国前，先在长崎学过南京话有关，我们只要看看或比较一下其后出现的标音材料，比如明治二十一年（1888）吴大五郎和郑永邦编纂的《日汉英语言合璧 AN ENGLISH CHINESE AND JAPANESE CONVERSATION》中的假名标音，其简繁之差当一目了然了②。

结　语

明治初年小栗栖记录的北京话，我们应该从什么角度去分析研究，尚留有一些问题。明治六年十月八日，小栗栖抵达北京不久，就想学习北京土话，他与龙泉寺僧人本然有过很多笔谈记录，这本身也是可以作为语言材料的。其中的问答形式涉及了许多风俗上的问题。比如"问中土座位，及应接礼"，对此本然师答曰："座位不必定左右。大约与门近者，为东席，与门远者，为客位。请教读师，必就西席。西席从古尚右。"就这类文化方面的比较，还是有探讨的余地。另外，像对回回教的偏见，以及对鸦片、缠足、不卫生、懒惰等中国人的恶习，都有具体的描写，甚至连如何出恭都有详细的说明。再有就日本和中国的一些比较

①高仓正三《苏州日记》（弘文堂，1943）147 页里描述的苏州话里也有"入声字'没''木''目'已经类似'门''孟''梦'"之说，亦即入声韵尾的消失。
②其标音明显受到威妥玛《语言自迩集》（1867）的影响。

也很有趣,比如对天津北京间不过二百四十里竟要三天时间,而日本火轮船一天就可抵达等,既发出对故乡的思念之情,又对当时中国的交通不便感慨万分。另外也介绍了当时中国的科举考试和日本的农民暴动的情况。对于这些都可以从文化史的角度加以分析和研究。

从语言方面来看,这些资料记录了不少当时的北京俗语,有很多都是当今已经消失的说法,其中许多词没有被辞典收录,也很难把握其意义。这份材料因为有日语对译,可以帮助我们解消那些俗语的不确定意义,也就是先将这类词编成一个俗语集是当前我们应该做的工作。关于用假名标音的问题,我们不仅要注意与以往的不同之处,同时还可以凸显出小栗栖独自的(或者说是本然的)语言特征。在此基础上,将当时的日语与汉语加以比较,或许还会发现新的语言事实。

忽视的国度与忽视的人

透镜：晚清国人印度游记中的二重观照*

章　可**

引　言

　　中国与印度同为亚洲古文明,彼此间文化交流源远流长,历代往来两地之人也绵绵不绝。在宋代以前,中国已有如法显、玄奘等佛教高僧赴印度求证佛法,两方交流中的"佛教因素"在唐代趋入高峰①。宋元以后,海路渐开,商贸勃兴,又极大改变了交流的途径和面貌②。到晚清时代,由海路至印度已成通途,康有为在1901年到印度,他记述道,从广东到加尔各答,"月有汽船六艘,海波不兴,如枕席上。遇粤之木工、履工集于印者数千人,吏于卫藏或商人多假途出入,岁月相望,视如门户"③。可见交通之繁密。

　　由于海路通畅,宋元以来各类叙述地理见闻的书籍中,有关印度地区的记载较多见,然而,自宋代到19世纪,中国人士专门赴印度游历并写下游记刊印的,

＊本文为教育部人文社会科学重点研究基地重大项目《中国与南亚的文学与文化交流研究》(项目批准号16JJD750002)资助成果。

＊＊复旦大学历史学系副研究员,复旦大学中外现代化进程研究中心专职研究人员。

①参考季羡林《中印文化交流史》,中国社会科学出版社2008年版;谭中《中国文化眼睛中印度形象的变迁》,收入张敏秋主编《跨越喜马拉雅障碍:中国寻求了解印度》,重庆出版社2006年版。

②参考沈丹森(Tansen Sen)《中印海上互动:宋至明初中国海上力量在印度洋沿岸的崛起》,陈源源译,《复旦学报》2014年第2期。

③康有为:《印度游记》,姜义华、张荣华编校《康有为全集》第五集,中国人民大学出版社2007年版,第509页。

却极为稀少。在 19 世纪,以英国为代表的西方力量对印、中冲击甚大,打破了原有的两地交流模式,形成更为复杂的联系和网络。既缘于此,对清帝国而言,在"中/英""中/西"对抗的大格局下,"印度问题"重新又开始凸显其价值。在晚清时代(1840—1911)出现的多种国人赴印度游历记述,大多与此背景有关。

研究晚清国人的印度游记,并不能再抱以中、印本土的地理文化差异,或是佛教交流之类的传统眼光,而需导入新的视角。本文以"透镜"为题,意在将此时的印度比作一面不完全透明的镜子,一方面透过玻璃镜,国人得以获得看待英国及其殖民势力的一种特别的渠道和方式,而另一方面,当时国人又以这面透镜反过来看自己,省思自身的处境①。这两种观照方式在印度游记中频繁出现,有时还粘连一道,印度和英国交替地成为国人设想中的"他者",而在这种"他者"移位的过程中,记述者的立场和认同也会产生游移,不断变化。相比较晚清出现的大量使欧、使西的游记,印度游记中这类"多重他者"的张力,使相关研究会呈现出更为复杂的样态。

在思想层面,旅行是既有观念和异域体验的交融。人们步入新的地理空间,所思所感既源自新鲜情事的冲击,也和"想看到什么"的期待密切相关。晚清国人的印度游记中,亦有两人或多人同行,行程大抵相同,但所记、所感颇有差异的情况,这正可体现各人既有观念和"期待"的不同。不仅如此,就连何为"旅行",何为"游记",都有不同之标准。

在康有为游印度前,仅在晚清时期就有多人赴印,留下记述,但康氏视若不见,称自己是秦景、法显、三藏之后中国人游印度的"第四人"②。光看此句,批评

---

① 在此需说明,在中国传统里"观照"是一个有强烈佛教涵义的词汇。本文借用该词,并非是要研究中印交流史中极为重要的"佛教时代",而是想以此结合旅行写作中的"观看"和"映照"这两层。有关十九世纪中国旅行写作中"观看"的修辞模式问题,田晓菲在近作中提到许多有趣的例子,参见《神游:早期中古时代与十九世纪中国的行旅写作》,生活·读书·新知三联书店 2015 年版,第150 页。

② 康有为《印度游记》有手稿本和油印本两个版本,颇有不同。手稿今藏上海博物馆,油印本藏全国政协文史资料委员会。油印本系经康有为之女康同璧重新整理删改。上海市文物保管委员会编《康有为遗稿·列国游记》(上海人民出版社 1995 年版)根据手稿本整理刊印;而姜义华、张荣华编校《康有为全集》第五集则根据油印本整理。此段手稿本中作"第四人",油印本中在"三藏"后加上了"惠云",作"第五人"。康有为在印度所撰《须弥雪亭诗集》当中也有"支那次我第四客"的句子,见《康有为遗稿·万木草堂诗集》,上海人民出版社 1996 年版,第 150 页。

者可能会说康氏乱下妄语,但这并非全然缘自康有为见识缺乏,晚清时期往来中印两地人数众多,他已有亲身体会,黄楙材的记述他也读过。但在康有为看来,行游印度之人,如不能"记印度之教俗、文字、宫室、器用,发其祖父孙子,镜其得失派别,以资国人之考镜采择,以增益我文明",则与未游无异。此即所谓"非深于教俗、政治者,不能游也"①。

康氏一贯自视甚高,发出这样议论也不奇怪。但这正好说明,"游记"在一些人眼中,并非简单的对物理空间移换的记录。在近代的特定语境中,更可能承载着"国家"和"文明"层面的使命。本文即以晚清时代出现的几种印度游记为考察对象②,对其中体现出的特别观照方式略作分析。

一、英印风貌:黄楙材的理想化描述

大航海时代之后,欧洲人从海路到印度,并在印度沿海地区活动。早在明末,传教士艾儒略(Giulio Aleni)撰写的《职方外纪》里就提到欧洲人在"印地亚"与当地人有所往来③。而在鸦片战争以前,如《海国闻见录》《海录》等书籍,在"小西洋"部中都有对印度的介绍,也明确提到英国人已占据了印度东西沿海诸地④。到1840年前后,在一般所谓的"开眼看世界"时期,由于时局变化和对抗英国的需求,士人探求有关印度的知识,已不仅是出于单纯了解"海外风物"的"广见闻"目的,而带上了"知夷情""筹制英夷"的现实战略意图,这一点在《四洲志》和后来的《海国图志》当中体现得最为明显。由于印度既是鸦片生产地,又是中英对抗的中间区域,自然较被看重。魏源在《海国图志》"印度国志"中加

---

①康有为:《印度游记》,《康有为全集》第五集,第509页。
②除本文考察的六种游记(黄楙材诸文合计为一种)之外,晚清还有很多出使或考察欧洲以及其他地区的人士,走海路时也曾途经印度,或停留于港口,或经过其海域,有的还和上下船的印度人打过交道,比如郭嵩焘、张德彝、曾纪泽、薛福成等人都提到。但这些毕竟不属于赴印度游记,故本文不把这些日记当作专门研究对象。
③艾儒略:《职方外纪》,中华书局1985年版,"丛书集成初编"本,第16页。
④可参考林承节《中印人民友好关系史(1851—1949)》,北京大学出版社1993年版,第一章。

了大段"按语",以传统"合纵连横"的眼光,大谈"以夷制夷"之方略①,即是典型代表。

尽管后来许多到南洋、印度的行旅者都会随身带《海国图志》或《瀛寰志略》等书籍,备查各处地理,但毕竟此二书的编者都未亲身到过印度,记载与实情多有出入,议论也难称切于实际。时势移转,到了光绪年间,讲求"洋务"已成风气,游历印度之人,已不满足于空泛的言说,而希望了解英治印度的更多实情。

晚清第一次官派专员游历印度是在光绪四年(1878)。士人黄楙材经时任四川总督丁宝桢委派,游历印度,"察看形势,绘画舆图,以资考证"。黄楙材原为江西贡生,对经世之学多有探研②,许庚身在江西学政任上时,以"品学兼优"之荐语推其入同文馆学习,后经总理衙门考察,得以受派。

为何这时要派人考察英印? 此前,1876 年签订的中英《烟台条约》附有专条,清帝国准许英国可以派人从中国或者印度进入西藏,"探访路程"。后就有英国人试图从四川等地入藏,多被阻止。事实上,以丁宝桢为代表的许多中国官员都担心英国人借此机会打通从印度经大吉岭到西藏的道路,对西藏的防务、甚至对四川和内地造成威胁③。总理衙门的奏稿中也认为英人"占据独吉岭,加意经营,尤与卫藏逼近",形势较为紧迫。所以,经丁宝桢提议,总理衙门选派,委任黄氏一行去印度考察,主要是搜集政治、军事、地理水文等各类情报信息,以备资考,本身并没有特别的交涉目的④。

因为此行并无特定目的地和外交使命,相较而言,黄楙材在行记之中游历和

①魏源:《海国图志》,岳麓书社 1998 年版,第 2 册,第 773 页。
②黄楙材(1843—1890),字不刁,号豪伯,江西上高人。游历考察印度之后,黄楙材被放至云南担任知县,后调京改授典馆协修,加稽查同文馆。1890 年在上海病逝。
③参见丁宝桢在光绪三年(1877)十月上奏《英人入藏探路用意叵谲请密饬驻藏大臣修好布鲁克巴以固藩篱片》,吴丰培编《清代藏事奏牍》,中国藏学出版社 1994 年版,第 490 页。
④参见黄楙材《西輶日记》卷首录奏稿。黄楙材此行记有《西輶日记》四卷、《游历刍言》一卷、《印度札记》二卷、《西徼水道》一卷,目前见到的最早版本是"得一斋杂著"四种,光绪十二年(1886)梦花轩重校本;还有成都志古堂光绪二十三年(1897)刊本;此四种亦收于王锡祺辑《小方壶斋舆地丛钞》第十帙第六册,杭州古籍书店 1985 年影印出版,第 13 册。有关内容可参见林承节《中印人民友好关系史(1851—1949)》,第 17—29 页。目前关于黄楙材印度游历的研究不多,还可参林承节《黄楙材的印度游历和他的记载》,《南亚研究季刊》1991 年第 2 期;李宁《近代中国人视野中的印度形象——以黄楙材、康有为、谭云山为例》,华南师范大学 2012 年硕士学位论文。

"观看"的范围很广,记录各地风貌物产也详细。从黄氏自身的背景看,早在他入同文馆学习之前,同治五年(1866)他就曾到上海游历考察,后还撰成《沪游脞记》。《脞记》虽然名义上是记录他在上海华洋两界游历的所见所闻,今日的学者也多把这书当成研究上海开埠早期历史的重要史料①,但其中更大的篇幅反倒是在议论世界局势和英、法、俄、美等西方各国的情况。从中来看,黄楙材对英国的国力最为钦慕,称其"兵强国富,雄长欧罗巴洲",而后说"南洋众岛,蚕食殆尽,印度亦归钤辖,备列屏藩",此外,他还提到印度的电报电线,在谈论世界各国风俗时,也谈到印度一些地方女性的"穿耳之俗"②。凡此种种,说明当时他对英治印度的情况已经有了一些了解。

或许由于在上海时和西人、洋货、洋物的接触,再加上身负考察英人治印的使命,黄楙材行旅中便有特殊的眼光。当时由海路赴印,最先到达的是英人经营最久,用力最深的加尔各答附近的孟加拉(Bengal)地区,种种当时中国尚无的新鲜事物涌来,黄氏的记述中艳羡之情流露,还带有很多理想化的描述。

1879 年,黄楙材在从缅甸驶往印度的船上,就开始感慨英人的船只"华丽整洁"、房壁的桦木纹理如画③。而到印度后,首先即称赞火车之便利④,他说"昔疑火车铁路工费浩繁,乃今观之,殊易为也","人坐其中,不失常度,无颠簸之苦,无炸裂之危。平时则商贩易于流通,有事则征调不致延缓。迩来太西诸国,莫不日新月盛,以此为急务"。在早先的《沪游脞记》中,黄氏已经记述到西方的火车,但那时还只是听闻,并没有亲眼目睹,此番从加尔各答坐火车到大吉岭,让他大为赞叹。行旅者对于交通工具往往天然带有亲近和敏感,在之后的印度游

---

① 比如曹聚仁在《上海春秋》一书中就介绍了黄楙材的记述,以之看"一百年前之上海",上海人民出版社 1996 年版,第 9—12 页。此后引之者甚多,不一一赘述。

② 黄楙材《沪游脞记》,收入"丛书集成续编",上海书店出版社 1994 年影印本。亦可见政协上高县文史资料委员会编《黄楙材文集》,政协上高县文史资料委员会 1989 年出版。

③ 黄楙材《西輶日记》,卷四。黄楙材一行六人从成都出发,起初想取道西藏入印,但在巴塘受阻,其后只有改道云南,经丽江、大理、保山,由腾冲出关至缅甸,沿江而下到仰光后出海,搭船至加尔各答。到印度时已经是光绪五年闰三月。

④ 英印统治者很重视铁路的修建。印度第一条客运铁路建成于 1853 年,1870 年加尔各答和孟买之间的铁路开通,在 19 世纪下半叶,乘坐火车旅行在印度中下阶层业已成为一种风尚。参见沃尔波特著《印度史》,李建欣等译,东方出版中心 2015 年版,第 226、241 页;林承节《印度史》(修订本),人民出版社 2014 年版,第 240—241 页。

历中,他多次搭乘火车,到达德里、孟买等地,游记中也反复提到。

此外,令黄楙材赞叹的"声光化电"之事物还有不少。比如他谈电报快捷,当印度总督离开加尔各答,在别处度假时,"遇有大事,仍由电报请命焉。虽相距三千余里,然往复甚捷,无异面谈"①。再比如自来水,英国人在麻利坡建水厂,"汲起之水经过池中砂底,则澄清洁净,用大铁管引至卡呢格达(加尔各答),足供数百万人,用之不竭"。最令他感慨的是城市街道的煤气灯,彻夜光明,他反复提到,还认为即因此"宵小之徒难以潜踪,故盗窃之案稀有"②。另外还有球场、花园、博物院、动物园等等,这些黄楙材都以细致的笔触一一记下,言语中大加赞赏。

从今天的眼光来看,黄楙材对这些新事物其实只有浮光掠影的了解,其中不免有许多美化的想象。对英治印度的这种观看方式,已不仅仅是出于"好奇"心理的驱使,更有一种理想化的选取。急于效仿西人、发展洋务的心态和旅人特有的、夸张的异域描述结合在一起,使得他的"观看"仿佛戴上了一副"玫瑰色的眼镜"③。此种情况在晚清并不罕见,我们在郭嵩焘使西的某些记述和王韬的《漫游随录》当中也能找到。

黄氏对英治印度的赞叹不止于器物层面,比如他还称赞英治印度官员行政的高效率,"分职任官不越俎而代庖,无公牍转移之繁文,无堂廉暌隔之流弊。故官皆亲理庶政而不甚劬劳,事必众谋佥同而不得专擅。俸禄之厚足以养廉,莫不爱惜声名"④;他还描写法院、律师、警察等司法和执法体系的完备,在他的笔下,整个印度政治清明、社会有序、产业发达。

所以,黄楙材的这种赞词与其说给予印度,不如说是在谈英国。林承节在20世纪90年代初著书,着眼"中印友好",反对帝国主义和殖民主义,他也承认,黄楙材此行过于关注殖民势力带来的新鲜事物,在记述中情不自禁"流露出羡

---

① 印度第一条电报线就是 1851 年在孟加拉地区铺设的。在 1857 年印度民众起义以及后来的总督时期,电报都发挥了极大的政治军事讯息的传播功能。参见沃尔波特《印度史》,第 228 页。
② 黄楙材:《印度札记》,"得一斋杂著"本,卷上,第 2—4 页。
③ 此词借自田晓菲书,见《神游》第 201 页。
④ 黄楙材:《印度札记》,"得一斋杂著"本,卷上,第 10 页。

慕之情"①。在黄笔下,印度不仅是英国的属地,更是它治理亚洲的模范样板。游记叙述大多以英人、以治理者为立场所在,很少从印度民众角度着眼。黄氏一行在印度本土游历有六个月之久,足迹遍布德干高原以北的半个印度,且他们并非行程紧密、无暇旁顾,与印度普通民众的接触其实并不在少。但在他的记述当中,只有只言片语关于当地人服饰、饮食的描述,显然他对印度本土的风俗人情并不在意,关心的也只是"商贾富民多效英人装束"此类。

最明显的是,黄氏并不看重区分"英/印",他有时把英、印两造的政俗合为一谈,以与中国对比,比如他说:"中国之政,必先便于贫民,西国之政,则独优于富室。盖其俗以贫为耻,故民皆争利急功,趋于勤而不敢惰。国势以商贾为重,赋税多富民所输。是以任意行乐,无所束缚也。"通过游历印度而谈"西国",身在印度而大谈民众"趋于勤而不敢惰",这看似怪诞的言论,正体现出他的观察方式。

再如,他提到英治印度税制名目众多,赋税繁重,但奇怪的是"民无怨言","盖昔之土官番酋,率多残刻,不知爱民,诛求无艺。以视英人今日之政,不啻出水火而登衽席。又所入之财仍为本地之用,除官俸、兵饷之外,一切修治道路、桥梁、轮舶、飙车、电线、煤灯、学堂、医院之类,民多便之,是以人心亦颇相安"②。此等粉饰之词,可能出于英人之口,而黄氏一一记录,奉为至理。

如何看待这种记述?即使黄楙材对英国统治上层有"任意行乐、无所束缚"之类的描述,其实这都不能被看作是对殖民主义的批判,相反,这其实是黄氏好奇眼光的产物。在认可英国人对印度统治的大前提下,这是以积极的心态对英人"统治术"的探求和学习。就客观效果而言,它从另一个方向与欧洲扩张主义和英国殖民主义话语形成了应和。这情况在早期出国游历的洋务人士身上,并不难见到。

黄楙材受命游历,他本人既非久于官场的能吏,也不是素有经验的外交人士,眼见事物虽多,但他对真正兴办实务的难易却少有体会。因此,其印度游记

①林承节:《中印人民友好关系史(1851—1949)》,第26页。
②黄楙材:《印度札记》,"得一斋杂著"本,卷上,第3页。

虽然记述丰富，但许多地方细细读来带着浓厚的书生气。黄楙材的游记隔一些年后刊布，影响寥寥，提及者甚少。其人游历归来后，官运坎坷。我们或许可以就此窥得一些原因。

二、反观乎己：印度为中国提供教训

就在黄楙材到印度两年后，1881年，马建忠受北洋大臣李鸿章委派，赴印度拜会印度总督，商讨鸦片专售事宜，同行人中还有其好友吴广霈①。两人此行都撰有日记，后来刊行②。从行文中看，两人都不知道两年前的黄楙材之行③。若考察此二人游记，则他们对英治印度"时新之事物"的描述要少很多，且其立场也发生了转换。

日记记述有差别，原因有二。首先是作者的背景差异，与黄楙材不同的是，马、吴二人均非首次出国。马建忠此前留学法国，1880年回国，在天津协助李鸿章襄办洋务④。而吴广霈曾以二十出头的年纪出任驻日公使随员，在日本近两年。因此从他们的笔触看，多关注实务，少了许多对异域、西潮的新奇感。

其二是出游使命的差别。马建忠一行乃受李鸿章委派，目的是想使中、印两国的鸦片贸易建立专售通道，统一管理征税，切断私运渠道，以扩大清政府财政收入。因而他们出访拜会印度总督等英印当局上层。然而，实际交涉过程可谓阻碍重重、步步艰难，最后并没达成实质成果，无功而返。马、吴二人对鸦片的流毒危害都深有所感，旅行过程中与印度各处的英人官员反复谈判，因此，相比而

①吴广霈（1855—1919），字瀚涛，号琴溪子、剑华、剑叟等，安徽泾县人；曾任江苏候补道、南京高等学堂监督，民国初年参与编修《清史稿》；光绪年间曾多次担任出使随员赴日、美等地。

②马建忠：《南行记》，收于《适可斋记行》，光绪二十二年（1896）刊本。吴广霈：《南行日记》，光绪十六年（1890）弢园刊本。两者均收入《小方壶斋舆地丛钞》再补编第十帙，见杭州古籍书店影印版，第19册。马建忠、吴广霈此行由天津出发，走海路经香港、西贡、新加坡、槟城，而后到加尔各答。他们在印度本土只待了不到一个月，大大短于黄楙材，同年由孟买返程，经海路返回上海。

③这两人在日记和笔记中都没有提到过黄楙材，而且，吴广霈在《南行日记》中，自诩为唐代僧人游印度后第一人，虽有文学性夸张，亦可为旁证。

④有关马建忠此前的经历和思想可以参考薛玉琴《近代思想前驱者的悲剧角色：马建忠研究》，中国社会科学出版社2006年版，第一章。

言其眼光就不像黄楙材那么单纯。

使命的差别也带来记述风格的不同。黄楙材出游本就以搜集信息、考察情报为目的,《西輶日记》和《印度札记》广泛记录他在印度游历所见新鲜事物,时时加以评论感触;而马建忠则身负特定公务,行记中大段都是在香港、东南亚、印度各地与中外官员、友人交涉相谈的记录,几乎全部都是围绕鸦片的生产、转运、售卖和税务问题,尤其与印度总督、省督等官员的来往问答,牵涉相关数据等等,事无巨细,全部记下。作为出访团队首脑,马氏的日记与后文所述1905年访印考察茶务的郑世璜之日记类似①,关注点集中,行文严谨,与其说是随性而书的游记,不如视之为带有公务色彩的外交报告记录。

不仅如此,马建忠和吴广霈两人的日记也有所不同。吴广霈在《南行日记》中曾经提到,他曾为马建忠(眉叔)"删润"日记②,所以他承担的是马建忠的助手和书记的任务,由此也可见马建忠的日记是经人有意处理成官样的报告文体。相比之下,吴氏的《南行日记》内容就自由和丰富许多。吴广霈自己本就心细善思,阅读广博,对比马、吴两人所记行程也可知,马建忠在各处的公务拜访,吴广霈并未时时跟随,因而有更多的闲暇游历时间,处处观察,相比就议论更多。

尽管不如黄楙材笔调夸张,但印度风物对吴广霈的冲击不可谓不大,只不过这种冲击带来的并不是正面的赞赏眼光。吴广霈之前对印度的了解,大多是通过与佛教相关的经籍和传说,而对印度人外貌的印象则止于佛教画像和造像中所见。1881年,吴广霈刚到印度加尔各答的第二日(光绪七年闰七月初七),午后在寓所附近散步,看到"土人肤黑如泥,男女皆丑劣",毫无佛经中"好相庄严"的模样,且被英人任意役使。又见其群坐吸烟,"咽咽有声,秽恶可厌",一时百感交集,大发感慨③。

肤色黑白之对比是古代中国种族观念的重要部分。自宋代以来,随着对外交流增多,种族意识也愈发突出,肤色的深浅审美与文化的优劣开始挂钩。典型的例子就是佛教的神被汉化,与肤色较深的南亚人相区别,在外形上体现出"由

---

①郑世璜:《乙巳考察印锡茶土日记》,南洋印刷官厂1905年印行。
②吴广霈:《南行日记》,光绪十六年(1890)蛟园刊本,第11、19页。
③吴广霈:《南行日记》,第15页。

黝黑半裸的印度人向肤色偏浅、衣饰庄重的神的转变"①。对富有教养的中国士人而言,初到东南亚和印度,接触到外貌与想象中大相径庭的当地人,由视觉反差到观念冲击,从而将他们加上"低劣文化"的标签。康有为在印度行游时,多次提到印度下层人士肤色偏黑、身材矮小,并以此判定他们头脑愚笨,缺乏自我主张,只能被人奴役②。再如薛福成在 1890 年出使欧洲途中路过南洋和印度地区,接触到许多当地"土民",他毫不掩饰地称其"无不面目黝黑,短小粗蠢,以视中国人民之文秀,与欧洲各国人之白皙魁健者,相去奚啻霄壤"③。这也是把肤色外貌和文化判定相混合的例子。

就整体而言,马建忠和吴广霈在阐述英印问题时,仍以英国为统治正统。比如两人在途经"亚格喇"(Agra,今译阿格拉)时,游览泰姬陵,后谈论印度历史。在论及 1857 年的印度民族大起义时,日记中称印度莫卧儿皇帝"散布谣言,煽惑人心",并称印度士兵为"叛",英国军队"剿平"。种种用词,体现他们认可英国在印度的统治正当性④。

尽管如此,吴广霈对印度民族的看法,与黄楙材相比已有立场上的扭转。黄氏所记都是印度在英国治理下日新月异、政俗改良之处,而吴广霈看到的大多是印度本土民众被英人役使而"不能自立"。吴氏当然也记到印度的各项公共设施、总督的避暑别墅花园等种种宏伟或华美建筑景物,但其眼光已有不同。在中日甲午战争以后,吴广霈曾写下《救时要策万言书》,其中在"广游历"一节就说,以往外派游历士人,"颇多滥竽俗士,帖括陋儒,未明政教之大体,只震惊于西人之宫室车马一切外观之美,敌情未谙"⑤。虽然他并不一定知晓黄楙材的游记,但可见他所批评的这种现象在 19 世纪后半叶不在少数。黄楙材夸赞英国人在印度的种种治术法度,但吴广霈于此则着墨极少,他把英国得以统治印度的原

---

①冯客:《近代中国之种族观念》,杨立华译,江苏人民出版社 1999 年版,第 12 页。
②康有为:《印度游记》,《康有为全集》,第五集,第 539 页。
③薛福成:《出使英法义比四国日记》,岳麓书社 1985 年版,第 86 页。
④马建忠:《南行记》,《马建忠集》,王梦珂点校,中华书局 2013 年版,第 123 页。吴广霈《南行日记》中所记文句大多相同。惟马建忠将此事记于光绪七年闰七月十一日,吴广霈记于闰七月十二日,笔者逐日查阅前后所记,吴广霈《南行日记》的日期应较准确。
⑤吴广霈:《剑华堂救时要策万言书》,上海著易堂光绪二十四年(1898)刊印,第 6 页。

因,归于印度人自身不思进取,采取的是印度民族主义的视角。

还是在刚到加尔各答那天,吴氏就感叹"以数千里富厚之国,二百兆繁庶之众拱手受人,仰其鼻息,靦颜苟活",其后看到印度人群坐吸烟、晨起跪拜等景象,吴心生反感,联想到印度古代文明灿烂,近来古教衰落,被他族统治,说印度人"不知不识,无机械巧诈","一旦海道通,他族至,遂至佛教顿息,降为奴隶。然犹上下恬然安之若无事,不亦哀哉? 不亦羞哉?"

出于中国自身体验的投射,吴广霈对英国侵入东方之地、贩售鸦片毒害民众等,颇感切肤之痛,因此并不像黄楙材那般感叹英人治理良善。他从反向着眼,对印度人则很有"怒其不争"的情绪。即使他后来游历拉贾斯坦,考察当地土邦抗击英国人的战场旧地,还发感叹,认为保卫疆土,仅仅"恃贾勇于疆场"还不够,根本在于"内政之修"①。若论言说立场,吴广霈已把印度与中国置于同一阵线,前者彻底成了反面教训。

吴广霈在潜意识中,时常以印度作为主体与中国相比,他说印度之地"富厚繁庶","东西约五千余里,南北约七千余里。土地较中国仅得三分之一,岁出度支六十兆金磅,则不啻八倍中国,富可知也"。吴广霈此前对印度近代以来历史的了解,仍不出《海国图志》之类地理志书所记范围,对细节把握有限,在他看来,这样一块宝地,每年物税产出如此之高,但这般就轻易落于英国之手,只能归因于当地人不思进取,甘为奴仆。先存了这个意识后,吴在印度所见种种,都为佐证。

黄、吴两人赴印,前后只差两年,如果说黄楙材是期望透过印度这面透镜去观看英国,那么吴广霈则更多是以印度这面镜子来反照中国自身。吴氏之前已有在驻外使馆参赞事务的经历,再加上与马建忠之类通晓洋务的友人多相谈论,对操办实务、交涉往来之不易,早有很深的体会。因此,马、吴二人对于西人西物,已经脱下了"玫瑰色的眼镜",而怀抱防备和敌对之心。

比如,吴广霈从清帝国防务和"亚洲大局"着眼,对欧洲人在东方各国的活动很是警惕。和黄楙材对火车通行便利大加赞扬不同,吴广霈听闻英人欲在印

---

① 吴广霈:《南行日记》,第 17 页。

度东北部修建铁路,舍缅甸而直通云南,则大为担心,认为其"居心叵测",将来铁道以"长蛇"之形蚕食各地,则陆路又起"滔天之祸"。

吴对当时的国际局势有更深重的忧虑,"慨夫世风之降,列国纷争如猛兽竞逐,弱肉强食",所以在此情形下,国家只有"革其故常",倡导一种"兽性",才不致在国际竞争中落败,才能够真正保存内在之"仁"。难得的是,此时的吴广霈,已经具有了"亚洲"的视野,他说,"环顾亚洲,自我中华而外,首推印度、土耳机为大国。今印度已矣,土社行墟,前辙之摧,后车可鉴"①。将亚洲的印度和土耳其作为反面教训,提醒吾国勿重蹈覆辙,这在他写作日记二十年后的世纪之交,是常见的言论,但在 19 世纪 80 年代初的中国士人里,具备这种眼光的尚不多见②。

吴广霈的看法颇有微妙之处,若放大视野,这和晚清国人对印度总体看法的变迁相关,即从将印度视为中、英对抗的战略中间地带,转为与中国平等相当的、同样面临"近代转型"的东方国家,从黄楙材到吴广霈,即清晰地体现了这种转变。这种观念转变与西学的广泛传播、中国知识分子中"危机意识"的兴起都密切相关,从大体上看,也切合近代中国逐步融入世界体系的过程,以及中国人的世界观从"天下"到"国家"的转变。在吴广霈及其后的印度游记里,我们可以发现印度本身作为观看对象的主体地位开始凸显,而不再是作为英国这个"他者"的附属。

晚清官派赴印度考察的还不止黄楙材、马建忠等人,1905 年,时任两江总督周馥派遣候补道员郑世璜率团前往印度、锡兰等地③,考察当地的茶叶种植、生产加工和税收等情况。整次行程前后长达四个多月。郑世璜此行写下《乙巳考

①吴广霈:《南行日记》,第 15 页。
②如今笔者见到的《南行日记》为 1890 年羢园刊本,根据王韬在"序"中说,吴广霈在 1881 年自印度回国的途中经过香港,见王韬时示以日记,王韬当时就命人誊抄副本收藏,而 1890 年刊印的日记还是根据王收藏的副本。此本有吴广霈自序,序末署时间为"辛巳"(1881 年),且此本日记所记到吴返程至香港为止,因而大致可推定此本为 1881 年原记,并非后来增添删改。可资对比的是,马建忠《适可斋记行》中所收《南行记》就记到回上海才结束,比吴广霈《南行日记》多记了五日。
③郑世璜(1859—?),字渭臣,号蕙晨,浙江慈溪人,光绪己卯年(1879)中举,曾任江西宜黄县知县。考察团成员除郑世璜和陆溁外,还有浙海关副税务司英国人赖发洛(L. A. Lyall)、翻译沈鉴、茶司吴又严,茶工苏致孝、陈逢丙等人。一行人由上海启程,由海路经东南亚到锡兰,而后到印度。

察印锡茶土日记》，而考察团书记陆溁也撰有《乙巳年调查印锡茶务日记》①。

茶叶本是中国重要的出口物品，但自 19 世纪中期以后，印度产茶叶在国际市场上迅速崛起，到 19 世纪 80 年代，相比中国茶已占据优势。郑世璜此次带团考察的目的之一，正希望学习印、锡种植生产茶叶的经验。考察团回国后，郑世璜写成关于印、锡各地茶叶生产制作的详细报告，并向两江总督上条陈，提出改良中国内地茶业的诸多办法②。

和马建忠、吴广霈的日记类似，郑世璜和陆溁的两本日记记事颇有重合之处，且许多文句完全相同，郑世璜的日记中应有相当部分出于书记陆溁手笔。从篇幅来看，陆溁日记远大于郑氏的日记，且后者大多记载与茶业、经济有关之见闻，笔调朴实，平铺直叙，很少议论，即与马建忠《南行记》相似，属于公务色彩较重的考察报告。

相比而言，陆氏的日记内容就丰富很多。陆溁观察细致，记录详尽，使得这部日记具有很高的史料价值。总体上看，他对印度人多有同情，无论是底层的劳工，还是颇具教养的知识分子。该年七月他刚到加尔各答后不久，在唐人街遇到当地华人陆云秋，后者又带他拜访当地印度上层人士，陆溁得以亲身了解当时孟加拉地区的印度独立思想。他记道："得悉近年印人颇具自治思想，其词气之间，若谓我亚洲本一体，不幸近百年间，西力东侵，与贵国交际始隔绝云云。异哉！印人智识之发达，一至如是。"

发出如此感叹，显然印度人阐述的"亚洲一体"观念对他而言构成了新鲜的冲击，因而，他对印度民族在近代的遭遇，也多了几分感同身受的体会。和时人

---

① 郑世璜《乙巳考察印锡茶土日记》，陆溁《乙巳年调查印锡茶务日记》，均为 1905 年南洋印刷官厂印行。收于李德龙、俞冰主编《历代日记丛钞》，第 156 册，学苑出版社 2006 年影印出版。陆溁的日记另有宣统元年（1909）印本，相比多了陆氏在当年撰写的序文。

② 郑世璜《日记》后附《考察锡兰印度茶务并烟土税则清折》，以及《郑观察世璜上署两江总督周筹议改良内地茶业办法条陈》，《东方杂志》1906 年第 3 卷第 3 期。有关此事，民国时期的记述可见《中国考察印锡茶业的第一人》，《茶报》1937 年第 1 卷第 2 期；今人提到较多，较近的研究见曹英《华茶质量风波的扬抑》，《近代中外贸易冲突及中国应对举措研究》，湖南师范大学出版社 2013 年版。需要指出的是，考察茶务并非郑世璜此行的唯一目的，另一任务仍是调查印度的鸦片专卖和征税事务。此处不多展开，可参见刘增合《清末的鸦片专卖》，张建雄主编《纪念虎门销烟一百七十周年学术研讨会论文集》，广东人民出版社 2009 年版，第 153 页。

一样,陆溁对印度灭亡之原由要作一番考索,并总结成"阶级制度太严"和"恶俗陷溺既深"这两点,不论是根深蒂固难以消灭的"阶级制度"(即种姓制度),还是童婚、吸食鸦片之类的恶俗,都使得改革难以轻易推行,而整个南亚半岛上宗教和语言文化的多元复杂情况,更是对印度民族作为整体的复兴造成了阻碍。

尽管如此,陆溁还对印度的独立运动有初步了解,在同时代人中,他对印度独立的前景显现出少见的乐观,声言印度"将来必能独立"。他把推动印度独立的原由归为两条:"被动于日本,主动于学会。"外部有日本人士与印人多方交流,传播国民学说,激发民族平等意识;内部则印度受教育人数不断增加,对英印政府的施政敢于公开褒贬批评。其后,陆溁加以按语评论:

> 印度之亡,其民族至今尤未忘怀,徒以智识未开,实力未足,遂含垢忍辱以至于今也。岂有开化数千年,人民三万万,永沦于奴隶之域,黑暗之天哉!时至今日,澳洲联邦自治矣,坎拿大设议院矣,影响所至,几及全球,维彼英人,其亦速改治印之方针哉。①

20世纪初,浓重的危机意识在中国知识阶层中蔓延,许多学人编译出版世界其他各国的"亡国史"论著,以他国之教训刺激本国国民的"救亡"思想。这其中也有许多印度"亡国史"的作品问世②。以陆溁的日记中体现出对印度的熟悉程度,他有很大可能读过其中若干。进而,"岂有开化数千年,人民三万万,永沦于奴隶之域,黑暗之天哉"这样的语句,不能不让人想起梁启超在1899年的名文《爱国论》中对中国"四万万同胞之国民"受制于西人的痛惜和警醒③。显然,以"光明/黑暗"的对比,陆溁把中国自身的体验代入到了对印度民族的想象当中。

中、印的经验互见,在吴广霈和陆溁的游记里,对中国自身命运的焦虑使他们观察印度时戴上了另一副特别的眼镜。无论如何,印度已经不再是英国的附庸,而具有了独立的"被观看"的价值。出现在陆溁日记中特别的谈话记录,或

---

① 以上均见陆溁《乙巳年调查印锡茶务日记》,第53页,光绪三十一年七月初二日日记。
② 俞旦初《中国近代爱国主义的"亡国史鉴"初考》,《世界历史》1984年第1期,第27—28页。邹振环《清末"亡国史"编译热与梁启超的朝鲜亡国史研究》,《疏通知译史》,上海人民出版社2012年版,第390—392页。
③ 梁启超:《爱国论》,《清议报》第7册,1899年。参见杨瑞松《近代中国的"四万万"国族论述想像》,《东亚观念史集刊》第二期,台湾政治大学出版社2012年版。

许是中国学人对 19 世纪以来的印度民族主义独立运动,以及英国人相应改变统治政策的最早记述之一①。

三、文明论说:康有为的对比式评论

和马建忠、吴广霈等人一样,康有为在 1901 年到印度时,并非他首次出洋。此前康氏已经游历多地。按他自己所说,之前他居住在槟榔屿,"暑热多疟",染病数月不见痊愈,此时他听人谈到若赴印度北方雪山中疗养,极有功效,故转而乘船赴印。当年 12 月 12 日他到达加尔各答,此后几周他游历北印度各地,1902 年初至喜马拉雅山麓的大吉岭,筑草亭名"须弥雪亭",住一年多后才离开。

在本文考察的六位印度游记作者中,只有康有为一人不是官派赴印,因而相比前述人士,他的游记书写呈现出更多个人化的色彩。康氏来印度之由,本就是客居南洋病恙之际的一时兴起,并非已有周密谋划准备。他在游记的自序中大谈印度古文明之发达,千年来游印度之人稀少,无人考察印度古政教和近事,称其"必有可考观而益中国者"②,总体上看,意在自抬身价当然没错,其中也希望对自己移居印度的选择进行"合理化"的解释。另应指出的是,康有为的诸多海外游记历来吸引研究者关注,而相比时间更早的《游域多利温哥华二埠记》之类,《印度游记》是他第一部逐日记事、充实清楚的长篇游记。与之前在加拿大时鼓动保皇救国,一呼百应的风光景象不同,康氏在印度隐居撰述,时时有寂寥之感,际遇变化,倒也催生出详尽记事的游记写作③。康有为在印度期间的生活和思想变化,是一个极大的研究课题,本文在此,仅就其游记中对印度和英国的观察方式稍作分析。

在 1901 年之前,康有为对印度有怎样的了解?按其自编年谱说,他在 1884

---

① 章太炎在日本接触到印度民族主义者,并在《民报》撰文介绍印度独立运动,是在 1906 年及其后。
② 康有为:《印度游记》,《康有为全集》,第五集,第 509 页。
③ 康有为在 1901 年赴印度之前写成的海外游记有 1899 年发表的《游域多利温哥华二埠记》《域多利义学记》《游加拿大记》等,均为短篇。

年读佛典书籍时，就开始对"婆罗门"思想有所了解，而后，在1890年编著《婆罗门教考》一书①，但自戊戌之后散失不存。且不论这本《婆罗门教考》是否实有其书②，但从如今留下的康氏文字看，1900年前，他很少细谈印度古代文明。他第一次评价印度是在1895年，将印度与土耳其并称，视为"古大国今衰"的反面典型，在后来著名的《上清帝第二书》（《公车上书》）当中，他说印度"才智之士少"，即"土耳其天下陆师第一而见削，印度崇道无为而见亡，此其明效也"③。他还说印度太过守旧，"昔印度亚洲之名国也，而守旧不变，乾隆时英人以十二万金之公司，通商而墟丘印矣"④。其后几年里提到印度也多大同小异。这些看法，其实受《万国公报》等西人记述影响可能性更大。

在到印度之前，康氏已去过伦敦⑤，再加上旅居加拿大的时光，从1900年前后留下的文字来看，康有为对欧美社会的了解，在当时士人中已属极深，因此不会再有黄楙材那般以印度看英国的"迷思"。康氏在印度时，也细心结交英印政府的上层，并观察其治理施政，比如他谈到："英人之治印者，仍大用仪仗，以威异族。吾曾游伦敦矣，观英督之来，殆过英君主，不独其相无是也。英人之治印度，迥与治本国殊。"⑥这种议论，是在此之前的印度记述中很难见到的。然而，通观康有为《印度游记》，这是少有的从英人角度作的观察，而更为频繁出现的是"中/印"文明的比较，英人则往往是作为"外来者"出现的。

从总体上看，康有为一力抬高印度古文明的价值，在游记序文中他说"夫印度者，大地之骨董，教俗、文字、宫室、器用至古，为欧美文明祖所自出，文明所关

---

① 楼宇烈整理：《康南海自编年谱》"光绪十年""光绪十六年"条，中华书局1992年版。
② 学界对《康南海自编年谱》中所记诸事的可靠性多有质疑，比如马忠文就提出，康有为在1899年至1927年间对年谱多有修订增删，马忠文《康有为自编年谱的成书时间及相关问题》，《近代史研究》2005年第4期。还可参看茅海建《"康有为自写年谱手稿本"阅读报告》，《戊戌变法史事考二集》，三联书店2011年版，第428页。即使《婆罗门教考》实无其书，此二句是否系康有为后来在自编年谱中加入，何时加入，也值得研究。
③ 康有为：《上清帝第二书》，《康有为全集》，第二集，第42页。
④ 康有为：《京师强学会序》，《康有为全集》，第二集，第89页。
⑤ 康有为在1899年从加拿大温哥华出发，到伦敦，短暂停留后同年又回到加拿大。
⑥ 康有为：《印度游记》，《康有为全集》第五集，第520页。有关1858年女王确认对印度的最高统治权之后建构一套"礼仪风格"的问题，可以参考科恩《维多利亚时期印度的权威表象之确立》，载霍布斯鲍姆、兰格编《传统的发明》，顾杭等译，译林出版社2004年版。比较此文可见，康有为的观察还是颇为敏锐的。

至大也",将印度文明视作西方文明的源头。他坚持这种想法,在谈宫殿建筑时也说,"欧人宫室之制全出于印"①。康有为泛读史书,此时并非对埃及、两河和欧洲古文明缺乏了解,但他一直声言欧美文明出于印度,是希望把多元的古代文明简化为"中/印"之别,以突出中华文明的特点与优势。他称赞印度保存古物良好。同是参观古迹,黄楙材、吴广霈等人也到过泰姬陵等,也去过博物院,但只是单纯描述其精美,但康有为就提出"中国之不能保守古物,不如印度远矣"。康氏游历多处印度宫殿,感叹气象之宏大、装饰之华美。他还进一步提到,中国古代宫室多用木结构,无法保存长远,不如印度和欧洲多用石材,"动数千年""料坚而持久"②。

但此种赞词毕竟少数,若细细考察康氏的游记,我们会发现其中更多充斥的还是对印度的抱怨和鄙视。他游历北印度各地,所见街道大多污秽不堪,人民惰懒,礼仪怪异,甚至食物都粗糙而仅能果腹③。至于旅途之中的种种困难不便,印度风俗人情的难以理解之处,他都事无巨细地记下。

为何如此? 我们只能认为赴印初期,康有为对印度的总体印象并不甚佳,此后林林总总,都只让他生出更多厌恶之心。这有二重原因,其一是他在之前已到过英国伦敦和加拿大,不像黄楙材首次出洋时眼中能见的都是与英人相关的新鲜之物,而康有为则更多对比,看到的是物质环境上印度不如英国和欧美诸国之处,且这种落差被他刻意地夸张放大,以致他经常发出"(印度)被英化久而不少改"之类的评论。

第二,和吴广霈相似的是,将踏上印度土地之时,康有为心怀的也是寻访佛教故土的美好愿景。我们从他刚到印度时写的诗句中能看得更清楚。康氏在印度期间所写的诗后收于《须弥雪亭诗集》,集中所见他在驻居大吉岭之前游历时所写诗,几乎每首都抒发他寻访佛教遗迹而不得的情感,"欲寻佛国清净土""遍寻佛教万里无""我来印度访佛迹"之类的句子反复出现④,显然,他因佛教在印

① 康有为:《印度游记》,《康有为全集》第五集,第513页。
② 康有为:《印度游记》,《康有为全集》第五集,第530页。
③ 杨波:《口腹之欲与文化选择——康有为海外游记中的饮食书写》,《河南大学学报》2013年第1期。
④ 康有为:《须弥雪亭诗集》,《康有为遗稿·万木草堂诗集》,第148—150页。

度失落衰微而沮丧感慨不已。这也影响了他对印度的最初看法。

因此，尽管康有为感慨印度古文明如今"委弃不收"，"此则二千年来最可叹惜痛恨之事也！"但他更看重的其实是印度古文明中佛教的部分，也就是与中国有着相通联系的部分。康有为早年读佛典而知闻婆罗门教，仅是一种知识性的兴趣，从康氏在1900年前的著述中我们也很难找到有关婆罗门教的内容。康有为在印度游历之初，对当地的"婆罗门庙"，还算饶有兴味，但看过几处后便心有厌烦。当他到"乜刀喇"（Muttra，今译穆特拉）时，参观大寺，"土人言过河有婆罗门女尼极神，然绝无佛迹"，他便掉头即走，"不复观之矣"①。

康有为对婆罗门教的这种态度，不仅仅是他游览婆罗门庙的感官体验所致，更在于他认为其教对印度在当今的衰落有很大影响。大致而言，在康看来印度衰落原因有两层，其一是婆罗门教先哲创教之时，"心术至仁，而求之过速"，在古代虎狼遍地，推行"仁"已经颇为不易，到了近代，英人残酷，"过于爱物，反而不能保人"，故沦为别人奴仆。康有为在此引入他熟悉的《春秋》"据乱、升平、太平"三世说，认为婆罗门教"将升平、太平世所用之说，用于据乱世，所以印人极弱"②。

印度衰落原因的第二层则是婆罗门教带来的种姓制度。康有为一开始对种姓制度了解不深，到印度之初，还在奇怪，所见人等，无论外貌智识，于前想象不同，后来才知晓印度古来人群区分，因而得出结论："然所见皆印下等人耳。若其上等人，聪明雄伟，此印度文明所以为地球之先，不可以所见者该之。"康氏观察此情，如同发现新天地，反复申说。在感叹种姓制度对底层民众的摧残和对社会的危害时，他对将人严格分等之举很是厌恶，多加批评。"印之最不良者，在人类分等。"康有为在大吉岭时期，着手撰写后来著名的《大同书》，阐释人类平等之说③。该书中频

---

① 康有为：《印度游记》，《康有为全集》第五集，第529页。

② 康有为：《印度游记》，《康有为全集》第五集，第532页。

③ 有关《大同书》的成书年代已有许多讨论。汤志钧提出，《大同书》撰写于康有为1901年至1902年旅居印度时期，而不可能是康氏自己说的1884年，参见《康有为与戊戌变法》，中华书局1984年版；《再论〈大同书〉的成书年代及其评价》，《广东社会科学》2004年第4期。朱维铮还发现，《大同书》中举到的西方事例，最晚可以到1909年，证明康在离开印度后仍在不断修改增补，参见《从〈实理公法全书〉到〈大同书〉》，《求索真文明——晚清学术史论》，上海古籍出版社1996年版。房德邻的结论较为确实周密，他认为《大同书》起稿较早，1901至1902年在印度时，"基本完成了这部著作"，之后又陆续修改，直到1913年发表于《不忍》杂志，见《〈大同书〉起稿时间考》，《历史研究》1995年第3期。综合而观之，《大同书》的书稿主体撰写于印度时期，应无异议。

频论述印度民众受不平等之苦,显然与其见闻密不可分。

人群分等,并不奇怪,就中国历史也不少见。但康有为在此夸大种姓等级制度对人的改造和区隔。比如他认为上下等人从体貌到精神都有很大的区别,下等人"状貌黑小,目光无神",而上等人"头脑广大,身体丰硕,目光精彩"。这种生理区别随代而传,愈发固化,"下等种人皆不讲文学,不讲养生,愚贱相传,故种愈坏"。不仅如此,康氏还将印度古文明和今日衰落的对比,与上下等人之分对应起来,营造反差。他说上等人少见,"印度道中所见,盖无上等人,其上等人深居简出,出必车马,无从一见,惟汽车中间见一二",但只有见到他们,才能了解"印度先哲之何以独能聪明"。但到了近代,因下等人居多,而导致群体智力不如,"夫上等人少,而遍国皆下等人,则智者少而愚者多,印度终以见灭,皆由人种不平之故也"①。在《大同书》里康有为也坚持此说,认为印度虽有两万万人,但若"除去诸劣下种",只有一二千万,而下等人"无能为役",导致其国大败②。

把古今之别与上下等人之力相对应,尽管就学理逻辑而言存在显然的矛盾,而后来康有为也改而强调"各省自立"对印度衰亡的影响③。但至少在《印度游记》里,他极为醉心这种把印度在近代的衰落简单地归咎于下等民众愚钝无力的解释,他对印度底层民众多有批评鞭挞,甚至不无种族主义的恶毒歧视。他说"所见印人皆极愚,状貌皆黑瘠渺小,头脑极小"。再比如他批评印度人懒惰无为,称"以缓怠无气之性质,懒惰极啬之作业,至愚之知识,不合之人种,而与方兴坚劲明敏之英人斗,宜其立灭也。今灭国百余年,而旧俗分毫不少变,其愚而不知大势如此,其灭固宜"。在别处又说,印人极弱,"嗟夫! 比之欧人之智,此则宜为亡国之民",还有说"而印人遂至极愚极弱,一灭于回,再灭于蒙,三灭于英,己国不保,夷为奴隶,人身不保,有类羊豕"④。

---

①康有为:《印度游记》,《康有为全集》第五集,第 540 页。
②康有为:《大同书》,上海古籍出版社 2005 年版,第 105 页。
③康有为:《与同学诸子梁启超等论印度亡国由于各省自立书》,《康有为全集》第六集,第 334 页。
④康有为:《印度游记》,《康有为全集》第五集,以上分别见第 539、515、532 页。值得注意的是,后来康同璧编定《万木草堂遗稿》油印本时,将本段这些言论统统删去,目前这些语句仅见于康有为手稿本。可比较《康有为全集》和《康有为遗稿》的《印度游记》。另参见张荣华《维新事业在美洲的挫折与拓展:梁氏档案藏康有为书札考释》,复旦大学历史学系编《近代中国的物质文化》,上海古籍出版社 2015 年版,第 392 页。

　　从这种说印度"宜灭"的论调和恣意夸张的行文里,我们得以窥探康有为初游印度时的心境。他用极端的笔调描述塑造印度人不思进取的形象,将其树为"亡国"之典型,而其更深之目的则在于中印对比和抑印扬中。康氏初到印度时,在加尔各答的唐人街天后庙做演讲,听众如梦似觉,半信半疑,他大为感慨:"嗟夫! 比之欧人之智,此则宜为亡国之民!"①尽管在唐人街听演讲的大多为华人,但康有为对比他在加拿大演讲时所受到的欢迎和反响,作此感叹,不免有"环境塑造人"的考虑。他在谈印度人堕为"亡国之民"的同时,还说"中国人之尚气急功,勤作智巧,合种同心,与印度相反,实有自立之气势,自欧人外无如中国者"。对比印度种姓制度划分人等,他将中国视作平等思想之渊薮,即"不如中国人类平等。此真孔子之大功耳!"②

　　正如前述,康有为的印度游记与其他人相比,少了官样报告的束缚,而多了个人化色彩。他从"文明"的角度着眼,阐述中、印之间的联系和差别,这种观察的方式也是前人所不具备的。在游历北印度后,康有为为其游记写下序文,其中对"文明"概念作解说,"夫物相杂谓之文,物愈杂则文愈甚",所以,只有相互的交流才能促进文明的成长。康氏说中华文明受印度的影响很深,因而扩充了其广度,但反过来,中华文明对印度却无甚影响,这倒造成了印度固步自封、不甚进取的局面③。所论看似怪异,但其立场何在,就此清楚。

　　吴广霈在光绪初年即已意识到,印度为中国提供了在现代国际竞争中失败的教训,故中国不可轻易重蹈覆辙,但世事转而更下,到戊戌之后,在"亡国史"的大潮中,国人感叹的已是中国"居然沦为印度这境地"④。在此时代气氛中,康有为反其道而行之,力图通过区别中、印,贬斥印度而营造中华文明之优势,以此激励民族自信。康氏《印度游记》作为历史文本,议论有时中和,有时偏激,不免混乱矛盾。然而,见其刻意之处,才知他心中真正所系何念。

---

①康有为:《印度游记》,《康有为全集》第五集,第519页。
②康有为:《印度游记》,《康有为全集》第五集,第515页。
③康有为:《印度游记》,《康有为全集》第五集,第509页。
④《世界亡国小史》,《杭州白话报》1902年第2卷第24期。

结　语

从今天的眼光看,印度地大人众,各区域的多样性纷繁复杂,晚清的游记作者们既不通当地语言,对宗教文化等也了解有限,因而纵使经历再丰富、记录再详细,也不免还是走马观花,所记带有管中窥豹的片面色彩。然而,尽管行游者记录下的种种究竟是否符合所游之地的真实尚有疑问,但研究行游者的眼光、期待和这些因素在游记中的反映,则还是能让今日的学者们找寻到几分真实性。

印度作为与中国相邻、却又异质的古文明,在近代同面临西力冲击,不论对晚清的学人,还是今日的中国知识分子而言,都是思考自身近代转型的一个极好的参照对象。但这种思考并非轻而易举,因为它经常面临着"多重他者"的立场移位。康有为在他的游记里时而援英而斥印、时而抑印而扬中,有时又举英、印的例子来批评中国,正体现了这种"他者"想象的游移。在殖民时代,伴随着以西方为中心的"近代"叙事和各民族自身文化优越性和等级序列的表达,这种游移尤其显得意味深长。

但如果我们放长视野,与海外华裔移民之类长期居留异文化环境,文化认同本身已迁变多元的人士不同,本文述及的游记作者,仍然牢牢抱持基于中国本土的文化认同。因此,行游实际上提供了在不断循环的"文化冲击"和"文化固守"过程中,重新确认自身文化认同的方式①。无论"他者"是印度还是英国,人们总是喜欢在透镜折射出的丰富多彩的影像中找到自己熟悉的东西,而这正是研究者最应关注的。

---

① 郭少棠:《旅行:跨文化想象》,北京大学出版社 2005 年版,参见第四章。

被遗忘的清末东游者——江苏人程淯研究*

赵中亚**

　　1894 年甲午战争中清帝国的惨败,导致中日关系发生根本性变化。清廷从中央到地方,派出不少人员到日本考察,同期也有不少人自费到日游历,以期通过效法日本,达到富国强民之目的。当时留下的记录,多以"东游日记"为名,据日本学者实藤惠秀所掌握的情况,甲午以来中国人东游日记总计达 270 种(内含民国时期的 77 种)①。这些日记差别很大,有些浮光掠影,议论肤浅,资料拼凑;有些则敢于接受新事物、新气象,并形成自己的认识。不管怎样,作为中日关系史、中日文化交流史的重要资料,以及近代中国谋求整个社会形态和文化模式向现代转型过程中留下的生动记录,很值得研究②。

　　当前关于清末东游日记的研究,多关注的是官方背景较为浓厚的张謇、严修、吴汝纶、陈荣昌、盛宣怀等人。江苏常州人程淯,1904、1906 年曾两次东渡日本考察③,一次是自费考察大阪博览会以及日本全国学务,一次则是奉山西巡抚恩寿之命考察教育以及医学,后者留下《丙午日本游记》一册。然而,在相关研

* 本文得到 2018 年度周有光语言文化学术研究项目(ZYG001812)支持。
** 山西大学中国社会史研究中心讲师。

① 王宝平:《丛书序》,《晚清东游日记汇编》(二),上海古籍出版社 2004 年版,第 4 页。
② 熊达云:《清末中国官民的日本考察》,日本甲府、山梨学院大学社会科学研究所 1998 年版;汪婉:《清末中国对日教育视察的研究》,东京汲古书院 1998 年版,转引自王宝平《丛书序》。
③《泰武将军督理山东军务靳云鹏呈特保前交通部参事程淯拟请以道尹交政事堂存记任用并批令》,《政府公报》1914 年第 787 期。

究中,甚少提及程淯及《丙午日本游记》①。少数研究提到了程淯,但对其在山西的活动以及东游的情况鲜有论及。以杨雨青的研究为例,虽然她曾接触到了清末的47种东游日记,程淯的《丙午日本游记》亦在其列,但其研究中仅引述了程氏游记序言中的一句话,意在说明大部分东游考察对中国近代化进程未产生重大影响②;而在李玉的研究中,程淯被视为"纷纷赴日参观访问,研究日本明治维新,寻求中国富强之道"的众多清末学者爱国人士中的一员,其作品与王韬、李筱圃、罗振玉、张謇等的一样,"造诣较高,影响较大",但对程淯生平及游记内容只字未提③。此外,在一些研究中,程淯的《丙午日本游记》甚至仅作为李叔同在日本学习绘画的资料来源而存在④。至于程淯本人,通常是作为印人、书画家偶被提及,间或提及其曾作为民国时期提倡尊孔读经的重要角色,谈及所刊刻的《历代尊孔记孔教外论合刻》,并无端被目为康有为弟子,如张颂之称程淯,"是康有为的弟子,他是宗圣会的会员,在30年代成为鼓吹尊孔读经的一个重要角色,并出版《历代尊孔记孔教外论合刻》一书,得到了当时众多要员的支持"⑤;景迪云亦称程淯"是康有为弟子,尊孔崇儒,编辑过《历代尊孔记》《孔教外论》《孔子年谱》等。文脉所系,自然以本地为自豪,钤印'阳湖程淯',既表籍贯,又

①如彭雷霆的《近代中国人的日本认识(1871—1915)》(华中师范大学2008年博士学位论文),清末东游日记并非其研究主体材料。孙雪梅的《清末民初中国人的日本教育观》(《日本研究》1999年第1期),参考了20种20世纪初年的中国人日本考察日记;孙氏还著有《清末民初中国人的日本观:以直隶省为中心》一书(天津人民出版社2001年版),参考东游日记30余种,皆未提及程淯及其考察活动。自1990年代以来,影印或者整理的清末东游日记已然不少,如刘雨珍、孙雪梅主编的《日本政法考察记》(上海古籍出版社2002年版),王宝平主编的《晚清中国人日本考察记集成:教育考察记》(上、下)(杭州大学出版社1999年版)、《晚清东游日记汇编》(上海古籍出版社2003年版)、《日本军事考察记》(上海古籍出版社2004年版),影印清末东游日记数十种,程淯之《丙午日本游记》皆不在其列。直到钟叔河主编的《走向世界丛书》(岳麓书社2016年版),《丙午日本游记》始收入其中。
②杨雨青:《20世纪初中国人对日本的考察》,《近代史研究》1993年第6期,第124页。
③李玉:《中国的日本研究:回顾与展望》,《国际政治研究》2000年第2期,第122页。
④林子青:《弘一大师传》,收入中国佛教图书文物馆编《弘一法师》,文物出版社1984年版,第8页;周成:《西方人体艺术在近代中国的传播》,收入陈醉主编《人体美与性文化》,中国文联出版公司1990年版,第257页;李超:《中国现代油画史》,上海书画出版社2007年版,第23—24页。
⑤张颂之:《民国诸文化保守派眼中的孔教运动》,《齐鲁学刊》2008年第5期,第34页。

明文宗"①。实际上,程淯并非康有为弟子,其自身在清末时期的活动,尤其是他的日本考察,颇值得研究。

一、早年时期的程淯

1. 程淯与康有为

程淯,江苏阳湖人(今常州市),早年事迹不详。1897—1898 年间帮助李提摩太处理广学会及其他事务。1898 年,李提摩太被康有为等人推荐给光绪皇帝作顾问,程淯随同到过北京,而与康氏发生了间接的关系,事见程氏为其个人所藏康有为给李提摩太的书信所作的跋文:"光绪丁戊间(1897—1898),余佐英人李提摩太君办上海广学会……时景皇帝(光绪)欲特开懋勤殿,拜李君为顾问大臣。七月二十四日,李君与余航海北行,月杪至京,寓英公使属,适英使避暑外出,翌晨乃迁至米市施医院。八月三日午后康先生来言:'新政施行甚难,吾顷奉谕旨办上海官报,明日将南下矣。吾欲请友邦进忠告,而贵邦公使又不在京,至可惜也。'李曰:'竟不能调和两宫乎?'康曰:'上行新政,盈廷衰谬诸臣,恐被罢黜,哭诉太后,太后信之,致横生阻力,夫复调和之可言。'"②

戊戌政变后,康有为仓皇出逃,梁启超等人也手足无措。经容闳提醒:"政府缇骑四出,梁氏甚危,能为之地否?"李提摩太始认识到康梁等人处境危险,但他认为梁启超仍能自救:"梁固知趋避者,毋烦余为之画策也。"但对于是否营救康有为,李尚犹豫。在此情况下,程淯对李提摩太的决定产生影响:"(李提摩太)与余对面坐于短榻上,谓余曰:'西人之睹国者,皆言贵邦政治已入正轨,循序以进,不难富且强,不图有此挫折!'余曰:'全国风气不开,诸顽固党群附太后,欲革新政治,岂易易者? 虽然,康先生恐不免矣。'李曰:'在海舶中,当无恙,

---

① 景迪云:《康门弟子程淯:诗人·印人·茶人》,西泠印社编《西泠印社》(马衡研究专辑)总第 29 辑,西泠印社出版社 2011 年版,第 52—53 页。

② 《程淯跋〈李提摩太致康有为书〉》,中国史学会主编《戊戌变法资料》(一),上海人民出版社、上海书店出版社 2000 年版,第 420—421 页。

到上海则甚危险矣。'余曰：'上海贵邦总领事白理南君非吾广学会会长乎？'李曰：'然，但能否尽力，不可知也。'余曰：'万国皆保护政治犯，先生盍发一电以救之。'李不语，久之曰：'电可发，恐无补耳，且不知所附何船，若在华法界登陆，则败矣。'余曰：'亦惟尽心焉耳已。'……英领事白君得电，请示于伦敦政府，英首相沙士勃雷侯复电允许，乃派工部局员濮兰德乘兵舰至吴淞，得康先生于重庆轮船，乘风破浪，直抵香港，是为康先生出险之始。"①

康有为脱险后，给李提摩太写过四封信，其中包括拜托李氏打听光绪皇帝的安危以及其他维新人士的消息，请李氏协助其门人为康广仁等人收尸等②。这些书信，李提摩太后来全部交给程淯收藏③。1924 年，程淯在上海将信交给了康有为，令康氏很是感动。在《癸亥跋后》一文中，康有为详述了其戊戌变法失败后给李提摩太所写的几封信失而复得的情形："程君白葭乃能藏吾旧书，出以相示，重提往事，恻恻寸心……白葭高义，始终如一，又保全吾戊戌影像，即捕索之像也，亦可悲感矣。"④而《康南海先生年谱续编》中，康有为长女康同璧再次提到这段往事，并点出程氏在李氏搭救康有为过程中的作用："（1924 年）正月……程伯葭来沪，出示戊戌出亡时致英人李提摩太书……程伯葭君时为李君随从秘书，得梁启超八月初六日告变之信，知先君将不免，程君急劝李提摩太电问上海英总领事白利南求救，而先君始于英舰保护之下，安全到港，皆程君发动之力也。"⑤

所以，程淯与康有为并不存在师生关系，他之所以出力帮助康有为，或因其身上所具有的侠义之气。程淯曾为在哈尔滨刺杀日本前首相伊藤博文的朝鲜人安重根作传，并组织王树枏、易顺鼎、贾恩绂、蔡元培、王照等人为《安重根传》题词。其中有位名为狄郁的人称程氏，"谓当移锋毙内奸，词挟风霜义尤足。百世

①《程淯跋〈李提摩太致康有为书〉》，中国史学会主编《戊戌变法资料》（一），第 421—422 页。
②中国史学会主编：《戊戌变法资料》（一），第 413—416 页。
③《程淯跋〈李提摩太致康有为书〉》，中国史学会主编《戊戌变法资料》（一），第 420—422 页。
④张荣华编：《康有为往来书信集》，中国人民大学 2012 年版，第 198 页。
⑤蒋桂林编，康同璧（文佩）著：《康南海先生遗著汇刊：康南海先生年谱续编》（22），宏业书局 1987 年版，第 162 页。

奋兴来轸道,英雄感力良堪卜";王树枏也称程淯,"喜任侠"①。

事实上,在康梁被通缉的年代,作为朝廷官员的程淯,在日本考察时,也未回避与康有为相关的人与事。如1906年10月15日(公历11月30日),程淯参观横滨大同学校时就注意到,"有康有为书联云:夏声涵海来重译,孔学递邮演大同。又有新会梁启超书联云:不为圣贤便为禽兽,莫问收获第问耕耘"。他还了解到康广仁夫人在该校任教员②。10月18日(公历12月3日),到神户时,程淯还专程去见康有为弟子、当地同文学校校长汤刚(字觉顿),两人乃旧相识③。

2. 程淯与山西《晋报》

《晋报》是山西的第一份近代报纸,山西的铅字印刷技术最早在该报中出现,比《并州官报》《晋阳日报》都要早。而《晋报》的创办人及主持者正是程淯。

程淯怎样到的山西,又是如何成为《晋报》的创办人?新闻史家姚福申引用了清末山西留日学生杂志《晋乘》上的说法:"与清朝官员沈仲礼有些裙带关系到的山西。1900年,沈氏奉命到山西主持洋务事宜,程淯随同前往,附名于洋务局。1901年李提摩太重回山西,以地方的庚子赔款,设立山西大学堂。在李提摩太和沈仲礼的提携下,创办了《晋报》,并任主笔之职。"④程淯与沈敦和是否存在裙带关系,暂时查无明证,不过沈、李二人对程淯的提携应当属实。

至于《晋报》的历史价值,姚福申的评价很低,他认为《晋报》"是当时全国印刷最差,价格最贵的一种报纸……该报是民办的官报,销数不足五百份,绝大部分系抚宪札饬各衙门订阅,另一部分则由州县强派于民间……新闻大都采自京沪各报,时效性很差。整个报馆并无专人担任访员,消息的闭塞可想而知"⑤。但事实上,《晋报》并非像姚氏所言的那样不堪。

首先,转载他报新闻、论述的做法,在当时中国的报刊中很常见,《晋报》上

①引自王元周:《安重根与中国》,《知识交流与历史记忆国际学术讨论会论文集》,2008年,第11—13页。

②程淯:《丙午日本游记》1907年印本,第93页上、下。

③程淯:《丙午日本游记》1907年印本,第96页上。

④《程淯之丑史》,《晋乘》1907年第1期;另见姚福申《程淯与晋报》,《新闻战士》1985年第2期,第47—48页。

⑤姚福申:《程淯与晋报》,《新闻战士》1985年第2期,第47—48页。

的文章也被其他报刊转载过。例如，1904—1908 年间，《东方杂志》曾大量转载其他报刊上的文章，其中采择最多的是《中外日报》，《晋报》也至少有 2 篇文章被《东方杂志》（第 2 卷第 2 期、第 10 期）转载，即《论政府宜宣传利用报馆推广白话演说》与《立宪私议》①。其他报刊也转过《晋报》的文章，如山东巡抚周馥创办的《济南日报》②。此外，《振华五日报》第 25 期（1907 年 8 月 13 日）转载过《晋报》中的《论工艺局亟宜筹办》③。

其次，《晋报》的编辑及主持者具备办好报纸所需要的业务素质以及人脉关系。《晋报》创办之初编辑为谢荫昌（1877—1930，字演苍），程淯同乡，具备出版相关经验。1899 年，谢荫昌在常州致用精舍讲学，后与蒋维乔等创设修学社，翻译实用书籍，为上海书局编辑《最新经世文编》。谢荫昌曾给《时务报》投稿而被汪康年邀到上海，并被推荐为《选报》的编辑④。至于程淯本人，协助李提摩太办理广学会并参与戊戌维新的经历，不仅令其积累到一定的新闻出版经验，并使其在当时新闻界获得一定的人脉。程淯与在北京创立《启蒙画报》《中华报》《京华日报》的著名报人彭翼仲是很好的朋友。《启蒙画报》曾以赞赏的口吻介绍程淯所创立的晋明小学校学生开风气之先，"因为省城地方大，演说的人少，就商量起来，每天工课完后，跟着在街上演说报纸……说的又透彻又清楚，所以听的人越聚越多……不料几个十几岁的小学生，居然有这开风气的大志愿，真是可爱"⑤。彭翼仲后因报道袁世凯诛杀康党被捕，并被发配新疆。在被遣戍途中，彭氏路经山西，受到程淯的招待，"《晋报》主人程伯嘉遣仆在此久候，并带来信一封，银六十两"。第二天，程淯还到榆次县王胡镇与彭氏见面，并建议彭氏请日本人帮忙⑥。

最后，程淯主持下的《晋报》，向地方摊派的做法，并不尽如姚氏所言全为负

---

① 丁文：《选报时期〈东方杂志〉研究（1904—1908）》，商务印书馆 2010 年版，第 391—392 页。

② 王守中、郭大松：《近代山东城市变迁史》，山东教育出版社 2001 年版，第 269 页。

③ 上海图书馆编：《中国近代期刊篇目汇录》第 2 卷中，上海人民出版社 1979 年版，第 2185 页。

④ 江苏省地方志编纂委员会编：《江苏省人物志》，凤凰出版社 2008 年版，第 698 页。

⑤ 《小学生热心演说》，侯杰、王昆江编著《醒俗画报精选》，第 225 页，转引自李长莉《中国人的生活方式：从传统到近代》，四川人民出版社 2008 年版，第 610—611 页。

⑥ 彭翼仲：《成程载笔》卷一，姜纬堂编《维新志士爱国报人彭翼仲》，大连出版社 1996 年版，第 238—242 页。

面影响。例如,袁世凯就曾效法《晋报》的做法,指示下属大量购阅《北洋官报》,"并照山西《晋报》向章,以代销报数之多寡,核定功过。故所属多来购买,以便转派分销,因之该报销路日见其畅"①。由此可知,政府官方对报纸以及书刊的推介,在报刊草创时期很重要。

需要注意的是,当时确实有人通过《晋报》了解山西乃至全国的情况,如太原县举人刘大鹏就留下了许多阅读《晋报》的记录。

1902 年 9 月 18 日,刘大鹏首次见到其东家(太谷县大户)送来的《晋报》,"近日省城设晋报局,仿照上海天津《申报》之法"。当日,刘大鹏从中获悉中国各地正在暴发瘟疫。11 月 18 日,刘氏从中获悉各地教案的情况;12 月 9 日,得知清政府在实施新政;12 月 12 日,获悉北洋在试行印花税。此后,直到《晋报》停刊,每年刘大鹏都有不少阅读该报的记录。

1903 年 11 月 9 日,刘大鹏得知俄国人占领黑龙江;12 月 8 日,又听说东三省全部为俄人占领;12 月 24 日,听到正太路已经开工兴建的消息,刘大鹏却以为"矿务大兴,晋人不能安枕。"

1904 年 4 月 20 日,刘大鹏获悉清廷要裁撤各省州县的教谕职位,慨叹儒生将无出路;10 月 2 日,刘大鹏再次认定正太铁路将导致山西门户大开。

1905 年、1906 年,刘大鹏也有阅读《晋报》的记录。1907 年,从《晋报》上,刘大鹏第一次听说孙中山的革命,9 月 1 日日记中记载,"(留日学生)多系革命党,装束皆为洋式,私运军火回华,专与国家为仇,各省学堂之学生入其党者亦众。该党魁孙文,广东人,出游日本,遂倡革命,现在声势浩大,行踪诡秘……"5 天后,刘氏得知《晋报》关停,他遗憾地写道:"顷闻《晋报》不出,由报馆主人被公立中学堂之人用强硬手段勒迫而罢也。《晋报》系光绪二十七年秋七月晋抚岑公春煊使之设立,迄今七月,凡六年,竟被学堂中人所坏,则学堂者之权力,可谓之大矣。"②

由乔志强先生整理出版的《退想斋日记》,仅为刘大鹏日记中很小的部分,

①《大公报》1903 年 5 月 15 日,转引自黄林《晚清新政时期图书出版业研究》,湖南师范大学出版社
　2007 年版,第 281 页。
②刘大鹏著,乔志强整理:《退想斋日记》,山西人民出版社 1990 年版,第 162 页。

但其中关于刘氏阅读《晋报》的记载已极为可观。此外,还需注意的是,刘氏日记中对清末新政批评甚多,但对《晋报》却少有指责。可知他对《晋报》的主持者程淯并无了解,但对其为山西人所逐感到惋惜。

二、程淯的日本考察活动及反思

如前所述,甲午战后中国出现不少因公或因私赴日考察的人士,而庚子之后,清廷倡导新政,赴日考察者更是愈来愈多。在此背景下,为创办山西劝工陈列所和医学堂,程淯奉山西巡抚恩寿之命,赴日考察工艺、医学①。从1906年8月17日(公历10月4日)自上海出发,到10月24日(公历12月9日)回到上海,程淯在日本进行了为期整两个月的考察,相关记录在1907年出版,即《丙午日本游记附山西兴革事宜条陈》②。

程淯的赴日考察与其他人的考察存在诸多不同之处:一、程淯具有日本考察的经验,1904年曾自费考察大阪博览会并调查日本全国学务③。二、程淯具有考察日本的便利条件。程淯在《晋报》馆中创办晋明小学堂④,该校日语专修科毕业生有在日本留学者⑤,而且该校中也聘有日本教习。这些人同太原当时其他新式学堂中的日本教习⑥,以及中国的旅日商人、留学生等等,为程淯的日本考察提供了诸多便利。三、程淯是以私人身份到日本游历,他既不接触中国驻日本

①《泰武将军督理山东军务靳云鹏呈特保前交通部参事程淯拟请以道尹交政事堂存记任用并批令》,《政府公报》1914年第787期。
②本文所引《丙午日本游记附山西兴革事宜条陈》(以下简称《丙午日本游记》),无出版机构信息,应是作者程淯自印本,封面有"丁未(1907年)九秋,著者阳湖程伯嘉过京赠,亢虎"字样,可知该游记是程氏送给江亢虎,后为江氏捐到加州大学伯克利分校东亚图书馆。
③见《丙午日本游记·例言》。
④刘大鹏:"晋垣学堂",《潜园琐记》,转引自乔志强《义和团在山西地区史料》,山西人民出版社1980年版,第75页。
⑤《丙午日本游记》,1906年9月11日(公历10月28日),第28页上。
⑥如日人三户章造,曾在山西农林学堂任教习,《丙午日本游记》,1906年8月21日(公历10月8日),第6页上。多田政固,为程淯所创立的晋明小学堂教习,见《丙午日本游记》8月24日(公历10月11日),第9页上。多田政固为程淯译出《日本文部省省视学官制》《日本褒赏法制》《日本小学校法制》等日本教育相关文献,见《丙午日本游记·附录》。

的公使及领事等外交官,也不拜见日本的高官,主要借助自己新认识的朋友(华商、日本人)。程淯将调查日程安排得很紧凑,便于对日本进行更为深入的考察。四、虽然在日本调查仅两个月,但程淯所留下的《丙午日本游记》,篇幅大于同一时期在日考察时间相近的大部分东游者的记录①。

旅日期间,程淯到过许多学校、医院、工场、博物馆、展览馆,留下极为详细的记录,而其中对一些问题的关注及反思,颇值得注意(为方便起见,文中所引日记用的是农历时间)。

作为中国人的国耻意识。初到日本,程淯即感到日本对中国的轻视。到东京不久,他就改装易服,因为"自长崎至此,途中日童之呼腔腔薄支者,随处而有,不得不暂易服装,以免歧视"②。在博物馆、公园,程淯见到许多专门用以陈列的日本缴获的中国"战利品"。这些对大多数中国人而言,无异于莫大的耻辱,许多人采取的是视而不见的态度。程淯却未回避,都一一记录下来,他认为自己的做法是"不敢更惜小耻,致忘大耻,又不敢更惜个人之耻,而必欲公此耻于人人也……夫败固当耻,如日之胜我,而犹以受人干涉为耻者。窃顾吾国人人,于此更进一解也"③。1906 年 8 月 19 日,程淯于长崎登陆后,即往观日本人陈列的甲午"战利品",如镇远舰上的探海灯、炮和炮弹等。对此,程淯这样评价日人的行为:"观其事事经营,无一不寓精神于尚武。"④为将国耻展示给国人,在离开日本之前的 10 月 7 日,程淯专门请摄影师南工藤到靖国神社,避开日本当局的干扰,拍下日本陈列的那些来自中国的"战利品",如九段坂国光馆前刻有李鸿章督造的大炮,英人马格里在金陵机器局督造的大炮,还有从直隶深州以及辽宁运到日本的两尊石狮子等,印成照片数十张,附于《丙午日本游记》正文之前⑤。

程淯敏感地意识到日本藉战争中缴获的中国战利品进行展览的意图,"一

---

①可资比较者有严修的《东游日记》、陈荣昌的《乙巳东游日记》,以及王宝平主编的《晚清中国人日本考察记集成:教育考察记》所收相关日记。
②《丙午日本游记》,8 月 25 日,第 10 页上。
③《丙午日本游记·又记》。
④《丙午日本游记》,8 月 19 日,第 3 页上。
⑤《丙午日本游记》,10 月 7 日,第 81 页上—82 页下。

以恢张武功,一以激劝后起"①。他还清楚日本将对中国有进一步的企图,"欧美远隔,力难与争,(日本)视线所注,遂并全力于西邻之我国。故近今渡来我国之商人,月必数百,学生之旅行于满洲者,动辄数千。彼以千锤百炼之学力,合而谋我。我以窳废应之,不亡何待?优胜劣败,天演公理。此岂能为日本咎哉?"②在调查日本经济过程中,程淯也注意到日本的向外扩张,尤其是对中国进行的移民侵略。8月19日,程淯的记录是,"盖日人战后经营,悉取移民与保商政策。其移民政策,则全国人口统计约五千五百万,而岁出之米谷,仅敷五千余万人之食,势不得不为垦于邻国。自满洲经营后,而反哺于本国者,可年得三十余万人之养,而国内盗贼亦少。是以政府命之,各新闻纸复鼓吹而劝导之,全国人民遂皆有跃跃于移殖之趋势"③。10月11日,程淯到东京(バック)画报社考察,与主笔中村弥二郎以及安孙子贞治的笔谈也提到日人在中国东北的活动,"知其曾游历满洲。计近年日人之旅行于满洲者,每月恒有三百余人,内以商贾为多,商贾中尤以纺丝布帛为最,而今夏学生之往游满洲者略一千人"④。

对于日本带给中国的耻辱,程淯主张反躬自省。例如,在去大阪的火车上,程淯看到一日本人绘制的画册,里面有侮辱中国的内容。对此,程淯以为中国人被日本人藐视是不谋自强的结果,"并坐者一日人,手画报一册,因假观之,则绘有吾国人因立宪改革由日人代剪发辫者……复绘各国人代表图:日人持剑居首;吾国之辫发者,拖指挥刀随行回顾,状殊怯懦……噫!其轻藐吾国,何独在笔墨哉!而实吾国人之自取也"⑤。

程淯对于中国民众的不开化,遇到侮辱而不觉,感到愤怒。在靖国神社的考察中,程淯看到一华人艺人裹着羊皮与马、牛等动物一同表演,立刻大怒"愤国力之衰弱,下至演技者,乃竟敢以之侪于牛马,同时演剧。彼恬不知耻,犹甘为之,何惛若此!"他甚至直接找到那个华人,给予车钱,令其在晚上到自己住的旅

①《丙午日本游记·又记》。
②《丙午日本游记·例言》。
③《丙午日本游记》,8月19日,第3页下。
④《丙午日本游记》,10月11日,第89页上。
⑤《丙午日本游记》,8月23日,第8页下—9页上。

馆相见。见面后,程淯劝诫那位华人艺人注意自己的行为,不要侮辱到中国国体①。

对中国当时教育尤其是留学教育的反思。教育考察是程淯日本考察活动的核心。与大部分东游者一样,程淯也注意考察各类学校的组织结构、职能、科系、课程、学制、教学条件、学生数量,甚至给学生成绩的方式等等;而与大部分东游者不同的是,程淯无时无刻不在对比中日的教育,并进行了深刻的反思。

8月27日,参观东京振武学堂(清政府委托日本设立的培养军事人才的学校),程淯注意到中国各地派到日本学习军事的情况以及成效,其中清政府急功近利的做法,令他有些失望,"吾国学生,向未有入大学者。非不能入,盖稍有可入之资格,如毕业于户山于联队者十余人,已均为北洋及湖北调回;毕业于士官,虽亦有二百数十人,亦俱回国,而尤以北洋者为多。日本士官,其经历几许程度,始告成功,以赴战事。吾国今虽渐知重武,渐知练习,然费巨额之学资,所学未成,辄令回国。较以程度,终居人后,殊可惜也"②。9月27日,参观东京农事试验场后,程淯又对比了中日于农业技术的不同做法,"彼国以绩学之士,用科学深邃之理,以攻究之,吾国乃委之乡愚。彼国几经试验,不厌精详以求改良;吾国乃一仍旧法。彼地多瘠薄,而今则阡陌成行;吾国以重农之国,而今多芜秽不治。于是出产终不能逾常格,水旱遍灾,惟仰给于移民赈粟,亦幸哉! 地大物博之或可慰情也"③。

在日期间,程淯屡屡向日人请教派遣留学生的办法,及如何推行新式教育等问题。9月6日,与日本女教师井口吾缲君笔谈,程淯得知日本文部省官费留学后必须为国服务的规定,进而想到中国当时的留学政策,"因思吾国历年派送学生,前后数已盈万,学生多无程度,卒业归国,亦不知所以用之。若日政府仅选派井口一人学习体操专门,归即遍施之于各校,费既省而效亦多,殊可法也"④。而在目睹中国官员因不了解情况,在日本浪费大量财力购买教学标本物品时,程淯

---

① 《丙午日本游记》,9月19日,第41页上—41页下。
② 《丙午日本游记》,8月27日,第12页上、下。
③ 《丙午日本游记》,9月27日,第60页下—61页上。
④ 《丙午日本游记》,9月8日,第25页下。

指出,中国推行新式教育,应该"有日本以为车鉴……又学校贵精神,不贵形式;贵教育之普及,不贵程度之过高。今当需才孔亟时,倘一不慎,既不足造就人才,而因地大势涣,其失败之财力,当更千百倍于日本。至日本学校自小学至高等,教习支俸,皆有一定数目,而不能参差。我国延聘日员,当调查其卒业何校,得第几级学俸,今自吾国酌加几何足矣"①。

为更为清楚地了解新式教育中的种种问题,程淯还多次向日本教育部门官员进行请教。9月12日,程淯见到东京府学务课长涩谷元良,了解日本从文部省到府县学校整个学务系统的情况②。9月18日,程淯与涩谷再次进行深入交流。他先是询问在中国推行新式教育的办法。涩谷建议"智识与道德须骈进。于他邦之事,取长舍短,以斟酌适要为宜。愿贵邦朝廷速定教育之大方针,依之实施"。继而问到财力不济的情况下,政府怎样推行强迫教育的问题。涩谷认为,政府首先要进行宣传,发动媒体,让民众了解到接受教育的必要性;其次,确定奖励教师、奖励地方推进教育成效显著的办法;并督促家长,从而推动基础教育的普及。程淯还问到教科书问题。涩谷的建议是,日本教科书可以参考,但中国将来必须得自行编纂。此外,程淯还问到改革过程中如何处理顽固派的掣肘问题。涩谷建议,"官民虽少醒觉,唯其醒觉可待。如仁兄热诚兴学之辈,日夕倡导之声,愿由新闻由演说以启众盲,由学校经营示其实进,冀具眼之官绅,整理学制"③。最后,双方还谈到中国留日学生质量提升的问题。涩谷建议中国对留日毕业生要进行测试,以便他们更好地发挥他们的作用;而在聘请日本人作教习时,最好请日本文部省进行推荐④。10月1日,程淯第三次拜见涩谷元良,两人谈到日本聘用外籍教员及工厂人员的薪水问题⑤。

10月23日,在回上海途中整理在日本收集到的教育相关文件时,程淯仍在思考日本推行新式教育的做法,尤其是聘请外籍教师的特点,"大学各科,非有极深研几之素学,不能膺讲师之选。是以所聘均系欧美名家,远涉重洋,自非月

---

① 《丙午日本游记》,8月29日,第14页上。
② 《丙午日本游记》,9月12日,第29页上—31页上。
③ 《丙午日本游记》,9月18日,第37页下—39页上。
④ 《丙午日本游记》,9月18日,39页上、下。
⑤ 《丙午日本游记》,10月1日,第66页下。

俸较昂不可。其他则自数十元以至三四百元不等"。进而对中国推行新式教育
成效不显的原因进行反思,即给外籍教习提供薪水过高,却以教育自主为名,限
制其才能的发挥,"吾国各省办理学务,延聘教员,薪资皆以二三百两为普通
数……今各省因延聘教员,往往派专员赴东,由钦使转达日本外部与文部省……
自奉既奢,所聘教员必不能薄待,则川资各费又安得不厚……夫各省官场,既惟
知优厚聘金,延任教育,其果能获益于外人犹可说也。而一般督办提调,不学无
术,积习甚深,茫然不知教育为何事。而与外人所定合同,于督办权限一条,必最
注重,意必如此始可钳制外人也。于是教员偶有所见,欲图改良,恒为权限所域,
不便越俎。官场既尚敷衍,外人亦何乐不为其逸哉? 此其糜款费时、久而无效之
原因也"①。

　　在与留学生以及日本教育者接触的过程中,程淯逐渐意识到中国留日学生
大部分基础较差,而清政府方面在留学问题上目的并不明确,从而白白浪费了大
量财力。8 月 26 日,程淯遇到山西留日学生郭伊(字莘耕,曾任山西商会会长),
得知中国留日学生初到日本、日语不好者居多,而日本争开私立学校,以投所好。
程淯当即想到中国大可设立语言学校,"以为游学之预备,免贸贸赴东,浪掷金
钱也"②。日本官员关于大部分留学生根底很差、学业未成匆匆返国的提醒,也
刺激到程淯,"'贵邦每派留学生,动辄数百,动费数千数万,信乎地大物博,为力
甚易。然年年如此,省省如此,意必于学务前途,有蒸蒸日上之趋势。而每见内
地学校,依然科举之形式,在东学生每无根底,恒有学业未成、匆匆返国者。实不
知贵邦办学诸公命意之所在也',予闻是言,惟有汗颜相对而已"③。由是,程淯
再次提出中国通商口岸大可办留学预备学校,对预备留学的人员进行语言及基
础知识的培训,不仅可以节约大量的留学经费,还可以提高留学生的质量④。

　　日本教育产品销往中国的情况及启示。8 月 24 日,程淯见到上海科学仪器
馆在日采买仪器的张之铭⑤。8 月 27 日,日人福田清一告诉程淯,中国学堂用具

①《丙午日本游记》,10 月 23 日,第 102 页上—102 页下。
②《丙午日本游记》,8 月 26 日,第 11 页上。
③《丙午日本游记》,10 月 23 日,第 103 页上—103 页下。
④《丙午日本游记》,10 月 23 日,第 103 页上。
⑤《丙午日本游记》,8 月 24 日,第 9 页上。

大部来自日本东京的三越工场,"今则浙江高等学堂共购五千元。又云南提学使定购伍佰元。各提学使抵任后,亦必陆续购办。而湖北黄提学之公子某,每星期必至该所学习二回云"①。两日后,程淯遇到陕西留学监督缪石逸在东京采买图书标本,共费三百二十元。程淯叹道:"余视其所购者,亦仅值数十元耳。购自日本即需重价,则合各省计之,此费殆不赀矣。缪君又言(陕西)师范学堂开办,已费至十三万元,在日本所购书籍仪器模型标本等约万元。"②程淯指出中国学堂购置的教学标本,大部分在国内可以找到,没有必要全部到日本购买。

9月12日,程淯参观一印刷所,了解到该所绘制的"博物图谱及教科书图画,均运销于吾国者"③。10月6日,得知大江刷印局印刷的地图大量销往中国,与主人笔谈,了解到"每年销售于吾国之地图三万册,教科书约一万册,合银五万元。而其同业最大之店,计三省堂、三松堂、金港堂、东亚公司,合共五家。该店在上海有分销处,在棋盘街之勤学社。他若广智、文明、科学仪器馆、中西教育器械馆等,均代分售。日人近年以图书销售吾国者,盖亦一大宗也"④。

日本实业可资中国借鉴者。8月25日,从同乡谢康伯祖元处,程淯了解到东京高等商业学校的情况,分为预科、本科和专修科,在了解专修科以"立身报国、勤信谦让为根本"后,程淯想到的却是,"吾国国民有商才而无商德,所亟宜设学改良者"⑤。

9月1日,程淯与王惕斋一同参观东京漆工纵览所,在了解到日本漆器产业的发展情况后,程淯注意到日本漆器不用中国漆,原因是"中国漆非不佳,以漆商恒喜掺油,遂不能制造精美物品"⑥。同日,程淯还与王惕斋一同到制造军装服饰的中野商店。该店"每年除己国自用外,销售于吾国者最多。计去年北洋来此采购金银线制之帽章肩章服章等,共三十万元"⑦。这个数字令程淯很是震

---

①《丙午日本游记》,8月27日,第11页上。
②《丙午日本游记》,8月29日,第13页下—第14页下。
③《丙午日本游记》,9月12日,第29页上。
④《丙午日本游记》,10月6日,第81页上。
⑤《丙午日本游记》,8月25日,第9页下—第10页上。
⑥《丙午日本游记》,9月1日,第15页下。
⑦《丙午日本游记》,9月1日,第16页上。

惊,由是想到,"中人但知墨守,且视此等工艺为无足重轻。不知即此戋戋,已年耗我数十万金矣"①。

9月7日,在日本一家小店,程淯注意到里面的绸缎"视吾国之缎无色矣",因之发出中国应该效法日本改进绸缎工艺的呼声,"吾国苏杭各产,倘能加意织花闪色,复能仿其治丝之法,则成本轻而外销广矣"②。9月27日,在蚕业讲习所,程淯看到世界历年输出蚕丝织物表,得知日本横滨一地出口数,与中国江浙两省输送到上海出口的数量相仿佛,他提醒国人"吾国商品仅恃丝茶,对此能无愧色?"③

离开日本之前,程淯获得日本全国工厂的统计资料:"大阪府1185家,兵库县680家,东京府640家,长野县560家……合共9241家,各厂雇工男207997人,女318406人。"又得共进会章程一卷,认为其中不少值得效仿,"吾国工艺方极幼稚,劝商劝工等场必将陆续举办,章程中固有可资效仿者"④。于是,程淯摘要记录了章程中关于博览会的一些制度,以供参考。

亲历中日交涉,推动日本政府退还华商家屋税。10月22日(公历12月7日),程淯在长崎见到华商会馆副董苏道生,得知日本政府对华商的歧视:1899年,日本政府开始加征外国人在日本的房屋税。在日本的西方人不接受日本政府的做法,向海牙平和会(即万国和平会议)提起诉讼。海牙最终裁定日本政府加征外国人房屋税不合法。1906年,明治天皇下诏退还外国人房屋税,但华商并不在退还之列。虽然自1906年起,日本政府不再征华商的房屋税,但之前七年间从各地华人手中征去的税已有三十余万元。华商们向日本政府提出抗议,日本政府态度很傲慢。1906年4月中日马关条约到期,改约期限为半年。华商向清廷驻日公使杨枢提出交涉请求,公使态度却很消极,甚至故意刁难,要华商汇集到征税收条,才能与日本进行交涉⑤。

程淯了解了这些情况,"愤堂堂公使不能据理力争,且并应得之权利一切放

---

①《丙午日本游记》,9月1日,第16页下。
②《丙午日本游记》,9月7日,第22页上。
③《丙午日本游记》,9月27日,第57页上。
④《丙午日本游记》,10月10日,第86页下。
⑤《丙午日本游记》,10月22日,第97页下—98页上。

弃,视华商身命若赘疣,无怪外人之遇事薄视也",乃决定通过新闻媒体向公使杨枢施压,以推动中日交涉的进程①。程淯将华商给清廷外务部的禀文在上海《中外日报》上刊载,表达华商对于中日改约的期望,"此次约满,重在改约。约可包税,税不能包约。我国吃亏不止税则一项。现在当争者:一、最惠国;二、利益均沾;三、领事优遇特权;四、协定税;五、华商在日本所纳一切税额,不得过于其内国人及最惠国……各国虎视鹰瞵,愈让愈受其要挟,且各国无半面条约之理。如日本人与我订其入口税,而我未与彼订我之入口税;我允待以最惠国,而彼不允待我以最惠国,是即所谓半面条约……如此外侮叠乘,伊于胡底?"在程淯的影响下,《中外日报》刊出题为《论留日华商请杨公使力争家屋税事》的专论,矛头直指驻日公使杨枢的失职:"惟近时因家屋税一案,寓日商人对于杨京卿颇有不满之意。华商之苛求京卿耶?抑京卿之负此公使也?然其不能保护商民,争执权利,则固万无一辞。夫国家简派公使,其责任固甚重。商民之对于公使,其期望亦至深。今若徒有拥皇华、称钦差之荣耀,而于应争之事则不欲争,可争之事则不敢争,坐使本国之商民受主国之待遇与他国异,而且同处一隅之地,乃较诸各国之商民,其所享之权利,显有天壤之殊,则不公使之咎而谁咎哉?固无怪商民之有觖望也……记者曰:呜呼!今之奉国书、衔皇命、涉重洋而任公使者,其数已以七八计,其能无歉于公使之职任者鲜矣……今若坐视商民之欺绐,而不能尽力;坐视利权之损失,而不能与争,则有公使与无公使等,又何用此公使为?"②

程淯的影响体现在,《中外日报》报道之前,国内新闻媒体对日本华商争取退税权益这件事多持漠视的态度。如10月间《通问报》的报道,仅是给出日本外务省拒绝退还华商家屋税的理由:"外部答称,此税须照日本律例,仍向华人征收,因免税之例只准欧美各国,故海牙和平会之所判断,中国不在其内。"③同期出版的《外交报》、12月出版的《东方杂志》皆刊载了海牙对日本征收外国人家屋税的裁判书全文,却无一语涉及华商的正当权益④。甚至11月30日《外交

---

①《丙午日本游记》,10月22日,第98页上。
②《丙午日本游记》,10月22日,第99页下—100页上。
③《日外部不准华侨免纳家屋税》,《通问报(耶稣家庭新闻)》1906年第227期。
④《家屋税裁判书》,《外交报》1906年第6卷第26期;《家屋税判决书》,《东方杂志》1906年第3卷第13期。

报》还刊载了日本《明治学报》的一篇题为《论家屋税》的译文，表达的是日本对海牙裁判的不满："按：永久借地权之在外国犹有应征家屋税者，而我国则不独租界，即内地家屋，一经外人居住或具名，权悉为其所有，是皆治外法权阶之祸也。"①

而在《中外日报》专论刊出后，随着事态的发展，《申报》也站出来指斥驻日公使杨枢的不作为："华商侨居日本长崎者，自明治三十二年起，均纳家屋税，至今七年。欧美国人民因昔日亦纳此税，致与日政府涉讼，在荷兰海牙裁判所得之前纳之税统由日本归还，已于上月二号由日本一律清还。惟华人之家屋税未还，且欲征收，而杨使复不力争。本月二十四日，长崎众商在商会集议，并电致农商部，请向日政府理论云。"②迫于压力，驻日公使杨枢就华商家屋税事与日本外务省重新进行交涉，并很快指令横滨领事："札行事照得华商禀请照商日外部将已纳家屋税一律交还一案，业经本大臣照会日外部，妥照办理。"③

1907 年，日本政府终于妥协，首先是日本横滨市役长发还华商所纳房屋税④；继而宣布发还之前所收华商的家屋税、自来水税⑤。为感谢程清在此次交涉过程中所发挥的作用，长崎华商副会董苏道生专门写信表示感谢，"客月台驾过崎，聆教益为幸。家屋税事，前蒙即登《中外日报》，震惊钦使，嗣得去向日本外务部竭力说项。今已准与欧美一律归还华商，还期在新历下月中。度必可如华商所争之愿矣。惟是饮水思源，此事皆出阁下之鼎力。衔感者不特弟一人，即羁留日本之全数华商，靡不感德于靡既也。兹以崎埠所载家屋税归还之日本报纸邮呈，至请察鉴，以昭实迹。倘欲借侦探东方之事，希即示晓。弟当效力也。"⑥

---

①《论永久借地之家屋税》，《外交报》1906 年第 6 卷第 30 期。
②《长崎华商争还家屋税》，《申报》1906 年 12 月 13 日，第 3 版。
③《出使日本国大臣杨为家屋税事札横滨领事文》，《外交报》1906 年第 6 卷第 35 期。
④《十大事月表·2 月 13 日》，中国社会科学院近代史研究所《近代史资料》编译室主编《云南杂志选辑》，知识产权出版社 2013 年版，第 692 页。
⑤《发还华人家屋税、自来水税》，《申报》1907 年 2 月 19 日，第 3 版。
⑥《苏道生致程清函》，《丙午日本游记》，第 100 页上。

三、回国后程淯给当局的建议

回国后,程淯就自己在日本的考察经历及平日所思所想,向山西巡抚恩寿提出建议,即《上恩中丞条陈山西兴革事宜禀》一文。程淯建议政府破格录用人才;对官员进行培训,涉及内政、外交、国势、民情、学务、路矿、实业、戒烟、天足等等,并进行考核。为实行新政,程淯还建议延长官员任期。此外,程淯还提出下列主张:整顿警察以强化地方治安;推动地方以白话颁行告示;施行强迫阅报稽查演说;改良戏剧,藉以为风化之助;在官员子弟中首先推行强迫教育,利用各省会馆作学堂,通过候补官吏摊派筹集经费;学堂用人破除省界;师范教育注重精神,即爱国教育;提倡女性教育,注重职业教育;农林学堂加增畜牧方面的培训;消除地方狼豹对百姓的侵害;延揽正太铁路修筑过程中的学徒,用于扩充机器局;要求巡抚及各级官吏带头集股兴办实业;以各城市的城楼为场所,吸收游民进行日用产品的生产;破除省界之见,大开晋矿以富中国。

在给山西巡抚的建议中,与程淯日本考察直接相关者,包括提倡演说及改良新剧。其中演说观念的产生,不仅有程淯个人的见解,还有来自日人的建议。早在抵达日本之初,在会见长崎华商时,程淯就建议当地华商提倡讲报演说,借以改变下层华商的陋习①。与日本东京府学务课长涩谷长元的交流中,在谈及改革过程中解决顽固派掣肘问题的办法时,涩谷的建议也涉及了演说,"官民岁少醒觉,唯其醒觉可待。如仁兄热诚兴学之辈,日夕倡导之声,愿由新闻、由演说以启众盲,由学校经营示其实进。冀具眼之官绅,整理学制"②。这进一步强化了程淯对新闻与演说在开启民智方面的重视。至于新剧改良的提倡,则来自程淯在日本的观剧体验。旅日期间,程淯曾与同乡谢康伯去日本剧场看剧,了解到新的戏剧在日本发挥了重要作用,"每一新剧出,恒演至数日、十余日、月余不等。盖皆于社会有裨益者……戏剧之于社会,关系实非浅鲜。近闻津沪各茶园有改

---

① 《丙午日本游记》,8 月 20 日,第 4 页下。
② 《丙午日本游记》,9 月 18 日,第 38 页下—39 页上。

152

良戏曲之举,得在上者奖劝之,学士文人复各出其绪余,化导下流,普开民智,一扫淫靡之习、迷信之风,亦教育之助也"①。

此外,程淯关于强迫教育、女子职业教育、农林学堂设置等建议,也与其日本的考察存在或多或少的关系。

除了《上恩中丞条陈山西兴革事宜禀》文外,程淯还撰写了《上恩中丞拟设曲西运煤公司禀》,专门解决太原西山产煤运输困难的问题。程淯提出集股五万元,兴修从太原西门到西山长达三十余里的简便铁路,既将煤运到省城,同时把煤燃烧后产生的煤渣运回西山填充矿坑。最终因山西绅商以主事者程淯等为外省人,而未能实行②。为推动山西实业的发展,程淯还拟定《山西劝工陈列所改良章程》《拟办山西商团进步会章程》,希望借助定期开会、演讲、体操、音乐、报纸甚至游学等方式,促进山西商业团体的进步。

除了给山西巡抚上书,推动山西实业、商业进步之外,程淯还将建议提交给直隶总督袁世凯以及都察院。

1906 年底,程淯上书直隶总督袁世凯,主要谈的是拓展电报业的问题。通过比较中、英、美、日官办电报机构的总收入,程淯指出中国电报业的发展潜力巨大,进而提出推进中国电报业发展的三个方面:一是推广子局。中国直省州县一千七百多,然总局分局只设三百所,而山西、陕西、贵州等省各仅有三局。以山西为例,大同、归化等地区皆无电报局,以至于 1905 年出现匪患,与省城太原联络还是靠提塘驿传联络。各省类似情况不少,广设电报子局有很大空间。另一是整顿学堂。程淯认为,发展电报业不能依赖外国人,应该在各省设立电报学堂,培养本国人才。人才多,从业人员薪水就可以降下来;人才多,形成产业,通过仿制国外电报业发展所需的相关器材,也能降低成本。三是节约糜费。程淯提出利用中国人孙光泰、丁生槐研制发报所需的电机,集聚人才,担任制造、维修电报器材的工作,以降低电报业建设的费用。此外,程淯还建议裁撤冗员,"多设分

①《丙午日本游记》,9 月 14 日,第 31 页上、下。
②《山西通函》,《申报》1907 年 7 月 4 日第 20 版。

局,不设总分局,于总局文案等员痛加淘汰"①。

1907 年,程淯还到北京,呈给都察院一份建议书,11 月刊于《政治官报》与《顺天时报》中。程淯指出:"振兴中国,首须打开民智,养成国家观念;而兴实业、讲制造、裕财政,皆为急切难缓之图。"②其建议共包括十七条:一、实行尊孔,注重乐歌瞻礼。二、学习日本,报刊媒体要为推动宪政及国家进步发挥作用。三、破格录用人才。四、在全国范围内实施统一语言(北京官音)的举措,有利于国家的统一,"语言代表思想,语言不一,则情意相隔而无感触,志趣涣散而难团结"。五、注重精神教育,使人人有国家观念。程淯通过日本甲午战后通过战利品展出、教科书等形式"激励"日本国民的例子,进而说明"爱国即所以保国,爱国之精神欲深入于人心,必教育不为功也。宜由学部悬重赏赏募编教科书籍,激发国耻,提倡各种精神教育,俾人人有国家观念,收效必极远大"。六、在官员子弟中率先实行强迫教育。其逻辑是,"欲开民智,先开官智","今以旧习惯之官吏强其执行新政,学非素具,非阻碍即敷衍,即有欲竭力办事者亦苦无正当办法,故新政虽颁,上行而下不能效"。七、在各省开办白话演说各报,以补学堂的不足。八、注重女子职业教育,与男学并重。九、造就专门人才,以资应用。十、专派学生出洋学习炼钢,以立制造基础。十一、吸引外洋华商开办晋矿,以救全国之贫。十二、在煤铁产地(山西平定州)设立北厂,制造军械,供应东北、内蒙、京畿以及山陕等地武备的需要。十三、大招商人承办各项工厂,从而减少官款的靡费。十四、派技术工人出国深造,以求实效。十四、各省在上海合开全国博览会,以促全国工商之进步。十五、统筹全局,整顿全国租税以清偿赔款。十六、优恤为公益死事之教员学生,以维系人心。十七、建议学部组织中西学问俱佳的人员将《圣经》翻译成至美华文,颁行各省,以一视听而息教案,"其与孔教暗合者,即以四子六经成语彼此互证,贯串成文,篇幅不宜冗长,俾得卒读。精译精印,颁行各省学堂官署,俾阅者咸知西教不外墨子'兼爱'劝人为善之旨,则一切猜嫌均

①《程观察淯上直督整顿电政禀》,《南洋商务报》1906 年第 10 期;另载于《东方杂志》1907 年第 4 卷第 3 期。

②都察院:《代递道员程淯应诏陈言呈请代奏呈》,《政治官报》1907 年第 25 期;另刊于《顺天时报》1907 年 11 月 22 日。

可涣然冰释"①。

虽然给当局提出如此多的建议,但程淯对清政府当局是否采纳其建议,并未抱有太大的希望。在回到山西与日人高桥昌的笔谈中,程淯体现了对清廷新政的失望,"敝邦官吏无久于其位者。更易频频,权不统一。故开办之事多,收效之事少。且以素无经历之人办事,故各省新政均无效果"②。

余 论

为期两个月的日本之行,程淯对日本的教育、医学、实业等诸多领域进行了极为深入细致的考察,在对比中日近代以来的发展状况之后,进行了深入的反思,最终给清政府提出许多建议。但清末时人对程淯东游经历以及个人见识的评价记载甚少,仅在长期于光绪、慈禧身边担任史官的同乡恽毓鼎那里有过零星记录。1908 年,程淯与恽毓鼎相识,两人的相识并非因同乡之关系,而是源于浙江人洪瑞生的介绍,"浙江人洪继祥(瑞生)介程伯葭来见,山西候补直隶州"③。十余日后,两人再次见面、交谈,恽毓鼎对程淯的个人见识已然很是赞赏,"伯葭留心时事,其识甚卓"④。1912 年 1 月 1 日,中华民国临时政府宣布成立,1 月 29 日,清帝宣布退位。5 月 11 日(旧历 3 月 25 日),恽毓鼎在读《东方杂志》上的《振兴农工商业书》一文时,留下这样的记录:"程伯葭尝谓:'身处今日,贵有旧道德,尤贵有新知识,否则将无以自立于社会中。'真名言也。"⑤

作为一位几乎被遗忘的清末东游者,程淯有着极大的抱负,他曾一心想在新政中有所建树,在山西创办过报纸、学堂,东游后又向当局提出许多建议,却不为所用,甚至还因路矿问题为山西士绅所驱逐。进入民国后,程淯的经历仍很丰

---

①都察院:《代递道员程淯应诏陈言呈请代奏呈》,《政治官报》1907 年第 25—30 期;另刊于《顺天时报》1907 年 11 月 22、23、26、27、28、29 日。
②《丙午日本游记》,10 月 24 日回到上海,回晋时间不详,第 104 页下。
③恽毓鼎:《澄斋日记》第 1 册,1908 年 7 月 27 日,浙江古籍出版社 2004 年版,第 390 页。
④恽毓鼎:《澄斋日记》第 1 册,1908 年 8 月 1 日,第 392 页。
⑤恽毓鼎:《澄斋日记》第 2 册,1912 年 5 月 11 日,第 590—591 页。

富,一改之前的"新政"观念,力主尊孔读经。

程淯曾多次寄希望于北洋军阀,如吴佩孚、张宗昌等人的支持,达到尊孔读经的目的。1923 年,程淯曾就恢复读经问题,给吴佩孚写信①。1927 年 6 月 20日,张宗昌致潘复函,赞同程淯通过尊孔读经以抵制三民主义的主张:"顷程伯葭淯条陈整理教育及言论机关两事,办法正当。查南方党军所至之处,皆改各校为中山学校,教员非经训练三月中山主义者,不准在校教授。于是,青年子弟全体化为国民党之三民主义者,人心大变,中国大乱将不可收拾……兹特介绍伯葭诣前,将其中之阻力及学校加入读经之办法,详细面陈,如荷采纳,俾黄河以北各省各校从速改变宗旨,读吾孔子之书,讲礼义廉耻之四维主义,则未始非抵制三民主义之良法,而移易人心,安危定变,所关尤巨。"②除了借助政治的力量之外,程淯还通过出版《历代尊孔记》及《孔教外论》,宣扬自己的主张。他的书在当时发行甚广:"程白葭编著之《历代尊孔记孔教外论合刊》,由中国道德会出版,历时八月,翻版七次,共印一万余部。内容有历代尊孔记实及欧美各国学者对孔教之论列,如卫西琴(美)、李佳白(美)、李提摩太(英)、益沙令(俄)、多麻斯(法)、费希礼(德)、那顿(意)、有贺长雄(日),三十余篇,插图二十余,十万言。"③甚至抗日战争时期,程淯仍然坚持自己的尊孔读经主张,《吴湖帆日记》中有记载了相关的情况,"(1938 年 2 月 22 日)伯葭为提倡尊孔学之热心者,大骂以前政府之种种不尊儒教,自造逆孽,以致大乱","(4 月 9 日)午后程伯葭、程云岑同来,大发尊孔议论"④。1938 年,《历代尊孔记孔教外论合刻》第 15 版得到认购 3.7万部。

从早期的新政追求,到更多在传统中寻找中国立足世界的资源,程淯的思想世界是如何发展演变的,又是否与其早年的东游考察经历有关,作者将另有专文论述,此处不赘。

---

①《吴佩孚与程淯书》,《爱国报》1923 年第 11 期。
②《中华民国史档案资料汇编》第 3 辑(文化),江苏古籍出版社 1991 年版,第 31—32 页。
③《申报》1934 年 1 月 26 日第 12 版。
④《吴湖帆文稿》,中国美术学院出版社 2004 年版,第 195、208 页。

骂槐实指桑——张德彝《航海述奇》系列中的土耳其[*]

张晓川[**]

　　五口通商以降，中国分别与欧美各国乃至日本订立条约，建立外交关系，逐渐融入世界外交体系之中。然而整个晚清时期，尽管存在过相关建议，但是中国始终没有与奥斯曼土耳其订约遣使，产生官方层面的正式外交往来①。中、土分别是亚洲大陆东西两端的大国，互相之间的交流却并不多，国人对于土耳其的印象，相对比较简单，远不如对欧美诸列强及周边日本、朝鲜等国的了解。

　　就晚清时期而言，《海国图志》和《瀛寰志略》是两部较早而且影响较大的地理著述，其中介绍了世界各国的情况和沿革。在魏源的《海国图志》中，按照"西南洋"和"大西洋"的分类，土耳其一国被以"南都鲁机"和"北土鲁机"的标题分别加以介绍。魏源对土耳其所用笔墨仅限于列国一般介绍的范围，同时，因为引用欧人文字较多，所以《海国图志》中的土耳其形象并不佳，其政教、风俗等多受

* 本文为四川省教育厅青年项目"《航海述奇》研究"的阶段性成果。文章标题"骂槐实指桑"借用指桑骂槐一语，而所指之"桑"，又有"桑梓"之意。

** 湖南大学岳麓书院副教授。

① 出使法国大臣刘式训在光绪三十二年（1906），曾经奏请与土耳其、波斯、暹罗等国签订条约，以示通好，但并无下文，见《德宗实录》卷五百六十四，《清实录》第59册，中华书局1985年版，第475—476页。两年后，外务部就无条约各国人民来华游历问题向各省发出咨文，从中可以发现，来华土耳其人员曾经由法国、德国驻华外交官代为管理，见《外务部咨各省无约国人民游历办法文》，上海商务印书馆编译所编纂，荆月新、林乾点校《大清新法令》第二卷，商务印书馆2011年版，第829页。直至1934年，中国与土耳其方签订友好条约，并派出贺耀祖担任第一任驻土耳其公使，见陆俊《一九三四年之中国外交》，《时事月报》1935年第1期，第16、17页。土耳其首任驻华公使席拔希则要迟至1939年底，才抵达当日的陪都重庆，见中国社会科学院近代史研究所中华民国史研究室编《中华民国史资料丛稿·大事记》第二十五辑，中华书局1981年版，第157页。

到批评①。《瀛寰志略》将土耳其放在欧罗巴国家中一起介绍,相比魏源,徐继畬在按语中对土耳其的批评显得更加严厉②。当然此前国人著述中,《海国闻见录》和《海录》也分别对东西"多尔其"和"祋古国(都鲁切)"的情况作过描述,但语多简略③。自《东西洋考每月统记传》创办以来,西人所办华文报刊中开始出现关于土耳其的新闻,相比前述著作的多以概况沿革为主,此类文字多以近事为主④。不过以上两种土耳其事情的记述,消息来源多为西人口述、笔记,至于国人的亲闻亲述,则要在中国人走出国门,并留下日记、游记等相关文字之后。

　　关于晚清国人海外游记、日记的研究,有一基本倾向,即面向西方,以近代化为标的。研究者们往往注目于西方国家,尤其是具有"先进"意义的欧美列强之社会、科技、制度等方面,从国别来看,英、法、美、俄等对世界和中国影响力较大,又处在近代化进程领跑者位置的国家,受到关注较多。其他一些国家,包括土耳其这样的,与中国交往不多,又鲜有近代化榜样价值者,则受到关注较少⑤。这种对海外日记、游记中"先进"西方内容的重点考察和检视,自然是相关研究题

①魏源撰,陈华等点校注释:《海国图志》中册,岳麓书社 1998 年版,第 842—856、1341—1363 页。《海国图志》中引用自明末以来西人中文地理学著述颇多,如《职方外纪》《坤舆图说》等,不一而足,故此类书籍中关于土耳其的介绍,不再列举论述。值得一提的是,由于宗教、地缘政治等原因,欧洲国家与奥斯曼土耳其长期不睦,所以从晚明到晚清传教士笔下的土耳其形象都不算太好。
②徐继畬:《瀛寰志略》,上海书店出版社 2001 年版,第 162—174 页。
③陈伦炯撰,李长傅校注,陈代光整理:《海国闻见录校注》,中州古籍出版社 1985 年版,第 62—63 页,属于"小西洋记"。谢清高口述,杨炳南笔录,安京校释:《海录校释》,商务印书馆 2002 年版,第 235—237 页。
④《新闻·土耳其国》道光丁酉五月,爱汉者等编,黄时鉴整理《东西洋考每月统记传》,中华书局 1997 年版,第 237 页。此后的《遐迩贯珍》《六合丛谈》《万国公报》等皆有类似新闻,此不赘述。
⑤从钟叔河主编的"走向世界丛书"及其序跋集《走向世界》开始,到近十多年来出版的几本相关著作如《初出国门》《走出晚清》《东海西海之间》《帝国远行》《走向世界的宝贵创获》,其最为中心的议题和关键词都在于"走向"、"走出"、西方认识、西学西政之类,相关论文也基本围绕这些主题展开,不赘述。钟叔河《走向世界:近代中国知识分子考察西方的历史》,中华书局 1985 年版;吴宝晓《初出国门——中国早期外交官在英国和美国的经历》,武汉大学出版社 2000 年版;李扬帆《走出晚清:涉外人物及中国的世界观念之研究》,北京大学出版社 2005 年版;尹德翔《东海西海之间:晚清使西日记中的文化观察、认证与选择》,北京大学出版社 2009 年版;李涟《帝国远行:中国近代旅外游记与民族国家建构》,中国社会科学出版社 2011 年版(此书名涉"民族国家建构",但实际上主要内容仍旧是关于出游日记中对西方社会的认识和介绍);祖金玉《走向世界的宝贵创获——驻外使节与晚清社会变革研究》,南开大学出版社 2012 年版。其中吴宝晓的专著在论述晚清使臣关于何为变革之本的观点部分,注意到郭嵩焘关于土耳其的记载以及中国、土耳其相似的言论,见氏著,第 139—140 页。

中应有之义,但仅仅集中于此,显然会过滤掉不少有意义的信息,错失出使人员及游记中反映出的不同面相,也使得研究和立论过于单一。

在所有晚清出使、游历人员中,张德彝出国八次,留下了《航海述奇》系列八种,可谓位居出国次数、时间以及著述字数之冠①。张德彝《航海述奇》系列中所录的土耳其事情,基本无人关注,更无论详加辨析,其记载中的独特之处与真实意图,从未为人发现②。故而本文将首先大致梳理晚清出使日记中,中国使节与土耳其使节的交往,以及所闻土耳其情况的记述。在此基础上,将张德彝《航海述奇》系列中,涉及土耳其的相关内容加以辨析,揭示其明言土耳其,暗指中国的叙事手法。同时通过"神豆汤"故事的个案,展现张德彝以"指桑骂槐"叙事手法炮制的土耳其旧事,如何在国内被信以为真,流传散布的过程。最后,笔者将进一步讨论张德彝为何以土耳其暗喻中国,并略述晚清国人关于土耳其的印象以及将中、土两国相提并论的言论。

一、晚清出使日记中的土耳其

晚清时期,中国与土耳其并无正式外交关系,两国人员交往的孔道往往是中国派向欧美各国的使臣,与土耳其派向该国的出使人员之间的接触③。中国使

①张德彝及其《航海述奇》系列的专门研究,相对起步较晚,尤其是《五述奇》到《八述奇》,面世较晚,研究更为薄弱。相关研究也没有摆脱上述近代出使人员及旅外游记研究中的基本模式,除了大体概述张德彝本人及其游记作品之外,多集中在外交交涉及其对西洋事件、科技、制度或某一学科领域的认识和介绍。其中惟有王川的论文以张德彝及《航海述奇》系列为出发点,研究近代涉藏官员及藏事,可谓视角独特,见王川《从新近刊布的史料看晚清、民国藏政要员的洋务背景》,《西藏民族学院学报》2003 年第 3 期。

②当然笔者并不赞成单纯内容上的"填补空白"式研究,否则郭嵩焘、曾纪泽、薛福成等笔下的奥匈帝国、意大利、西班牙等可以排列组合的不下上百题,想必亦较难摆脱简单引述之嫌。

③关于土耳其出使人员,哪怕只是驻各国公使,因笔者学术不精,目力所及相关资料和研究稀少,仅见伯纳德·刘易斯著,李中文译《穆斯林发现欧洲:天下大国的视野转换》,生活·读书·新知三联书店 2013 年版,其中涉及不少奥斯曼帝国旅欧人员的记述,但是对于十九世纪中后期着墨不多,鲜有可资借鉴之处。这恐怕也是晚清出使日记研究中的普遍短板,比如郭嵩焘等著,王立诚编校《郭嵩焘等使西记六种》,生活·读书·新知三联书店 1998 年版,其最后附表《外国人民新旧译对照》中,土耳其驻英公使"莫拉射司巴沙"就无可对照,见第 476 页。

臣留下的出使日记中,也会记录一些见闻所及的土耳其消息。早在中国派出正式驻外公使之前,蒲安臣使团中的志刚,就记录过其在华盛顿与土耳其驻美公使的会晤。在他看来土使"和平历练",而且颇有与中国交际,建立外交关系的意愿。同时也有人在旁撮合此事,称若与土耳其建交,可对西北回民问题解决有所帮助。不过中国使者却并不热衷此事,还产生了"纵可引虎拒狼,犹当思何以待虎"的防范心理①。

光绪二年底,中国首任驻外公使郭嵩焘在赴英途中,曾见到报章所载关于土耳其国内分裂以及变用西法之事,他非常认可外籍随员马格里对此事的评论:变法弥乱应究其行,而非在大祸临头之际仅仅颁布一些新法而已②。来到伦敦赴任之初,郭嵩焘见到了一份各国驻英公使的名单,其中有土耳其头等公使"莫拉射司巴沙"③。按照当时的外交惯例,新到公使需一一拜访别国公使,郭嵩焘在新年初就履行此例,光绪三年正月初七,他见到了土国公使,交谈之下,印象尚佳,认为"土使所土,亦多可听者",而其用意在于联合中国,对抗俄国。他还询问了伊斯兰教的情况,了解到什叶、逊尼两教派之间的分歧④。作为副使的刘锡鸿初至伦敦不久,受邀旁听英国国会议事,远观各国使臣,发现只有土耳其和波斯的公使习俗与西方各国略异,并不行免冠之礼⑤。正月初九,刘锡鸿日记中记载了拜访土国公使"默苏拉士",了解到土、俄交兵的情况,他的认识是土耳其

---

① 志刚:《初使泰西记》,"走向世界丛书"第 1 册,岳麓书社 2008 年版,第 297 页。
② 郭嵩焘:《郭嵩焘日记》第三卷,湖南人民出版社 1982 年版,第 90 页。
③ 郭嵩焘:《郭嵩焘日记》第三卷,第 100 页。"莫拉射司巴沙"中的"巴沙",即"帕夏",为老爷、勋爵之意。
④ 郭嵩焘:《郭嵩焘日记》第三卷,第 147 页。"土使所土"一句或为"土使所言""土使所吐"之讹误。
⑤ 刘锡鸿:《英轺私记》,"走向世界丛书"第 7 册,岳麓书社 2008 年版,第 81 页。这次国会议事正是有关土耳其问题。张德彝关于此的文字与刘锡鸿基本相同,见其《四述奇》,《稿本航海述奇汇编》第三册,北京图书馆出版社 1997 年版,第 234 页。关于刘锡鸿和张德彝日记的雷同,有学者经过内容和版本的考订,基本确认了刘锡鸿日记在前,张德彝日记在后。见尹德翔《东海西海之间》,第 125—137 页。又有学者认为张德彝作为随员,为刘锡鸿准备了出使日记的材料,所以两人游记中出现雷同段落,并不存在抄袭的问题。见冈本隆司、箱田惠子、青山治世《出使日记の時代——清末の中国と外交》上册,名古屋大学出版会 2014 年版,第 62 页。另外,曾经前往美国参加 1876 年费城世界博览会的李圭也注意到了土耳其与中国类似,服装习俗上不同于欧美各国:"其中服色迥异者,中国而外,惟土耳基国,余皆一致。"李圭《环游地球新录》,"走向世界丛书"第 6 册,岳麓书社 2008 年版,第 205 页。注意到土耳其服饰不同于西方的还有袁祖志,他说:"除土耳其一国,被服离奇外,其余各国相同,毫无分别……"见袁祖志《涉洋管见》,王锡祺编《小方壶斋舆地丛钞》第十一帙,杭州古籍书店 1985 年版,第 15 册,第 470 页。

"内政不修",依靠英、法两国方能自保,又希望得到中国的援助,所以一见面即请求互通友好①。

光绪三年五月底,郭嵩焘再次前往拜访土耳其驻英国公使,双方谈起有关师法欧洲制器工艺等话题,颇为融洽。土使向郭嵩焘介绍了土国数十年来,学习西方,仿行电学、机器局、学校和铁路等,他还专门提到了中、土两国皆为俄罗斯所威胁觊觎,故而都必须卧薪尝胆,不可稍忘对俄国的警惕等,相关言论让郭嵩焘尤感"悚然"②。作为随行人员的张德彝也记录此次与土使"穆素乐斯巴沙"的会谈,大体内容与郭星使一致,只是还强调了亚细亚各国应当同盟和好,共同抗御强敌等③。

除了与土耳其公使的会面交流之外,使团人员还从其他方面,获知土耳其的相关情况。光绪三年正月初十,郭嵩焘通过《泰晤士报》得知土耳其"丞相密得巴沙"因为上书得罪"土王"而被放逐欧洲之事。上书中言及土耳其近三十年之弊为徒有号令,不曾实行,上下欺瞒,粉饰太平,他接下来在日记中写道:这也正可谓是"中华自明以来五百余年之弊",无怪乎英国驻华公使威妥玛认为:"土国弊政无他,止是一切皆成具文,与中国如出一辙。"④从游记记载看,刘锡鸿比郭

---

① 刘锡鸿:《英轺私记》,第94页。刘锡鸿日记与郭嵩焘记录拜访土耳其公使相差两日,且这段记载前有一"又"字,似为补记,故有可能两人于初七日同时拜访,刘锡鸿补记于初九日,但也有可能刘锡鸿确实在初九日单独拜访,随员张德彝的日记中,初七、初九两日都没有相关记载,所以难以验证确考。

② 郭嵩焘:《郭嵩焘日记》第三卷,第248页。此前郭嵩焘还在各种晚会和学会与土使相遇,但并未交流,见《郭嵩焘日记》第三卷,第153、215页。对于中、土在"抗俄"大势中的关联,身在国内的李鸿章也有类似认识,光绪三年,即中俄伊犁争端中,在给总理衙门的信中称:"俄果得志于土,中国当亦旰食。"不过同时他也乐观地相信此为"欧洲诸国全局所关,非仅一国之患",俄国西顾反倒使中俄之间不致发生战事。顾廷龙、戴逸主编《李鸿章全集》第32集,安徽教育出版社2008年版,第35页。

③ 张德彝:《四述奇》,《稿本航海述奇汇编》第三册,第492页。"穆素乐斯"即郭嵩焘笔下的"莫拉射司",刘锡鸿笔下的"默苏拉士",音译不同而已。

④ 郭嵩焘:《郭嵩焘日记》第三卷,第148页。当然这段有关中、土相似的评论,很可能是郭嵩焘日后补记的,下详。郭嵩焘日记中称得知于《代谟斯》新闻,即 Times,《泰晤士报》。郭嵩焘此后还得知被罢黜的"故相密达得巴沙"来到英国,被邀请进入改革俱乐部。不久,印度回民"布克施"来邀请参加晚会,并称"土国尚书摩尔达巴沙"也将到场,可以与之一见,郭猜测其用意在于安排自己和阿古柏派来的代表见面,拒绝赴会,只是派张德彝代为出席。郭嵩焘何以使用不同的官衔和译名来称呼,其究竟是否知晓"密达得""摩尔达"实为一人,已不得而知。见《郭嵩焘日记》第三卷,236页。张德彝赴会后稍谈片刻即回,但也见到了土耳其"原任水陆总理米达巴沙",见张德彝《四述奇》,《稿本航海述奇汇编》第三册,第470—471页。

嵩焘更早了解到了土相"美达德"上书触怒"苏尔丹哈密德",遂被流放之事①。同时,他还了解到土国宗教问题以及保加利亚等地的反抗,可能正是自马翻译口中听说了土耳其国事之"益不可为",才使得刘锡鸿在会晤土使时,产生了土国内外问题严重,有求于中国,故希望通好的想法②。

在英国期间,郭、刘二人在与英国人的交流中,也不时谈到土耳其问题,并且关于中国和土耳其国情相似的一些认识,很可能是得自英人言论之中。光绪三年二月十六日,布鲁斯前来使馆拜访,正使郭嵩焘和副使刘锡鸿都参与了会见,郭嵩焘日记中记录了布鲁斯谈到中国、土耳其政教情形极为相似,弊端在于"其政刑一切废弛",而且官员俸禄甚少,所以贪墨横行。听罢此言,郭正使立马联想到祖国,感叹"闻此仿睹中国情形"。刘锡鸿的日记记述更加详细,大致内容没有区别,但他的反应却与郭嵩焘不同,而是产生了疑惑,因为布鲁斯之论土耳其似乎与平日别人"之论土政者不合",故而刘锡鸿的感觉是此人"举止言行,似有深心远识者",这一番言论恐怕是"有所讽刺"③。同年十月初六,郭嵩焘和威妥玛之间,因言及土俄争端,展开了一场讨论。威妥玛称土国"太少内修之功",完全不是俄国的对手,而且其被侵伐,大快人心。郭嵩焘表示不解,"语以莫射拉巴沙"之言,即土国其实有心振作,"近三十年一切循用西洋法度",似乎并不是如威氏所说。威妥玛答以土耳其官员腐败玩忽,民人穷困潦倒,这样的国家在西方即被称为"乱国",并言"吾在中国久,略谙其情形,殆亦类此耳"。于是话题

---

① 刘锡鸿:《英轺私记》,第87—88页。刘锡鸿是从马格里口中得知。此事指新登基的阿卜杜尔·哈米德二世(Abdülhamid II,即刘锡鸿笔下"苏尔丹哈密德")将力主颁行宪法、召开国会的米德哈特帕夏(Midhat Pasha,即郭嵩焘笔下的"密得巴沙",刘锡鸿笔下"美达德",张德彝笔下的"米达巴沙")驱逐出境,米德哈特随后流亡欧洲各国。当然米德哈特被驱逐不仅仅是简单的上书中言辞触怒苏丹的问题,关于哈米德苏丹的上台以及米德哈特制定宪法及其在议会中的作用,可见戴维森著,张增健、刘同舜译,姚楠、龙协涛校《从瓦解到新生——土耳其的现代化历程》,学林出版社1996年版,第103—107页。

② 刘锡鸿:《英轺私记》,第87—88、94页。

③ 郭嵩焘:《郭嵩焘日记》第三卷,第170页;刘锡鸿:《英轺私记》,第120—121页。布鲁斯,郭嵩焘称之"布妥玛",刘锡鸿称之"布罗士",根据刘锡鸿的记载是第二次鸦片战争中英国全权代表额尔金勋爵之弟,《天津条约》后英国指派的驻华公使卜鲁斯之兄,见刘锡鸿《英轺私记》,第115页。吴宝晓的专著中称其为威妥玛之弟,有误,见氏著《初出国门——中国早期外交官在英国和美国的经历》,第140页。

从土耳其转向了中国，郭嵩焘认为中、土之间，互有短长，但中国并不黩武，还不至于惹来强敌。威妥玛则以为，如能内修，有强敌亦不可怕，如若反之，随处皆觊觎虎视之敌国，现在中国不从内政上着手，重视民生民心，而只向西方购买枪炮，学习外交，可谓全无益处，"土耳其可为殷鉴"。郭嵩焘感到威氏之言"耸切"，故而记下了这段对话①。

此外还值得一提的是，刘锡鸿在回国之后，参与到了关于铁路建设的大讨论中，奏有著名的《仿造西洋火车无利多害折》，提出了建铁路八条不可行、八条无利、九条有害之说。此折开篇，刘锡鸿强调自己曾经出使，见闻外国事颇多，所以"既有所见，不敢不即陈明"，用以佐证观点。在关于造铁路有害的部分，他两次以土耳其作为例证：

> 土尔奇，回回大国也，其地七千余里，抚有黑海、地中海及阿非利加洲诸回部，以为其藩属。自仿西洋造火车，借英、法等国金钱一千九百余兆，无由归还。诸强邻遂相陵逼，几至亡国……

> 臣尝闻土尔奇国使臣之驻德者言，土国风俗向系慕效中华，以俭为宝。自火车既行，西洋各货流入内地，人虽知其无当日用，而心好之，遂以穷匮……②

两段文字分别为了说明修建铁路所借巨款可能造成巨大负担和成为债权国入侵的口实，以及铁路带来的通商便利会使得人心向奢，财富日减。其实根据郭嵩焘的日记，此前刘锡鸿就已经提到过土耳其因铁路而穷困之事。光绪四年十一月初八，也就是尚未回国的郭嵩焘得知刘锡鸿给自己罗织了十大罪状之后不久，郭在日记中抨击了刘出卖沈桂芬、李鸿章和自己的行径，认为其构陷李鸿章尤为有恃无恐。盖因当日传言直隶总督治下的天津紫竹林将修建铁路，刘锡鸿致信总理衙门攻击李鸿章，信中言自己在西洋，听闻"土国公使亦言土国之穷困误于铁

---

① 郭嵩焘：《郭嵩焘日记》第三卷，第336—337页。"莫射拉"，即之前郭嵩焘笔下的"莫拉射司"，"近三十年一切循用西洋法度"似乎也不是得之于莫氏口中，更接近来英途中记载的土耳其"一准西洋法度行之"之语。另，前文提及光绪三年正月，郭嵩焘在述土国丞相被罢黜流放之后，记录的威妥玛有言"土国弊政无他，止是一切皆成具文，与中国如出一辙"，似乎就是出自这次谈话，故而如若笔者判断不错，正月初十的日记是经过修改补充的。

② 刘锡鸿：《仿造西洋火车无利多害折》，《刘光禄（锡鸿）遗稿》，沈云龙主编《近代中国史料丛刊三编》，台北文海出版社1968年版，第45辑，第446册，第71—108页。其中，提及土耳其者，在第98、99页。此折上于光绪七年正月十六日。

路",路成之后,该国物价腾贵,故而铁路实在是有害无益。郭嵩焘当即认为此事乃刘锡鸿编造:

> 吾因言土国公使与我谈论至多,谓此三十年一切皆用西洋法度,所以犹能与俄人交战,否则早拱手听命矣,不如刘云生所云也。刘和伯因言,刘生编造此等言论至多,土国公使实无此说。其蓄意在迎合总署,知其惮于兴造铁路也,故力为此说,先意承志,以幸其相倚信,而又可以倾及区区,故编造土国公使之言以为信据。①

关于刘锡鸿是否伪造事实,当代研究者们认识不一②。笔者认为,刘锡鸿究竟是否听闻土耳其公使亲口告知,由于没有足够的佐证材料,已难言其必有必无,若仅从其言真实程度判断,当为虚实参半③。

光绪四年,郭、刘风波之后,接替刘锡鸿出任驻德公使的李凤苞,在送走前任的第二天,即去拜访土耳其驻德公使"萨多拉贝",土使先是将中土两国并称为"吾侪东方国",一下子拉近了双方距离,又抱怨在欧洲出使,语言习俗各方面,颇多窒碍,并问中国此后是否会接着派遣驻英、法、德等国公使。李凤苞答以当会续派,土使礼节性地表示将对华使特别相待,知无不言,言无不尽④。同年,曾

---

① 郭嵩焘:《郭嵩焘日记》第三卷,第 696 页。

② 钟叔河认为"断言刘锡鸿蓄意编造事实,也许夹杂了郭嵩焘的个人意气在里边",见氏著《走向世界》,第 248 页。任云兰等判断刘锡鸿所言"有故意夸大其词的嫌疑",见任云兰、熊亚平《保守中的趋新——刘锡鸿反对修建铁路思想之再分析》,《学术研究》2009 年第 9 期,第 126 页。李忠兴则认可郭嵩焘"明白无误地揭露其纯属子虚乌有",见李忠兴《近代化进程中的防范性抵拒——刘锡鸿个案剖析》,《华东师范大学学报(哲学社会科学版)》1995 年第 3 期,第 58 页。

③ 首先需要辨明的一点是,假使有土耳其公使言及铁路问题,也未必一定要和土国实际情况相符,即如前文提及的布鲁斯有意"讽刺",土国公使又为何不能虚言"讽刺"。其次,土国债台高筑,并因此受逼于债主,国内穷困,确为实情,但借债并非专为修建铁路,穷困也并非仅仅因为铁路运来西方货物,更无论所谓"风俗向系慕效中华"。刘锡鸿也曾经在和布鲁斯的谈话中,听到如果土耳其"广开火路车",享通商便利,实惠百姓,"然后可望治"之论,只是不信(《英轺私记》,第 121 页)。第三,刘锡鸿在出使日记中关于铁路的论述颇多,平心而论,有褒有贬,其意重在反对彼时之中国修建铁路。其日记中一些关于铁路的负面信息也是听闻得来,比如有关英人经营铁路,成本颇高,一旦乘客和货物减少,即入不敷出,亏本者多(《英轺私记》,第 148 页)。值得注意的是,如果刘锡鸿的记述没有讹误,经营铁路者多亏本这些话,正是"刘孚翊以告予",刘孚翊,字鹤伯,又称和伯,即附和郭嵩焘指责刘锡鸿编造的"刘和伯"。关于土耳其修建铁路的情况,可参见伯纳德·刘易斯著,范中廉译《现代土耳其的兴起》,商务印书馆 1982 年版,第 195 页。

④ 李凤苞:《使德日记》,沈云龙主编《近代中国史料丛刊》,台北文海出版社 1968 年版,第 16 辑,第 155 册,第 69 页。

纪泽接替郭嵩焘出任驻英、法公使，十二月抵巴黎，照例拜会各国驻法头等公使，其中有"土耳其使阿里费巴沙"，但仅一坐而已①。次年二月，又有拜会"土耳其公使萨非巴遮"并谈话片刻的记录，据说土使称呼中国为"天朝"，并且表示颇为羡慕欧美日俄诸国皆有中国使臣驻扎，希望两国之间也能建立正式外交关系，曾纪泽答以将来定有建交互派使节之一日。时为随员的黎庶昌听闻后，还向其提及了郭嵩焘在英国所见之土使亦如是说②。在曾侯卸任回国之际，曾以英文发表了著名的《中国先睡后醒论》，其中也提到土耳其自以为有战舰大军，可称大国，为俄屡败，乃在于不知国家之本在民，而非兵力，中国定不会重蹈覆辙③。

薛福成在光绪十六年出发，任驻英、法、意、比公使，其对世界各国的了解较之前任更进一步，在途经苏伊士运河时，已知此地名义上为土耳其之埃及总督所管辖④。抵达巴黎之后，薛福成携陈季同往拜各国公使，其中有土耳其头等公使"爱萨德"，土使感叹所谓公法和条约，皆不足恃，当日之世界，纯粹乃大炮巨舰之时代，势不如人，鲜有能立国者⑤。到达伦敦之后，薛福成携马格里前往拜访土耳其头等公使"洛司丹"，询问土国概况，洛使回答甚为详细，言及土国风俗、疆域、近事及军事等节。薛福成特地记录了"其民皆食米饭，此其风俗与中国同者也"。同之前的郭嵩焘、曾纪泽等人所遇一样，土使也提出中、土两国形势颇同，强敌临门，实在是同病相怜，如能签订和约，成为友邦，乃双赢局面。马格里也说，土耳其与中国无商务上的交涉往来，所以没有签订条约，既然如此可以不必签订详细条约，但有一和约，保证两国结成友邦即可，薛亦觉有理⑥。在从洛使处得知了土耳其疆域日削的情况后，薛福成还仔细查看了所购土国地图，连续数日日记对土耳其的水陆形胜，尤其是"欧洲旧疆已去三分之二"的历史详加考察之后，评论道："始知衰弱之国，一启兵端，非特彼之仇敌，不得利益不止也，即

---

① 曾纪泽著，刘志惠点校辑注，王文濬审阅：《曾纪泽日记》中册，岳麓书社 1998 年版，第 830 页。
② 曾纪泽著，刘志惠点校辑注，王文濬审阅：《曾纪泽日记》中册，第 844、845 页。
③ 曾纪泽：《中国先睡后醒论》，曾纪泽撰，喻岳衡校点《曾纪泽集》，岳麓书社 2008 年版，第 372—373 页。
④ 薛福成著，蔡少卿整理：《薛福成日记》下册，吉林文史出版社 2004 年版，第 525 页。
⑤ 薛福成著，蔡少卿整理：《薛福成日记》下册，第 530 页。
⑥ 薛福成著，蔡少卿整理：《薛福成日记》下册，第 540—541 页。

名为相助之国,亦不得利益不止,识者于是叹公法之不足恃也。"这显然是针对土耳其事情与中国在第二次鸦片战争中所经历的相似有感而发①。另外,薛福成在论及沙俄之国势及强梁时,还曾将中、土并视为首当其害的两国:

> 夫俄不有事于天下则已,俄若有事于天下,东则中国当其冲,西则土耳其当其冲,中则印度当其冲。而细察俄之隐谋,则注意印度为尤甚。然果使印度折而入于俄,则中国与土耳其亦岂能一日高枕而卧?②

除了向欧洲派出使臣之外,中国也向美国遣使,中国驻美公使并兼西班牙(当日称之为日斯巴尼亚,简称日)、秘鲁使事。张荫桓在光绪十二年出任驻美、日、秘公使,由于当日正是美国排华和虐待华工事件多发的时段,所以非常注意在美华工问题。他听闻美国当地官员与排华势力沆瀣一气,导致华人被害案件迟迟不能了结,而"近日土尔其人来美佣工渐多",与华人一样能吃苦耐劳、克勤克俭,估计也难逃被迫害的命运③。与刘锡鸿、李圭一样,张荫桓也注意到了土耳其使臣礼服不同于欧美各国,他还发现,尽管"土尔其使久易美国冠服",但在美国总统的宴会上仍旧穿着本国衣冠,"戴冠如药臼,上缀小缘缨"④。

接替张荫桓为驻美、日、秘公使的崔国因,从美国人处听闻的消息正好相反:"欧洲之人民,以土耳其为最懒。"不知仅仅是认识上的差异,还是排外者有意诽谤⑤。不过崔国因日记中记载的土耳其消息的确以负面者居多,比如其称查得

---

① 薛福成著,蔡少卿整理:《薛福成日记》下册,第 543—545 页。薛福成关于土耳其疆域的记述还可见其日记,第 570—571 页。
② 薛福成著,蔡少卿整理:《薛福成日记》下册,第 626 页。此节议论后以《论俄罗斯立国之势》为题收入《庸庵文编》,为郑观应《盛世危言》所引,流传甚广,见郑观应著,夏东元编《郑观应集》上册,上海人民出版社 1982 年版,第 820 页。薛福成在此节议论中还以中国春秋战国时代比当日世界形势,认为"俄之机势,大与秦类",关于近代人以春秋战国比国际局势及防俄论,王尔敏在论文《十九世纪中国国际观念之演变》中有专门论述,见氏著《中国近代思想史论续集》,社会科学文献出版社 2005 年版,第 93—116 页。他注意到薛福成将当日世界各国对应为春秋时期各国,其中中国为宗周,而土耳其地处亚欧之间,为英、法、俄诸列强环伺,有如宋国之于齐、楚、魏(《薛福成日记》下册,第 679 页)。除文章所列之春秋战国论之外,同为驻外公使,驻日本的何如璋在其《使东述略》中也有类似比附,他也认为土耳其类似宋国:"若土耳其、波斯、丹、瑞、荷、比之伦,直宋、卫耳、滕、薛耳。"见何如璋著,吴振清、吴裕贤编校整理《何如璋集》,天津人民出版社 2010 年版,第 76 页。
③ 张荫桓著,任青、马忠文整理:《张荫桓日记》,上海书店出版社 2004 年版,第 97 页。
④ 张荫桓著,任青、马忠文整理:《张荫桓日记》,第 243 页。
⑤ 崔国因著,胡贯中、刘发清点注:《出使美日秘日记》,黄山书社 1988 年版,第 148 页。

土耳其兵员为七十万,但是可以交钱而免,又可出钱请人替代,且购买的铁甲军舰,并不出海,只是在港口停泊,可谓武备久废①。在听闻土属摩洛哥叛乱之后,崔国因加以按语:土耳其横跨亚、非、欧三洲,可称大国,但"君臣玩愒,国无靖时",如果不是英国出于对抗俄国的目的有意保护,早已亡国②。在关于英、土"瓣力岛"(即今克里特岛)交涉案的评论中,崔国因认为土耳其不多布耳目侦探,而一味向英国驻土公使打听消息,其行为无异于"与羊谋羞,与狐谋裘"③。此外,土耳其的经历还经常被崔国因用来作为反面教材,起警示提醒之作用。比如他认为土耳其乃昔日之大国,近几十年来,土地为列强割占,国势一蹶不起,"犹人之肢体,摧残废痿,断未有能久存者也"④。同时,又为俄国"积威所劫",自身忽视武备,军舰泊港中不加训练维修,出海即沉,是"亦殷鉴也"⑤。他还说在这一弱肉强食的世界里,处处尔虞我诈,稍有不慎者,如埃及、秘鲁已失国权,土耳其将蹈其覆辙⑥。不过即便如此,崔国因仍然认为土国外交政治有可取之处,日记中曾记述报载土耳其"民教不和"问题(实即基督宗教与当地伊斯兰教之间的冲突),土国政府规定教堂领取执照,严加管理并且有驱逐教士行为,使得崔国因感慨其虽为弱国,但尚能如此严格办理教务,不知其他亚洲国家何以不能办到⑦。当然崔国因与土耳其公使之间也有交往,还参加过土使举办的宴会,但是具体有无交谈和交谈内容皆不见于日记⑧。

二、张德彝笔下的"土耳其事情"辨正

通过对晚清出使日记中记载土耳其相关情况的梳理,大致可以发现,尽管中

①崔国因著,胡贯中、刘发清点注:《出使美日秘日记》,第152页。
②崔国因著,胡贯中、刘发清点注:《出使美日秘日记》,第240页。
③崔国因著,胡贯中、刘发清点注:《出使美日秘日记》,第342页,此处点注者标点有误。
④崔国因著,胡贯中、刘发清点注:《出使美日秘日记》,第596页。
⑤崔国因著,胡贯中、刘发清点注:《出使美日秘日记》,第505页。
⑥崔国因著,胡贯中、刘发清点注:《出使美日秘日记》,第521页。
⑦崔国因著,胡贯中、刘发清点注:《出使美日秘日记》,第406、540页。
⑧崔国因著,胡贯中、刘发清点注:《出使美日秘日记》,第256、261、264、511页。

土两国没有直接的外交往来,但是都有公使驻扎英、法、美等国,同驻一国的双方公使有所往来交流,中国使臣藉此了解到一些土国情况。同时,经由阅读报纸、听闻别国人员转述等其他途径,也获知不少土耳其消息。首次作为正式使节出洋的郭嵩焘使团成员日记中,此类消息较为集中,能够互相印证。他们还从西人口中,听到了一些将中、土两国国情相比拟的言论,郭嵩焘出于对祖国的忧虑和自身境遇等因素,很快接受了这样的观点,刘锡鸿出于警惕,对此抱有意在"讽刺"的怀疑和猜测,但他回国之后却以不尽真实的土耳其事情来影响国内决策,或许也有效其故智的意味。

相较以上出使日记,张德彝《航海述奇》系列的篇幅更大,其中提到的土耳其事情也更多,从表面上来看,记载情况也更为详细深入,但其真相和意图究竟为何,以下将展开辨析。前三次随团出使的张德彝,只是对土耳其偶有提及,没有使用多少笔墨,也基本未与土耳其人有直接的接触。只是在随蒲安臣、志刚、孙家穀使团的出访中,他曾在巴黎伴同拜访土耳其驻法国公使"智米乐",十日后,土使出于礼节,进行回访,虽然"坐谈极久",但是并没有记载所谈内容,该日日记随后即不亦乐乎地介绍西方各种糕点,或能看出张德彝并没有重视这次会见①。

十年后,张德彝以三等翻译官的身份,随郭嵩焘使团前往伦敦,因这是其第四次出洋,故日记被命名为《四述奇》。前已述及,张德彝曾经参加了一次与土耳其公使的会面,但是日记中却不见布鲁斯和威妥玛来访提及土耳其与中国相似的记录②。除了随同正副使参与会见之外,《四述奇》中也记录了其他来访西人所谈及的土耳其事情,比如光绪三年八月二十三日,有英国人"许再思"来论及天下大势,称国与国之间相互学习大抵有两种,一种是出于自愿和上进,另一种是不得不学,土耳其向西方学习即属后者,但是其"诸物虽与西国相同,惜上未能明其理,下未能遏其贪耳"③。又约两个月后,有"甘哲孙"来访谈,言及西方国家见他国有高妙之技术,必定从善如流,但是"以学习他国为耻"的土耳其

---

① 张德彝:《三述奇》,《稿本航海述奇汇编》第二册,第 454、467 页。
② 布鲁斯来访在光绪三年二月十六日,这一天正好是西方的复活节,《四述奇》饶有兴趣地记录了节日的习俗及当天的情况。威妥玛来访在该年十月初六,当天张德彝与同事出外聚餐,很晚(亥初)才回。张德彝:《四述奇》,《稿本航海述奇汇编》第三册,第 344—346、684—685 页。
③ 张德彝:《四述奇》,《稿本航海述奇汇编》第三册,第 648—649 页。

等国"恐终无进益,甘受其侮"①。

《四述奇》中还有一些土耳其事情的记载,其内容和信息来源颇有可疑之处。光绪三年四月初四,张德彝随同郭嵩焘出席英国外交大臣德比伯爵夫人举办的茶会,归寓后记西方每举办大工程都通过股份制公司形式筹集资金。之后他提到了土耳其,作为反面例子:

> 闻土耳其国,向来兴建大事,皆须动用国帑。数十年前,改效西法,建立公司。迄来不惟公司未富,且致欺风日甚。盖数人合伙以业商贾,赀本或仅千百缗,苟非亲身经理,辄被攘窃以去。况数千万金之重,孰肯协力同心以共其事哉?夫土耳其二千年之古国也,即古之希腊四百年前归之土耳其,不意险诈至此。今虽有实心欲向西人共事,亦鲜有推诚信任者。②

其中,将土耳其称为两千年的古国,殊为可怪,盖其历史并未有如是之久,从稿本中也可看出归并希腊一句是后来添上的,不过更加可疑的是这段描述实在与其他星使笔下的中国过于相像,比如崔国因曾说:

> 查外洋各公司,其成本辄数千百万,国虽饶富,安得如许之股商哉?其得力在集股耳。中国效之,则多弊窦。由于风气初开,章程未备,而经理非其人也。因噎废食,何以浚利源?袭谬沿讹,适以肥奸猾。是在公正廉明者,提创宗风焉。③

崔国因意在建议引导,与张德彝的批评用意不同,但两人笔下反映出的情况则如出一辙。《四述奇》此节究竟是有意"讽刺",还是直书所闻,相信不难判断其实属前者④。

---

① 张德彝:《四述奇》,《稿本航海述奇汇编》第三册,第708—709页。
② 张德彝:《四述奇》,《稿本航海述奇汇编》第三册,第427—428页。当时的英国外交大臣是第十五代德比伯爵爱德华·亨利·斯坦利,张德彝和郭嵩焘皆以其爵来称呼(张作"德尔贝",郭作"德尔比"),郭嵩焘是日日记但述出席茶会和到场人士,没有提到其他事情。
③ 崔国因著,胡贯中、刘发清点注:《出使美日秘日记》,第240页。
④ 在随使德国期间,张德彝听说德国有规定,如需贷款,当在本国互借,不许向外人借贷,随后,他在日记中表示:"盖其国家既能保护,以致人民皆信而不欺。不似土耳其人,宁向外人借,而不敢向本国人借,而本国人亦不敢借与本国人者。因其国家既不作保,而人亦多欺诈,其有势力者,即以势力压人也。"此节所述"土耳其"国家和民人无信用,可与前述《四述奇》及崔国因所言互相印证,而且德国规定之后,即有"不似土耳其人"一句,实在叫人有突兀之感。土耳其之信欺真伪,干卿底事,显然也是借"土"讽中之举。参见张德彝《五述奇》,《稿本航海述奇汇编》第六册,第385页。

张德彝于光绪四年末被奏调跟随崇厚前往俄国谈判,《四述奇》的下半部分即记其在俄经历①。在当时的俄国首都圣彼得堡期间,张德彝经常前往当地名胜夏园游览,他记述曾两次遇见能用英语交谈的波斯人"姜喜庆"及其好友"席武果",波斯人谈论该国男女同游必生事端,王公子弟横行霸道,仇视外人又不思自强等弊端②。此后张德彝便开始不断"偶遇"土耳其人。光绪五年七月初六,张德彝自述在夏园中见到了五十多岁"能英、法语"的"谭喜什武",听其讲述了土耳其家庭关系及其他情况:

> 夫妇同心料理,内外亦有足取,敝国则否。虽云夫倡妇随,竟有妇倡勒令夫随者,更有逼迫致夫不敢不随者。按定例,男过四十无嗣,准其买妾,今不惟二三十岁即买,且多买至十数名者。其妻柔懦者无论已,有因忌妒而施暴虐者,种种恶行,不堪言状。有妻强而禁夫买者,有因而惩治其夫者,奴婢被害甚多,男子恐惧,禁不敢发,以致绝嗣,良可悯已。且官府不清,刑罚太重,弊端百出,贿赂公行,良民遭害者,指不胜屈。故前有战俄之败,兵丁之困苦,田地之旱荒,人民之瘟疫,实为上干天怒,以致如此。今人心仍不向善,不知伊于胡底也。

---

① 《四述奇》卷十一到卷十六终,记载了张德彝被崇厚奏调前往俄国到回国的经历,其中包括:在崇厚使团中担任二等翻译,期间张德彝出洋三年期满,请求销差;崇厚私自回国后,张德彝返回西欧,旋即被曾纪泽奏调再次赴俄等。

② 两次交谈分别见光绪五年六月二十四日及二十八日日记,内容如下:"谈及山水园林之名胜,巡捕弹压之严密,男女游览之安静。伊云:较敝国实胜百倍。敝国自称已化之邦,长幼有礼,男女有别。每有善会之处,皆男人聚集,女固不去,实不敢去,官亦禁不令去。间有一二妇女混入,则男子必多呆眼窥探,甚有入('入'字似为'人'字之误——笔者按)游语作狂态者。倘男女聚集如此之夥,即白昼亦必滋事,虽有官长弹压,亦恐鞭长莫及。且不止此,敝国之王孙公子,大员子弟,多以势利压人。即如乘马驰驱往来街市,每将人物撞伤,被伤者闻系某人,则钳口不敢言。如出言冒犯,反令悍仆殴打,勒索钱财,或送入官府惩治。更有打伤人命,并不抵偿,抢夺妇女,终不释放。如此良民受害,无理不公,弊病日深,一言难罄。言之令人怀惭,闻之令人叹息……""谈及俄人礼貌,其友(即'席武果'——笔者按)云:俄之官兵巡捕,见各国官长,皆举手扶帽以为礼。至街市,幼童幼女频见者,虽不识姓字,亦免冠屈膝以为礼。由此观之,是俄非以弱而畏他国,非以强而抗他国,实因彼此通商,互保子民而固友谊也。敝国则否,见他国富强,漠不加察,甘居贫弱,然未尝人不多而地不广也。土人见外人,皆切齿怒而不言,退即妄言无忌。官府尤甚,究不知所怒者何,或云因其以力欺人,夫既知其有力,何不自强以图复耶? 予力不从心,徒深愤懑,倘假以权位,保数十年后,富强可敌万国。言毕怒发冲冠,大呼负负而已。"见张德彝《四述奇》,《稿本航海述奇汇编》第四册,第 523—524、529—530 页。其中男女同游滋生事端一节,似与伊朗由于宗教规定不准男女同处的情况不合,而其他几种弊端尤其是仇视外人,又不思自强,与中国情况极为相似。

其中男子四十岁仍旧无后，可以娶妾，显然并非土耳其，而是中国的"定例"，当日土国为伊斯兰教国家，即便国内还有信奉基督宗教者，但根据教义也都肯定不会出现买妾达"十数名者"。至于"官府不清"等皆为一般政治不清明的笼统表达，而所谓战败于俄国想必是为了使人相信此确乃土耳其事所加①。八月，张德彝又在夏园以及街上两次"遇见"了同样能以英语、法语交流的"土耳其游士蒋果云"。第一次，张德彝听其讲述了土耳其国百年前受"神豆汤"害并最终将之禁绝的故事，第二次则听"蒋果云"谈到土国虽然地广人多，但是政治不善，国力日蹙以及有歹人拐卖人口，逼良为娼，希望效仿西方的有期徒刑和劳役来进行惩治等。张德彝在这段记述中也用到了"与俄国战后"的措辞，以增加信服力②。

　　光绪十三年八月，张德彝作为随员，随出使俄、德、奥、和大臣洪钧前往欧洲，乃是其第五次出洋，于十六年十月回京，期间的日记，被命名为《五述奇》，共十二卷。光绪二十三年正月，张德彝作为参赞，随出使英、义、比大臣罗丰禄赴欧，为其第六次出洋，于二十六年四月回京，期间的日记，被命名为《六述奇》，共十二卷③。张德彝的这两次随使出洋经历相当不愉快，洪钧和罗丰禄两位公使对其并不赏识、亲近，也不加以重用，甚至以杂役视之④。就此张德彝曾在《五述

①张德彝：《四述奇》，《稿本航海述奇汇编》第四册，第534—535页。
②张德彝：《四述奇》，《稿本航海述奇汇编》第四册，第555—562、573—574页。关于土耳其"神豆汤"故事和真相及其流传，将在下一部分详论。
③其中"和"为荷兰，"义"为意大利。关于洪钧、罗丰禄两次出使的情况，相关研究可参见李峻杰《从使臣到史家：洪钧使欧事迹述论》，《史林》2013年第5期，第102—112页；马明达、李峻杰《洪钧史迹述略》，马明达、纪宗安主编《暨南史学》第八辑，广西师范大学出版社2013年版，第337—371页；贾熟村《晚清著名外交官罗丰禄》，《怀化学院学报》2008年第4期，第56—59页。
④比如洪钧数次奏报保举随员，全无张德彝之名，见孙光祺、朱剑琳整理《洪钧奏折选录》，苏州市地方志编纂委员会办公室《苏州史志资料选辑》第二十一辑，《苏州史志资料选辑》编辑部内部发行，第62—99页；又见吴琴整理《洪钧使欧奏稿》，庄建平主编《近代史资料文库》第三卷，上海书店出版社2009年版，第295—312页。另外，清末民初的著名记者莫理循，曾经如此提及张德彝："名义上他曾是驻伦敦的三等秘书"，但是"实际上人家只让他每天去赶早市买菜"。张德彝曾随郭嵩焘、罗丰禄两次驻伦敦，但前一次他的职务是翻译，后一次为参赞，符合"秘书"的称谓，故而可以判断莫理循所谓乃指跟随罗丰禄赴英之时。莫理循对张德彝的评价很低，甚至多有人身攻击之辞，不管其言论恰当与否，这节描述或可能是张德彝不受重用，只是承担一些杂务的真实写照。参见莫理循《致约·奥·珀·濮兰德函》（北京，1902年1月25日），骆惠敏编，刘桂梁等译《清末民初政情内幕——泰晤士报驻北京记者袁世凯政治顾问乔·厄·莫理循书信集》上册，知识出版社1986年版，第212—213页。

奇》中,以述"土耳其事情"的形式,加以表现:

> 闻土耳其公使,携有书手甲、乙、丙三人。甲与公使工思利,皆草鱼禾人,不惟同乡,且有瓜葛。乙与丙皆自他处调来者,而乙则又有势力人情,口舌既利,才亦精能。丙乃敦厚朴诚,实心任事。甲本无能,因而镇日优游、赌博、谈笑而已。乙虽有才,乃倚势自雄,作否随便,每日亦任便游乐自娱。故遇事咸归丙一人,昼夜钞写,频致手痛头晕,无人体谅。不特此也,即公使之仆役,亦不一律称呼之,向甲,曰司特,向丙,则曰勒克。译土言,司特,老爷也,勒克,书手也,供事也。夫土耳其,亦天下之一大而且古之国也,乃犹若此,其他可知矣。①

张德彝以"工思利"指代其上司洪钧,或由工于私利而来,其家乡"草鱼禾",显然并非土耳其地方,而是利用"艹""鱼""禾"暗指一"苏(蘇)"字。洪钧籍贯为江苏苏州,简称皆为"苏",此番出使奏调人员中,苏州人颇多,其中较著者为二等参赞官汪凤藻和洪钧的族弟洪銮,故而书手甲或当其指②。随员中,姚文栋尝为王文韶、徐郙家中西席,又与张之洞等关系密切,以驻日公使黎庶昌随员身份调任,时有才名,著述颇丰,符合"他处调来""有势力人情"及有才能的特征,故而恐即书手乙③。至于书手丙,恐怕就是张德彝,或者使馆中与之境况相同者的

---

① 张德彝:《五述奇》,《稿本航海述奇汇编》第五册,第 640—641 页。此为光绪十五年二月二十一日日记。

② 汪凤藻与洪钧既为同乡,又是科场前后辈,关系密切。汪凤藻在洪钧受使命后,即被选为二等参赞,极得其赏识,出使期间,洪钧还专折奏报汪凤藻"才长心细,智圆行方,熟悉外洋交际情形,以论使才,实堪胜任"。见洪钧《奏为密保汪凤藻堪胜使才折》,《苏州史志资料选辑》第二十一辑,第 89 页。洪銮,字禹山,洪钧族弟,在出使期间,为使馆支应,负责财务开销等事宜,权力极大,以致出使同仁愤称"使馆中有一公使、一支应足矣"。见张德彝《五述奇》,载《稿本航海述奇汇编》第六册,第 22 页。张德彝日记中,或隐或显,或亲言或转述,记录颇多洪銮之霸道,甚至洪銮家人亦鸡犬升天,横行使馆的行迹。即举如厕一例,据云"支应家人"在使馆公厕中"盘踞","各官"反而只能"退避三舍"。见张德彝《五述奇》,《稿本航海述奇汇编》第六册,第 211 页。至于既为同乡,又有"瓜葛"的书手某甲究竟是汪凤藻还是洪銮,较难断定,但就"无能"、"优游"等描述来看,洪銮的可能性大一些。

③ 关于姚文栋生平及著述,可参看姚明辉编撰,戴海斌整理《姚文栋年谱》,中国社会科学院近代史研究所近代史资料编辑部编《近代史资料(总 125 号)》,中国社会科学出版社 2012 年版,第 137—227 页。

写照①。

在五、六两种述奇中,张德彝也一定程度表达了对洪钧和罗丰禄两位公使以及部分随使人员的极度不满。就在张德彝随洪钧到达德国后不久的光绪十三年底,他已经在日记中批评使馆氛围缺少与外人沟通,即便沟通也多是"洋商与女戏子"之流②。这自然与公使本人的态度有关,在薛福成的认识中,洪钧属于聪慧但"稍不肯任事"者③,张德彝的感观与此类似,比如例行的访问各国驻德公使及拜年活动,都由属下代劳,办事拖拉迁延,因为不愿意骑马,就打算放弃参加德国阅兵式等④。如若这些还仅仅是作为外交官的不称职,在张德彝眼中,洪钧的不少行为与其臣子和士大夫的身份也不相符。比如在中历新年、端午节、帝后诞辰之时,并升旗恭贺等表示,既不符合当日的外交礼节,又未尽到臣子的义务⑤。洪钧出使时携带亲戚,并任命为支应,负责使馆开支财务,权力甚大,罗丰禄更是如此,随携人员中亲戚、同乡尤多,且其亲戚家人控制财权,装修使馆则但奢华己屋,在同僚交往之中又殊无礼貌⑥。另一令张德彝不能容忍之事,在于使馆中人,尤其是公使家属颇多喜西厌中之举,更何况所谓喜西,亦都是表面文章,如其谓罗丰禄之子于机器、格致并无学习,唱歌跳舞倒是长进不少⑦。《五述奇》还曾照录了西报关于中国出使问题的讨论两则,以及因不满洪钧而半途回国之随员杨枢的两封信,其中都涉及中国派遣使臣中的诸多弊端和洪钧种种失当之

---

① 从日记中可见,洪钧、洪銮、汪凤藻等人往往一同行动,不时会带上姚文栋,张德彝等人显然在使馆中是被边缘化的。使馆翻译张永煜的一次宴请,即能说明问题,本来一主四客,同席而馔即可,但却分成两桌,主人先在东楼陪汪凤藻、洪銮一桌,又回西楼陪承厚、陈其镳一桌,张德彝不禁谓"同在使馆,而划然分席,亦殊新奇,何主人之不惮烦耶?"见张德彝《五述奇》,《稿本航海述奇汇编》第六册,第228—229页。至于"司特""勒克",有可能是德语中"Master"(老爷)和"Recorder"(记录员)的对音。另外,张德彝喜用古国来描述"土耳其",而古国实际上在他笔下并无嘉许之意,比如他曾经记德国为西方最古之国,而见德人有随地吐痰、小解之陋习,故without发问这难道是"因古国而然欤"。见张德彝《五述奇》,《稿本航海述奇汇编》第五册,第495—496页。

② 张德彝:《五述奇》,《稿本航海述奇汇编》第五册,第146—148页。

③ 薛福成著,蔡少卿整理:《薛福成日记》下册,第826页。

④ 张德彝:《五述奇》,《稿本航海述奇汇编》第五册,第86—87、439—440、585—586页;第六册,第217页。后洪钧听说可以坐车,方往。

⑤ 张德彝:《五述奇》,《稿本航海述奇汇编》第五册,第497、579页;第六册,第407页。

⑥ 张德彝:《六述奇》,《稿本航海述奇汇编》第七册,第65—68、250—251、309、376、395—396、481页。

⑦ 张德彝:《五述奇》,《稿本航海述奇汇编》第六册,第509—510页;《六述奇》,《稿本航海述奇汇编》第八册,第335—336、415页。

处,张德彝显然对此表示认同①。

故而两种述奇中,经常见到记主与"土耳其"人交谈,或者听闻得知的"土耳其"使外人员之恶评。比如光绪十四年十二月二十三日,张德彝在出游时"途遇土耳其随员道石青",两人坐入茶肆,交流各国遣使之事,土国随员对该国公使做出了多方面的批评:

> 敝国公使之所为,言之令人不豫。敝国自古,臣、宰皆忠心报国,鞠躬尽瘁以答君上知遇之恩。西国则谓:文、武皆当诚心保国,凡在内、在外,各宜诚心供职,保护本国之疆土、人民,不受他国之侮弄、侵占也。现在敝国之使臣则不然,既不存心报国,更不用心保国。平时无事,则有不惜国帑,而任意妄用者,有明为节省经费,而处处克扣、搜求,暗入私囊者。及一旦有事,又必迟延颟顸,抑或推诿后任。即使办理,亦不过草草了事,不顾大局,听其欺侮商民,强占地土,毫不加痛痒于其心。更有兼代国家买办军械、船只及他应用之物,而从中虚报而致富者,亦有经官察出而追办者。此等人皆以身在外洋,国家不易知觉,惟求饱食暖衣,以安其身,岂知当时虽无人评论,又安能逃董狐之直笔哉?②

十多天后,张德彝"又遇道石青",问起在外随使,有无相关日记,"道石青"答道:

> 数年前,随使英、美多国。凡所见闻,曾按日记载之,其政事、风俗、山川、险要,无论其与我国有异无异,有益无益,皆据实笔之于书,未敢褒贬一词,惟冀览是书者得以考察。因多人索观,遂即付诸杀青,不意印成后,竟有人谓余无学问,无见识,而不为本国占地步者。查本国自与东、西各国交涉以来,已多年矣,至今平民莫论,自大僚以至士子,其知洋务者寥寥。间有谓熟悉洋务者,亦无非稍知本国之大概情形,甚至只知充当洋人买办或崽子之规模者。若谓深悉公法,以及各国情形,恐无一人。迩来十数年间,微有明达内外之事体者,因而分为两党,曰率旧,曰更新。然率旧党仍有十分之七

---

① 张德彝:《五述奇》,《稿本航海述奇汇编》第六册,第 18—24、128—129、457—469 页。
② 张德彝:《五述奇》,《稿本航海述奇汇编》第五册,第 562—564 页。

八,故凡出使游历者,有所见闻,皆不敢率尔操觚,实陈一言,盖恐有触率旧之颜,而与己之身分无益也。由此观之,是凡出使不记日记,不向人实述所见所闻者,诚为有学问,有见识,而与本国占地步者矣。且如此人不同心,则将来敝国之被外国难为也,不知至何地步。①

且不说真正的土耳其随员口中应该不能说出"古之良史"的典故,"道石青"所述也与中国使臣的情况过于相像。唐才常在《使学要言》中曾经指出了中国遣使有五弊,主要表现为出使人员但以使事为仕途之一,钻营苟且,虚妄骄纵,不懂公法外交,不通所在国文字,堆砌出使日记等②。陈炽亦尝言中国使馆往往与外人交流甚少,更无论侦察探听有用的情报,出使人员不过是"优游三载,坐待保升"③。唐、陈二君,尚与出使无涉,即能明其弊病,张德彝更是亲身经历,无奈身在局中,只得假借"土耳其事情"以述之④。

即便是张德彝结束第五次出洋的归国途中,在本应百无聊赖的长途客船上,还要制造一段与"土耳其商人颜世楠"的巧遇。据说,商人之父曾作为土耳其公使随员出外几十年,为人正派,反而被上司和同僚所忌恨。"颜世楠"更述及了"数十年间,使风日下"之诸多表现:

> 或在外洋娶妻;或娶而携回;或娶而遗留外洋;或领回而复逐去;或领回而不敢仍回故乡;或改装易服;或归入外教;或遗身异邦;或得绰号;或诓骗妓女;或私通外国;或使外国外部给付节规;或自行妄称;或在外赊欠回后经人致书外部;或管支应因亏而监追;或素以贩卖人口为业而更名三次;或因外人轻视而改名;或为官制办致有赚钱;或以旧物充新物;或以烂物报重价;

①张德彝:《五述奇》,《稿本航海述奇汇编》第五册,第587—589页。
②唐才常:《使学要言》,唐才常撰,王佩良校点《唐才常集》,岳麓书社2011年版,第121—124页。
③陈炽:《庸书·西书》,赵树贵、曾丽雅《陈炽集》,中华书局1997年版,第74—75页。
④此外,《五述奇》中还有另一段类似的以"土"讽中,也是全方位的批评,指责部分官员人浮于事,无所用心,在国内如此,被委派出使后,在国外依然如旧,只求升官发财,可两相对比:"闻土耳其国则不然,在京者无不旅进旅退,饱食暖衣,事不求实,委诸书吏,因而贿赂公行,只求肥己。在外省者,势比王侯,作威作福,视民如奴,永以借官肥己为念。派驻外国,亦如在京,肉食供职,毫不考察时务。既不能言,亦不敢言,惟冀限期早满,得命召回,是钱囊既满,即时并可升官。在外遇有要件,乃推诿后任,以上任中经手难事为幸云。故土国现虽多处仿照西国,而其中仍多被官舞弊,至今无一得体,国势依然不振,殊可慨也。"见张德彝《五述奇》,《稿本航海述奇汇编》第六册,第514—515页。

> 或事犯而抄家；或无事而升官；或因而巨富；或因偷物致收监十八个月；或因
> 故而致失目折股；或携百箱回国而贩卖以致巨富。①

以上种种，简直可以说是第五次出洋中，张德彝目睹耳闻之中国使外人员洋相
丑态合集。诸如娶西人为妻，着西人之服，恐为西人耻笑而不敢穿戴华人服
饰，购买船炮有回扣，身为公使而自肥腰包，使馆人员行为猥琐，皆在其日记中
有所记述。至于官学生陈可会偷窃金表入狱一年半，随员赓音泰之折腿后，残
肢为西医用来展览，以及娶波兰、德国两女为妻，导致各种风波等情，亦可一一
对应②。在《六述奇》中，也有借"土"表达对中国使馆人员的不满，光绪二十三
年九月初一，张德彝在咖啡馆中小坐，遇见了又一位"土耳其随员蒋洛玖"，谈到
世态炎凉，人心不古，不尊本土传统，一味倾慕洋教，而这一情况，于出使人员中
尤著：

> 土耳其亦二千余年之旧邦，凡世家子弟，向皆多学明理，温恭俭让，奉教
> 尤虔。不意现在乡民仍守朴诚，而仕宦中人反多奸佞，其来外国者，虽未反
> 教，而语言中频露羡慕他教之意。即如敝国公使之弟，在本国读书、出仕，随
> 行往往口诵诗文，及到此未及半载，心性辄改，竟向土人恶言侵及教祖，亦
> 奇矣。③

从前述"道石青"关于出使日记一节所述来看，张德彝并非简单的"率旧"党，多
次出使的经历，也使得他对于各种文化习俗和道德宗教传统，都有一定的包容和
理解④。不过张德彝也非常在意对中国文化传统的维护，在外人面前曾多次因
此而争辩，更不能容忍本国人，尤其是官方人员甫一出洋即改弦更张，投入西教
门下。前已述及，罗丰禄随员中多族人、乡人，其弟罗熙禄即其一，但在《六述
奇》中未有明显记载其慕西恶中之言。不过当时的公使罗丰禄本人就有"羡慕

---

① 张德彝：《五述奇》，《稿本航海述奇汇编》第六册，第 626—628 页。
② 张德彝：《五述奇》，《稿本航海述奇汇编》第五册，第 139、141、144、526—527、658、724—726、745、
756 页；第六册，第 362—363 页。
③ 张德彝：《六述奇》，《稿本航海述奇汇编》第七册，第 225—226 页。
④ 尹德翔评价张德彝为一个执着中国传统信仰的"文化多元主义"者，此评甚恰当，见氏著《东海西
海之间》，第 165—175 页。

他教"的举动,他曾觅得与真人大小相仿的耶稣画像,以金边装裱,准备悬挂于馆中①。

关于使馆的开支、报销、薪俸等财务状况,五、六两种述奇也以"土耳其事情"讽之。光绪十六年正月二十五日,张德彝在咖啡馆(张称之为"加非馆")中"遇土耳其驻德医馆蒋旺豹",听其讲述使馆用药及报销:

> 如敝国之医,当奉命未起程时,余曾开单呈请制买药料,因敝国治法、用药皆与德国不同也。按余所开,皆系男女平时应用者,共值五六百圆。经星使删去十之六七,所余共值数十圆。及到此,幸有前任遗留几种收存药房,买来各药锁存支应处。在此,人染微恙,药尚缺少,即染大症,余虽有法而无药亦属枉然。且旧药用尽,新药求之不易,众人无可如何,外觅德医疗治,禀报用钱若干,官不发给。余来此已逾四年,虽欲行医,乃有心有手,而无利器,是妄称医官,妄食官俸,殊觉惭愧,欲辞又许,不知公使是何主意。又当到此后不足一年,医药本准作正开销,而敝公馆竟报称共用千一百六十七圆,是敝公使陷余于险地,更不知所用以何为题也。②

此处所及前任公使曾留下药品若干及药品告罄等节,实与中国驻德使馆情况一致③。所谓"用药皆与德国不同",也正指中西医之间的区别,在此次出使中,张德彝与医官陈其镳关系甚好,得知相关医药情况甚详④,此番暗喻所本,恐怕即出自陈医官之口。另外,医药报销中的开支报销不符,如若遭到追查,将陷医官

---

① 张德彝:《六述奇》,《稿本航海述奇汇编》第八册,第389页。张德彝在《六述奇》中对于公使族人(包括作为随员的罗家兄弟和在英国读书的罗丰禄之子)的微词颇多,尤其是西化这一方面。当然,以所谓近代化的理路来看,罗家人的做法可能是属于积极向西方学习,而值得赞扬。从另一角度来看,张德彝早年并未获得功名,即入同文馆学习外文,从《航海述奇》系列看来,他本人对传统文化和信仰,反而更加坚持,或许与魏斐德所论来自边缘地区者更容易成为直率的民族主义者类似。因为无论是地域还是文化上的边缘人,"似乎能更敏锐地感觉到同过去的历史有机地联系起来的必要性"。参见魏斐德著,王小荷译《大门口的陌生人——1839—1861年间华南的社会动乱》,中国社会科学出版社1988年版,第60页。

② 张德彝:《五述奇》,《稿本航海述奇汇编》第六册,第263—265页。

③ 张德彝:《五述奇》,《稿本航海述奇汇编》第五册,第501—502页;第六册,第139页。又"经星使删去十之六七"一句实际上也露出马脚,盖张德彝《航海述奇》系列中,唯有称中国公使时会用"星使"一词,其他国家公使,仅用某公使或某国公使,绝无用"星使"者。

④ 张德彝还曾多次提到中西医之间的不同,并加以评价,下详。

于极危险之境地,这种作为也似与洪支应的胆大妄为相合。相较于医疗报销的糊涂账,使馆人员薪俸截留一事更为牵动人心,张德彝在《六述奇》中,亦借用"土耳其事情",加以说明:

> 闻土耳其定例,向来出使人员俸薪,不准留支。因恐在外费用不足,俭不中礼,有伤国体也。既因汇价日涨,始准留支二成。现乃奉其公使明谕,勒令各人留支,虽留数过半亦准。总之不论旅况如何,容或箪食瓢饮,衣服褴褛,当质乞窃,概置不问。留数逾多,公使逾喜,其故因经费不足也。夫土国大国也,公使重寄也,至令利尽锱铢,不顾大局,殊堪齿冷也。①

且不说在当日士大夫耻言利的氛围之下,张德彝似乎不太可能与土耳其人深谈到薪水问题。实际上,经费留支二成恰恰是中国出使章程所明确规定的②。数次随使经历,使得张德彝感觉到使馆人员的收入和实际购买力,由于银两相对英镑、马克等外国货币的不断贬值,而大幅度缩水。在他看来,使馆人员的经济拮据还不单纯是经济问题,更重要的是涉及国家体面。况且公使馆留支,加上一些莫名其妙的克扣,使得此窘况雪上加霜,实在叫人心寒③。

张德彝几乎一生从事外交活动,所记"土耳其事情"中涉及其他外交方面者亦多。抵达德国后月余,张德彝自述在咖啡馆内遇见了土耳其公使随员"辛攸果",听其讲述了土耳其的外交情况:

> 敝国外部,名曰外务司。当初立时,国人既不明立司之由,而司中各官,亦不达外洋之情。故各事多有被其欺蒙,而至陷入其网者。国势不振,屡败于俄,教民不合,频起事端,受英法之逼迫,东北属邦,叛而自立。百年以来,司中各官,依然暗昧不明,每问及事体如何,无非皱眉而曰:难。罕有深明大义,知己知彼,而能豁然了结者。盖其居心,既不欲努力,亦不敢多言也。不

---

① 张德彝:《六述奇》,《稿本航海述奇汇编》第七册,第 477 页。此为光绪二十四年三月初一日日记。
② 张德彝:《三述奇》,《稿本航海述奇汇编》第四册,第 782 页;张德彝:《五述奇》,《稿本航海述奇汇编》第五册,第 214—215 页。
③ 关于汇率问题以及出使人员的生活日益拮据,见《五述奇》,《稿本航海述奇汇编》第五册,第 739、764 页;《六述奇》,《稿本航海述奇汇编》第六册,第 753 页;第七册,第 395、441 页。关于公使和支应在外捐款,回馆后并无声明,即在所有人薪俸中摊派克扣,见《六述奇》,《稿本航海述奇汇编》第七册,第 313—314 页。另外,一些随员是公使的亲戚,尽管无所事事,也可以领到九成薪俸,对比之下更叫人齿冷。见《六述奇》,《稿本航海述奇汇编》第七册,第 392 页。

惟不知他国彼此所定之约,所办之事,即本国与他国所定之约,所办之事,亦多茫然。不识外国文字,凡由外国送来之文件书籍,往往张冠李戴,杂乱倒置。小官入司,皆自他官举荐,凡能洋文及曾历他国者,皆嫉恶之。反伪诧其词曰:恐其为敌国侦,故不荐,亦不录。其所收所荐者,皆关乎情面,或同族,或戚友,或同乡,或所属,不论年纪,不讲才能。然其中苟有能通顺本国文理者亦佳,而竟有不能成文及不能举笔者。如此私心,不顾大局,不思自强,伊于胡底。

张德彝还绘声绘色地描述了"辛攸果"讲完之后,神色巨变,两手发抖,双目落泪,以致自己心中也"为之不快者良久"①。其光绪十六年八月初五日日记中,又有"记前与土耳其随员蒋观长"谈起土国外交机构的一段话:

据云百年前,当土与西国换约通商,始立此署,名曰:夷务司。后因故改名,与他国者同,曰:外部。又土规,凡人在何处当差,皆将其官署、衔名,刻于自家门外壁上,以使人知。其高祖某,当夷务司初设,即行投入当差。当时人皆不知是司为何司,何国所设,而且恶其夷字,因此虽在内充当首职者,亦处处躲避不欲向人明言。其高祖谓:"司为国家所设,正大光明,在内充职,岂可不书其名于门外?"及三十年后,人心渐明,渐知是司之设,为官之书其名于檐下者,亦渐多,更有不在司内,而借书其名者。不意当时该司官长谓其高祖位卑不宜凿书,其高祖初闻而笑领之,继而叹息之,其随笔有句云:"夷务从公已卅年,忽教门外废镌衔。尊官不敢题名字,虚赚朝廷重养廉。"②

这两段记述与其说是土国外交部门的状况,毋宁可谓是晚清外交的写照③。其中虽然仍旧夹杂了"屡败于俄"等看似土国的情况,并将机构建立推至百年以前,但所述内容基本与总理各国事务衙门建立之初的情形一致。比如:"夷务司"一名,既与相传中的总理衙门前身"抚夷局"类似,也与道、咸之际的"筹办夷

①此为光绪十三年十二月初八日日记。张德彝:《五述奇》,《稿本航海述奇汇编》第五册,第122—124页。
②张德彝:《五述奇》,《稿本航海述奇汇编》第六册,第536—538页。
③土耳其比邻欧洲列强,其与各国的交往远远早于也发达于中国,其外交事务由国务秘书负责。见黄维民著《奥斯曼帝国》,三秦出版社2001年版,第158页。

务"专名相合①。总理衙门初设之际,因其洋务性质而为人嫌弃的情况,也与"其高祖"所述一致无二②。

除了外交机构,其他关于外事者还有:

> 东西各国,凡官定之律例、税则、条章,以及与他国所换之条约,并《万国公法》,恐人不知,无不正大光明刷印成本,宣示众人。因而官民在本国,去外国,待国人,视外人,各知所本,何为循例,何为犯法,无不遵守定章。官吏既不敢从中舞弊,更不能任其舞弊。不比土耳其等国,一概珍藏,不令民知。虽大小官员司其事者,亦罕有实明其理。故使官吏作弊,任意舞弄,不合新例,率引旧章,不行者能使行,可行者使不行。其税则,民既不明,官吏亦任意勒索,故至今民多困苦,而官吏私囊充之又充,其国既可虑,其民尤可危也。③

此为借"土耳其等国",批评中国不将外交条约、规章、公法等公之于众,使官民学习,造成了上下暗昧其情,弊端丛生。在《六述奇》中,张德彝亦以"土耳其事情",批评了光绪十三年的游历使活动。他说各国无论官民,游历在外者,皆随时随地考察记录各类信息,汇报国家,以求有益,而"土耳其"的游历使则否:

> 闻十年前,有土耳其国官十数员,奉派游历东西各国。其中无一人能英、法语者,迨返国时,各以所见报官,其所报者,多属泛泛数篇而已。中惟东游美、日等国,名牵合从者,著作数十卷,土廷以为能,擢授显秩,发往海口监造鼓铸银铜钱。其人本属鄙夫,至使铜挽铅,而银加铜,人皆不用。按其所报,皆实非其人所知所见,乃咸赖伊侄能英语,各处搜罗钞录者也。十余人游历,枉费国帑,无一有裨于国与民者,不谙西语,不晓西情,欲其实有所

---

① "筹办夷务"有三朝《筹办夷务始末》可证,毋庸多言。关于"抚夷局",清人和后世部分学者多有论及,但根据吴福环的研究,当为误解,并不存在这样一个前身机构,见氏著《清季总理衙门研究》,新疆大学出版社 1995 年版,第 2—4 页。
② 比如倭仁故意坠马称病,抗拒总署大臣的任命,治近代史者言及已多。此外李文杰关于总理衙门章京考试的论文中,曾专门论述了"考生来源与风气转移",他认为从总署创立时的章京考试报名人数、考生质量欠佳,历近三十年,到 1890 年代为一转折,考生数和质量都有提高,此外文章还涉及了一些王公大臣对考试的过度干预。见李文杰《晚清总理衙门的章京考试——兼论科举制度下外交官的选任》,《近代史研究》2011 年第 2 期,第 113—120 页。
③ 张德彝:《五述奇》,《稿本航海述奇汇编》第六册,第 625—626 页。

得,亦难矣。①

所谓"十年前",盖因此段日记乃光绪二十四年三月十三日所记,上距游历使出洋大约十年左右,"十数员"也符合游历使十二名之数。光绪十三年的游历使活动,曾有专门研究著作,其中提到游历使与使馆人员因经费问题有一定的矛盾,在其出游前后,也饱受国内保守人士之攻击②。不过张德彝的批评,显然在于游历使的不能名副其实,真正做到通晓西情③。受到"土廷"嘉奖的"牵合从",实际暗指傅云龙,归国后成各国《游历图经》等百余卷,在张德彝看起来也不过是依靠懂英文的子侄,收集材料拼凑而成④。

有关涉外事务之外,张德彝假借"土耳其"之名,论及的中国事情还包括财政金融方面。比如《五述奇》光绪十四年九月初九日记记载金融业情况:

> 闻曩者土耳其之银号、钱庄,时有关闭逃遁之虞。即土钱亦有私造等弊,官因设法防范,每开一铺必令其与他四铺互保,以免关闭,有害人民。其法由各铺各刻一图章,注明本铺系由某街某号等铺所保,本号如有逃闭由他四号代偿等语。将此图章印于纸钞之上,并由官给铁铸方牌立于门外,上亦刻有本铺系由某街某号等铺所保等语。又有王谕一道,言国家铸钱,定制重若干,大若干,式样若何,通国人民不得使用他钱,如有私行铸造或使用小钱者,作犯法论,治以重罪云云。自此法行后,迄今六十年来,银号既少关闭,而钱亦无私铸之弊矣。⑤

此节所述之银号、钱庄,每一铺必须与其他四铺联保,即五铺联保之要求,恰是清

---

①张德彝:《六述奇》,《稿本航海述奇汇编》第七册,第491—493页。

②王晓秋、杨纪国:《晚清中国人走向世界的一次盛举——一八八七年海外游历使研究》,辽宁师范大学出版社2004年版,第340—344页。

③张德彝在听闻游历使中的孔昭乾自杀身亡时,还颇为惋惜,可见其对游历本身并无恶感。见张德彝《五述奇》,《稿本航海述奇汇编》第五册,第541—543页。

④关于"牵合从"即傅云龙,首先在于著作颇多一条。其次,"发往海口监造鼓铸银铜钱"的经历也与傅云龙相合,傅曾于北洋机器局监造钱币。见佚名辑《中国近代货币史资料》,沈云龙主编《近代中国史料丛刊续编》,台北文海出版社1968年版,第9辑,第86册,第693页。另外,张德彝对于傅云龙的评价是否客观,还需进一步讨论,以傅云龙自己的日记来看,其自我要求颇高,自谓"不容一地虚游,不敢一日负游",在给友人的信中,也表示游记"一不拾人唾余,二不拘己成见,三不旷日因循"。见傅云龙著,傅训成整理《傅云龙日记》,浙江古籍出版社2005年版,第4、365页。

⑤张德彝:《五述奇》,《稿本航海述奇汇编》第五册,第475—476页。

代法律所规定。嘉道之际,中国金融货币领域混乱,没有保障的钱票大量发行,渔利之后钱庄即纷纷宣告倒闭,经营者携款而逃。故而在道光五年,在续纂《大清律例》时,"诈伪官司取财律"部分加入了一条:"京城钱铺,无论新开旧设,均令五家联名互保,报明该地方官存案。"①当然虽有明文规定,但实际上直至清末,乃至于民国时期,货币金融市场混乱依旧,只是相比法令颁布之前或有一定的改善,道光五年到光绪十四年,却也符合"迄今六十年来"的时间线索。光绪十四年正月初二,张德彝又在日记中记述了土耳其"银钱局"之事:

> 闻土耳其银钱局,有兵曰"出入使",乃数名,由官挑选。凡钱出入此局,皆经此兵役搬移,因其沉重故也。按此兵亦无非差役而已,月有钱粮,乃充此差者年余,必至殷富。且其人每出门入局,往来必有同伙多人,执枪举刀,随车保护。至其致富之由、保护之故,皆不得而知也。②

此日张德彝并无记述与土耳其人会面,自然也没有写出消息的来源。这则"银钱局"的故事,原型当为清代户部银库。当日的银库库兵是出了名的阔绰③,"致富之由",显然是由于监守自盗,而盗窃之高妙法术,清人笔记中多有述及④。至于库兵出行的阵仗及需要"保护之故",也有如下描述:

> 一兵出,必有拳师数人围护之,恐人劫也。盖无力行贿(行贿获得库兵资格——笔者按)之兵以及地棍等麇集数十人于大堂阶下,见兵出,即乘其不备劫之去,囚于家,并不加害,或三日,或五七日,必使误卯期而后释。盖一误卯,即须另点矣。被劫者,必多方关说,赠以数千金始已。⑤

---

①参见杨端六编著:《清代货币金融史稿》,生活·读书·新知三联书店 1962 年版,第 150 页。

②张德彝:《五述奇》,《稿本航海述奇汇编》第五册,第 153 页。

③张德泽编:《清代国家机关考略》,中国人民大学出版社 1981 年版,第 176 页。

④何德刚:《春明梦录·客座偶谈》,山西古籍出版社 1997 年版,第 71—72 页。张祖翼:《清代野记》,中华书局 2007 年版,第 63—65 页。

⑤张祖翼:《清代野记》,第 63 页。据说还曾发生户部尚书刚刚点派,库兵即遭人当堂劫去,而无人干预的事情。另外有人回忆晚清库兵出行阵势远超堂官和司官:"户部尚书和侍郎是一、二品的大员,出门坐轿,以下的司官、员外、郎中只坐一轿车,随带的不过一两个跟人,而微末的库兵却可带十多个人,而且还是全副武装,威风真是不小。"见岳超《晚清京师杂忆》,文安主编《晚清述闻》,中国文史出版社 2004 年版,第 9—10 页。另外,光绪十七年九月,恩景曾上奏报告有"抢劫库兵"之事,抢匪不仅"持械抢夺、勒赎",而且"致伤人命",可见情况之严重。参见《德宗实录》卷三○一,《清实录》第 55 册,第 987 页。

　　两相比照，当知《五述奇》中的土耳其"银钱局"，实指户部银库，其由、其故，张德彝显然不是"不得而知"，而是心知肚明。

　　如前所述，张德彝与使馆医官关系尚好，从其出使日记中也可看出对中西医之间的区别和长短也多有用心，他在柏林时曾经接到医学会活动的通知，但因时间关系并未前往，反而引出了一大段关于医学的思考：

　　　　天下各国，皆有医以疗病，惟东西之医，截然两途。西医内、外两科，不得云一律尽善，故其行医之法，东方不必学，其学医之法，则可学。盖西国设有医学，学习多年，历经考试，果有实效，方给凭单，准其行医，其人始敢称曰医生。东方则不然，即如土耳其国者，凡学医术之人，或自行看书几个月，或就人学习不及一年，其师尚未言可以行道，即自挂招牌，以附医生之列。从中享舆金，挣马钱，以便养家度日，诚与工人、匠役无异。其中频有妄投药饵，误看病症，以致杀人者。夫一帖误投，三更命尽，虽非出自医者之本心，然清夜思之，亦当有学业不足之叹也。间有因命通运旺，一时所谓名医者，又多刚愎自用，虚憍之气，逼人眉宇。无论病人贫富，舆金定数，倍倍加增。且病人之症候缓急，不能预料，而医者每故意迟至，朝请暮到，则曰请家极多，草率疗治，乃曰匆忙不及。往往有病重，刻不待缓，死生须臾，而医来太晚，无从挽救者，虽非有意故杀，亦与误伤人命者同。如此陋习，彼国曾经禁止，然其学问依然不精，故有热症投以凉药，寒症投以热剂，虚者泻之，实反补之，已不细察，自以为是。即有数家共相斟酌，亦罕见二方相似者，故彼国之医，至今所学不一，不能概有把握也。有谓西国剖视病死之人之尸，察其五脏六腑，追究病源之法为善者，然我国之人，无论何等，死后岂忍残割，故谓不必学其行医之法，仅可仿其学医之法。须由官设医学，授以中国医法，用以中国药料，使诸生精学一切，细探病源，确立脉案，人必知其强弱，药必知其底蕴，入学数年，然后甄别考取，其学业精能，一切通达者，方给以文凭、执照，准其行医。如是，则医道必兴，而枉死城中，亦可少有冤魂，人定胜天，是所深望也。①

────────────

①张德彝：《五述奇》，《稿本航海述奇汇编》第六册，第489—492页。

　　张德彝曾经多次比较中西医优劣，尤其是借助实际案例来说明，如有人言及中医之不佳，还会与之争论①。另外，他也表达过西医解剖学过于残忍，不符合中国之仁义②。故而其并不主张推行西医的"行医之法"，但却深深认同西方的"学医之法"，即医生行医，关系人生死大事，不可稍有玩忽，须以官方机构培训医生，并加以考核之后，方能执照上岗。此节中，张德彝尽管仍以"土耳其国"医生之事发论，最后却似乎过于投入，遗忘了自己正在"指桑骂槐"，提到了"授以中国医法，用以中国药料"，导致前后不一。

　　此外，张德彝还假借"土耳其事情"，在《五述奇》中提及了工商学徒互称"年兄弟"情况，驿站改为邮政信局建议。《六述奇》中，张德彝借土讽中，抨击国内不讲学问，导致新学书籍粗制滥造，甚至在讨论西方光学仪器之精益求精、推陈出新时，还要突然发难，点出"土耳其"之不若是，"因仍忱愒"，不思进取③。光绪二十八年十一月初九日，已经是中国驻英公使的张德彝，在出使日记中最后一次借用土耳其来批评祖国：

> 　　泰西各国，街市无口角，茶园、酒舍叙谈无高声，男女无论何等相见，罔弗礼貌温恭，虽当忿懥，彼此仍谦逊无恶言。君谕臣，官示民，主人属仆婢，厂主交作工人，铺伙语同事，街市雇贫人，均以"请"字，及"蒙""喜""愿"等字，喜怒不形于色，待外人不阿谀，而言语和睦，闻不厌耳。若土国人，沿海各地，无论见外国何等人，皆谀之。战北以来，则无论官民，多有极力谄媚外人者，可耻哉。④

所谓"战北"，即指八国联军侵华战争，盖当日土耳其并无大战。在《五述奇》中，张德彝就已经提到"我国沿海地方，近日多染西俗"的情况⑤。此时的中国，又经历甲午战争、租借风潮及庚子事变，国势及国家形象一落千丈，国民之自信心亦

---

①张德彝：《五述奇》，《稿本航海述奇汇编》第五册，第502页；第六册，第194、285、510、528页。张德彝：《六述奇》，《稿本航海述奇汇编》第七册，第841页。
②比如张德彝曾在国外参观过医院，见到尸体被解剖处理，他将之比作"退毛猪"。参见《五述奇》，《稿本航海述奇汇编》第五册，第274页。
③张德彝：《五述奇》，《稿本航海述奇汇编》第五册，第398页；第六册，第515—516页。张德彝：《六述奇》，《稿本航海述奇汇编》第七册，第820—821、834—835页。
④张德彝：《八述奇》，《稿本航海述奇汇编》第九册，第63—64页。
⑤张德彝：《五述奇》，《稿本航海述奇汇编》第六册，第588页。

受到极大打击,官民大多摄于列强之强力,媚事之。故而张德彝有此西、"土"之比,以示批评。

三、"神豆汤"故事真相及其流传

张德彝在日记中的"指桑骂槐",只是寄托其个人的情感,在当时并未被人察觉,故谈不上产生多大的影响。然而,在《四述奇》中,张德彝假托"土耳其游士蒋果云"之口,编制了一段土国受到"神豆汤"之害,后发奋将之禁绝的故事,却有不一样的效果。这则故事后来流传到国内,作为中国禁鸦片之参照及榜样,未认真辨析其真伪,即经郑观应等人的转载,从而广为传播,笔者在此将该故事之内容、真相及其在国内转引、流布情况逐一展现。

光绪五年八月初一,张德彝在俄国圣彼得堡夏园中"巧遇"了"蒋果云",双方谈到鸦片的祸害,蒋游士即称鸦片烟之害还"逊于"土耳其百年前的"神豆汤"。关于"神豆汤"之为何物,及其在土耳其大行其道之缘由,"蒋果云"如是说:

> 南极南冰洋产一种小黑豆,原名冰豆,土人煎以代茶,其味嗅之虽腥,饮之颇甘。犹太人历其地,始获之,病者服之立愈,然服后成瘾,却之不得,逾服而身体逾弱。国家知其有损,严行禁止,惟药肆准存些少,有保人方许出售。犹太人运往别国,率闭关不纳,运至本国,适值瘟疫大行,服者无不有效,因改冰豆曰"神豆",价亦因而翔贵。

小小冰豆,借着能治愈疫病之威力,被称为"神豆",其将致人上瘾的危害也被忽视,据说此时的土耳其,通国男女老幼陷入其中的人数已经达全部人口的百分之一二十。十多年后,那些并无病痛者也开始饮用"神豆汤",其风潮流行全国,至于路上行人无不在腰间佩戴一小罐"神豆",每家每户必备"神豆"、豆汤以及煮豆所用之器具,饭馆酒店也配备齐整,以满足顾客之需求,市街之上,设有"豆汤局""神豆馆"等场馆。"神豆汤"的风靡甚至还带动了相关产业,各种盛放豆子、豆汤的瓶瓶罐罐,皆以金银珠宝等贵重材料制造或者装饰,价格不菲。此时,全

187

国饮用"神豆汤"上瘾者已经达到人口的百分之五六十,"神豆"价格随之水涨船高,原材料豆子的价格达到一元一两,成品豆汤的价格达到两三元一两,重利之下,假冒产品亦层出不穷。国家虽然由此一买卖收取了高额的税金,但是国民因嗜饮汤而致家破人亡、流离失所者大有人在,上瘾者除了平民百姓,还包括王公贵族,尤其是兵勇饮用者,使得武备空虚,军心不振。面对如此情境,有人指责贩运"神豆"的犹太人"贩运不仁",犹太人却反问道:

> 凡人谋生,总以获利为重,如贵国人不食,则我犹太人自无法运售。设贵国商民,贩至本国,亦肯舍此利途,改售他物乎?

总之土耳其人咎由自取,如果自己并不饮用,就不会有人贩运销售,如果有人饮用,即便犹太人不做此生意,也会有本国人来谋此重利。

几十年后,情况发生了变化,"亮连王"登基即位,他深知"神豆汤"之害,故而准备着手禁止。在讨论"神豆汤"的御前会议上,大臣们因为或多或少都涉足此事,所以无人言及禁止饮用,或言让犹太人不准贩卖,或言由本国来经营。贤王"亮连"力排众议,发布了八条规定:

> 一、各省、郡、县城内,建房数百间,分左右二所,左所住男,右所住女,名曰戒豆院,惟京城盖一千八百间,分上下等。

> 一、各县由绅士、地保禀报各处饮汤人数,至官员分上、中、下三等,中、下二等,彼此互报于上等,上等亦彼此奏报。

> 一、无论官民,有妄报及知名不报者斩。

> 一、自官民入院后,各处冰豆局及器皿铺摊,一律禁止,再有出售者,经官查出抄取,货入物官,人则收监,严行治罪。

> 一、凡报来人数,经官查清是实,则民入郡、县戒豆院,官入省城戒豆院,京师则官入上等,民入下等。

> 一、各院派官三员,监理一切。

> 一、官员入院后,大者简人暂署,小者给假两个月,兵勇亦然。

> 一、入院后,官给饮食、药料,调治一个半月放出后,仍不自愧而饮用者,经官收入再为疗治,愈后,官则革职永不叙用,民则发往边域作苦工,妇女入监半年。如再犯禁者,一律斩首,虽国戚、王孙不赦。

规定不仅禁止国人继续饮用,还有一系列帮助戒除和惩戒措施。规定发布后六个月,全国各地已雷厉风行地将"戒豆院"建设齐备。此次禁豆行动,取得了良好的效果:

> 通国人丁计二千八百一十六万五千名,人数报足,共收一千七百二十一万二千三百五十八名,内男子一千六百一十九万一千八百六十六名,妇女一百零二万零六百九十二名。彼时上、中、下三等官员、绅士、地保,因捏报,或知名不报,而罹死罪者二百二十九员名。出院后复行饮用者,官千零二十九员,兵民一百二十九名,妇女六十四名,皆按律治罪,人民乐服。一年后,通国男女之饮豆汤者无一人,而犹太人之贩豆者,不待禁而自禁矣。

"神豆汤"一年禁绝之后,"戒豆院"改为学校,承担教育及抚养孤残的功能,又过四五年后,国富民强,国泰民安,有如回到了二百三十年前"天丰王"之盛世。"蒋果云"最后说这已经都是百年前之事了,现下"国弊尤甚于此",一言难尽,两人遂握手而别①。

这段"神豆汤"的故事,与其他"土耳其事情"稍有不同,并非简单将中国实际存在的现象,冠以"土耳其"之名,加以批评指责,故而虽然"巧遇"与故事都是张德彝炮制,但还略带别样的深意。至于此故事确为编造的理由及张德彝之用意,在此作一剖析解释。首先,关于"神豆"产于南冰洋,由犹太人贩运销售一节,即不合情理。当日之国人对于南极大陆知之甚少,以为北极有北冰洋,南极与之对应,则有南冰洋,张德彝想必亦是如此,盖限于地理知识之匮乏,可不作深论。不过,南极茫茫冰川,何来植物生长,可孕育出冰豆果实。况且即使冰豆不是植物,果真存在于自然界中,当日终年为冰雪覆盖、渺无人迹的南极大陆又何来土著之人可以"煎以代茶"。至于犹太人虽然颇负善于经商之盛名,足迹遍布各地,但也很难想象其航行至南极,并能运输数量如此庞大的冰豆,到达土耳其进行贩卖。其次,"神豆汤"风靡土耳其全国一段,想必是张德彝根据鸦片在中国的流行情况,仿拟而成。"豆汤局""神豆馆"等场所的原型,显然是中国的鸦片烟馆,各家各户和酒店饭庄必备的豆、汤容器,以及用于加工的所谓煮豆器具,

---

① 张德彝:《四述奇》,《稿本航海述奇汇编》第四册,第555—562页。

恐怕也正是指中国各地所见的鸦片盛具和烟灯、烟具。第三,"神豆汤"故事的细节问题,也能看出此事子虚乌有,比如戒豆人员的数字,互相之间还有出入。按照"蒋果云"所述,"戒豆院"中收治的人数,总共为 17212358,其中男性共 16191866 人,女性共 1020692 人,但是将男女人数相加之后,实得 17212558 人,相较 17212358 的总数却还多出了正好 200 人。不知其为张德彝自己计算失误,还是故意留下疑点,以希望读者能觉察出其深意。另外,土耳其人"蒋果云"之名,明显不类音译成中文之后一般土国人名,更像是带有谐音寓意的中国人名,"蒋果云"疑其即为"讲国运"之谐音。

若说故事的前半段,即土耳其深受"神豆汤"之害,乃模仿中国受鸦片烟荼毒情况夸大而成,那么故事的后半段,贤王禁绝之事,则可谓是张德彝对于祖国禁烟事业美好的期望。发布上谕戒豆,并且做到令行禁止的土王"亮连",并不存于土耳其史记之中,如果仍旧以中国传统文字游戏的方式解析之,则可明确其真实所指。"亮"与"光",皆有明亮、光明之意,"连"与"绪",皆有联系、接续、脉络之意,"亮连"可对应为光绪无误。至于另一个盛世之君"天丰",也可如是拆解,"天""乾"同韵,以音韵学看有所联系,八卦中的"乾"正是指代"天","丰"与"隆",皆有丰大、兴盛之意,"天丰"可确实对应为乾隆。"亮连"禁豆为百年前之事,则二百三十年前的"天丰",早于其一百三十年左右,相比乾隆和光绪的年代差距,也正合适。如若明白成功戒豆的"亮连"即是指代光绪,就能明白张德彝此处实际上是将禁绝鸦片的重任寄望于光绪皇帝,也能判断出他借着"蒋果云"之口叙述的戒豆八条,并非历史上已存之规定,而是其对于中国禁烟所提出的建议。

前述种种,清楚显示出《四述奇》中土耳其"神豆汤"之事,乃是张德彝将鸦片祸害中国的由来及现状,结合他所希望和建议光绪帝能痛下决心,真正禁绝鸦片的愿景,托之于当日国人并不熟悉的土耳其和几近飘渺的南极,编造出的一段讽喻故事。不过,彼时之危急国势,已经容不得国人细细深思熟虑其中用意,而是将这段寓言作为信史,囫囵吞枣地在自己的文章中加以引用。

甲午战争结束后不久,曾有一篇名为《神豆说》的文章刊登于《申报》头版。《神豆说》一文并没有署名,作者在文中以"执笔人"自称,他自述最为反感鸦片

祸害中国,常口诛笔伐之,一日有客来访,告知其土耳其所产鸦片之烈,过于印度鸦片:

> 执笔人深恶我华之鸦片为患,往往以笔墨代喉舌,为之大声疾呼,其有
> 以书呆目之者,卤然弗顾也。迩日以病齿,故不能操铅椠,穷庐息影,兀坐无
> 聊,有客敏关而入,胜常道毕,入座而语之曰:子但知印度人之兴种鸦片,以
> 祸我华人,子亦知鸦片之先肇自土耳其乎?考鸦片中含玛琲精,是以吸之能
> 过瘾。然印度鸦片百分中,只含玛琲精六分至八分,惟土耳其所产,则含至
> 十六分之多,故医生药肆所储者,皆土耳其之物。若是则鸦片之罪魁祸首厥
> 惟土耳其,而印度犹其次也。

此后,来客话锋一转,谈道:"顾土耳其虽以鸦片祸人,而其受神豆汤之祸则实较鸦片尤过之。"便开始讲述土耳其"神豆汤"的故事。其内容大体是《四述奇》中"蒋果云"对张德彝讲述的土耳其"神豆汤"之事的转述,只在文字上多有变化和删节。比如初嗜"神豆汤"时,上瘾人数由"十分之一二",改为"几至十分之二",删去了张德彝可能认为极为重要的八条戒豆规定的具体内容以及"戒豆院"收治、复发、法办的人数等等。引述完"神豆汤"故事之后,来客说:

> 夫土耳其曾以鸦片害人,而在己先受害于神豆,犹幸其主能力图整顿,
> 国中大患得以顷刻洗除。奈何我堂堂大一统之中华,而禁令难申,竟出土耳
> 其之下哉!

可见来客一方面痛恨土耳其已受过"神豆汤"之害,却不知己所不欲、勿施于人的道理,还要以鸦片来荼毒中国,另一方面又感叹堂堂中国,鸦片烟屡禁不止,还不如"亮连"治下的土耳其。听完这段故事,"执笔人"亦发表自己的看法,认同土耳其之力行禁豆,高于中国之禁烟,并认为其举措正可作为中国之榜样和示范:

> 犹忆昔年美儒林君乐知,箸为论说,谓印度人之嗜麻汁,欧罗巴人之嗜
> 酒,实与华人之嗜鸦片无殊。至于神豆之害人,则前此固未有所闻,今乃始
> 知其事。然则今者而我中华欲禁鸦片,曷弗即以土耳其禁神豆之法禁之,要
> 在在上者之能自振作耳。

言毕,主客二人道别,"执笔者"赶紧记下了对话内容。《神豆说》一文从内容观

之，基本可以确定乃源自《四述奇》中"蒋果云"所述。不过，作者以及来客究竟为何人，今日已难以查考，文章所反映的主客对谈是真实存在，还是作者的叙事手法，也未可知了①。

郑观应的《盛世危言》在甲午战争中，经由江苏布政使邓华熙推荐，上呈光绪皇帝，并得到其肯定，命将此书送交总理衙门印刷以广传播②。此后，郑观应又对《盛世危言》加以补充修订，在1896年（光绪二十二年）中之后推出了《盛世危言增订新编》，即今日所谓十四卷本《盛世危言》③。《盛世危言增订新编》在《禁烟下》篇末，相比之前的版本，又增加了两段文字，其中第二段与《申报》所载《神豆说》一文中客人所言完全相同。只是郑观应并没有提及主客对谈，开篇即称"尝考土耳其受神豆汤之祸，较中国受鸦片之祸尤烈"，之后自"当百年前"至"竟出土耳其之下哉"全文照录。《盛世危言·禁烟下》的这段文字，也完全没有提及其信息之来源，如若仅以"尝考"二字为论，或许还要让人误以为是作者本人打听到的消息④。

《神豆说》发表之后，中历戊戌年末，西历1899年初，《申报》转载了香港《循环日报》刊登的一篇题为《痛陈烟害》的文章，论说鸦片之外，以烟草制成的卷烟也对人体大有害处，世界上不少国家已经开始禁止种植烟草云云⑤。与之相呼应，次日的《申报》上，出现了一篇名为《阅昨日本报痛陈烟害事试申引之》的文

---

① 《申报》，光绪二十一年九月二十二日（1895年11月8日），第1版。其中提到林乐知的文章，当指《中西关系略论》，见《中西关系略论·第十四论鸦片烟之害》，《万国公报》，1875年，总第367期，第231—232页。

② 邓华熙的奏折见《头品顶戴江苏布政司布政使臣邓华熙跪奏》，载郑观应著，夏东元编《郑观应集》上册，上海人民出版社1982年版，第225—226页。八卷本《盛世危言》在奏折后有"光绪二十一年三月二十六日，专差呈进"一句。邓华熙的手书日记，光绪二十一年三月廿四日有"疏陈管见，并进呈郑陶斋（官名观应）所辑《盛世危言》一书，遣仆萧庆升（由轮船）驰递，折内写二十六日"。据此可知，此折与书实为三月二十四日呈递，只是奏折中落款二十六日而已。见邓华熙《邓和简公日记》，桑兵主编《清代稿钞本（第一辑）》第二册，广东人民出版社2008年版，第469页。

③ 费成康对《盛世危言》各版本有一详细考订，认为十四卷本《盛世危言》出版时间不会早于1896年中，见费成康《〈盛世危言〉版本考》，《岭南文史》2002年第3期，第66页。

④ 郑观应：《盛世危言增订新编》第一册，台北：学生书局1965年版，第519—522页。郑观应修订《盛世危言》过程中，添加于篇末的文字，还有一些也是来源于《申报》，比如《论行军以间谍为先》。

⑤ 《申报》，光绪二十四年十一月二十七日（1899年1月8日），第2版。

章,也没有署名。作者首先肯定了《痛陈烟害》一文,指出烟草种种危害,进而提到"非烟而类于烟,吸之食之足以为害者,环瀛海间亦复不少",有林乐知撰文述及的印度麻汁,南美洲的"高卡烟"等,大多为人所共知,不过还有人所不知,更为可怪者,"则为土耳其人之嗜神豆"。此后文章以较短的篇幅概述了"神豆汤"故事,故而也未转引八条戒豆规定和收治人数等。转述之中还有一些移易之处,比如《四述奇》中冰豆原本产自南极南冰洋,作者却称乃"土耳其海滨产",这自然省却犹太人的贩运,或也能说明张德彝为了将"神豆"神秘化而设定的产地,并不符合一般人的理解,豆为土耳其海边所产,似乎被认为更合乎情理。另外,"神豆"一年禁绝,四五年后土国国泰民安的情节,也被改换成"历四五年始禁绝",不知是否因为在作者的认识中,如此严重的豆瘾,禁绝时间恐不如是之迅速。若对比《神豆说》一文中"几至十分之二"的表述,此文仍旧使用"十之一二",更忠实于《四述奇》中的意思,或也可说明《申报》两文之间并没有承袭关系。引述"神豆汤"故事之后,作者感慨道:

> 噫!土耳其仅黑子弹丸耳,其国中之无政教,已早为诸大国所鄙而薄之矣,而国家于此事乃勇往无前,禁之必力……而中国仍一味畏难苟安,若鸦片则不特不禁之,且从而榨之,又使民仿而种之。嗟嗟!我中国贫弱极矣,而犹一任此种贻害于人之物,蔓延流毒,靡有已时,即不思转弱为强,独不顾为土耳其、哪喊诸小邦所齿冷耶?此鄙人所为痛哭流涕,长太息而不能已于言也。

地跨三洲,国中行伊斯兰教的土耳其,被说成是没有政教的弹丸小国,作者在此或许并非仅仅是不明世界形势和土耳其国情,其小看土耳其、挪威等国之原因,恐怕恰恰在于突出中国比之更不若的愤恨①。

民国成立以后,"神豆汤"故事仍在流传,孙瘭媛于《红杂志》上发表了笔记类小品文《小瘦红暗话堕》,其中有一则题为《土耳其之神豆汤》,即明言出自张德彝的日记,基本全文引述了《四述奇》中相关内容。孙氏最后说自己之所以抄录原文,"不惮其繁复"者,正是希望"为吾国鉴耳",无独有偶的是他也发出了

---

① 《申报》,光绪二十四年十一月二十八日(1899年1月9日),第1版。

"抑何其并土耳其之不若也"的感叹①。

余论:晚清国人的中、土相提并论

张德彝《航海述奇》系列中借土讽中的大致情况,已经得以一一辨正,所谓"土耳其事情"或为中国的实际情况,或为编制出的寓言故事,皆隐有所指。其中一些以"闻土耳其"某某事作为发语词,甚至在言及西方诸事求精时突兀地出现"远胜于土耳其"一句,尤教不知底细者摸不清头脑。另一些则看似得自与"土耳其人士"的偶遇交谈,实际上此类作为消息来源的"土耳其人士",也系子虚乌有,纯粹出于张德彝的捏造。从巧遇者的名字来看,就可识破其为文字游戏,实有深意在焉。不同于"穆素乐斯"等真正土耳其人之名,张德彝"巧遇"的土国人,名字往往更像中国人姓名,而且都有谐音寓意。除了上文已提示的"蒋果云",其他还有如"谭喜什武",即谈西事务,"道石青"即道实情,"颜世楠"即言世难,"蒋洛玖"即讲罗咎,"蒋旺豹"即讲妄报,"辛攸果"即心忧国,"蒋观长"即讲官场②。"土耳其事情"的真伪和部分原型已经判明,至于张德彝为何要使用指桑骂槐的方式,为何专门选取土耳其,其灵感的来源和内心的真实想法,可能不起故人于地下,一一详细询问,难以得到确实答案。不过通过了解分析张德彝个人性格,在国外的具体经历以及晚清国人的中、土两国认识,或许能够约略见其端倪。

晚清的出使游记,尽管饱受各种批评,但还是当日足不出国门的国人了解西方的重要媒介。梁启超在《西学书目表》的序例中曾表示:"中国人言西学之书,

---

①孙癯蝯:《小瘦红暗话堕》,《红杂志》第二卷第十二期(总第六十二期,1923 年 10 月 26 日发行),第1—4 页(文页)。进入新中国以后,鸦片烟得到禁绝,但是"神豆汤"故事仍然可以见到,被作为"只要治理得法"即可纠正"作假风"的历史启示。参见陆震《不能让假作之风在中国继续弥漫》,《探索与争鸣》1994 年第 6 期,第 10 页。文中作者将"亮连"误作"壳连"。

②"讲罗咎"指讲述公使罗丰禄一家之咎,"讲妄报"指讲述公使馆医药费胡乱报销之事。此外所谓波斯人"姜喜庆"恐即讲西情,"席武果"恐即惜吾国,笔者甚至怀疑谈及土耳其不择善学习"甘受其侮"的英国人"许再思",也是张德彝捏造,即许再深思之意。

以游记为最多。"故而他将书目表分为游记类和非游记类,足见对游记的重视①。康有为在《桂学答问》中认为各使游记,不论其质量,都属于"可类观也",他专门表扬了张德彝的游记,称其"最详"②。由此可见,包括张德彝《航海述奇》系列在内的出使日记,是国内希望了解西学和西方情况者所阅读的重点书籍。另外,一些并不用心于新学的国人,出于好奇和增广见识的目的,也会去阅读这些海外游记,所以,此类书籍在国内有一定的市场。正因为如此,不少书商书馆往往愿意刻印相关书籍,甚至在当日欠缺知识产权保护意识的情况下,还有作者完全不知情,游记已经付印流通的事件发生。就以张德彝为例,在第四次出洋回国以后,发现自己的《航海述奇》一书,已经被《申报》馆出版发行。他随即去信一通,要求在《申报》刊登启事:

> 曩者,彝随斌友松郎中出使泰西,察访风俗,有随笔日记一编。旋京后,因戚友索观,乃将原稿奉给,并未修改,是编虽有名有序,无非一时自娱,初无灾及枣梨之意。昨由泰西回华抵沪,闻已经贵馆刷印,不知稿由何人所寄,殊觉诧异。忆十五年前,未尝学问,语言粗鄙,不胜惭愧,今既印售,噬脐无及,愿观者谅之。③

从张德彝的例子可以发现,出使人员的日记为亲友索取阅览,导致流出散布,是常见的情况。同样,参与使事和外交活动的官员之间,也有阅看日记的习惯。比如曾纪泽就在日记中明确记录了翻阅《四述奇》在内的各种出使日记,张德彝也向吕海寰出示过自己的日记④。在关于私印《航海述奇》的启事中,张德彝显然并非以著作权为重,要求《申报》馆致歉赔偿等,其用意在于恳请读者原谅其书的内容语言不恰之处。如若结合他在第四次出洋期间,正经历了公使郭嵩焘《使西纪程》引起种种非议,最终毁版一事,面对强大的"率旧党"舆论,"不敢率

---

① 梁启超:《西学书目表·序例》,《饮冰室合集·文集之一》,中华书局 1989 年版,第 125 页。
② 康有为:《桂学答问》,康有为撰,姜义华、张荣华编校《康有为全集》第二集,中国人民大学出版社 2007 年版,第 23 页。
③ 张德彝:《四述奇》,《稿本航海述奇汇编》第四册,第 830 页。
④ 曾纪泽阅看《四述奇》,见《曾纪泽日记》下册,第 1495 页,他阅览斌椿、郭嵩焘、刘锡鸿、李圭、黎庶昌等人的日记,见《曾纪泽日记》上册,第 30 页;中册,第 766、767、769、795、1052 页。张德彝向吕海寰出示日记,见吕海寰《六述奇序》,《稿本航海述奇汇编》第六册,第 641 页。

尔操瓠",恐触其颜,既然木已成舟"噬脐无及",略作表示,挽回影响,也是人之常情。不过这则启事大抵能够表现出张德彝较为低调和谨慎,尤其是不愿在文字上落人把柄的性格。此外,他对日记中关于郭、刘矛盾殃及池鱼一节文字的删改,也能反映出这种性格。稿本《四述奇》光绪三年十一月初九日记载了郭、刘交恶之后,郭嵩焘复因国内来信递送问题,猜疑张德彝暗通刘锡鸿,张遭到申斥甚是委屈,自记"正大光明,居心无愧"。后来这段文字被全部删去,代以外国自来水使用情况①。张德彝在原记中表示,即便是那些有名的孝子忠臣,又岂是"取重于人而乐为称道哉",只要自己问心无愧,一时之误会"久必剖悉",因而哪怕"通国毁谤,亦不惧也"。这些或许是自我安慰、激励之语,最末的一句话可能才是更能真切反映其心迹的,即"不意矢心谨慎,犹复折挫多端,亦无可如何之事也"。《四述奇》中的这段删改,显然也是"矢心谨慎"的表现,通观《航海述奇》系列,不难得出结论,张德彝基本是一个比较细腻敏感、小心审慎之人。正是由于这种性格,使得张德彝即便心存不满,也不可能对祖国旗帜鲜明地大加贬损,除了关于使馆内部的一些批评之外,涉及指陈国内时弊处,往往采用"指桑骂槐"式的隐喻来展开。

张德彝选用"土耳其",而非其他国家,作为中国的替代品,则与国人对土耳其的认识有极大关系。从当日国人对世界各国了解的详略情况而言,土耳其恰居中间位置,既非受到广泛关注、交涉事务繁多、联系密切、作为侦查和考察重心的欧美列强,又非地理位置接近、素有来往、有所牵连的邻国,更非默默无闻、不为人所知的小国。如若选用西方列强及邻国,则讨论者众多,甚至有不少亲履其地者,可能看出破绽;选用无名小国,则引不起人们的关心,失去了讽喻警示的作用。不仅如此,更为重要的原因在于近代中、土两国的情况和命运非常相似。前已述及,郭嵩焘和刘锡鸿都曾从英国人口中听到中国政情弊端与土耳其无异之言,不过两人观感反映不同,郭深韪其说,心忧祖国,刘锡鸿则心存疑虑,认为英人可能故意出言讽喻,他在回国后,却也使用经过歪曲的土耳其事来劝诫朝廷不

①张德彝:《四述奇》,《稿本航海述奇汇编》第三册,第724—726页。因为是稿本,此段文字删改痕迹明显,此后流传的版本中,此日日记只见自来水内容,见张德彝《随使英俄记》,"走向世界丛书"第7册,岳麓书社2008年版,第510页。

要修造铁路,其奏折是否从中受到启发,现已较难判断。《四述奇》中,张德彝并没有记载布鲁斯和威妥玛来访谈及中、土相似之事,有可能当时他正好有事或外出,并未与会,但这不代表其对此毫不知情,张德彝很可能在事后与使馆同仁的交谈中获知此事,而且以《四述奇》与《英轺私记》部分文字一致的情况来看,张、刘二人或许曾经互相出示日记,张德彝从刘锡鸿日记中也能了解到布鲁斯到访以及刘对其谈话的疑惑。另外,刘锡鸿的"土国之穷困误于铁路"论闹得沸沸扬扬,张德彝不可能不了解。将其日记与郭嵩焘日记加以对比,可以发现郭乃是在光绪四年十一月初八日早上为刘孚翊送行时提及刘锡鸿捏造土使言论一事,此日,张德彝记"星使召刘鹤伯、马清臣及彝等早馔",可见当时他正好在场,尽管没有详细记录早餐时的谈话内容,但对此事想必有所耳闻①。结合到《航海述奇》系列中,首次出现"巧遇"波斯人和土耳其人的记载都在光绪五年夏,从时间上来说,也确有张德彝受到英人言论及刘锡鸿奏折启发,假借"土耳其事情"浇自家块垒的可能。

当然,中、土两国国情的相似和国家形象上的并论,并非仅仅出自西人言论,国人对此也有相当的认识。早在《海录》中,已有记载土耳其国"疆域极大",故被西方人称为"仍跛喇多",即汉语所谓大国,有此称号者,仅"中华及祋古为然"②。魏源在《海国图志》中引用之,并注:"西洋称大国者,惟中华及俄罗斯……土鲁机兼跨欧罗巴、阿细亚二洲之境,故亦云大国。"③吴广霈也曾提及中国、印度和土耳其,是亚洲的大国④。除了疆域上可并称大国外,身在欧洲的中国使臣还发现西人眼中,世界各国分门别类,从文明和宗教角度,中、土两国都与西方格格不入。郭嵩焘注意到西方把各国分为三个等级,开化、半开化和野蛮,其中"中国及土耳其及波斯曰哈甫色维来意斯里",即半开化(half-civilized)国家⑤。张德彝在俄国听闻俄廷邀请各国公使一同作礼拜,而"因中国、日本、波

---

① 郭嵩焘:《郭嵩焘日记》第三卷,第696页;张德彝:《四述奇》,《稿本航海述奇汇编》第四册,第282页。
② 谢清高口述,杨炳南笔录,安京校释:《海录校释》,第235页。"祋古"即土耳其(Turkey)音译。根据校释者言,"仍跛喇多"当为帝国(Imperio)之意。
③ 魏源撰,陈华等点校注释:《海国图志》中册,第1347页。
④ 吴广霈:《南行日记》,《小方壶斋舆地丛钞》再补编,第十帙,第十九册,第八叶(文页)。
⑤ 郭嵩焘:《郭嵩焘日记》第三卷,第439页。

斯、土耳其四国不同教,故不函请"①。

甲午战争之后,国人一方面对于世界形势有了进一步了解,另一方面加深了国势日蹙的认识,引土耳其为前车之鉴及中、土两国的相提并论的文字,多见于时人论著之中。康有为在《上清帝第四书》中,以日本和土耳其为中国的正、反面教材,他认为两国兴衰不同之原因,正在于"不更化"与能"改纪其政"②。在《京师强学会序》中,康有为也提到横跨三洲的大国土耳其,因为"守旧不变",导致"六国蹙其政,剖其地,废其君",虽然废君之说不合实情,但康氏欲以土国不思改变之严重后果,刺激清廷变法之意,跃然纸上③。康有为在其自订年谱中自称为杨深秀拟疏奏,有"今地球大势东流,皆以我为土耳其"一句,在冠以康氏之名的《联英策》中也有类似表述,只是此处中、土并论并不在国势相仿,乃在于希望英国能像保护土耳其一样保护中国,"其能出死力以保土耳其也,即能出死力以保中国也"④。

这一时期,更为常见的是国人将中国、土耳其并称为"病夫"的言论,杨瑞松曾经专门撰文考究"东亚病夫"的来龙去脉,他考察了《万国公报》《时务报》等转载的西人称中国为"病夫"之文,认为由于"某些西方观察家以西方惯用形容类似局面的鄂图曼帝国(土耳其)的形容词——病夫(Sick Man)",套用在战败后的中国头上,开启了国人以"病夫"自况之端。此后,"病夫"之论落地生根,发生了从"中国是东方病夫"到"中国是东方病夫之国",也就是"病夫"形容国家到形容国民的变化⑤。可以想见,在当日"病夫"的称谓之下,中、土两国的形象进一步接近,被并称为"泰东一病夫,泰西一病夫","近东远东两病夫","东方病

---

① 张德彝:《四述奇》,《稿本航海述奇汇编》第四册,第378页。他还发现土耳其因为宗教原因,受到西方人的敌视,比如在德国,人们"因不喜回教,多名其犬曰苏勒坦",而"苏勒坦"即苏丹,正是土耳其最高统治者的称号,见张德彝《五述奇》,《稿本航海述奇汇编》第六册,第144页。

② 康有为:《上清帝第四书》,《康有为全集》第二集,第83页。

③ 康有为:《京师强学会序》,《康有为全集》第二集,第89页。

④ 康有为:《联英策》,《康有为全集》第二集,第9页。茅海建认为康有为对此的认识实为想当然,见氏著《从甲午到戊戌:康有为〈我史〉鉴注》,生活·读书·新知三联书店2009年版,第262页。

⑤ 杨瑞松:《想象民族耻辱:近代中国思想文化史上的"东亚病夫"》,《政治大学历史学报》2005年第23期,第1—44页。文章中引述了《时务报》之《天下四病人》、康有为之《进呈突厥削弱记序》、梁启超之《俄土战纪叙》等文,都有将中国、土耳其两国并称为天下病人和东方病夫的言辞,兹不赘引。

夫国二"等等①。谭嗣同称:"中国、土耳其、阿富汗、波斯、朝鲜,海内所号为病夫
者也。"他进一步将病人之比喻形象化,表示如果不"强革其弊政,以疗其病,则
其病将传染于无病之人"②。此后,"病夫"之称谓也有一些变体,比如张佩纶在
写给柯逢时的信中,表示中国已经"与土耳其、朝鲜成为环球三奴才之国"或者
"与土耳其、朝鲜成四大部洲之三奴才国"③。汤觉顿在讨论巴尔干半岛问题的
文章中称,世界上"所谓二老大国者,其一则中国,其二则土耳其也"④。在此情
势之下,甚至还有人觉得中国连土耳其都不如,张之洞在《劝学篇》中就保教一
节论及印度、波斯因国弱而教灭,相反"土耳其猛鸷敢战而回教存",可作为中国
之榜样,他还呼吁国人要知耻,其中即有"耻不如土耳其"一条⑤。

　　关于土耳其国缘何成为"病夫""奴才",其对中国有何警示作用,国人有不
同的看法,这也颇能体现出论者的立场差异。唐才常在简述了人类社会各宗教
之后,总结说:"大地之有教主,大地之至不幸也。大地有教主,而又各有其立教
之源流派别,教主之至不幸也。"他认为中国虽有汉宋、朱陆之争,但只动用口舌
笔墨,而"土耳其以至雄至悍之国",因国内伊斯兰教和基督宗教的争斗,被瓜分
控制,难逃"病夫之指"。唐才常当日的理想是以孔子学说为基础,参之"平等平
权"之新政,消弭宗教之争,共登太平之世⑥。与之相比,基督教徒李春生则纯粹
以是否信奉基督宗教作为各国兴衰的原因,东游日本期间,他曾在东京的东鸟居
坂町教堂发表演说,称亚洲信回、佛教者"几乎无一国,不为奉基督者,剪灭沦

①《驳时俗谬论(录国闻报)》,《湘报》第 57 号,第 227 页。靖州来稿:《劝诫歌》,《湘报》第 115 号,第
　 458 页。百里:《军国民之教育》,《新民丛报》第 22 号,第 9 页(文页)。此文为蒋百里翻译,后有译
　 者按,"东方病夫国二"一句即出自译者按中。
②谭嗣同:《仁学》,《谭嗣同全集》,生活·读书·新知三联书店 1954 年版,第 75 页。
③张佩纶:《复柯巽庵都转》《致柯巽庵廉访》,《涧于集》卷六,《清代诗文集汇编》第 3822 册,上海
　 古籍出版社 2011 年版,第 582、597 页。柯巽庵,即柯逢时,字巽庵。都转,即转运使,廉访,即按
　 察使。他在 1900 年出任两淮盐运使,次年升为江西按察使,可由此确定两封信的大致时间,见
　 湖北省志地方志编纂委员会编《湖北省志人物志稿》第一卷,光明日报出版社 1989 年版,第
　 9 页。
④汤觉顿:《巴尔干半岛之风云》,《庸言》第 1 卷第 1 号,第 1 页(文页)。
⑤张之洞:《劝学篇》,苑书义、孙华锋、李秉新主编《张之洞全集》第 12 册,河北人民出版社 1998 年
　 版,第 9705、9708 页。
⑥唐才常:《各教考原》,唐才常撰,王佩良校点《唐才常集》,岳麓书社 2011 年版,第 299—300 页。

亡"。中国和土耳其在演说中被专门提出来并论,李春生将两国衰弱的原因归咎为不奉基督:"若夫清国与土耳基之汲汲几不能终日者,岂非执迷回、佛二教所惧?"①

另外,康有为的例子也很能说明问题,他在维新变法期间,将土耳其视作与中国"至近形似,比拟同类,鉴戒最切者",两国被西方人并称为"东方两病夫",同时共有无学问、无代议、内政混乱等诸多相似之处,此时的康有为尽管也提及宪法有无,但认为土国"削弱"的关键原因及最大教训在于"守旧"②。到了辛亥前后的《突厥游记》中,康氏的讨论重心又放在了立宪与革命与否上。戴东阳曾经注意到《突厥游记》稿本和刊本的不同之处,他发现康有为在辛亥革命前的手稿本游记中,称赞青年土耳其党人通过军事政变进行立宪活动。民国建立之后,《不忍》杂志上刊发的游记内容已经有所改动,从赞赏转而批评青年党人效法法国,妄行革命,导致动乱,青年土耳其党人的行为也从楷模变为前车之鉴。与之相反,孙中山、胡汉民等人则从革命的角度出发,关注"近东病夫"土耳其的政局变化及对"远东病夫"中国的借鉴意义,并引青年党人为革命同志。同时,戴氏文章中还谈到了民国初期醉心于孔教问题的康有为,在刊本游记中增加了大量的宗教内容③。《突厥游记》的前后变化以及立宪派与革命派借土耳其青年党人来发表不同乃至对立的观点,或许说明了晚清国人对土耳其认识中强烈的中国问题意识。以上种种表述,无论是褒是贬,以宗教论还是以政治论,其根本目的,都不在于讨论土耳其究竟如何,而在于土耳其之于中国究竟有何意义。仅就此一层而言,这些表述与《航海述奇》系列的借土讽中,尽管形式上差异很大,但实质是相同的,只是张德彝说得更早,走得更远罢了。当然,近代国人眼中的土耳其形象,具体内容和细节变化,其与中国形象之间的联系,并非本文关注重点,可能还需要进一步专门讨论。

---

① 李春生:《东游六十四日随笔》,陈俊宏编著《李春生的思想与日本观感》,南天书局 2002 年版,第 248 页。
② 康有为:《进呈突厥削弱记序》,《康有为全集》第四册,311—312 页。
③ 戴东阳:《康有为〈突厥游记〉稿刊本的差异及其成因》,《近代史研究》2000 年第 2 期,第 223—236 页。

"身临其境"之言：晚清早期出国官员的西方外交体验与近代外交知识的生产*

李峻杰**

出使或官派游历是一种肩负官方政治任务的独特旅行。第二次鸦片战争之后，中国逐渐由"天下"走向"世界"，开始向"海外诸国"派遣官员和驻外使节。这些初出国门的官员在"得游数万里"之后，还需将"所过之山川形势、风土人情"与"各国如何情形"随时记载咨报。由于他们身系"海外皇华之役"，负有考察"外洋各国虚实情形"之责，所撰写的出使日记、星轺笔记、海外游记、纪游诗词、出使奏牍等，也就比一般的私人游记更具经世情怀和政治意义。这些著述大多"既恭录进呈，又刻以行世"，进而成为时人在猎奇探胜之后认识世界与获取洋务新知的重要知识来源。

晚清外交官员的海外旅行写作历来是文史学界研究的热点，相关研究成果非常丰硕①。这些成果虽已较为充分地探究了晚清外交官对西方政治文明和物

* 本文为中国博士后科学基金第 60 批面上资助项目"晚清出使制度的专业化转型及其困境研究"（资助编号：2016M602683）之阶段性成果，并受四川省教育厅人文社科一般项目"内外一气：外务部与驻外使领馆研究"（项目编号：15SB0010）之资助。
** 四川大学中国史博士后流动站在站博士后，四川师范大学历史文化与旅游学院讲师。

① 这些成果或注重从比较文学角度探讨旅行文本的书写创作，或以此为史料来探究外交官的人物研究，或从思想文化的角度来考察"西学东渐"对近代中国的影响。相关的研究专著和论文数量之多，真可用"汗牛充栋"来形容。这其中最著名的当属 20 世纪 80 年代钟叔河先生所主编的《走向世界丛书》及其相关研究。其他新近出版的有：台湾地区学者陈室如所著《近代域外游记研究（1840—1945）》（台湾文津出版社 2008 年版）、尹德翔所著《东海西海之间：晚清使西日记中的文化观察、认证与选择》（北京大学出版社 2009 年版）、李湉《帝国远行：中国近代旅外游记与民族国家建构》（中国社会科学出版社 2011 年版）、张治《异域与新学：晚清海外旅行写作研究》（北京大学出版社 2014 年版）、田晓菲《神游：早期中古时代与十九世纪中国的行旅写作》（生活·读书·新知三联书店 2015 年版）和日本学者冈本隆司、箱田惠子、青山治世合著《出使日记的时代——清末の中国と外交》（名古屋大学出版会 2014 年版）等书。钟叔河先生主编《走向世界丛书续编》近期已问世，或将掀起另一波研究热潮。

质文明的观察和体验，并关注到了他们在介绍和引进西方民主政治、军事、科技、教育和文化方面的贡献①，但却较少关注与外交官海外旅行写作最直接相关的外交知识史研究②。正如王韬所说，在中国虽然"行人之设，肇自古昔"，但与西方国家遣使往来，"固为我国从来未有之创举"③。可以明确的是，作为生逢此"创举"的早期外交官，他们迈出国门与西方各国交际往来，在对外交涉中折冲樽俎，并藉由其亲身的出使经历和旅行写作，实际产生了新的出使知识和外交经验，进一步影响到了后来的外交实践、时人的对外观念以及中国出使制度的建立。

中国近代意义上的出使知识，源于中、西两大外交资源，其生成大致出于以下两个途径：一是西方出使知识的翻译输入，这其中以《万国公法》《星轺指掌》等国际法的传播与接受为重要渠道；一是晚清国人对中、西两种外交知识的创造性转化及其运用，这其中以晚清外交官的出使经历和旅行写作为重要载体。目前学术界有关前者的研究较多，而有关后者的研究较少④。本文便是重点关注

①关于晚清外交官对西方政治、军事、科技、文化等方面的介绍、引进和作用，相关研究论文和专著不少。除了前述注释所提到的著作外，尚有吴宝晓《初出国门——中国早期外交官在英国和美国的经历》（武汉大学出版社 2000 年版）、祖金玉《走向世界的宝贵创获——驻外使节与晚清社会变革研究》（南开大学出版社 2012 年版）、余冬林《晚清使臣"议会书写"研究》（华中科技大学出版社 2014 年版）等书。如祖金玉《走向世界的宝贵创获》一书就分别介绍了驻外使节对晚清军事变革、国外先进机器设备和人才引进、留学教育和民主政治的促进作用。

②有关出使日记的研究，正如新近论者所指出的那样："新出著述多偏重思想文化史或比较文学史，与出使日记关系最直接的外交史研究，反而成绩乏善可陈。"详见戴海斌《"出使日记"中的晚清外交》，《读书》2016 年第 12 期，第 97—98 页。这里需要说明的是，虽然外交思想史研究较多，但思想史不同于知识史，外交思想更侧重于宏观方面的诸如"以夷制夷""以商制夷""公法外交"等外交政策和倾向，外交知识则是指具体的诸如呈递国书、外交礼节、出使须知等可直接运用的知识。关于晚清外交思想史的研究可参考王尔敏《晚清外交思想的形成》，收入《晚清政治思想史论》，广西师范大学出版社 2005 年版，第 156—189 页。

③王韬：《〈星轺指掌〉序》，《弢园文录外编》卷九，光绪九年刊本，第 1—2 页。王韬之所以称此为"创举"，实指近代意义上的出使。清政府与俄国早有遣使往来，但并非近代意义上的互派使节。

④知识史、书籍史和阅读史是近来史学界较为关注的研究热点。与本文研究主题"外交知识史"相关的前期研究成果有：王尔敏《道咸两朝中国朝野之外交知识》，《晚清政治思想史论》，第 144—155 页；王尔敏《总理衙门译印〈万国公法〉以吸取西方外交经验》，收入《弱国的外交：面对列强环伺的晚清世局》，广西师范大学出版社 2008 年版，第 177—198 页；林学忠《从万国公法到公法外交——晚清国际法的传入、诠释与应用》，上海古籍出版社 2009 年版；〔日〕佐藤慎一著，刘岳兵译《近代中国的知识分子与文明》之第一章《文明与万国公法》，江苏人民出版社 2011 年版；章清《晚清中国西学书籍的流通——略论〈万国公法〉及"公法"的"知识复制"》，《中华文史论丛》2013 年第 3 期。虽然学界有关晚清外交官和出使日记的研究牵涉到"外交知识"，但关注的重点更多是与此相关的人和事，而非具体的外交知识。

后者,即关注晚清早期外交官如何通过亲身的出使(或游历)经历来介绍西方外交知识,或是创造新的外交知识,并充分考察这些外交知识在何种中外情境中生成,以及如何被时人所阅读、接受与运用。需要说明的是,本文是从揭示新知最初源起的重要意义出发,先以早期出国官员的外交知识生产为论述重点,暂不论述随后驻外使节与近代外交知识的生成。换言之,笔者试图基于新知生命发展史的整体视角,以考察近代出使作为一个新的知识门类在晚清中国如何由新知逐渐变为常识,以及近代出使学(常含于"交涉学"之中)如何形成的复杂过程。

一、"游历"与"出使"之间:斌椿一行对西方外交的初体验

咸同之际,英、法等国驻华公使陆续进驻北京,建立使馆,中国此时还尚未有官派人员到过西方。同治五年(1866)正月,总税务司赫德乞假回国,在总理衙门的奏请下,清政府才派遣前襄陵县知县、总理衙门副总办官斌椿,携其子及同文馆学生三名,随赫德同行,游历泰西各国①。关于此行的名义,奕䜣等人在奏折中说:"臣等久拟奏请派员前往各国,探其利弊,以期稍识端倪,藉资筹计。惟思由中国特派使臣前赴各国,诸费周章,而礼节一层尤难置议,是以迟迟未敢渎请……如由臣衙门派同文馆学生一二名,随伊(指赫德)前往英国,一览该国风土人情,似亦甚便等语","若令前往该国游历一番,亦可增广见闻,有裨学业。"②虽说斌椿等人的出访名为游历,而非正式的使臣出使,但由于是中国派往

①虽然此前已有中国人到过西方,比如林鍼、容闳、应龙田、吴樵珊、黄宽、黄胜等,但均属私人性质。而斌椿一行的出访深具官方性质,清政府为了"以壮观瞻",还在出发前赏予斌椿三品衔,作为总理衙门副总办官;给予其子笔帖式广英、同文馆学生凤仪、德明(即张德彝)六品顶戴,彦惠七品顶戴。
②《奕䜣等奏派同文馆学生三名随赫德前往英国游览折》,《筹办夷务始末(同治朝)》卷三十九,中华书局 2008 年版,第 1621—1622 页。

西方国家的第一个具有官方性质的代表团,其政治与外交意义非比寻常①。

斌椿一行于同治五年(1866)正月二十一日由北京启程,"遨游十万里,遍历十六国,经三洲数岛、五海一洋",于八月底回到广东②。他们一路并非只是简单的游览观光,就在总理衙门奏派他们出国游历的同时,还"令其沿途留心,将该国一切山川形势,风土人情,随时记载,带回中国,以资印证"③。斌椿倒是奉命行事,一路上将"所经各国山川险塞,与夫建国疆域,治乱兴衰,详加采访,逐日登记",回国后便将其整理为《乘槎笔记》(又名《乘查笔记》)恭录进呈④。除此而外,他还将此书和沿途有感而吟的诗草《海国胜游草》和《天外归帆草》二种刊刻行世,以供世人阅读。而与斌椿随行的德明(即张德彝)也将一路之见闻载之于日记,集录为《航海述奇》,"即愿以公诸共识"。

正如张德彝在《航海述奇》的自序中所说,他们此行"所闻见之语言文字、风土人情、草木山川、虫鱼鸟兽、奇奇怪怪,述之而若故,骇人听闻者,不知凡几"⑤。当他们将这些国人"见所未见,闻所未闻"的海外旅行经历和观察诉诸笔端,无疑创造了新的知识。纵然这些"外洋情事"多样纷繁,但出于斌椿等人此番游历的政治特殊性,其日记、诗草中也记载了不少他们参与西方外交活动的体验,和

---

①斌椿一行的出访性质,官方但言"游历"而不言"出使",是有特殊历史语境的。如同治六年(1867)
九月的《总理衙门条说六条》的"议遣使"条中说:"上年本衙门奏准,令斌椿带同学生凤仪等,附船
赴泰西各处游历,略访其风俗人情,与出使不同,未可再为仿照。"(见《总理衙门条说六条》,《筹
办夷务始末(同治朝)》卷五十,第2125页)徐中约在《剑桥中国晚清史》中叙及斌椿游历时,注意
到了斌椿考察团以非正式名义出使所可避免的外交礼仪上的问题,同时也总结道:"该考察团仍然
体现了中国第一次向国外派遣外交使团的努力。"(见费正清、刘广京编《剑桥中国晚清史》下卷,
中国社会科学出版社1985年版,第71页)尹德翔则基于上述论点,认为"不能表面地把斌椿一行
当作游历团,而应将其视为以游历为外交的特殊使团",与光绪中叶清政府派员游历各国不可等量
齐观(见尹德翔《东海西海之间》,第26页)。王开玺认为,斌椿一行"只能算作是清廷派往西欧的
第一个观光性质的团队"(见王开玺《清代外交礼仪的交涉与论争》,人民出版社2009年版,第474
页)。

②斌椿一行于八月二十一日到达广东后,便作别各自回京。斌椿父子于十月初抵京,随员张德彝于
九月中旬便到京。

③《奕䜣等奏派同文馆学生三名随赫德前往英国游览折》,《筹办夷务始末(同治朝)》卷三十九,第
1622页。

④《奕䜣等奏斌椿等出洋游历现已回京撰有日记钞录呈览折》,《筹办夷务始末(同治朝)》卷四十六,
第1958—1959页。

⑤张德彝:《航海述奇》,岳麓书社1985年版,第440页。

对不同国家间外交体制的切身感知。正如王尔敏先生先前研究所指出的那样："斌椿一路详加记载，写成《乘槎笔记》，乃是择其大端，罗举要节，用以提呈总理衙门参阅，其书自是为符合使命，必须上呈总署。故其内涵重点，于列国政府接待，列举最详，而小事私事多被省略。"①

虽然坊间刊行的《乘槎笔记》和《乘查笔记》均是斌椿原始旅行记录的节选，得到过总理衙门总办章京方濬师等人的校订，但书中仍有大量关于他们参与西方外交活动的记录，并不妨碍时人从中获取如何出洋、觐见君主、拜访各国驻外使节、出席宴请和宫廷舞会等方面的具体知识②。而《海国胜游草》更是有《四月二十三日英国君主请赴宴舞宫饮宴》《呈瑞典国王（时在王宫游览饮酒即席书呈）》《比利时国主曾至中华粤东省，闻予来泰西，约往游览，十五日至国都，遣官约见》等觐见西方各国元首及会面各国亲贵政要的诗作。

关于他们如何出洋，斌椿和张德彝都留下了详细记录。同治五年（1866）正月，斌椿在奉命出国游历后，便前往总理衙门谒见恭亲王奕䜣及总理衙门大臣，正好赶上各国驻华使臣前来贺岁，对他"有差赴外国之行，举欣欣然有喜色"③。十一日，斌椿获赠总理衙门大臣徐继畬的《瀛寰志略》，认为此书"博采众说"，"西人咸服其允当"，且在后来的海航旅行中以此为参考。十四日，总理衙门为斌椿饯行，随后总署大臣恒祺又陪同其前往各国驻京使馆辞行。二十日，他还收到法国驻华署任公使伯洛内（Henri de Bellonet）送来的"过马赛海口照据一函"。二十一日，斌椿一行正式从北京启程，二十三日到天津后拜访了三口通商大臣崇厚。二月初三日到上海后，与赫德调派的法国人德善（E. de Champs）、英国人包腊（Edward Charles Macintosh Bowra）两位洋翻译汇合。二月初七日由上海登上法国"布拉得内"船，十一日到香港后换乘"康拔直"船，随后过安南海口、新加

---

① 王尔敏：《弱国的外交：面对列强环伺的晚清世局》，第 210 页。关于这些海外旅行著述的内容构成，徐中约在《剑桥中国晚清史》中说："团员们详细记述了他们的所见所闻，不幸的是，他们的观察主要以西方的社会风俗习惯、高楼大厦、煤气灯、电梯和机器为限，对于政治制度只是一笔带过。"（见费正清、刘广京编《剑桥中国晚清史》下卷，第 71 页）虽说他们关于政治制度的介绍较少，但其中也有不少关于他们参与西方外交交际活动的记述，本文将会对此进行论述。

② 〔美〕丁韪良著，沈弘等译：《花甲记忆：一位美国传教士眼中的晚清帝国》，广西师范大学出版社2004 年版，第 254 页。

③ 斌椿：《乘槎笔记》，岳麓书社 1985 年版，第 91 页。

坡、锡兰、亚丁、埃及等地。三月十二日换船入地中海,十四日到意大利境,十八日至法国马塞海口,登岸后换乘火车,二十日到里昂,二十三日到巴黎①。在法国境内,斌椿等人因持有"伯大臣照据"享受了使臣过海关"免验行李"的权利②。

就在斌椿等人从北京出发后不久,驻京英使便在信札中写道:"我只是希望他此行不要受到过分款待。不然这里的人们会引起误解,说:'看看我们是多么伟大的一个民族,一位私人游客去你们国家旅游,都受到如此尊敬。那得归功于一种优越的文明,而你们蛮夷之国的大臣在这里甚至还不被接见。'"③显然这位英使是不希望西方国家按出使规格接待斌椿一行,但事情的发展却如丁韪良所观察的那样:"全欧洲都把他当成了大人物,各国国王纷纷接见他,尽管他并无如此规格的委任状。"④

斌椿一行到达巴黎两日后,便拜访了法国首相杜隆及其夫人,彼此交谈融洽。随后几日,他们又陆续拜会了英、美、俄、丹四国驻法公使。四月初,他们到达英国伦敦后,又陆续拜访了英国外相和美、法、瑞等国驻英公使⑤。他们的拜访使得自己切身体验和证实了西方国家互派使臣的外交定例,这对清廷此后的遣使具有直接的借鉴意义。正如王尔敏先生所言:"此行即可表现其出使访欧有报聘诸国之意,非同于等闲之观光游历。"⑥

在英国最让斌椿一行大出意外的,是受邀参加威尔斯亲王所主持的宫廷舞会和觐见维多利亚女王。前者让他们见识了英国礼仪外交的魅力,后者则让他们切身体验了外臣觐见君主的礼仪。同治五年(1866)四月二十三日,英国"掌

①此段行程之经历,可见斌椿《乘槎笔记》,第92—109页;张德彝《航海述奇》,第445—489页;〔美〕理查德·J·司马富、约翰·K·费正清、凯瑟琳·F·布鲁纳编,陈绛译《赫德与中国早期现代化:赫德日记(1863—1866)》,中国海关出版社2005年版,第474—491页。《乘槎笔记》和《航海述奇》对此次行程的日期记载,略有些出入。

②斌椿:《乘槎笔记》,第107—108页。

③〔英〕密福特著,温时幸、陆瑾译:《清末驻京英使信札》,国家图书馆出版社2010年版,第149—150页。

④〔美〕丁韪良著,沈弘等译:《花甲记忆:一位美国传教士眼中的晚清帝国》,第253页。

⑤斌椿:《乘槎笔记》,第110—114页;张德彝《航海述奇》,第494—495页。

⑥王尔敏:《总理衙门命使试探:斌椿之游历欧洲》,载氏著《弱国的外交:面对列强环伺的晚清世局》,第212页。

宫官以名帖称奉君主命,请赴宴舞宫会宴",斌椿一行赴会参观了宫廷仪仗,听乐观舞,受太子及太子妃接见晤谈,后赴宴出宫①。第二天,他们谒见了英国女王,这是中国官员第一次觐见西方国家的君主。斌椿在《乘槎笔记》中记述说:

> 申刻,入宫门。内外仪仗将弁与昨夜(指宫廷舞会)同,惟多乐器朱衣四十人。宫官衣金绣者,导予至一所,坐候宣召。申正,内宫数人来导,入门数重,至内宫。君主向门立,予入门侧立称谢。②

张德彝也在《航海述奇》中记:"申刻,君主邀入正宫……后由包腊(即随行洋翻译)引入内门,见君主着青衣,服长裙……君主立,明等亦立……垂问殷恳,词气温和。"③由两人记述可知,他们觐见英国女王时只是"侧立称谢",既未行中国的"跪拜礼",也未行英国臣子拜见君主时的"鞠躬礼"。而英国女王和外部也并未过多在意斌椿一行的觐见礼仪,而是以公使的规格在内宫接见,这与当时清廷关于"外使觐见"的礼仪争论形成了鲜明对比④。关于斌椿一行在英国所接受的款待,赫德在其日记中如是写道:"中国人在英国备受款待,他们参观温莎堡,受邀出席王宫舞会,于女王在白金汉宫临朝前,受到女王私人接见。"⑤

五月二日,斌椿等人议定赴荷兰各国行期,得到了英国外相的支持,代为"先寄照会,俾到时有东道主,情意殷谆"⑥。随后他们便陆续游历了欧陆各国,除拜访所到各国的外部大臣及驻该国的公使外,并获得荷兰总理、丹麦总理、瑞典国王及太后、俄国王弟及太子、普鲁士王妃、比利时国王及王妃的接见招待。最后他们由比返法,由马赛登船回国。

他们谒见瑞典国王及王妃的情形,斌椿记道:"入门,侍卫森列,国主与妃皆

---

① 斌椿、张德彝均对此次宴会印象深刻,在日记中详细记录了诸如宫殿、卫兵、宾客衣着、舞会、饮食等方面的所见所闻。另外斌椿有《四月二十三日英国君主请赴宴舞宫饮宴》一诗专门歌咏此事。见斌椿《乘槎笔记》,第116—117页;张德彝《航海述奇》,第524—525页;斌椿《海国胜游草》,岳麓书社1985年版,第167页。
② 斌椿:《乘槎笔记》,第117—118页。
③ 张德彝:《航海述奇》,第526页。
④ 同治年间清廷关于"外使觐见"的问题,详见尤淑君《宾礼到礼宾——外使觐见与晚清涉外体制的变化》之第三、四章,社会科学文献出版社2013年版。
⑤ 〔美〕理查德·J·司马富、约翰·K·费正清、凯瑟琳·F·布鲁纳编,陈绛译:《赫德与中国早期现代化:赫德日记(1863—1866)》,第499页。
⑥ 斌椿:《乘槎笔记》,第120页。

立待,慰劳甚切。"①张德彝也专门记述了觐见礼仪:"其君臣相见,无山呼跪拜礼,只垂手免冠而已。明等相见亦如之,只不脱帽。"②在他们彼此交谈后,"王命游览各楼舍,妃指示各处陈设,皆精妙";游回后"王命备酒","吸烟卷",举觞吟唱;最后"王以照相各赠之,送宾门外,俟明等升车后,乃与诸人亲燃烟卷一枚,以示敬宾雅意"③。第二日,瑞典太后又主动约见斌椿一行,相谈甚欢,"太坤(即太后)喜形于色,命遍观各楼舍,复假宫舆入御园游览,备酒食瓜桃诸品,北地寒,鲜果绝罕,非大官不办也"④。从中可见瑞典太后对他们招待之殷切。相形之下,此时的中国亦由太后垂帘听政,外国使臣非但不能进宫门,更不用说受太后召见款待了。或许是因斌椿、张德彝都觉得瑞典太后的此番款待十分亲切优渥,故都在日记中用大量篇幅详细记述了此次召见的经过,斌椿还为此作诗一首。随后他们在谒见比利时国王时,张德彝又详细记载了相关接见礼节:

> 乘双马车行十五里,至地名腊魁营,系国王之避暑宫也。有锦衣护兵,列队而迎。兵见明等,皆举枪向鼻,肃步而来。下车入宫,厅设乐器,击大鼓,吹大号,声音错杂,非丝非竹,长角双铙,别成曲调。俄而大臣四员,迎入内廷,谒见其王……时王后、王弟并四五女臣,皆侍于侧,与明等立谈。⑤

比利时的接待礼仪盛大而隆重,几乎按头等公使的规格来进行,同样也是"立谈",这让张德彝感到十分荣幸。从英国女王、瑞典国王及太后、比利时国王接见斌椿等人的礼节和规格来看,西方国家几乎视斌椿一行的游历为出使,官式款接,极为隆重⑥。也正如时人李善兰在《乘槎笔记》的序言中所言:"所历十余

①斌椿:《乘槎笔记》,第127页。
②张德彝:《航海述奇》,第546页。
③斌椿:《乘槎笔记》,第127页;张德彝:《航海述奇》,第546—547页。
④斌椿:《乘槎笔记》,第128页;张德彝:《航海述奇》,第547—548页。
⑤张德彝:《航海述奇》,第568页。
⑥虽然西方国家接待使臣之礼略有不同,但有大致通例。英国、瑞典、比利时等国基本以头等公使的规格接待斌椿一行。关于当时西方国家接待外使的礼节,可参考普鲁士国人查尔斯·马顿斯(Charles de Martens)所著《外交指南》(*Guide diplomatique*)一书。该书有多种版本,是当时西方最为通行的出使学著作之一。该书的葛福根注本,后经丁韪良组织同文馆学生联芳、庆常等进行翻译,由他校覆,书名译为《星轺指掌》,经总理衙门大臣批阅后于光绪二年(1876)付梓。进一步详参查尔斯·马顿斯著,联芳、庆常译《星轺指掌》之第七章《论通使礼节》,中国政法大学出版社2006年版,第63—72页。

国，皆开辟以来，中国之人从未有至者，各国君臣无不殷勤延接，宴会无虚日，宫廷园囿，皆特备车骑，令纵驰览，斌君之游福，可谓大矣。"①为此，当时也有不少官绅将此行看作是"奉皇帝诏，出使西洋"，将斌椿等人当成了"出国使臣"，而不明官方但言"游历"却不言"出使"的内中曲隐②。

时人对于域外风土人情的好奇，乃是人们获取新知的动力。如斌椿一行回到中国境内后，沿途官绅无不"细询各国情形"，与来访者"谈及泰西风土人情，众闻之喜而不寐"③。斌椿到达上海后，护理江苏巡抚、江苏布政使郭柏荫还"因比利时国换约到上海，询比国暨各国情形"④。斌椿也在《住上海，赠应敏斋、王荫斋两观察，兼呈郭远堂中丞（中丞时到沪与比国换约）》一诗中云："贱子遨游九万里，八度蟾圆竟归矣。亲朋疑我未登程，说与游踪竟称异。"⑤他们回京后，总理衙门的大臣和章京们也对斌椿等人"面加询问"⑥。同治五年（1866）十一月，奕䜣在进呈斌椿日记的奏折中也表示：

> 臣等查各国换约以来，各使臣住京，并各国人等往来各直省口岸，中国情形约皆谙悉，若中国无人赴外国采探，遇有交涉事件，定虞隔膜。该员等到京时，臣等面加询问，虽不能毕悉底蕴，其于所历之国山川形胜、风土人情，尚能笔诸日记，略举端倪。今将该员斌椿所撰日记一本，钞录恭呈御览。⑦

斌椿此行基本完成了总理衙门交代的任务，也基本达到了此次出国游历的主要

①斌椿：《乘槎笔记》，第87页。

②有关视"游历"为"出使"这点，看看时人为斌椿《乘槎笔记》和诗草所作的序文、题辞，以及为张德彝《航海述奇》所作序文便可知晓，这也恰可说明斌椿此行在政治与外交上的意义。

③如时任两广总督瑞麟、护理江苏巡抚郭柏荫、监督潘伟如观察等人，均向斌椿等人"细询外洋情事"。另据张德彝记述，他回家后与"家人父子晨夕聚谈，月余犹未罄其闻见之奇云"。斌椿《乘槎笔记》，第141—143页；张德彝《航海述奇》，第594—595页。

④斌椿：《乘槎笔记》，第142页。同治五年（1866）十月郭柏荫与比利时国换约情形，可参《郭柏荫奏与比国换约情形折》，《筹办夷务始末（同治朝）》卷四十五，第1889—1891页。

⑤斌椿：《天外归帆草》，岳麓书社1985年版，第206—207页。

⑥斌椿在北京官场的人缘较好，与总理衙门大臣和章京的关系较近。正如驻京英使福特所云："斌椿在北京的社交圈子里是个红人，因此他从欧洲回来后，一定会在上流社会谈论旅欧见闻。"见〔英〕密福特著，温时幸、陆瑾译《清末驻京英使信札》，第149页；《赫德与中国早期现代化：赫德日记（1863—1866）》，第483页。

⑦此折的御批是"知道了"，见《奕䜣等奏斌椿等出洋游历现已回京撰有日记钞录呈览折》，《筹办夷务始末（同治朝）》卷四十六，第1958—1959页。

推手和帮助者赫德的预期。当斌椿一行尚在旅途时,赫德便在1866年7月15日的日记中记到:"斌椿和我在一起总是极其愉快……我的目标一直是:1.由中国政府派遣官员去欧洲,这一点我已获成功;2.让欧洲各国政府接受这些官员,并且友善地对待他们,这一点我获得成功超过了我的预期;3.促使欧洲人对中国人感到满意,并且对他们有更大的兴趣,这一点我也已成功;4.使中国官员带着对外国的愉快回忆离开,这一点迄今为止我也已获得成功。"随之赫德又设想了四个新的目标,至少从后来的事实来看,有两个目标也基本达成:一是劝导中国派遣大使出国,二是让中国同其他各国建立切合实际又基于理性的友谊①。赫德的预期也跟此前不太看好斌椿此行的驻京英使密福特(Freeman Mitford)的预想一致:"斌椿此行本身是件小事,但我们都把它看做是第一步。中国将会由此向欧洲派遣常驻使团,与我们在北京的关系也会朝着更好的方向发展。"②

当然,斌椿等人的此次游历本就是清廷为此后遣使所做的试探,他们游欧半年便访问十数个国家,并得到各国的友好款待,无疑推动了清政府正式将对外遣使提上日程。同治六年(1867)九月,总理衙门在密寄给各将军、督抚、大臣们筹商的修约条说中便有"议遣使"一条③。该条文称:"上年本衙门奏准,令斌椿带同学生凤仪等,附船赴泰西各处游历,略访其风俗人情,与出使不同,未可再为仿照。此后遣使一节,亦关紧要,未可视为缓图。究应如何? 亦希公商酌定。"④由此可以看出,斌椿等人的此番游历成了这次议筹遣使的前期知识积累和思考基础。而参与筹商的总理衙门大臣、章京、各将军督抚及其幕僚们无不先期了解斌椿等人的游历详情。虽然在斌椿一行回国前,还有不少督抚直接上奏反对遣使,

---

① 〔美〕理查德·J·司马富、约翰·K·费正清、凯瑟琳·F·布鲁纳编,陈绛译:《赫德与中国早期现代化:赫德日记(1863—1866)》,第512—513页。有关赫德与晚清中国使节派遣和驻外使馆的建立,可参考张志勇所著《赫德与晚清中英外交》(上海书店出版社2012年版)一书的第三章《赫德与晚清中国驻英使馆》。

② 〔英〕密福特著,温时幸、陆瑾译:《清末驻京英使信札》,第150页。

③ 同治六年(1867)九月,中国与西洋有约各国十年修约期将行届满,奕䜣等大臣便上奏清廷,要求各滨海沿江通商口岸地方之将军、督抚、大臣对此次修约各抒己见,预为筹计,并附有所需议筹的《总理衙门条说六条》。详见《奕䜣等奏预筹修约请饬各将军督抚大臣各抒所见折》,《筹办夷务始末(同治朝)》卷五十,第2119—2127页。

④ 《总理衙门条说六条》,《筹办夷务始末(同治朝)》卷五十,第2125页。

认为出使易被外国要挟,"以求秉中国之大政"①。但就在斌椿回国反馈后,参与此次筹议的各将军、督抚们也都基本赞成中国遣使外国。就连此前反对遣使的浙江巡抚马新贻也在议覆中说:"闻上年斌椿带学生凤仪等前往各国,尚能不辱使命,似可仿照。或二三年一使,或有事再使,假以冠服,以宠其行。"②

二、"预筹难料"与"人臣外交":蒲安臣使团的出使试探

虽说此时总理衙门和不少督抚大臣对遣使还存有一些顾虑,但终究认为遣使是政府"必应举行"之事,"未可视为缓图"③。就在清廷筹议遣使期间,恰逢美国驻华公使蒲安臣(Anson Burlingame)任满,准备回国。为了解决"使才难求"的问题,经恭亲王奕䜣、总理衙门大臣文祥、董恂等与蒲安臣"叠次晤谈",清廷特派蒲安臣为"办理中外交涉事务使臣"出使欧美各国④。同时为了节制蒲安臣

---

① 如刘坤一、马新贻等均反对遣使外国,如刘坤一便上奏说:"分遣使臣往驻各国,不得任其所指,以杜石重臣弃之绝域,令得挟以为质。"参考《刘坤一奏议覆奕䜣等英国呈递议论折》,《筹办夷务始末(同治朝)》卷四十一,第1722页;《马新贻奏议覆奕䜣等英国呈递论议折》(同治五年十月),《筹办夷务始末(同治朝)》卷四十五,第1925页。

②《马新贻奏议覆修约事宜折》,《筹办夷务始末(同治朝)》卷五十五,第2270页。

③ 关于遣使的顾虑,在"议遣使"条中,总理衙门大臣认为:"顾中国出使外国,其难有二:一则远涉重洋,人多畏阻,水陆跋涉,寓馆用度,费尤不赀,且分驻既多,筹款亦属不易;一则语言、文字尚未通晓,仍须倚恃翻译,未免为难。况为守兼优才堪专对者,本难其选,若不得其人,贸然前往,或致狎而见侮,转足贻羞域外,误我事机;甚或勉强派遣,至如中行说之为患于汉,尤不可以不虑。"(见《筹办夷务始末(同治朝)》卷五十,第2125页)在随后总理衙门奏派蒲安臣出使的奏折中亦说:"原奏内遣使一节,本系必应举行之事,止因一时乏人堪膺此选,且中外交际不无为难之处,是以明知必应举行,而不敢竟请举行,尚待各处公商,以期事臻妥协。"(见《奕䜣等奏拟请约美卸任公使蒲安臣代办遣使外国折》,《筹办夷务始末(同治朝)》卷五十一,第2159页)

④《奕䜣等奏拟请约美卸任公使蒲安臣代办遣使外国折》,《筹办夷务始末(同治朝)》卷五十一,第2159—2160页。关于蒲安臣使团的研究,学术成果已非常丰富,尤淑君所著《宾礼到礼宾——外使觐见与晚清涉外体制的变化》一书第三章第二节,基本是论述斌椿一行、蒲安臣使团对西礼的尝试。故而本节除必要铺陈外,尽量略其所详。需要说明的是,由于本文关注西方外交知识生成与传播对国内士人认识上的意义,故志刚、孙家穀和张德彝回国后刊行的著述就显得尤为重要。因此本节主题的关注重心在于尽量凸显志刚、孙家穀等人的外交作为,特别是他们的能动性,即在何种程度上附于蒲安臣,又是为何"敢冒天下之大不韪",突破总理衙门的"出使条规"进行一系列"人臣之外交"的活动。显然,志、孙二使的"大胆"外交行为,与他们在外的观察和体验有关。

的行动,总理衙门又奏派总办章京志刚和章京孙家穀同为"办理中外交涉事务使臣","会同蒲安臣前往各该国,办理中外交涉事务"①。这样一来,蒲安臣与志刚、孙家穀"均系钦差","一体平行"。为避免出使时彼此意见相左或发生龃龉,总理衙门还提前制定出使章程,以明职权。而负责具体草拟章程的人,正好是此前为斌椿校订过《乘槎笔记》的总理衙门总办章京方濬师。他在致文祥的信函中如是说道:"惟今日章程之立,不专为今日计,实为后日计也。一事偶遗、一语偶罅,在彼可以持以要求,在我则又须大费唇舌。斌椿之行,特游历耳。今则谕旨煌煌,临轩遣发,使臣将命,当知朝廷用意所在。"②方濬师注意到了斌椿一行的特殊性,进而在拟定遣使章程时显得格外慎重。虽然方濬师想要在章程中提高志、孙两使的职权③,但在总理衙门最终颁给蒲安臣遵照的"出使条规八条"中,还是强调他们之间的平行性,并且一再说明遇到重要事宜均需咨明总理衙门候议,"再定准否"④。

同治六年(1867)十二月,志刚、孙家穀在觐见两宫后,便与凤仪、德明(张德彝)、坦克什纳、联芳等同文馆学生一道由京师启程,后与左协理柏卓安(时任英国驻华使馆翻译官)相会于涿州。同治七年(1868)正月,志、孙一行继续与蒲安臣、右协理德善(法籍海关税务司)在上海汇合,并将国书、关防和总理衙门委托蒲安臣代递国书礼节等三件咨会面交蒲安臣。随后他们便与各国驻上海领事往来答拜。二月初三日,蒲安臣使团由上海登船,经由日本,于三月初八日抵达美国旧金山。在旧金山客寓期间,他们与当地华人多有往来,应邀出席了华人会馆的宴请,大致了解了华人生活的情形,并答应与美国政府协商公平对待华人的问题。四月初八日,他们登船离开旧金山,闰四月初一到达纽约,闰四月十二日达到美国首都华盛顿⑤。

---

①《奕訢等奏请派志刚孙家穀同蒲安臣办理中外交涉折》,《筹办夷务始末(同治朝)》卷五十二,第2165—2166页。关于为何选派蒲安臣出使,可参见王立诚《蒲安臣使团与中国近代使节制度的发端》,载氏著《近代中外关系史治要》,上海人民出版社2012年版,第36—48页。

②方濬师:《覆文博川尚书书》,《退一步斋文集》卷四,台北文海出版社1968年影印本,第471页。

③方濬师在给文祥的信中说:"濬师章程中恰专重中朝两使,故于印用关防须由志、孙两使主持,不使他人干预,亦防其渐也。"见方濬师《覆文博川尚书书》,《退一步斋文集》卷四,第473页。

④《给蒲安臣出使条规八条》,《筹办夷务始末(同治朝)》卷五十二,第2166—2167页。

⑤志刚:《初使泰西记》,岳麓书社1985年版,第249—269页。亦可见《使臣志刚孙家穀折》,《筹办夷务始末(同治朝)》卷六十九,第2790—2791页;张德彝《欧美环游记》,岳麓书社1985年版,第617—654页。

出使与游历不同，他们到达华盛顿后，最首要的事情就是代表中国与美国通聘。由于"中外仪节不同"，蒲安臣使团如何与有约各国交聘往来，清廷在他们出使前便有所交代。对于清廷来说，外交礼仪事关国体，其中最为看重的就是觐见礼与如何呈递国书。同时蒲安臣一行是否按清廷所交代的礼仪进行，直接关乎中外有关"外使觐见中国皇帝"的礼仪谈判，以及中方办理外使呈递国书的成案。

关于蒲安臣一行是否觐见的问题，总理衙门给蒲安臣阅看的"出使条规"之第三条便载："此次中国所派之员，将来到各国时，似可暂无庸相见，或偶尔相遇，亦望贵大臣转达，彼此概免行礼，俟将来彼此议定礼节，再行照办。"①此条规定虽明确了主要原则，不主动觐见外国元首，不用行礼，但似乎又有些弹性和通融之处。而且两宫皇太后也十分关心志刚、孙家穀是否觐见外国元首的问题。在他们受两宫召见时，皇太后关切地问道："到外国见其君主不见？"志刚奏对："见与不见，在各国君主，但奴才等断不先自求见。"②清政府之所以如此关心他们觐见外国元首的问题，其根本原因也是担心他们按西方通行的"鞠躬礼"来觐见元首，授人以口实，进而在"外使觐见"礼仪上，担心驻华公使要求比照办理，而不对清帝行"跪拜礼"。

关于如何呈递国书，总理衙门对蒲安臣也有专门的咨会。清廷希望蒲安臣到美国后，"即仿照从前美国使臣在中国由（中国）大臣代递国书之礼办理"，即国书"由贵大臣恭赍前往，每抵一国，亦可照在美国办理之式，由贵大臣交其国大臣代递，以归一律"。而有约各国如有国书，"或由贵大臣赍回；或交住京各大臣转呈中国"。即中外各方均不由使臣亲递国书，避免礼仪参差。如有约各国按泰西之例优待蒲安臣，他则"务须向各国预为言明，此系泰西之礼，与中国体制不同，因中国无论何时国体总不应改，不必援照办理"，"庶将来各国不致疑中国无报施之礼也"。另外，清廷还要求他如遇有妨碍国体的事情，则不必举行③。这些咨会内容由柏卓安"用洋语述与蒲使"，蒲安臣则谓"咨文所言原当如是办理"④。上述要求是总理衙门专门给蒲安臣的咨会，意即让蒲安臣来代递国书，

①《给蒲安臣出使条规八条》，《筹办夷务始末（同治朝）》卷五十二，第2167页。
②志刚：《初使泰西记》，第250页。
③《奕䜣等奏咨会蒲安臣递国书二事折》《给蒲安臣咨会（代递各国国书礼节）》《给蒲安臣咨会（妨碍国体，不必举行）》，《筹办夷务始末（同治朝）》卷五十四，第2248—2250页。
④志刚：《初使泰西记》，第252页。

避免让中国使臣亲递,以便中方在此后"外使觐见"问题上的谈判时有所说辞。这或许也是清廷担着"蒲安臣一席,似乎蛇足"的疑虑却又让他作为使臣的原因之一,即"用中国人为使,诚不免于为难;用外国人为使,则概不为难"也①。

同治七年(1868)闰四月十三日,蒲安臣一行按照西方通使之例,先行拜会美国国务卿西华德(William Henry Seward)②。在他们与西华德晤谈数语后,"即将国书捧出与看","即存于其署"③。他们还于第二晚参加了西华德举办的宴会,"各国使臣及各大员咸集","逐一执手相见"。由于志刚初次接触西方的外交宴会,因而颇有感触,在其《初使泰西记》中写道:

> 因思此等聚会,虽系西国之俗,而实具深意。盖总理各国事务者,时与各国亲信大臣聚首言欢,融为一气。无论潜消衅隙,即偶有牴牾,无不可尽之言,言无不可输之情。而连环交际,无非排解调处之人。是以各国之势,易于联属。此与人臣无外交之义,其用不同。④

志刚跳出了传统"人臣无外交"的束缚,可谓认识到了西方外交聚会的"交际联属"之用。他们在离开华盛顿之前,还专门举办过一次答谢美国正、副总统及大小官员数百人的晚宴,"四壁悬挂中外旗帜,陈设芳华,彼此畅谈,子正始散"⑤。此举无疑也为后来的驻外使节举办外交宴会,提供了先行经验⑥。

闰四月十六日,蒲安臣与志刚、孙家毂等人"公同往谒"了美国总统安德

---

① 《奕䜣等奏拟请约美卸任公使蒲安臣代办遣使外国折》,《筹办夷务始末(同治朝)》卷五十一,第2160页。"蒲安臣一席,似乎蛇足"之语,出自方濬师致文祥信(见方濬师《覆文博川尚书书》,《退一步斋文集》卷四,第473页)。时任湖广总督的李鸿章也认为,遣使"自不宜常令外国人充当"(见《李鸿章条说》,《筹办夷务始末(同治朝)》卷五十五,第2259页)。

② 西华德(William Henry Seward),志刚称为外部大臣华尔特,张德彝称为总理各国事务衙门大臣徐尔德。

③ 志刚:《初使泰西记》,第269页。

④ 志刚:《初使泰西记》,第269页。

⑤ 张德彝:《欧美环游记》,第675页。志刚则记述说:"择期在客寓作会,分日开筵,赴约者数百人,杯酒言欢,颇称盛事。"见志刚《初使泰西记》,第271页。

⑥ 当时中国官绅在观念上仍抱着"人臣无外交"的观念,如同治五年(1866)四月,刘坤一在谈论中方京外官员不愿与外国人往来时便说:"惟谓京外各官,不肯与之往来,不知苟非公事,人臣义无私交。"(见《刘坤一奏议覆奕䜣等英国呈递议论折》,《筹办夷务始末(同治朝)》卷四十一,第1722页)关于晚清中国各地方督抚、大臣在办理"夷务""洋务"时如何突破"人臣无外交"的观念,可参考王尔玺《略论"人臣无外交"思想在近代中国的历史命运》,《北京师范大学学报》2009年第5期。

鲁·约翰逊(Andrew Johnson),这也算是中国官方出使人员第一次拜访美国元首。他们先到外部公署,然后随同西华德到了白宫。对于觐见仪式,志刚写道:

> 先至其中间圆屋以俟,同有大臣数人。仍由华大臣引导,伯理喜顿朱文逊(即总统约翰逊)至圆屋中间,南向立。蒲使执所拟面陈之洋语述毕,华大臣即执伯理喜顿所拟之洋文向蒲使代述毕,即将国书递与伯理喜顿亲接展视,仍交华大臣卷起。旋由华大臣挨次指引谒见,伯理喜顿逐一执手问好,并言深愿帮助中国,愿中国与美国日益和睦等语,礼毕各散。复往拜其各执政大臣、各国使臣,循各国旧规也。①

根据志刚、张德彝的记述以及志、孙二使上奏清廷的奏折可知,仪式先由蒲安臣代表中国面陈出使来意,美国国务卿西华德代答,国书由蒲安臣呈递总统,彼此立谈,行泰西执手礼②。显然,志、孙二使主动觐见了美国总统并行握手礼,与总理衙门所定"出使条规"的精神不太相符。随后他们还参加了总统邀约的欢迎晚宴,"同席者系与中国有约各国之使臣,及其执政大臣,席用长桌联坐,宾主往来酬酢如常","使者敬答如指,皆大欢喜"③。

在美期间,蒲安臣与美国外部反复酌商中美交涉事宜,在未预先咨报总理衙门的情况下,便与美国议定了《中美续增条约》八款。由于志刚、孙家毂也认为此八款"均系有益应办之事",故与蒲安臣于同治七年(1868)六月初九日"同赴其总理衙门",与美国外部大臣华尔特当面画押、盖印④。蒲安臣此举,无疑违反了"出使条规"和总理衙门咨会的原则,让清廷颇为被动,奕䜣及总理衙门大臣们对此多有不满。奕䜣等人认为:"臣等以蒲安臣初到美国,即与议约,将来至他国时,或不免再有此举,不如俟该使臣差竣回京之日,由臣衙门通行覆议,择其

---

① 志刚:《初使泰西记》,第269页。

② 关于觐见日期,张德彝记载为闰四月十五日,本文以志刚的记述和奏折为准。关于觐见细节,张德彝记:"蒲钦使先达出使之意,朱统领令徐尔德覆答之。言毕,呈递国书,握手问讯,泰西礼也。"见张德彝《欧美环游记》,第656页;《使臣志刚孙家毂折》,《筹办夷务始末(同治朝)》卷六十九,第2791页。

③ 志刚:《初使泰西记》,第270页。

④ 《使臣志刚孙家毂折》,《筹办夷务始末(同治朝)》卷六十九,第2792页;志刚《初使泰西记》,第271—274页。

无窒碍者,奏请施行。是以照覆美国住京使臣缓办在案。"①但随着蒲安臣派左协理柏卓安回华将议约情形告知,加之美国驻华公使劳文罗斯(John Ross Browne)拿着已经用印的条约前来催促,总理衙门在参酌志、孙二使寄回的条约逐条注释文本及其订立缘由的基础上,认为此条约"尚无窒碍之处",只好奏请清廷批准与美国换约了②。

中美续约这样有关国体的大事,志、孙二使之所以敢先行画押,先斩后奏,估计是因他们觉得此续约"系将总理衙门交办及现在应办事宜,销纳于中,执此以往各国,即不必另寻头绪,以为迎刃而解之势",且"各条中有暗关他事者"③。如该续约中的第三条"中国可在美国各通商口岸派驻领事"、第四条"彼此尊重中美两国人民不同的宗教信仰"、第五条"中美各国人民自愿往来",便是志、孙二使在达到美国后,看见华人在美生存境况而订立的④。对于中国外交体制的影响而言,该续约的第三条便十分重要,其原文载:

> 第三条　大清国大皇帝可于大美国通商口岸,任便派领事官前往驻扎,美国接待,与英国、俄国所派之领事馆,按照公法条约所定之规,一体优待。⑤

在美、英、法等西方国家已在中国设立使领馆的前提下,此条显然对中国仿行西法在外设立领事有益无损⑥。而志、孙二使之所以同意此条的原因,最初也是源于旧金山的华人问题。他们在给总理衙门的解释中便说:"第三条系指金山地方,中国人已有十数万众。中国若不设官,一恐其滋事,无人弹压;一恐其久无统属,悉变为外国下等之人。蒲大臣另有设官办法,自行总理衙门酌核。"⑦不管是

①《奕䜣等又奏蒲安臣等在美续订条约请派员互换折》,《筹办夷务始末(同治朝)》卷六十九,第2789页。
②《奕䜣等又奏蒲安臣等在美续订条约请派员互换折》,《筹办夷务始末(同治朝)》卷六十九,第2789页。
③《使臣志刚孙家穀片》,《筹办夷务始末(同治朝)》卷六十九,第2792页。
④志刚、孙家穀一行所见闻华人生活情形,如华人得不到公平的法律保障,"猪仔"华工之困苦等,让他们心有戚戚焉。他们答应华人与美国建交后,便与美国执政"徐商办法"。见志刚《初使泰西记》,第264—267页。
⑤《美国续订条约八条》,《筹办夷务始末(同治朝)》卷六十九,第2793—2795页。
⑥总理衙门大臣虽然觉得蒲安臣使团在此次续约谈判及签订的程序上不合规矩,但就所办事情而言,"与中外一切交涉事件,颇为有益"。见《奕䜣等又奏蒲安臣等在美续订条约请派员互换折》,《筹办夷务始末(同治朝)》卷六十九,第2790页。
⑦有关续增条约第三、四、五条的解释,见志刚《初使泰西记》,第274—275页。

中方增设领事,还是美国如何借此获取在华利权,从此次条约的议定来说,蒲安臣所费的心思最多,真可算是给志、孙二使及清廷上了一堂实实在在的"美国课业"。

七月二十三日,蒲安臣使团由纽约向英国出发,八月初四日到达伦敦。虽然斌椿一行此前到过英国,并获维多利亚女王接见,但毕竟只是游历,未曾呈递国书,也正如总理衙门所说"未可仿照"。蒲安臣等人到达伦敦后,适值中英"扬州教案"发生,英国女王又不在伦敦,故迟滞了十二天后才"往拜其外部大臣司丹立"①。但英国外部随后便没有了下文,对他们的到来反应冷漠,使得"使者在寓,旅居五十余日"。直到九月中旬,他们才收到英国外部的咨文,商约呈递国书的日期。随后英国外部又来照会,让他们于十月初七日亲递国书。对于亲递国书,这可与总理衙门事先的指示不同,似乎让志刚等人有些为难:"因思亲递一节,见与不见,于中国本自无妨。论外国接待各国使臣礼,若使臣不见,则诸事难办。惟不可急求,听其自定,庶于中外情形,两无窒碍。"②可以说,使团经过一番考量才接受这一安排,并如期觐见了英国君主。对于此次觐见过程,志刚记载道:

> 由其外部预备官车,其大臣司丹立带领,登楼晋见,鞠躬为礼。蒲使陈
> 词,亲递国书讫,礼毕而出,仍乘原车回寓。③

由此可以看出,志刚等人接受了英国外部的照会,由蒲安臣亲递国书,且行鞠躬礼。孙家穀事后也写道:"见其女君,礼节不过进退三鞠躬而已。彼此立谈,无跪拜之文。赞以美词,循旧典也。"④而此前已经觐见过维多利亚女王的张德彝则说:"经外部大臣司丹力引入,行鞠躬礼,与前次同。立谈计时五分,盛设酒果,以宴嘉宾,殊礼也。"⑤虽然张德彝觉得此次觐见礼节与上次同,但他却没有过多在意上次游历与此次出使在外交上的区别。

随后,蒲安臣与英国新任外部大臣就"扬州教案"进行交涉,责以英国驻华领事擅调兵船不符公法。对此,志刚等人颇为佩服,认为此案"经蒲使从中多方

① 志刚:《初使泰西记》,第291—293页。
② 志刚:《初使泰西记》,第300页。
③ 志刚:《初使泰西记》,第300页。
④ 孙家穀:《使西书略》,岳麓书社1985年版,第381页。
⑤ 张德彝:《欧美环游记》,第714页。

开导","虽云不欲勉强,究竟仍思进益"。进而总结出"西国通行之公法,即可执此以平洋人之心",并建议将此交涉办法饬交各省督抚和清廷大小臣工会议①。

十一月二十日,蒲安臣使团由伦敦启程前往法国,十二月初一日到达巴黎。虽然此前斌椿一行曾两次寓居法国,但并未觐见法国君主拿破仑三世与呈递国书。十二月初四日,蒲安臣按西方通使惯例行文法国外部,并商约呈递国书的日期。随后法国外部来文,告知拿破仑三世将亲接中国国书。由于该咨文多有指摘中国之处,故而志刚专门记到:"准法外部洋文,译称'本国接待使臣,皆按持平规矩。中国皇上有年幼之理,本国执政并未深求中国亲接法国之书。虽法国使臣在北京未得按照此例,而我国今上那波仑第三,径愿亲接国书,希将此意达于中国'等语。"显然,法国想要先声夺人,逼迫清政府此后要比照法国之例,让中国皇帝也亲接国书。志刚专门记下此文,可见其内心的复杂与不安。由于他们此前已经在英国觐见了女王,并亲递国书,不可能在此时再打退堂鼓,授人以柄。十二月十二日,他们按法国照会的要求如约觐见了拿破仑三世。志刚详细记道:

> 是日,有陪伴官三员,乘官车御军至寓,接至其宫门下车,至其朝会之所,有司礼官俟,传知礼节。再进,为朝见各国使臣之所。届时传进。正面设两位,阶三级,旁列卫士,国君立于三级下。司礼官胪传带见。使臣依次三进步,每步一鞠躬。协理恭赍国书,立于三使臣后。第一使臣面陈云:……(笔者注:此处为愿与法国交好之敬语)蒲使述毕,法君那波仑第三面谕:……(笔者注:此处为法君答语)语毕,协理将国书恭交使者传于蒲使,亲递于法君那波仑第三亲接。礼毕,退三步,每步一鞠躬而出。复由司礼官带至君后处,进退如前。仪礼毕,由陪伴官乘原车送归寓馆。

> 西洋各国,君主有君后者,皆与各国使臣相见。盖即中国古有见小君之礼也。然中国在古而称小君者,今在泰西其称名也不惟不可小,且应较大君为加优焉,方合时宜。《记》曰"礼从宜,使从俗",亦礼也。②

由此可见,志刚等人接受了法国司礼官传知的礼节,按法国之礼觐见了拿破仑三世,进退皆行"三鞠躬礼",亲递国书,并如礼谒见了法国君后。对于此次按西礼

①志刚:《初使泰西记》,第303—305页。
②志刚:《初使泰西记》,第308—310页。

觐见的行为,志刚自然意识到中外礼仪之间的区别,以及此次觐见可能带来的后果,借用《礼记》所谓的"礼从宜,使从俗",多少可缓解违背清廷"出使条规"所带来的内心紧张与焦虑。相比之下,张德彝并没有过多在意此次觐见可能带来的后果,对于此次觐见过程,只是寥寥数语加以记述①。

蒲安臣使团在法国呆了半年之久,直到同治八年(1869)八月下旬,他们才离开法国,去往瑞典②。他们照前例先往拜外部,随后"晋见瑞君沙乐第十五,亲递国书"。后又应邀参加了瑞典君主的宴请,见其君后,"宴毕,跳舞为乐,尽欢而散"。对于此次宴会的礼节,志刚也是感触颇深:

> 及门,举杯遍属,以重远行。其迎门设几,覆杯醴酒而仍覆之者,即中国古礼,为两君之好,有反坫也。以及作乐侑食,皆近古礼。昔人云:"礼失求诸野,不其然欤?"③

志刚认为瑞典的此次招待宴会礼节有如中国之古礼,把中瑞两国的外交礼仪进行了对接,进而提出中国可以"礼失而求诸野"。九月上旬,他们一行来到了丹麦,随后往拜外部,觐见了君主、君后、太子等人,亲递国书,并出席了君主的宴请,一边吃"中国席",一边听"中国调"④。十月上旬,他们又来到了荷兰,谒见了君主、君后、太子等人,"亲递国书如前仪"⑤。十月下旬,他们到达了普鲁士,照前例往拜外部,向君主威廉一世亲递国书,行"鞠躬礼"。随后,他们获得了普鲁士君臣的热情款待,"中间赴宫中会晤者八,或赠照相,或会宗亲,或设茶果,或陪饮饯,或遗画景,或与嘉会,更或赠票观剧,传言瞻跳"⑥。此外,该国在宫中举办"大和会"时,他们还见到:"布君先出,与各公使挨次执手相见,各立谈数语。"⑦对此,

---

① 张德彝:《欧美环游记》,第734页。
② 对此,孙家毅在《使西书略》中说:"蒲姓名安臣,充我国领事使臣,欣羡法邦繁华,一住半年,致我等羁留阻滞,而一年之奏限逾矣。"(第381页)显然,孙家毅对蒲安臣有意见。而在蒲安臣病故后,奕䜣等人的奏折则说:"因法国辩论之事较多,至上年八月十六日,始由法国启程,前往瑞、丹、和(即荷兰)三国。"(见《奕䜣等奏美使蒲安臣病故现筹办理情形折》,《筹办夷务始末(同治朝)》卷七十二,第2900页)
③ 志刚:《初使泰西记》,第327页。
④ 志刚:《初使泰西记》,第328页。
⑤ 志刚:《初使泰西记》,第329页。
⑥ 志刚:《初使泰西记》,第336页。
⑦ 志刚:《初使泰西记》,第335页。

孙家穀在《使西书略》中写道："彼都人士,竞谈礼貌,其君善待远人,自谓与中国相处甚厚,惜无人以孔孟之道化之耳。"①

同治九年(1870)正月,蒲安臣使团到达俄都圣彼得堡,照前例觐见了沙皇亚历山大二世,亲递国书,"进前鞠躬为礼"。不幸的是,蒲安臣于正月二十四日在俄都病故。二月初,志刚、孙家穀便先行接任使事,并将蒲安臣之死告知总理衙门②。志、孙二使在俄并没有观望不前,在未获总理衙门回复之前,继续与俄国谈判相关交涉事宜,如俄国在东海设电线事、黑龙江售卖米粮事、俄国在东海滨省设官事、张家口和科布多等地通商事、新疆变乱事等。同时,他们还与俄国外部商议此后中俄交涉之道,即"办理交涉事务之法,深愿彼此原情","有益于此而损于彼者,即可作为不必商办;于彼虽无损失而有碍难之处,即可从缓商办……至于两无损碍而有利益之事,自然易于商办"等。这个交涉原则,获得了俄国外部的积极回应③。

三月中旬,志刚等人由俄国出发,路经普鲁士,稍作停留,于月底到达比利时。之前他们所到一国,均由蒲安臣带领他们往拜外部,并由蒲安臣代递国书,如今则需志刚、孙家穀决断如何通聘外国,是否亲递国书。而就在此之前(同治八年九月),英、法驻华公使就以蒲安臣使团觐见各国元首和亲递国书为由,多次照会总理衙门比照英、法君主接见和优待中国使臣之例,商议"外使觐见"的礼节④。无疑,这使得清廷陷入进退两难的境地。最后,总理衙门与英国驻华公使阿礼国商议,"觐见止可暂毋庸议"⑤。

①孙家穀:《使西书略》,第382页。
②清廷处理蒲安臣病故的善后事宜,见《奕䜣等奏美使蒲安臣病故现筹办理情形折》《廷寄(答上折)》,《筹办夷务始末(同治朝)》卷七十二,第2900—2902页。
③志刚:《初使泰西记》,第343—344页。
④《奕䜣等又奏觐见及招工章程二事片》,《筹办夷务始末(同治朝)》卷六十八,第2748页。
⑤对于英、法驻华公使要求比照觐见的要求,总理衙门只能答以蒲安臣出使前已向各国公使咨会,言明蒲安臣为泰西人,各国优待之例不可比照,中西体制不同,"不至疑中国无报施之礼"。而英国驻华公使阿礼国随后又照会总理衙门,认为各国君主在接见、优待蒲安臣时,蒲安臣并未说明此是特例,不可比照,且"蒲大臣在外国行觐见之仪,未言中国无报施之礼。如此大事,中国本系理所应为,自无俟外国相强。各国出境大臣,阻其入觐,即为不以客礼相待"。同治八年(1869)中英关于"外使觐见"的往来照会,详见《给英使阿礼国节略》《英使阿礼国照会(答上节略)》,《筹办夷务始末(同治朝)》卷六十八,第2756—2757页。

关于蒲安臣觐见与亲递国书之事所引发的中外议约争端,志刚等人不可能不知晓,但他们还是毅然决定向比利时呈递国书。三月二十八日,志刚等人照会比利时外部云:"奉有国书,理应敬递。如何办理,希覆照办。"第二天,他们往拜比利时外部大臣,在谈话中,该大臣提到:"按欧洲规,断无不见中国钦使之礼。若中国何时允见外国钦使,比国亦愿一律均沾。"①显然,比利时外部大臣有接续英国公使阿礼国上述照会的想法,同时想"均沾"此后英、法等国与中国商议"外使觐见"的成果。而志刚等人此时已骑虎难下,不可能不呈递国书,其礼节也只能与觐见英、法等国君主时一致。四月初七日,志刚一行"往宫中见其君主,亲递国书,其仪与别国同"②。五月十一日,他们又觐见意大利国君主,亲递国书,"晋见仪节与别国略同,面陈之词与比国同"③。

六月初一日,志刚等人在法国巴黎接到总理衙门录示的接任使事的谕旨,但对他们此前觐见君主和亲递国书之事未置可否④。适天津教案爆发,法国"人情汹汹不定",他们在获知清廷已派崇厚前来法国特办此事后,便向法国外部辞行,去往西班牙。七月初五日,志刚一行到达西班牙首都马德里,在往拜其外部后获知该国现由将军色拉欧代理国事。西班牙的此种政局情形,志刚等人此前还没遇到过。对此,志刚表示:"西洋大、小各国亦皆认为代君,有公使驻扎云云。因未便拘泥,照前照会其外部,如何敬递国书。"⑤初十日,他们根据外部照会谒见了代君,"亲递国书如前仪,使者陈词与和、比国同"。但在礼毕之后,他们受邀入内室与代君同座叙谈。对此,志刚记述道:"盖外堂受书为代国行礼,内室叙谈为自循常分,其动止颇为合宜。"后来他们又被司礼官带去别馆见其夫人和三子,"依次列坐,叙宾主之礼"⑥。

由于天津教案一时不能了结,他们的使命便随之结束,于同治九年(1870)

①志刚:《初使泰西记》,第347页。
②志刚:《初使泰西记》,第352页。
③志刚:《初使泰西记》,第358页。
④志刚:《初使泰西记》,第361页;《奕䜣等奏美使蒲安臣病故现筹办理情形折》《廷寄(答上折)》,《筹办夷务始末(同治朝)》卷七十二,第2900—2902页。
⑤志刚:《初使泰西记》,第365页。
⑥志刚:《初使泰西记》,第365页。

八月上旬由法国马塞登船回国了。九月下旬，志刚一行到达上海，随后便致函江苏巡抚丁日昌，畅谈美、英、法、普、俄等国自强立国之道，进而建议中国"苟能急于自治，使内外有固结之势"①。至天津后，志刚又与李鸿章往来答拜，回京后寓居总理衙门。

从蒲安臣、志刚和孙家毂的出使行为可以看出，他们突破了总理衙门事先预定的"出使条规"。在他们出使之前，方濬师曾在致文祥讨论制定"出使条规"的信函中如是说："自古无不弊之法，法以杜弊而弊即生于法中。"②对于蒲安臣来说，如谨遵"出使条规"而行，他的出使不会一路顺畅，并代表中国与美国订立相对平等的《中美续增条约》，与英国就扬州教案等事宜换得谅解，与法、普鲁士等国联络接洽。对于志刚、孙家毂来说，如果他们完全按照总理衙门"出使条规"的要求，出使时不免动辄逾矩，不仅完不成报聘诸国、联络邦交的任务，而且还有可能贻笑于诸国。

志刚、孙家毂等人之所以敢冒天下之大不韪进行"人臣外交"，或许与奕䜣、文祥等总理衙门大臣的默许和自身性格大有关系。虽然总理衙门最初派蒲安臣出使是出自几句戏言③，但最后将戏言变成实际，则要归功于恭亲王奕䜣和总署大臣文祥、董恂等人对出使事宜的积极支持④。早在志刚、孙家毂出使之前，文

①志刚：《初使泰西记》，第377—378页。

②方濬师：《覆文博川尚书书》，《退一步斋文集》卷四，第472页。

③总理衙门之所以派遣蒲安臣为使，起初也是因为会谈时的几句戏言。在蒲安臣准备回国时，恭亲王等人宴请蒲安臣，请他取道欧洲时代为向西方国家问好。蒲安臣应允后，恭亲王奕䜣和文祥便进一步建议他作为中国的使臣出使。连当时任翻译的丁韪良也在事后说："这句半开玩笑的话就是蒲安臣使团的萌芽。"见〔美〕丁韪良著，沈弘等译《花甲记忆：一位美国传教士眼中的晚清帝国》，第254页；亦可参考王立诚《蒲安臣使团与中国近代使节制度的发端》，载氏著《近代中外关系史治要》，第36—39页。

④当时与文祥一同为总理衙门大臣的董恂在手订年谱"光绪二年九月"条中回忆道："尝与文文忠公（即文祥）言：外国使臣驻京者纷纷矣，彼知我情，我未能知彼情。我听若言，我无以测若虚实，彼国听若言，我又无从剖我是非，则以我无人焉，在彼故是宜早为之，所惜使才难得，经理洋务之使才尤不易得也。相与咨嗟而罢已。而复论此事，愚以为：洋务谤薮也，总署之事惟总署谅之。即署中犹或不尽谅之，至治洋务于外国，其势当更难，于总署将来使果得人，总署不可不有以谅之，庶继起有人肯力任其难。文忠以为然。至是郭筠仙（嵩焘）奉使英国，于是月二十五日出都，星使不远十万里往驻外国治所自此始。乃文忠已于是年端阳前一日作古，竟不及见，能勿泣然。"（见董恂《还读我书室老人手订年谱》，文海出版社1968年版，第181—183页）由董恂的这段回忆可以看出，文祥与董恂均赞成遣使外国，并认为使臣难得、责任重大，需要多予支持和谅解。

祥便提前将此次出使所暗藏的"衷曲"告知他们。如正在筹拟《出使章程》的总办章京方濬师在致文祥的信中便说:"志、孙两章京已将公连日所示衷曲详细告之,两人皆谨饬,一路定能体会。公于出使事宜,蓄志久矣。濬师虽位卑,世受国恩,奚敢避危险。"①文祥让志刚、孙家穀体会的"衷曲"具体是什么,虽未指明,但至少是带有某种"危险",显然应不是让他们去限制蒲安臣。而在随后的信文中,方濬师接着道出了为何选取志刚和孙家穀的原因:"志章京,满洲旧家,忠勇成性。孙章京,籍隶寿州,自逆匪纵横,一门叔侄昆弟断胫飞首,为国御贼者辄数十人。闻公保荐,奋袂愿往。此二人皆随公左右,公知其为人,非自作毛遂也。"②总理衙门为什么要保荐两位敢于任事的章京,显然是想借此突破不敢在奏章和朝堂上明言的出使难题。这或许也是志刚等人出使时"礼从宜,使从俗",敢于突破"人臣无外交"的内在原因。是故他们回京后,获得了总理衙门的肯定,具折请安也未遭两宫的训斥,且获"温语褒嘉,劳使臣所以柔远人也"③。

也正如孙家穀在致方濬师的私人信函中所言:"仆抚躬循省,才识疏迂,在外三年,惟知谨慎,周游十有一国,往返十余万里,奉命而往,保节而归,未敢陨越,上贻君父之羞。"④可以说,志、孙二使根据出使所面临的现实情况,在奕䜣、文祥等总理衙门大臣的支持下,进行了大胆的外交试探,进而完成了"人臣办外交""礼失而求诸野""使从俗"等观念在出使实践中的转化。

三、"樽前重话乘槎路":海外旅行写作的阅读与外交知识的流动

晚清洋务知识的生产、阅读、传播、接受和运用,对近代中国知识、观念和制

①方濬师:《覆文博川尚书书》,《退一步斋文集》卷四,第470页。
②方濬师:《覆文博川尚书书》,《退一步斋文集》卷四,第472页。
③孙家穀:《使西书略》,第383页;《奕䜣等奏志刚孙家穀等出使十一国现已回京折》,《筹办夷务始末(同治朝)》卷七十九,第3177—3179页。
④《孙稼生书》,载方濬师《蕉轩随录》卷九,中华书局1995年版,第341页。在这里需要说明的是,孙家穀此信后被节选以《使西书略》为名在坊间流行,而钟叔河主编"走向世界丛书"所收便是节选过的《使西书略》,本文此处所引即与《使西书略》略有不同,在此故以原信内容为准。

度的转型具有重要影响。以往有关海外旅行写作和晚清外交史的研究,虽然非常重视早期出国官员海外旅行写作的意义,但却很少专门论述这些旅行写作有何具体的作用和影响,较为忽视旅行写作是如何被阅读、传播、接受与运用,较少关注其中所含的近代外交知识是如何流动与传续,特别是初始知识对后续知识再生产的意义。从知识生命史的意义上来说,斌椿、张德彝、志刚等人在旅行写作中创造了近代外交知识的新生命,通过后续人们不断地阅读、接受、运用和创造性转化,使其血脉得以进一步延续。

关于斌椿一行海外旅行写作被阅读、传播的情况,前面已略有涉及,斌椿此行的日记除了由总理衙门进呈御览外,还作为清政府议筹遣使的先行经验,在总理衙门大臣、章京和各将军、督抚中传阅。同时,这类海外述奇之作,也是一般官绅争相阅读的书籍。如王韬在《瓮牖馀谈》中就表示:"同治五年,朝廷特遣三品大员斌椿出使泰西诸国,随员数人。在英京时,日出眺览,搜罗奇异,恢扩眼界,真有见所未见、闻所未闻者。如园囿中之珍禽怪兽,不可名状;水涌地中有若喷珠溅雪;机坊中飞梭运轴,不藉人工,皆水火二力之妙。凡其制作,无不巧夺天工。至于山川风土,亦皆触景异观。登临采访之余,殊深兴感。故各人于耳目所及,寄诸吟咏。遄归之日,著有《乘槎笔记》一书,已刊板于京师。一时通国传观,钞襄阳播掿之词者,顿为纸贵。"①

时任总理衙门大臣的徐继畬也在《乘槎笔记》的序文中说:"土俗民情,纪载尤悉,笔亦足以达其所见。索观者多,乃付剞劂,以贻同好。余既获寓目,因题数语以志幸。"②李善兰则在序文中推许道:"令读其书者,亦若身至之而目见之也。然则斌君非独一人游,率天下之人而共游之也。"③而《海国胜游草》《天外归帆草》则有总理衙门大臣董恂为之作序;又有杨能格、周家楣、夏家镐、方濬颐、方濬师、龚自闳、陆仁恬、彭祖贤、蒋彬蔚、潘曾绶等官绅为之题辞,其中多人为总理衙门章京。时人金武祥也认真阅读过《乘槎笔记》《海国胜游草》和《大外归帆

①王韬:《瓮牖馀谈》卷三,岳麓书社1988年版,第78页。
②斌椿:《乘槎笔记》,第85页。
③斌椿:《乘槎笔记》,第87页。

草》,并在光绪七年(1881)的《粟香随笔》中摘录了斌椿的几首诗①。张德彝的《航海述奇》则有朋友孟保、贵荣的序文推许,且他在自序中也说:"日来索观甚众,字句之间不遑修饰。"②

当时的书商也争相刊刻斌椿等人的日记,如有同治七年(1868)文宝堂刻本《乘槎笔记》、同治八年(1869)刻本《乘查笔记》、同治十年(1871)醉六堂刻本《乘槎笔记》、同治十二年(1873)京都琉璃厂刻本《乘槎笔记》、光绪八年(1882)北京琉璃厂琳琅阁刻本《乘槎笔记》、光绪十一年(1885)扫叶山房刻本《乘槎笔记》和光绪十七年(1891)敬文堂刻本《乘查笔记》等,另还有日本明治五年(1872)和刻本③。或许是受斌椿《乘槎笔记》刊行效益的影响,光绪六年(1880)六月的《申报》连续五日在头版头条刊登了该馆发售张德彝《航海述奇》的广告,并且还将斌椿此书作为宣传噱头。该文称:"斌大臣出使外洋时著有《乘槎笔记》,一时风行海内,几于家置一编。而其随员德君在明又著有《航海述奇》,备志外洋风土人情,实与《乘槎笔记》相为表里,而世未之见识者憾之。本馆今以活字板印成,每部订为二本,计价洋一角八分,于二十四日发售,诸君祈赐顾焉。"④

这些著述广为刊行,受众面广,各人阅读的目的和视角也多有不同。虽有不少士人是出于休闲猎奇而读,但也有不少官绅是抱着实用经世的目的⑤。有人关注其中的山川游踪,有人关心其中的应酬唱和。他们在阅读这些著述时,虽常有眼花缭乱之感,但无不惊羡于斌椿等人的"游福之大",无不感叹于清廷微末

---

① 金武祥在此处一共录入了《天外归帆草》中《破晓》《见贝叶书》《地在赤道南,天气极热,而昼夜各六时,无冬夏长短之分》和《海国胜游草》中《自云居平至俄都,两旬之中,夜半天色尚明;闻仲夏终夜见日光,信乎半年为昼不虚也》四首诗句。见金武祥《粟香随笔》卷四,《续修四库全书》影印光绪七年刊本,第1183册,第296页。

② 张德彝:《航海述奇》,第440页。

③《乘槎笔记》和《乘查笔记》内容略有出入,相关的书名与版本信息来自国家图书馆和孔夫子旧书网。另日本外交史学者冈本隆司、川岛真和青川治世合著《出使日记の時代——清末の中国と外交》一书所附录的《出使日记关联史料总目录》对部分出使日记、海外游记的版本和出版信息记载有误。

④《航海述奇出售》,《申报》1880年7月27—31日,第1页。

⑤ 如时人孟保便注重从实用性的角度去阅读《航海述奇》。他在为该书所作的序言中便说,"余读斯集,既惊其奇",又"岂徒侈游览之大观,夸新奇以骇俗哉? 将为圣朝备有用之材也"。见张德彝《航海述奇》,第436页。

官员所受列国君臣盛情款待之际遇。同时,他们还从书中大量"既惊其奇"的记载中,略窥西国君主接见外国官员礼节之一斑,略晓中西两种外交体制之不同。

一般而言,人们在阅读过程中最关心的内容基本也是读后印象最深的,反之亦然。正如上文所提到,不少官绅在读完这些著述后,或许是对斌椿一行在外国的交际往来印象颇深,进而将此行看作是"出使西洋"。杨能格在《乘槎笔记》的序言中便说:"今忽邀朝廷特达知,以三品冠带使海外……雍容揖让,若履行州郡间,海外君长,咸喁喁然望风采,称中国有奇士,承迎后先,恐不得当。"①他甚至还在《海国胜游草》的题辞中恭维道:"尧天胞与遍寰瀛,郑重星槎第一行;九万里余传使节,廿三史外建勋名。"②而孟保也在《航海述奇》序言中说:"同治丙寅春,斌友松(椿)参领初使海外。"与张德彝同为同文馆学生的贵荣则将斌椿等人此行比作张骞和苏武出使,并称"丙寅春,奉皇帝诏,出使西洋,分庭抗礼,不辱君命"③。同治九年的曾纪泽也在日记中写道:"阅《乘槎笔记》十余页,斌郎中椿出使外国,撰此编也。"④黄钧宰也在阅读笔记中写道:"《乘槎记》为总理衙门斌椿奉使西洋之笔,计百六十日,往返十万里,乘风破浪,洋洋大观也。"⑤由此可见,时人对斌椿等人此行性质的认识还比较模糊,远不如总理衙门大臣、章京们那般清楚此次"游历"与正式"出使"的差别。

书籍的生命意义和价值,在于书中的知识被消化、接受、援引和运用。斌椿等人的旅行著述及其所生成的洋务知识就经常被时人所援引和运用,以作为进一步思考和立论的基础。时任总理衙门章京(后任总理衙门大臣)的周家楣便以斌椿日记中所载外洋知识作为向外国派遣常驻使节的依据。他在《拟请派员出使外国疏》中先是表示:"惟出使一节迄今未及举行,查英、法各国条约内皆有各国钦差大臣前往之条,比年英国使臣威妥玛时论及之,总税务司赫德亦以中国

---

① 斌椿:《乘槎笔记》,第 88 页。
② 除了杨能格如此说外,龚自闳也在题辞中写道:"熙朝盛德遍怀柔,使者乘槎作壮游。"陆仁恬也说:"汉使皇华第一篇,乘槎何必数张骞;道夷风景诗中绘,华夏人文海外传。"见斌椿《海国胜游草》,第 151—153 页。
③ 张德彝:《航海述奇》,第 437 页。
④ 刘志惠整理:《曾纪泽日记》第一册,"同治九年四月二十六日"条,中华书局 2013 年版,第 31 页。
⑤ 黄钧宰:《金壶逸墨》卷一,《续修四库全书》影印同治十二年刻本,第 1183 册,第 178—179 页。

派员前往各国极有裨益为言,臣等以事经创见,于体制或有所乖,未敢率请照办。本年赫德回国,奏派前山西襄陵县知县斌椿偕同文馆学生凤仪等乘赫德之便,同赴各国游历。兹据该员回京呈出途中所编日记,另具总略,业经臣等奏呈御览。该员日记内所称:各国宫室园囿之穷侈,奇巧淫巧之相尚,政柄下移于商贾,礼制无别于冠裳,廛市楼台殆不可久,而民无乞丐,境有严防。工作巧则获利必倍,枪炮精则取胜有凭,其目前富强之势诚为可虑。"接着,他便在奏文中提出派遣驻外使节作为"预筹良法",虽说"创始之举"会面临经费、使才等方面的困难,但"不可因噎而废食",进而提出遣使各国有诸多益处,其立论依据不少是源于斌椿游历所生成的知识经验。如他在奏文中提出:使臣在外可以宣布朝廷德意,"备述中国礼教,使之因敬生羡,因羡生惮","斌椿之行,各国君民有啧啧称慕中国礼仪者,虽在异族,岂独无情,感化所至,于和好大局甚有关系,其利一也";"自香港至新加坡等处中国民人贾于其地者,据斌椿日记所称多至八十万口","斌椿之至,咸欲一见中国官吏,欣欣然望尘恐后,足征我朝德泽及民,沦肌浃髓……今得才略之臣,要结抚驭之转为我用,则干城腹心不劳招募而集,缓急均有所恃,其利三也"①。

时任总理衙门总办章京的方濬师在后来刊行的《蕉轩随录》中说道:"《乘查笔记》斌君(斌椿)著,予曾为之校订。所至者九国,但叙其程途之远近,服御之奇巧,大要仍不出《瀛寰志略》范围,验游踪则可。"②从这段话表面的意思来看,方濬师并没有过多在意《乘查笔记》在具体外交方面的意义,而是更为关注该书在介绍域外地理知识和"验游踪"方面的作用。这或许是因为他非常清楚斌椿一行游历的性质,在具体运筹蒲安臣使团出使时,他还专门强调"斌椿之行,特游历耳",不可作为出使之仿照。不过,上述这段记述是出现在他专门记述洋务知识的《海洋记略》一文中,并将其放在介绍《万国公法》一书的文字之后。而他在《海洋记略》开篇中便说:"濬师官京朝十年,从事于洋务者七年,每于官文书中择其事理之当否,审乎时势之艰难,或存于心,或记于简,其机密者不敢言,而其可言者要不外理、势两途。昔程子谓宋世有不可及

①周家楣著,志钧编:《期不负斋政书》,文海出版社1973年版,第66—72页。
②方濬师:《蕉轩随录》卷八之《海洋记略》,中华书局1995年版,第326页。

者数端,而其一曰待夷狄以礼。礼者,理也。我有理以通之,亦何患乎彼之无礼哉!尊周攘夷之义,无日不在士大夫心也。而所以尊之攘之之道,又非徒士大夫空言塞责也。兹就见闻所及,录于后,俾质诸世之讲经济者。"①从这段开篇语可以看出,方濬师是将外交包含于洋务之中,把《乘查笔记》《万国公法》等书看成是有关"待夷狄之礼""尊攘之道"的外交书籍,进而将其置于洋务的"知识仓库"之中。说来也巧,就在光绪四年(1878)崇厚使团赴俄就伊犁问题进行谈判时,参赞邵友濂和蒋斯彤即在路途"观斌友松日记,证之所见,或有不同",亦可谓"验游踪"也②。

斌椿等人旅行著述的意义还在于介绍或证实了不少地理新知,如地球的圆形与自转、各地出现的地理现象及所见各国的人文地理情形等。无疑,这些地理知识又是与出使活动紧密相关的。金武祥在其《粟香随笔》中,就专条记载了通过阅读《乘槎笔记》所获知的出洋行程及其所见的奇异地理现象。另外,他还专门摘录了《天外归帆草》中《地在赤道南,天气极热,而昼夜各六时,无冬夏长短之分》,以及《海国胜游草》中《自云居平至俄都,两旬之中,夜半天色尚明;闻仲夏终夜见日光,信乎半年为昼不虚也》两首描述地理现象的诗句③。就连倡导"西学中源说"的王仁俊,也在论证"地圆说"时援引《乘槎笔记》的相关记载:"斌椿《乘槎笔记》曰:'船行波罗的海,北面傍山岛,东

---

① 方濬师:《蕉轩随录》卷八之《海洋记略》,第317—326页。

② 如邵友濂在光绪四年十月十六日的日记中便载:"午后至舱面,与丹如(即蒋斯彤)同卧籐椅,观斌友松日记,证之所见,或有不同。即如西人饭时,每更一肴,即易一器,有刀匙无箸,肴亦无珍品,大半牛羊鸡肉之类,腥膻不可向迩。先食肉,嗣食糖饼,最后食水果,末进加非(即咖啡)汤一盅加白糖焉,并无粥饭,竟不能饱。友松所为饮馔丰美者,果何居耶?"对西餐的看法,因人而异,喜好不同,斌椿和邵友濂的相关记述并无对错之分。以上引文见《邵友濂日记》,载周德明、黄显功主编:《上海图书馆藏稿钞本日记丛刊》第43册,国家图书馆出版社、上海科学技术文献出版社2017年版,第416页。

③ 金武祥在阅读笔记中如是写道:"同治五年丙寅友松郎中斌椿奉命往泰西游历,正月自都启行,八月二十日返香港,著有《乘槎笔记》一卷。盖由印度海、红海、越地中海,其时苏尔士运河尚未开竣,故仍需陆行数百里登地中海船而至法国……至瑞典,瑞距北极止二十余度,系半年为昼之地,惟子正根南见疏星三五点,丑初则东方ँ明矣……其记归途行海所见有两日最异,七月二十五日自亚丁开行,二十七日夜海水皆亮如积雪,千里一色,舟人汲起,清澈无所见,置暗处内有丝丝缕缕,皆不解。又行至八月初二日,寅刻雨止,阴黑异常……"他花大量笔墨记述那两日奇特的地理现象,可见斌椿《乘槎笔记》和《天外归帆草》中的两首诗作。详见金武祥《粟香随笔》卷四,《续修四库全书》影印光绪七年刊本,第1183册,第296页。

南望则水天一色,见远船一二微露樯帆,继而止见桅尖,计远去百里外矣,足证地圆非臆说。'……俊按地圆之说,《易·文言》外有《说卦》《礼记·中庸》《大戴》《周髀》《昕天论》《穹天论》诸书甚多,彼以地圆为捷悟者,亦知中法胥包之乎。"①

《申报》的一些作者也常会引据斌椿等人的著述来谈天说地。如一篇名为《论天下大势》的文章便指出:"幼时读《史记》至邹衍谈天,九州外有大九州之说,遂以质之于师,则曰此寓言耳,会其意勿泥其词……稍长读各国志书及《瀛寰志略》《瀛寰琐记》《乘槎笔记》等,始恍然于地球之大、分国之多。"②又如一篇谈论招徕海外华人开发台湾的文章则表示:"《乘槎笔记》称西贡地方旅居华人计不下五六十万,所居之地,土人谓之中国城。又见《航海述奇》内载新加坡寓居华人以万计。"③当然,时人类似援引的例子还很多,兹不赘引④。

在斌椿《乘槎笔记》一书的阅读史上,还有一个有趣的事例,那就是一位连名字都无法考证出来的基层小军官,藉由《乘槎笔记》与著名的"马嘉理事件"之主角马嘉理(Augustus Raymond Margary)进行交际往来⑤。同治十三年(1874),英国驻华使馆官员马嘉理在由汉口去往缅甸八莫的路上,经过长江水师岳州镇陆溪营螺山汛时,前去拜访了一位当地武官。马嘉理在1874年9月12日的工作日志中记道:"因将于螺山停留数日,谨慎起见,前往拜见当地官员,其人军衔级别很低,常为人所轻视,低于把总,仅辖18人,类似警长……螺山从未接待过任何外国人,闻所未闻,无知导致民众由好奇生出冒失……此次会面的官员彬彬有礼,很了解外国人,懂得相处之道。他正在阅读一本中国人所写之书,此书作者姓斌,为一达官显贵,几年前曾被派往欧洲游历,记录其对诸国之印象,随后出版上述书籍。此书之所以引起我的注意,是因为把总不断盛赞英国定为美好国

①王仁俊:《格致古征》卷一,光绪二十二年刻本,第4页。该书此处征引的原文,见斌椿《乘槎笔记》之"六月初四日"条,第129页。
②《论天下大势》,《申报》1886年3月7日,第1页。
③《论台湾近有兴旺之机》,《申报》1887年3月31日,第1页。
④如《申报》(1894年4月2号)有《推广机器纺织议续前稿》引《乘槎笔记》中介绍英都织布局的状况。
⑤此事例为四川师范大学历史文化与旅游学院张晓川老师提示揭出,在此致谢。

度。"马嘉理在致朋友的信中又说:"我发现他(把总)的脑海完全被一个中国人写的关于外国的书给占据了,那个作者曾被派往国外记录观光所见,在谈话中他数次提及此书,不断对我说:'啊,你的国家一定很美!'昨天他回访时,我向他借阅此书,他一到家就差人送来了。猜猜看,最打动天朝作者和批评家的是什么风景? 嗨,竟然是皮卡迪利(Piccadilly)大街的夜色,两排闪亮的路灯随宽阔的大道起伏变化,让他想起了巨大的金龙。"①

　　读诗常会引起人们的遐想。方濬师在读《海国胜游草》后写道:"一卷新诗当水经,雕搜风月遍沧溟;樽前重话乘槎路,更忆天边二星使(谓克庵、稼生)。"②方濬师在为此书题辞时,正值蒲安臣使团出使欧美。此间正在欧洲旅行的王韬听闻此事后也说:"先是斌公椿奉命游历各国,中外之交渐洽。至此,特简蒲公宴臣为星使。蒲公美洲人也,而为之副者孙公家穀、志公刚,出使泰西,遍临各国,尚非专行驻扎者也,闻星轺业经在道矣。"③虽然方濬师等人非常重视志刚、孙家穀等人的出使,但他们出使日记的刊行则颇费周折。

　　关于志刚出使日记的刊行,目前有两种早期版本,一种是同治十一年(1872)由避热主人恒寿之④及其子宜垕编次的《初使泰西记》光绪三年(1877)刻本,一种是光绪十六年(1890)由且园主人编次、妙莲居士参订的《初使泰西纪要》刻本。两种版本由于编辑者和出版时间上的不同,在内容上有所区别⑤。

　　恒寿之在《初使泰西记》的序文中说:"昔阅斌友松《乘槎笔记》,喜其可以供人玩赏,而究未能释然于西事也。因忆及志克庵星使,曾充行人,奉国书而周历瀛寰,为开辟以来之创举,何竟一无记述? 岁壬申(即1872年)于役乌城,幸得昕夕从事,得间以请,乃出其所记使事稿,就借读之。公牍外或纪程

---

①〔英〕马嘉理著,阿礼国编,曾嵘译:《马嘉理行纪》,中国地图出版社2013年版,第79—84页。

②斌椿:《海国胜游草》,第152页。

③王韬:《漫游随录》卷三之"苏京琐记"条,第129页。

④避热主人即为恒寿之,满洲绥芬人,"身隶旗籍,职厕兵官",纂辑有《知古录》《韬钤拾慧录》等兵书,此两种兵书均有同治二年避热窝刻本。至于避热主人就是恒寿之,还可见下文英敛之在《〈初使泰西记〉辨》的陈述。

⑤关于两种版本区别的研究,可参考〔日〕箱田惠子《志刚〈初使泰西记〉——中国の岩仓使節団とその記録》,载《出使日记の時代——清末の中国と外交》,第72—80页。另可见本文后续表述。

途，或记风土，间有论说，颇潦草无伦次。因窃摘其关切世道人心、民生国计者，次第录寄小儿宜垕，俾拓耳目。向之不能释然者，已涣然冰释矣。及甲戌（即1874年）归自漠北，则前稿已订成刊本。儿谓刊此书，亦犹刊《知古录》之志也；刊《知古》而不刊此书，是薄今人而徒爱古人矣。"①志刚出使回国后署任乌里雅苏台参赞大臣，同在"乌城"任职的恒寿之，便从颇为潦草的出使稿中摘录有关"世道人心、民生国计者"寄予小儿宜垕，故此《初使泰西记》为志刚出使日记未成稿的节录本。也正如已有论者所指出的那样，编辑《小方壶斋舆地丛钞》的王锡祺将此书作者误认为是"满洲宜垕著"，此后梁启超编的《西学书目表》和徐维则辑的《增版东西学书录》均将此书作者误认为是宜垕②。

后来英敛之在《〈初使泰西记〉辨》中说道："志君克庵刚于同治六年以总理各国事务衙门总办章京、赏加二品顶戴充行人，奉国书于泰西有约各国，使事既竣，将所经历见闻者著为一书，名《初使泰西记》。至光绪丁丑（即光绪三年）恒君寿之谓其有关世道人心、民生国计，代为梓行问世，其名初使者，以中国自与泰西和约后第一次派往钦差大臣也。前此虽有斌君友松携同学生出洋之举，然未奉国书，不过偶一游历，故不得为初使云……余不才，蒙君不弃，呼为忘年友……岁甲申（即光绪十年），君复取是书，重为订正，增删者凡若干条，余亦得与较字之役。"③

光绪十六年（1890）五月，后学松龄在《初使泰西纪要》的序文中称："同治丁卯嘉平（即同治六年十二月，志刚等人即将出使之际），龄侍先君入内，遇志克庵先生于班列。先君示龄曰：'此人杰也，尔敬识之。'迨光绪庚寅（即1890年）春，始由耆继庵戚弟介绍以谒。先生并出所著《初使纪》属为序，凡三易稿乃定。先生之功名，固不因纪而显，其纪亦不待序而传；而有不容辞者，盖以壮年已知敬爱，今阅二十余年能挂名于其文字间，岂非先君指示之初意也哉……

①志刚：《初使泰西记》，第245页。
②可参〔日〕箱田惠子《志刚〈初使泰西记〉——中国の岩仓使節団とその記録》，载《出使日记の時代——清末の中国と外交》，第76页。
③《〈初使泰西记〉辨》，《益闻报》1893年3月8日，第2页。

今先生之纪出,安见后无有心者举而行之欤?龄有以副先君之意,且以快读先生之文。知是书原稿散逸,幸经且园主人编次,始得成帙,惟愿此纪广传于海内也。"①从序文可知,后出的《初使泰西纪要》应比《初使泰西记》更符合志刚后来的思想变化。这也体现出志刚"三易稿乃定"过程中,随着外部世界洋务的深入而逐渐形成融合中西两种知识的"复合性思维"(借用王汎森先生语)。但至于哪种版本更接近当时出使的历史真实,或许《初使泰西记》会比《纪要》更为原始②。

虽然志刚出使日记的刊行较为曲折,但也有不少读者通过阅读是书来获取洋务知识。如上文提到的英敛之在阅读《初使泰西记》后,对书中批评天主教的内容印象颇深,进而写有《〈初使泰西记〉辨》一文发表于光绪十九年(1893)的《益闻报》,以辨其是非。作者在该文中称:"顾其书中诬毁教中者凡数则,余自奉教后始知其误信人言……昨与友人谈及是书,其诬毁诸言,友颇据为切论,余乃力辨其非,指其谬误。"③本文此处所引重在说明英敛之及其友人曾阅读过《初使泰西记》。至于志刚在书中对天主教、耶稣和在华传教士的介绍和评论,显然更多体现的是一位教外者对此问题的观察和认识④。

---

① 志刚:《初使泰西记》,第 246—247 页。
② 戴海斌先生在近文《"出使日记"中的晚清外交》中介绍《出使日記の時代——清末の中国と外交》一书时说道:"志刚《初使泰西记》有两个早期版本,著者注意到,光绪三年刊本中'基于传统思想对西洋的批评,大多数未被收录',这体现避热主人的编辑方针,即精选关系'世道人心、民生国计'的西洋知识,与志刚本人的西洋观未必直接相关;光绪十六年《初使泰西纪要》本则包含了很多批评西方的内容,更接近志刚日记原稿的形态。这一差异,并不代表出使日记的作者发生了什么变化,而是传播与接受出使日记的外部世界已然不同。"笔者认为此观点似有斟酌的余地,《初使泰西纪要》比光绪三年《初使泰西记》增加了不少西洋事物和洋务知识方面的介绍,且在对西洋事物评价分析上更加深入,并不见得很多是批评。在这里,我们需要区分原作者与编辑者之间的关系。当然要想完全坐实二者差异出现的原委,目前几乎是不可能做到的。关于两种版本差异出现的时代背景,或者说是编辑者的关怀所在,笔者同意箱田惠子先生的看法:"光绪三年刊本的编纂时期,认识到洋务的必要性者仍为少数,故倾向于认识西洋自身的特点,相比之下,十九世纪八十年代连续对外危机的背景下,包括以前的守旧派,各阶层开始广泛开始关注洋务及出使日记,而十九世纪八十年代后半期,即《纪要》编辑、刊行的时期,越来越意识到它们与传统思想的关联性。"以上引文引自戴海斌《"出使日记"中的晚清外交》,《读书》2016 年第 12 期,第 103—104 页。
③ 《〈初使泰西记〉辨》,《益闻报》1893 年 3 月 8 日,第 2—3 页。
④ 志刚对相关内容的介绍和评论,可见《初使泰西记》,第 280、299、310、316 页;其中第 310 页"教士无良,藉端造谣"和第 316 页关于耶稣的评论,直接被英敛之引入文中,作为辩驳之依据。

通过阅读志刚出使日记来获取外交知识，最明显的例子当属驻美公使张荫桓。他在光绪十三年（1887）二月二十三日的日记中写道："昨检同治七年《中美续约》校阅，《志克庵日记》与总署刊本间有一二字脱漏，然大致不差，且每条详疏命意，惜美廷不克遵守耳。克庵此记，详于各国制造船械、枪炮、农具、金银、自来水、煤气灯及织造毡毯、布匹、绸绫、树胶、器皿，记载精细，若并算法而引伸之，裨益较大。惟矿务不甚推求，其时中国方以开矿为罪，故不愿考究。所载比利时海口炮台，特详其式，守国有险，复建此台，庶几可以自固。克庵驻法，正当津案构衅时，法人颇有仇视使者之意。记辛未之冬，余在鄂晤孙稼生，述法兵败挫，臣民离散、土匪抢掠之状，视克庵此记为详。然此种札记，总为有用之书，足资考据。"①当然，张荫桓类似参考志刚出使日记的例子还有多处。

《初使泰西记》一书还藉由时人的阅读而加入了晚清外交知识的再生产（或者称"知识复制"）。如出版于光绪十年（1884）的《西事类编》便分类节取了该书中的内容。汇辑者沈纯（粹生）在《凡例》中专门说明："《初使泰西记》所载制造各法，较他书为详，然未绘图互证，虽千万言，亦莫喻其妙。近来中国于各种机器译有专书，故是编仅记大略。查使臣所至各国，官绅多有邀约，饮宴茶会亦联络邦交之道，然不胜其书，故于公会外，概不采录。"②虽然编辑者没有采录"饮宴茶会"方面的内容，但该类编却在《行程》《交涉》《聘问》《礼制》等卷中节录了不少《初使泰西记》中关乎外交的内容。

至于孙家毂的出使日记，坊间则没有刊刻行世，流传较广的是刚出使回国的孙家毂致方濬师的一封私人信札。该信简要叙述了此次出使的行程，最初收录于方濬师刻于同治十一年（1872）的《蕉轩随录》中，前置方濬师的按语，名为《孙稼生书》。王锡祺又将该信摘录收入光绪三年（1877）《小方壶斋舆地丛钞》中，名为《使西书略》。金武祥也在光绪七年（1881）刊行的《粟香随笔》中节录了此

①任青、马忠文整理：《张荫桓日记》上册，中华书局2015年版，第157页。
②《西事类编》后又以《各国时事类编》为名于光绪二十一年（1895）发行。由于光绪十年申报馆仿聚珍版《西事类编》笔者未能寓目，故此引文引自沈纯《各国时事类编》，光绪二十一年上海书局石印本。此后所引此书同。

信,开头语为"孙稼生廉访家毂致方子严观察书"①。应该说除了那封信札外,孙家毂在出使期间也写有日记,而且还阅读过斌椿、张德彝等人的旅行著述。如他在致方濬师的信中便说:"仆于公牍之外,私有记载,意欲别立体裁,不落近人日记习套,拟明春(即同治十年春)请假数月,整理成帙,再行寄呈雅正。"②且在同治十一年(1872),致仕后侨居于杭州的陈其元应是在看了孙家毂有关西方礼俗介绍的文字后,做了《中西礼俗之异点》笔记一则,并将此则笔记收录于随后刊行的《庸闲斋笔记》一书之中,加入了知识的再生产与再阅读之列③。

关于蒲安臣使团的出使记录,还有张德彝的《再述奇》稿本。虽然该书在当时没能如《航海述奇》那样由上海申报馆公开刊行出售,但也有部分读者。如咸丰十年状元、时任职翰林院修撰的钟骏声便在序文中说:"曩尝读其初编,兹又介同年李苟洲驾部以二、三编见示,且嘱为之叙。"④

在晚清西学逐渐流行的情况下,《乘槎笔记》《航海述奇》《初使泰西记》等早期海外旅行著述作为晚清时人了解西学的重要书籍之一,除了被收录到各类西学书目之外,还常被编纂者纳入各种丛钞、丛刊,或被节选到各类西学汇编和经世文编之中。这也使得这些海外著述或书中的部分内容更容易让一般士人所获取和知晓。虽然这些著述所记的内容和重点各有不同,但这些著述都有一个最基本的内容,那就是记录了不少与他们出国游历或出使最为直接相关的外交活动和知识经验。而斌椿、志刚等早期出国官员所生成的近代外交知识,也藉由

①《孙稼生书》,方濬师《蕉轩随录》卷九,第339—342页;《使西书略》,载王锡祺编《小方壶斋舆地丛钞》第十一帙,光绪三年南清河王氏刊本;金武祥《粟香随笔》卷四,《续修四库全书》影印光绪七年刊本,第1183册,第297—298页。金武祥跟王锡祺节录的内容基本相同,但也略有出入,两者应是直接节录于原信文。

②方濬师:《蕉轩随录》卷九,第342页。孙家毂后来还为张德彝同治十二年的《三述奇》作序,谈到张德彝随斌椿游历,"三至外洋"。见《〈随使法国记〉序》,《随使法国记(三述奇)》,湖南人民出版社1982年版,第21—22页。

③《中西礼俗之异点》,陈其元《庸闲斋笔记》卷三,中华书局1989年版,第65页。陈其元在该文中写道:"孙稼生观察家毂游历各国还,言外国仪文简略,见国王只须罄折致敬,无所谓拜跪也。独布国以新战胜故,于礼节大为增加。其贵臣谓观察曰:'我国仪文繁重,见皇帝须三虾腰。'然亦不过三罄折,而已谓为繁缛矣。每到一国,必见其后妃,大都以接唇为礼,观察告以中国以是为亵狎,不肯从,彼亦不强也。"

④张德彝:《欧美环游记》,第613页。

这些西学书籍的阅读而得以更加广泛的流传。

余　论

从知识史的角度来研究晚清外交史，可以从一种连续性视角来考察晚清外交发展演进的内在理路。作为近代外交版的"博望凿空"，斌椿、志刚等人所生成的外交知识和经验，对清政府后续外交实践和时人的对外观念产生了一定影响。如同治十年（1871）七月曾国藩、李鸿章等人通过斌椿、志刚等人的两次出国的观察，发现各国学问和人才之盛，得益于游学和专门讲求，进而专折上奏建议清廷挑选幼童出国学习①。又如同治十三年（1874）十一月，两江总督李宗羲在议复海防的奏折中，以斌椿的游历和志刚的出使为议论前提，另行提出此间向海外诸国遣使为应行之举。他在奏文中说道："自斌椿、志刚、孙家穀出使后，至今无续往之人……目前各国通商，耦俱无猜，实千古未有之创局，较之张骞之行西域，苏武之使匈奴，尤可履险如夷。"②而在此之前，斌椿还在赴方濬颐的招饮中吟道："此行古未有，祸福畴能许？或云虎狼秦，待人以刀俎；又如使匈奴，被留等苏武。"③无疑，斌椿、志刚等人游历和出使的"履险如夷"，增加了李宗羲提议遣使的可行性和分量。李宗羲这段奏文，曾刊登于《万国公报》，后又被光绪元年（1875）的《申报》予以转载④。

具体到与出使相关的后续影响，也有不少事例。如光绪二年（1876）总理衙门筹议郭嵩焘、陈兰彬等常驻使节出使经费时，就援引了斌椿一行游历和志刚等

---

① 曾国藩和李鸿章在挑选幼童赴外国肄业章程的奏折中写道："窃谓自斌椿及志刚、孙家穀，两次奉命游历各国，于海外情形，亦已窥其要领。如舆图、算法、步天、测海、造船、制器等事，无一不与用兵相表里。凡游学他邦，得有长技者，归即延入书院，分科传授，精益求精，其于军政、船政，直视为身心性命之学。今中国欲仿效其意，而精通其法，当此风气既开，似宜亟选聪颖子弟，携往外国肄业，实力讲求，以仰副我皇上徐图自强之至意。"《曾国藩李鸿章奏拟选幼童赴外国肄业章程呈览折》，《筹办夷务始末（同治朝）》卷八十二，第3322—3323页。

② 《两江总督李宗羲奏议覆总理各国事务衙门详议海防折》，《筹办夷务始末（同治朝）》卷一百，第4032页。

③ 斌椿：《方子箴都转招饮》，《天外归帆草》，第203—204页。

④ 《录〈万国公报〉所登各大臣奏稿》，《申报》1875年8月3日，第3页。

人出使时的经费来源与报销途径①。主张"西学源出中国说"的张自牧,也在郭嵩焘出使前完成的《瀛海论·下编》中写道:"同治中三次遣使出洋,见其国主进退三鞠躬而已,盖入境问俗,礼从其宜。"②此外,光绪二年底,郭嵩焘等人出使英国时,在英方含糊告知觐见礼的情况下,他们便参考了志刚等人觐见英国君主的成例来完成了此次觐见。对此,副使刘锡鸿还专门在《英轺私记》中记道:"要之《星轺指掌》载有三鞠躬明文,志(刚)、孙(家穀)、崇(厚)三星使前经行之各国,亦一律,无可顿增者。使其明言无他,岂不更见诚直?"③

此外,早期出国官员的海外旅行写作,还开启了近代国人域外知识生产的一个新阶段。不管斌椿等人的游历日记,还是志刚等人的出使日记,都有一个最基本的特点,那就是通过亲身经历去"征实"或创造新的知识。这正如张德彝在《再述奇》的自序中所说,"前寰海诸书"对西方世界"所言征实者不过十之二三","德明两次奉命随使航海,东西绕地一圈,计里十余万,历国十有三,即耳目见闻,择前述之未备者日记一二","凡事征实,不厌其赘"④。而且,这些早期出国官员在旅行写作上,还会有意或无意的去援引或考证此前的域外知识,这也有利于时人更为有效地去建构或重构自己的"西洋世界"⑤。这点也为后来的阅读者所证明。如《西事类编》一书的汇辑者沈纯,便非常重视此类出洋日记在介绍"实事"方面的可靠性,其汇辑所引书目的前三种便是斌椿的《乘槎笔记》、张德

---

① 《条陈出使外洋事宜疏》,葛士濬辑《皇朝经世文续编》卷一百四,光绪辛丑年上海久敬斋铸印本,洋务四(邦交一),第4页。

② 《瀛海论·下编》,葛士濬辑《皇朝经世文续编》卷一百七,洋务七(邦交四),第1页。郭嵩焘在光绪二年六月二十三日的日记中写道:"张力臣《瀛海论》后又添问答一篇,至为精博。"见《郭嵩焘日记》第三卷,湖南人民出版社1982年版,第44页。关于张自牧《瀛海论》写作时间与版本情况,可参考潘光哲《张自牧论著考释札记——附论深化晚清思想史研究的一点思考》,郑大华等主编《传统思想的近代转换》,社会科学文献出版社2007年版,第291—301页。

③ 刘锡鸿:《英轺私记》,岳麓书社1985年版,第77—78页。郭嵩焘在光绪二年十二月的日记中也写道:"二十四日,外部德尔比丞相会知明日二点半钟觐见君主,适马格里外出,一切无从考究……二十五日,君主方立候,入门鞠躬,君主亦鞠躬,德在初递交国书,诵致通使之词,马格里接诵英文……复鞠躬而退。"见《郭嵩焘日记》第三卷,第103—104页。

④ 张德彝:《欧美环游记》,第615页。

⑤ 如斌椿在旅行写作中便多次考证《山海经》《瀛寰志略》等书的内容,孙家穀也在致方濬师的信中说:"西洋风土,惟《瀛寰志略》一书,尚堪尽信,但未详耳。"见斌椿《乘槎笔记》,第102、107页;《海国胜游草》,第161页;方濬师《蕉轩随录》卷九,第342页。

彝的《航海述奇》和志刚的《初使泰西记》。光绪十年(1884)程咸焯在《西事类编》的序言中也写道:"近今志外域者,肇于林氏《四洲志》,而徐氏松龛之《瀛寰志略》、魏氏默深之《海国图志》亦踵事而增……此外西南洋杂记如谢清高之《海录》、陈伦炯之《海国闻见录》诸书,虽各有所得,而按之今日情势,大半不符,切由其多采传闻,不皆亲历也……同治年间斌参领始奉命出洋巡历诸国,嗣是而志与孙二星使继之,未几而郭侍郎(即郭嵩焘)、刘京卿(即刘锡鸿)遂分驻英、德各邦。诸使臣负折冲之才,膺皇华之选,輶轩所至,目见耳闻,逐日札记,久而成编,阅历既深,谘诹复广,其所叙述綦确且详。盖世运既变,而著述之体例亦因之一新矣。"①

不过,我们还应看到,早期出国官员有关近代外交知识的生产是有限的、零散的,更多是依附于具体的游历和出使活动之中。虽然他们有关出使的思考,已经初步显现出融合中西两种外交资源的倾向,但更多还是停留在出使礼仪和应酬交际等方面的一般事实性介绍,尚未有意识地去建立具有中国近代特色的"出使学"。因而关于近代中国外交知识与制度的转型,还需要有更多的知识累积和创造性转化。倒是在知识生产之外,一个时人视出使(游历)为畏途的外交困局之时代,斌椿、志刚、孙家毂等人敢为人先的精神值得后世所称颂②。这也正如晚清洋务家薛福成在后来所说,弱国办外交,使臣应有将相之才也③。

[附记:本文写作期间,岳母病重,最让人痛心感慨的是她在临终前仍关心本文的写作。谨以此文献给岳母大人董春花老师,缅怀她传授知识、尊重知识的一生。]

---

① 沈纯:《各国时事类编》,光绪二十一年上海书局石印本。
② 孙家毂出使回国后如是说道:"苏子卿苦节十九年,位亦不过典属国,公道自在人心,惟听其自然,庶可无毁无誉耳。"见《孙稼生书》,载方濬师《蕉轩随录》卷九,第341页。
③ 薛福成在《使才与将相并重说》一文中说:"无贤相之识与度,不可为使臣;无贤将之胆与智,亦不可为使臣。"见丁凤麟、王欣之编《薛福成选集》,上海人民出版社1987年版,第418—419页。

薛福成论中西文明盛衰——以《出使英法义比四国日记》为中心的探讨

高 波[*]

本文拟分析薛福成出使西方时期的文明与历史观念。相较于他鼎鼎大名的前辈郭嵩焘,对薛福成的研究仍是相对单面的,大部分研究视他为晚清外交家和自强运动思想家,集中探讨他对西方的观察中可被认定为先进的部分,即注重他思想中能被纳入现代化叙述的部分,而相对忽略其根植于传统儒道世界观的部分,也不太重视他如何根据这一世界观对世界局势与中国处境做出分析[①]。另外,现有研究虽已关注到晚清世代交替的影响,如区分自强运动为前后两期(求

---

[*]中国人民大学历史学院讲师。

[①]代表性的有:丁凤麟《薛福成评传》,南京大学出版社 1998 年版;刘悦斌《薛福成外交思想研究》,学苑出版社 2011 年版;佐藤慎一《近代中国的知识分子与文明》,刘岳兵译,江苏人民出版社 2006 年版,第 60—70 页。期刊方面,已刊发的研究较侧重于探讨薛福成的外交活动与变法思想,以及他对西方的认识。较重要的有:冯丽蓉《浅谈薛福成的变法思想》,《中州学刊》1988 年第 6 期;赵梦涵《薛福成"工商富国论"研究》,《齐鲁学刊》1989 年第 2 期;王赓唐、唐可可《试论薛福成的中西文化观》,《江苏社会科学》1996 年第 5 期;邬秋龙《略论薛福成的设领思想:兼与张之洞相比较》,《学术月刊》2000 年第 11 期;朱昭华《薛福成与滇缅边界谈判再研究》,《中国边疆史地研究》2004 年第 1 期;张子建《薛福成在中英〈续议滇缅界·商务条款〉中对北段界的划分》,《云南民族大学学报》(哲学社会科学版)2007 年第 1 期;杨小明、张颖帅《薛福成科技观初探:以〈出使英法义比四国日记〉为例》,《华侨大学学报》(哲学社会科学版)2008 年第 3 期;施明智、钱苇《薛福成:桐城派散文近代变革的文本实验者》,《社会科学战线》2009 年第 3 期;徐磊《从〈薛福成日记〉看光绪朝前期的对日情报收集》,《社会科学战线》2010 年第 10 期;王冬、李军松《薛福成的"考旧知新"说及其现代价值》,《广西社会科学》2010 年第 8 期;许宪国《异域形象与自我审视:薛福成的〈出使四国日记〉》,《兰台世界》2011 年第 13 期;刘国军、张桂珍《从〈薛福成日记〉看近代士大夫的西方宗教文化观》,《兰台世界》2011 年第 25 期;吴微《外交实录与古文新变:以薛福成出使日记为中心》,《北京大学学报》(哲学社会科学版)2012 年第 2 期;周德丰、张娇《薛福成的文化视野与改革思想》,《北京大学学报》(哲学社会科学版)2013 年第 2 期;余冬林《试论薛福成使西日记中的议会》,《兰台世界》2014 年第 19 期;王莲英《试论薛福成"西学中源"思想特色》,《兰台世界》2015 年第 31 期。

强阶段与求富阶段),亦有后期洋务派或早期维新派之说。不过,目前的薛福成研究大多仍将他与上一辈的郭嵩焘等人不加区分,共同作为"开眼看世界"的代表人物。事实上,不管是作为思想家还是政治家,薛福成与郭嵩焘等人属于两个世代,成长经历不同,时代的政治与思想气氛也有重大变化,实不可一概而论。

这关系到如何看待19世纪80年代。事实上,这是一个重要的转换时期,太平天国运动后清朝的短暂稳定,正在被新的动荡取代:不仅是自强派,表面上与自强运动颇多冲突的清流派,内部也在分化与更替中(当时人即有前、后清流之分)①。而在这一精英士大夫世代交替背后,则是同光之际清朝思想与政治气氛的转换。光绪初期公羊学与诸子学的兴起,自强运动向维新变法的转化,都有必要放在这一转换下把握。更可堪对比的是,19世纪80年代的西方(以英国为代表),思想与政治格局也在发生重大变化。以自由贸易、社会放任与代议制为代表的旧典范,开始向经济保护、社会干预、大众民主与帝国主义的方向演进。维多利亚时代前期"上升资本主义"的理想色彩在逐渐消散,虽然进步思想仍居主导地位②,但怀疑论与文明衰退论的音调正在上扬,文明反省意识逐渐浮上表层③。

薛福成就是在这样一个中西转换时期开始其出使历程的。作为成长于咸同之际的一辈人,他亲身经历了士大夫内部理学的重兴,诸子学与佛学的兴起,以及西学出现所带来的中西体用之争。他出使时(1890年)已年过五旬,思想趋向相对固定,世界观也已成型。作为曾国藩的得意弟子,薛福成站在后者(尤其是晚年)思想的延长线上,曾氏的中体西用意识,以及晚年对道家的亲近和试图调和儒道的努力,都体现在了他的思想中④。而此时其处境与十多年前的郭嵩焘

---

① 对晚清清流派的研究,参看杨国强《晚清的清流与名士》,载氏著《晚清的士人与世相》,生活·读书·新知三联书店2008年版;王维江《"清流"研究》,上海世纪出版集团2009年版;以及陆胤《政教存续与文教转型:近代学术史上的张之洞学人圈》,北京大学出版社2015年版。

② 十九世纪进步论的概念基础,参看Reinhart Koselleck,"'Progress'and'Decline':An Appendix to the History of Two Concepts",*The Practice of Conceptual History*:*Timing History*,*Spacing Concepts*,tran. Todd Presner,Stanford:Stanford University Press,2002.

③ 此一时期西方人文明反省的代表性文本,参看布克哈特《世界历史沉思录》,金寿福译,北京大学出版社2007年版。

④ 欧阳兆熊有一影响颇大的说法,认为"文正一生凡三变","在京官时,以程朱为依归,至出而办理团练军务,又变为申韩",晚年则本黄老,"一以柔道行之"。见欧阳兆熊、金安清《水窗春呓》,中华书局1984年版,第17页。

也已不同,清朝已向西方派出几批使节,对西方的直接了解较前有很大提升。故对薛福成来说,出使西方与其说是一种震撼性的思想"遭遇",不如说是对已有一定了解的异质文明的近距离审视①。他的这一审视,也不期然与西方对自身文明的反省汇合在一起。以下我以薛福成的出使日记为中心,结合其他文本,先分析其文明观的思想资源与基本构架,再探讨他在这一视野下对西方的具体观察②。

一、薛福成论文明与元气的关系

薛福成思考世界,以"元气"这一介于儒道之间的概念为基础③。他主张万物一气说,万物始于元气,皆为其化生而成。他试图以此调和西式科学世界观,认为"盈天地间皆空气也。气之所动,风即随之。盖地外皆包空气,合养气淡气,即所谓天地氤氲之气也"④。而天地流行、万物化生的动力,则为水火二气,他因此说:"天地间惟水火力最大,亦惟水火作用无穷。"⑤"无水无火,人物不

①19世纪中国士大夫对中西关系的认识,参看佐藤慎一《近代中国的知识分子与文明》第1章(文明与万国公法),刘岳兵译,江苏人民出版社2006年版;以及王尔敏《十九世纪中国士大夫对中西关系之理解及衍生之新观念》,载氏著《中国近代思想史论》,社会科学文献出版社2003年版。

②戴海斌在介绍冈本隆司、箱田惠子、青山治世所著《出使日记の时代——清末の中国と外交》时,强调要"特别重视日记文本的'制作'过程,通过版本调查、稿/刊本比勘,发现其异同,进而揭示日记作者思想的变迁轨迹、编纂刊行的时代背景及其被阅读与接受的情况"(戴海斌《"出使日记"中的晚清外交》,《读书》2016年第12期,第98—99页)。此点作者深表认同。具体到薛福成日记,如戴君所述,目前传世有两个版本系统,一为《出使英法义比四国日记》刻本六卷、续刻十卷,另一为据南京图书馆藏日记手稿整理的《薛福成日记》两册。比较二者,对出使日记的"制作"、薛福成思想的变化都可以有更多认识。本文取向与此略有不同,集中探讨薛福成后期思想的基本资源与结构,即其思想的"完成态"而非"形成过程",故侧重使用包含其修订增补的刻本。特此说明。

③中国古代思想中对"气"的认识,见杨儒宾编《中国古代思想中的气论及身体观》,台北巨流图书公司1993年版。

④薛福成:《出使英法义比四国日记》,岳麓书社1985年版,第698页。他又说:"前儒谓:乾以气化形,乾之气有清中之清、清中之浊。坤以形化气,坤之气有浊中之清、浊中之浊。西人每称轻气、淡气、养气、炭气。轻者,清中之清;淡者,清中之浊也;养者,浊中之清;炭者,浊中之浊也。水火者,天地之大作用也。水质得天气三分、地气四分相合而成。西人谓轻气得二、养气得一者,其理相通。"此以天地乾坤之理解释氢、氮、氧、碳诸气的生成。同上书,第845页。

⑤薛福成:《出使英法义比四国日记》,第845页。

生，自然之理。"①如此则阴阳五行为元气流行，而水火则为其大用。

在薛福成看来，人为五行之气的汇聚，"人不能一刻离气以生"，故其性命，也取决于元气②。他赞同西方科学，以碳氢氮氧为四气，认为"六合之内，必有此四气，而天地以成；一人之身，亦兼此四气，而官骸以动。即飞潜动植，亦具此四气，而得各遂其生……知万物得是而生者，即可用此以生万物焉"③。

此为论人，而文明为人的创造④，故薛福成进而认为，文明是元气的发泄与开展，如同个体从生到死，婴儿元气最聚，愈长大则元气愈发泄，"天下之生民已久，机巧日以繁，而风气日以辟，势之所至，变且随之"⑤。而元气未泄的状态则为敦朴，故文明进步的另一面，则是敦朴的丧失，"大抵世风日降，而人之嗜好日多"⑥。且这一趋势是不可改变的，"人心由拙而巧，风气由朴而华，固系宇宙间自然之理"⑦。简言之，在他看来，天地元气由收敛而发泄，文明丧失敦朴而趋于奢华，都是不可避免的。

而元气状态与分布关乎文明的盛衰存亡。不同文明迭盛迭衰，而元气不增不减，始终为一，"凡物之生由乎气，气之量有穷极之时。如人之发，长至数尺之长则止矣；山之木，长至数十丈之高则止矣；鸟兽鱼鳖亦然。一山之内，一池之

---

① 薛福成：《出使英法义比四国日记》，第294页。故他认为："西人以商务为重，以工艺见长。无论攻金、攻石、攻木，悉以机器运之，其大端不外水运、火运、水火运三法。水运者，顺水之性以注之，水流而轮动。火运者，拂火之性以迫之，焰急而轮奔。水火运者，以火蒸水，积气以激之，而其力更巨。""《周易》至'水火既济''火水未济'两卦爻辞，皆曰'曳其轮'，是隐言以水火曳之矣。""西人运机器之物，不外水火。……以天地自然之工，兴天地自然之利，岂非厚民生之一助哉？"同上书，第450—451、748页。

② 薛福成：《出使英法义比四国日记》，第507页。

③ 薛福成：《出使英法义比四国日记》，第554页。

④ 近代中国人的文明概念，见黄兴涛《晚清民初现代"文明"和"文化"概念的形成及其历史实践》，《近代史研究》2006年第6期。

⑤ 薛福成：《赠陈主事序》，丁凤麟、王欣之编《薛福成选集》，上海人民出版社1987年版，第45页。

⑥ 薛福成：《答友人论禁洋烟书》，丁凤麟、王欣之编《薛福成选集》，第30页。故他甚至不赞同文明愈进步人的寿命愈长，认为："人之年寿虽由调摄，大半天地间元气为之。古之时，生民尚少，而元气纯厚；今之时，人数日多，而元气渐漓。唐虞三代，圣王贤佐，多有寿逾百岁者，今已无之矣，而况在千年以后乎？"见薛福成《出使英法义比四国日记》，第127页。

⑦ 薛福成：《出使英法义比四国日记》，第83页。

中,所生之物如已充其生气之量,盖有不能复溢者。今以人日杀之也,故亦日见其生。倘不杀,则不生"①。"今民生之所以日蕃者,究因空地之尚多也。若空地已无可再辟,则天地间之生气已一泄无余,而民生之蕃,亦当有截止之期矣"②。故文明的衰退,实由于元气状态与分布的改变。

薛福成最关心的,自然是影响元气状态与分布的因素。首先是文明开辟的早晚。开辟越早,元气发泄越多,文明本身就愈衰退。在他看来,不同国家与文明,处在元气收敛与发泄的不同阶段,其国运与文明之运皆取决于此。出使西方,使他能够有一种文明比较的视野,认为"泰西诸国,在今日正为极盛之时,固由气数使然。然开辟之初,户口未繁,元气未泄,则人心风俗自然纯厚"③。文明开辟则元气发泄、风俗转薄,故开辟愈晚,今日元气愈聚,生命力愈强。

此影响因素明显是道家式的,而薛福成所强调的另外两个因素,则体现了他试图涵容西方科学的意向。他对西方当时颇为流行的种族本质论有某种兴趣,认为文明元气亦取决于各人群所禀的种气。具体言之,"人之种类,贵贱不同。若各分畛域,则其气固不相错杂,如中国之苗、徭、僮、僚,自生自育于深山之中也。倘既错杂群居,则种之贵者,不期蕃昌而自蕃昌;种之贱者,不期衰耗而自衰耗。犹之松柏茂则荆棘日枯,禾黍荣则莨稗日萎,自然之理也"④。因此,他认为,种气强贵者同化种气贱弱者,"自古以来,地球大势皆如此矣"⑤。此实为"静谧"的盛衰迭代。在此,他的文明元气论,与19世纪西方的种族主义遥相呼应⑥。

除种气外,他还关注一个虽出自中国思想内部但颇受当时西方地理科学影

---

① 此为薛福成引用其友曹镜初的说法,他表示不能反驳其说。见薛福成《出使英法义比四国日记》,第562页。

② 此为薛福成引用某西方人的说法,他基本赞同其说。见薛福成《出使英法义比四国日记》,第562页。

③ 薛福成:《出使英法义比四国日记》,第124页。

④ 他接着说:"檀香山自华人西人入居仅百年,土人只存十分之一;再阅百年,将仅存百分之一矣。其日就销亡之故,即土人亦不自知其所以然也。中国氐、羌、戎、蛮、羯、貊之类之湮没无闻,大率类此。亦有十之一二,已渐化为华种人,亦无从知其为戎、蛮、羯、貊、氐、羌也,由此推之,台湾之生番,楚粤黔滇之苗、徭、僮、僚、仡佬、猓猓,若能永踞其山峒,则终古可自生自育;万一与华民错处,其必如檀香山之土番无疑也。"见薛福成《出使英法义比四国日记》,第318—319页。

⑤ 薛福成:《出使英法义比四国日记》,第317页。

⑥ 近代西方种族主义与文明论的关系,及其对晚清思想家的影响,见梁展《文明、理性与种族改良:一个大同世界的构想》,刘禾编《世界秩序与文明等级》,生活·读书·新知三联书店2016年版。

响的概念——地气,以此解释元气状态与文明盛衰。薛福成将自己的元气文明论与当时西方颇流行的温带孕育文明论结合起来,认为:"大抵地球温带为人物精华所萃。寒带之极北,则人物不能生;热带之下,人物虽繁而不能精。而温带近寒带之地,往往有钟毓神灵、首出庶物者,则以精气凝敛之故也。"①而热带"南洋诸岛国,自古未闻有杰出之人才,无不受制于人,今乃为欧洲诸国所蚕食。盖地在赤道以下,有暑无寒,精气发泄,终岁无收敛之时,所以人之筋力不能勤,神智不能生,颓散昏懦,无由自振"②。薛福成出使途中历经南洋各岛,所见皆是西方列强的殖民地,故此种观点,也可看作他对自己旅途所见的一种思想回应。

不过,作为19世纪世界文明图景中相对衰弱的一方,薛福成对此问题的思考,显然不会停留在以上更近于命定论的几个因素上。虽然文明阶段、种气与地气都是人不能改变的,但在薛看来,这并不意味着对文明元气的发泄,人只有束手无为。他认为还有一个影响元气的因素,即为教养。他视教养为气的敛集,故主张天人道分,天主元气发泄,人则以蓄养为本,关键则在以学来化育万民。故他认为:"西洋各国教民之法,莫盛于今日……夫观大局之兴废盛衰,必究其所以致此之本原。学校之盛有如今日,此西洋诸国所以勃兴之本原欤?"③文明虽有衰退倾向,但人可以化性起伪,以学与教来蓄养元气,保持文明的纯朴。在这里,儒家传统对"学"的重视,以及自强派的自我振作意识,都在他的思想中体现出来。而他对中西文明命运的具体思考,也就是在这种儒道、中西兼综的视野中展开的。

────────

① 薛福成:《出使英法义比四国日记》,第86页。
② 薛福成:《出使英法义比四国日记》,第86页。不过,他认为过犹不及,凝敛不可过度。如寒带精气过分凝敛,导致无法生物。最好是温带,正处在发泄与凝敛的中和态。他说:"赤道之下,天气炎热而人皆矮小;以其终岁发生,人之气不一敛,则长养亦不能宏也。南北冰洋,天气沍寒,而人皆短小;其终古严凝,人之气不一舒,则孕育亦不能厚也。然则得天地中和之气者,惟居黄道下为最相宜乎?"同上书,第771页。他又认为地球之所以能生万物,也是因为位于寒热之间:"夫以吾地寒暑适均,所以人物蕃昌。假使于酷暑之时,加热两三倍,则人物不能存活;严寒之时,加冷两三倍,则人物不能生矣。若如水星之热,土、木星之寒,人物万无生存之理。或者造物位置此等地球,别有妙用,则诚非吾地球之人所能揣测矣。"同上书,第294页。
③ 薛福成:《出使英法义比四国日记》,第290—291页。故他出使西方,最感震动即为其教育。他参观贫孩院,感叹"吾不意古圣先王慈幼之道,保赤之经,乃于海外遇之也"。同上书,第612页。他认为此种教育可以使文明保有赤子婴儿般的元气,而这也是西方强盛的原因:"西国所以坐致富强者,全在养民教民上用功;而世之侈谈西法者,仅曰精制造、利军火、广船械,抑末矣。"同上书,第803页。

二、西方文明的合理性问题

以下我们论述薛福成对西方文明的具体观察与对中国文明命运的思考。他出使西方,得到的一大印象,就是西洋教化近于朴质,不似中国专尚文华。他发现,西方人无"敬惜字纸"之风①,无男女之别②,不讳父母君主之名③,立子之制不备④,可谓质而不文⑤。故他如同时代的许多中国士大夫一样,认为西方所行近似墨家、法家:"其道如墨子,故必尚同;其政如商君,故必变法。"⑥

在薛福成看来,墨家兼爱尚俭,法家明法严肃,皆收敛之治,有其基于文明演变的理由。他以此观察西方各国,认为德国"天气寒于英法,而晴明爽朗,令人心旷神怡。民情敦厚,俗尚勤俭……入其国中,有整齐严肃、方兴未艾气象"⑦。而俄国"开国较迟,所用将相大臣,颇有纯朴风气,是得人和"⑧。此墨家式简朴与法家式整齐的结合,令他发出荀子入秦式的慨叹⑨。而既然元气发泄是消耗性的,其凝敛则是创生性的,则朴就恰是文的前提,西方之所以文明,正是因为他

①薛福成:《出使英法义比四国日记》,第 516 页。
②薛福成:《出使英法义比四国日记》,第 516—517 页。
③薛福成:《出使英法义比四国日记》,第 514—515 页。
④薛福成:《出使英法义比四国日记》,第 531—532 页。
⑤这种观察与评价方式来源于中国古代的文质论思想,其内容,见阎步克《士大夫政治演生史稿》,北京大学出版社 1996 年版,第 301—324 页。
⑥薛福成:《出使英法义比四国日记》,第 343 页。
⑦薛福成:《出使英法义比四国日记》,第 278 页。在另一处他还表示:"入普鲁斯国境,繁华不如英法诸国,房屋之式亦较俭朴,然颇有整静严肃气象。"稍后又说:"柏林气候,向视巴黎为稍寒,而天气晴朗则过之。城中街衢宽阔,道路整洁,望而知为振兴之象。惟瑰货之阗溢,阛阓之富丽,不如法两国。盖普鲁斯虽称旧邦,而其统属日耳曼诸国仅二十年,取未精而用未宏,即其巨室广厦,亦多新造者。贫民见中国衣冠,非但不敢玩侮,或往往免冠为礼,犹可睹朴实之风气焉。至其学堂林立,武备整肃,当推欧洲第一。"同上书,第 335、336 页。
⑧薛福成:《出使英法义比四国日记》,第 338 页。
⑨与传统士大夫不同,薛福成对秦朝持论较为正面。他认为罗马被称为大秦,是因为秦被视为强盛的象征。见薛福成《出使英法义比四国日记》,第 328—329 页。他又将俄国视为世界历史意义上的强秦,认为"俄之机势,大与秦类,盖积之愈厚则基愈固,蓄之愈久则势愈雄"。在他看来,秦虽严厉,不失元气之朴,俄亦类似。同上书,第 339 页。

们本质上更为敦朴①。

基于这种文明观,对最使当时中国人震惊的西方的制造力,薛福成的态度就显得颇为微妙。他认为文明为元气的发泄,而其表现,则为制作。制作的基础,则为以五行气化为基础的科学。他承认"惟西人精于格致,故五行之气为其所用"②。为此还强调:"夫西人之商政、兵法、造船、制器及农、渔、牧、矿诸务,实无不精;而皆导其源于汽学、光学、电学、化学,以得御水、御火、御电之法。斯殆造化之灵机,无久而不泄之理。"③在他看来,元气发泄,天地之秘随之而泄,科学与制作由此而成,此为西方文明的根本特征。

这一制作的影响则是双重的。首先,在人的层面,它加强了文明内部的元气流通,例如英国"地遍五洲,然势极散涣",不如美、俄,故"不能不借轮船电线铁路以通声气"④。而交通等方面的制作,实可弥补地气的不足。但制作本身,更多意味着对元气的耗散。最明显的就是对自然物产的损耗。在薛福成看来,物产为气所聚,而"地中之金、玉、银、铜、铅、铁、锡、煤等物,多系太古以来所含孕,非若五谷草木之随取随产也。余于是知宇宙间开辟日久,人民日多,攻取日繁,千万年后必有销竭之时……此余所以不能不为地球抱杞人之忧也"⑤。机器制作消耗物产,也自然会对元气造成损伤。进而言之,人也将因这一制作而丧失浑成的敦朴。因此,制作就具有了善恶的二重性,既是人道可能性的展开,又是文明自身衰落的根源。

这一对制作的批评,根植于中国思想内部。薛福成以道家祸福相倚、利弊相因的态度,进一步认为制造的力量是西方强盛的原因,也终将成为其衰落的根源⑥。

---

①薛福成表示:"英民俗尚,向称敦朴。"而且认为,西方能行公司制就是因为风俗纯厚。故"风俗之纯"关乎国家与文明的"气运"。见薛福成《出使英法义比四国日记》,第618、575—576页。
②薛福成:《出使英法义比四国日记》,第398页。
③薛福成:《出使英法义比四国日记》,第132页。在另一处,他又说:"西人精研汽学、化学、电学,以得御水、御火、御风、御电之法;而一切制造,遂能极人巧而夺天工。"同上书,第482页。
④薛福成:《出使英法义比四国日记》,第268页。
⑤薛福成:《出使英法义比四国日记》,第168—169页。
⑥薛福成的思想接近道家式的"反者道之动",如他论战舰,认为:"战舰以坚为贵,故必以最坚之物为之。由木而铁,由铁而钢,至于制钢甲船,而坚无以复加矣。乃有最刚之用,而以最柔之物为之者。美国报云,有宿将某士者,近日研得新法,以树胶制造战船,较钢甲尤为坚韧。今已试造一船,若果利于战攻,并能以此法制造枪炮云云。此法洵得以柔制刚之妙。夫钢为物之最刚者,然以刚遇刚,无不破之理,以其脆也。今以树胶代钢,其用必神。"见《出使英法义比四国日记》,第704页。此以柔制刚,近道家精神。

具体言之,制作既为元气的发泄,则主生亦可主杀。西方制作大兴,武器的威力亦前所未有,"杀人之器,愈出愈精,而苍生之受毒无穷期矣"①。因此,他认为"天下事有始必有终"②,"善射者厄于野,善游者厄于梁。凡国之亡,亡于所长"③。技术的负面后果,让他对以制造为基础的西方文明的根本合理性抱持审慎的怀疑。

这提示了一种矛盾的处境,中国必须以制作求富强,但制作与富强,都可能是进一步的衰落的根由。在此,薛福成的思想溢出了自强乃至维新运动的范围。他一面肯定中国必须大兴制造以求富强,因为"盖在太古,民物未繁,原可闭关独治,老死不相往来;若居今日地球万国相通之世,虽圣人复生,岂能不以讲求商务为汲汲哉!"④另一方面,他又对制造可能带来的后果深表忧虑。

进而言之,他认为必须就种族、地理与文教总体来探讨制造问题。他以元气为贯通以上诸要素的根本,实视世界历史为不同文明对不增不减的元气的争夺。为此他颇为重视种族与地理因素,并认为中国人种气颇佳,"皆神明之胄,最为贵种"⑤,而中国地气亦颇强盛,"大抵地球精华所萃,以居温带之中者为最善,如中国及美国是也"⑥。如此则中国虽开辟较久,元气耗散极多,尚可与开辟稍迟的西洋一争⑦。

因此,他似乎认为某一文明的命运,在于其能否随顺元气流行,不断转地开辟。英国在失去北美殖民地后,借强大的制造力,全力殖民印度、澳大利亚、加拿大与非洲,"生聚日完,炎炎之势不可抑遏"⑧。在薛福成看来,殖民开辟如火,文

---

①薛福成:《出使英法义比四国日记》,第 619 页。
②薛福成:《出使英法义比四国日记》,第 478 页。
③薛福成:《出使英法义比四国日记》,第 62 页。
④薛福成:《出使英法义比四国日记》,第 83 页。在另一处,他又说:"今之立国,不能不讲西法者,亦宇宙之大势使然也。"同上书,第 231 页。
⑤薛福成:《出使英法义比四国日记》,第 318 页。
⑥薛福成:《出使英法义比四国日记》,第 150 页。
⑦薛福成摘录日本某人著作《人类社会变迁说》,其中讨论"此世界其终为高加索人所领钦",即与此种关怀有关。见《出使英法义比四国日记》,第 472—474 页。
⑧薛福成:《出使英法义比四国日记》,第 828 页。

明因兹得以续命。西方之所以能在罗马覆灭后不断重生,就在于此①。此实可谓西方式的地气移动说②。如此说来,19 世纪西方的殖民行动,就成了文明借制造之力以邻为壑的自保行动,消耗天地之气,却可借殖民而延续文明之火。在这个意义上,基于中华本位的立场,他对中国在明清时期错失向南洋殖民的机会深感遗憾:"失此不图,而欧洲各国先后来蚕食之。至今地各有主,无可为谋矣。惜哉! 惜哉!"③

而最后,在开化早晚、种族与地理因素之后,薛福成回到了他与同时代人最为关心的教养与制造的关系问题上。他赞同少数的政治与文化精英对文明盛衰发挥决定性作用,主张:"天下之将治,必有大人者出而经纬之。"④其机理则是"夫古今盛衰之运,以才为升降久矣"。"是故,事须才而立,才大者必任群才以集事,则其所成有大者焉。才尤大者,又能得任才之才以集事,则其所成又有大者焉。累而上之,能举天下之才会于一,乃可以平天下。"⑤少数精英可以聚已散的才气而重归于一。这类似以教养集气,亦是收敛元气的方法;但与传统对德才关系的看法不同,薛福成只谈才而闭口不言德⑥,以为容纳西方式的"制造"留下空间。而在这一儒道中西混合的视野下,西方文明的形象也改变了,在郭嵩焘眼中"有程朱之意,能追三代之治"⑦的西方文明,在一代人之后,已经变得若明若

---

①在薛福成看来,罗马旧壤已衰落,"数百年来,罗马财耗民贫,颇有凋敝景象"。"罗马城中瑰货之充实,阛阓之完丽,街道之整洁,非但不如英法两国,亦并不如比利时,且贫苦之民较多"。而罗马尼亚用罗马名号而转地开辟,情形却不同:"今罗马尼亚遣使分驻各邦,俨然自立,且其地较丹马、比利时诸国为大。然溯其渊源,实古罗马之遗裔也;其土俗,则古罗马之遗风也。罗马之气脉亦长矣。"见《出使英法义比四国日记》,第 332、307、328 页。
②中国历史思想中对地气移动的看法,见赵翼《长安地气》,载氏著《廿二史札记》卷二十,商务印书馆 1987 年版。
③薛福成:《出使英法义比四国日记》,第 685 页。他并且对中国向美洲移民的计划深感兴趣,以为这是"横览地球,盱衡全局"而得的"补偏救弊之术","不啻于中国之外,又辟一中国之地,以居吾民,以养吾民也……救时之要,莫切于此"。同上书,第 299—300 页。
④薛福成:《上曾侯相书》,丁凤麟、王欣之编《薛福成选集》,第 9 页。
⑤薛福成:《中兴叙略》下,丁凤麟、王欣之编《薛福成选集》,第 37 页。
⑥薛福成对此问题的看法与传统儒家士大夫不同,可对比司马光对智氏败亡原因的著名评论:"智伯之亡也,才胜德也……是故才德全尽谓之'圣人',才德兼亡谓之'愚人',德胜才谓之'君子',才胜德谓之'小人'。凡取人之术,苟不得圣人、君子而与之,与其得小人,不若得愚人。"见司马光《资治通鉴》第 1 册,中华书局 1976 年版,第 14 页。
⑦出自王闿运 1880 年的记录。见王闿运《湘绮楼日记》第 2 卷,岳麓书社 1997 年版,第 881 页。

昧、善恶相杂了。

余　论

最后，让我们综合考察一下薛福成文明思想的构成方式与长程意义。与上一代深受道咸理学复兴影响的清朝士大夫相比，薛福成思想的呈现方式体现了道家影响的增强以及儒道的混合，这种混合实为同光时期思想界调和倾向的表达：不仅要在儒家内部实现汉、宋调和，也要在儒学与诸子学之间达成调和。而这种折衷，往往会带来看待世界的新视野。道家自然主义的历史与文明观，很少出现在主流士大夫的公开表述中，而它在薛福成思想中的重现，则体现了中国思想回应西方冲击的多样可能性。

而西学同样深度参与了这一新视野的构造①。流行于 19 世纪的物质原子论，加强了薛福成对万物一气的信仰；地理决定论（尤其是纬度与文明的关系）以及"科学"种族主义，则与中国传统的地气说与华夷之别混杂在一起，为他探讨文明的元气盛衰提供了更为切合所处时代的话语，让他能以新的方式来表述西方。

结果，西方的文明形象发生了变化。让我们再将他与前辈略做比较。郭嵩焘抵达伦敦时，看到"街市灯如明星万点，车马滔滔，气成烟雾。阛阓之盛，宫室之美，殆无复加矣"②。在他眼中，这种烟雾是西方文明盛大的象征，是天理之流行。而在十多年后的薛福成眼中，伦敦烟雾的形象发生了变化，他不动声色地记录到，伦敦"白昼晦冥，烟气四塞，受之者无不咳呛"③。"室中皆燃灯火，方能观书写字"④。这一烟雾，已经是善恶相杂之气。在一代人的时间内，中国人对西方文明的看法发生了微妙的改变。

---

①列文森甚至认为晚清调和思潮就是受西方强烈刺激的产物。见氏著《儒教中国及其现代命运》，郑大华、任菁译，中国社会科学出版社 2000 年版，第 39—47 页。
②郭嵩焘：《伦敦与巴黎日记》，钟叔河、杨坚整理，岳麓书社 1984 年版，第 95 页。
③薛福成：《出使英法义比四国日记》，第 270 页。
④薛福成：《出使英法义比四国日记》，第 239 页。

这一改变，是在以奉诏出使为代表的中西交通的大背景下发生的。如薛福成自己所说："中西通好，本系创举，非絜四千年之史事，观九万里之全势，无以通其变而应其机。"①世界范围内的旅行，提供了跨越旧有时空的比较可能性，比起郭嵩焘，薛福成更深地卷入了西方思想与时势中，部分是由于这种卷入，中国思想中某些边缘成分得到了更充分的展示机会，伴随着思想的重构，对西方文明进行内部反省的可能性也随之出现。

当然，在晚清以来整体的"追求富强"的大趋势下，这更多只是一种"执拗的低音"②。而即使在薛福成自身的思想中，这一反思西方文明的因素也是作为复调之一而非主调存在，与他对该文明的赞赏紧密交织在一起。薛福成在甲午战争爆发前四天去世，未曾亲历战后中国进一步的西化运动以及中西体用之争，但是，他在出使时期这些反思性的思考，表现了晚清变革者思想中的多面性，而这一"低音"部分，实可看作民国后中西文化之争的序曲，也多少提示了同光时代与新文化运动时期的隐秘关联。

①薛福成：《出使英法义比四国日记》，第60页。
②丸山真男语。王汎森借用此语来揭示近代中国思想某些相对不受人注意的来源与演变轨迹。见王汎森《执拗的低音：一些历史思考方式的反思》，生活·读书·新知三联书店2014年版。

征稿启事

1.《新史学》创刊于 2007 年,由中国人民大学清史研究所主办。

2.本刊优先采用在多学科交叉的语境下,对历史学的方法与叙述进行多元探索的优秀论文和评论文字,同时兼容发表具有创意风格的传统史学论文。

3.论文字数以不多于 30000 字为宜,评论以不多于 20000 字为宜。

4.本刊编辑部热诚欢迎海内外学者不吝赐稿。请通过电子邮件寄至:qing-shisuo@163.com,并在邮箱标题栏中注明:《新史学》投稿,或将打印稿寄至:北京市海淀区中关村大街 59 号中国人民大学清史研究所《新史学》丛刊编辑部(邮编:100872)。

5.文稿第一页请标示以下内容:文章标题、作者姓名、单位、联系电话、通讯地址、电邮方式;作者本人的身份证号码;中文摘要(200 字左右)、3—5 个中文关键词。

6.投寄本刊文章,凡采用他人成说,请务必加注说明,注释一律采用当页脚注,并注明作者、书名及出版年份、页码,参考书目列于文末。

7.本刊取舍稿件惟以学术水平为标准,实行匿名评审稿件制度,评审工作由本刊编辑委员会承担。编辑部有权对来稿文字做技术性处理,文章中的学术观点不代表编辑部意见。

8.因人力有限,本刊恕不退稿,投稿三个月内未收到刊用通知,请自行处理。

9.向本刊投稿,视为同意授权本刊享有作品的复制权、发行权、信息网络传播权(及转授权)等,本刊为北京万方数据股份有限公司、万方数据电子出版社入选期刊,并可在《中国学术期刊网络出版总库》及 CNKI 系列数据库刊载、节选、摘录,由上述平台对外提供信息服务。本刊所付稿酬已包含网络出版稿酬,若作者不同意被上述平台收录,请在来稿时注明(不影响来稿被本刊录用)。